Werner Rossade · Birgit Sauer
Dietmar Schirmer (Hrsg.)

Politik und Bedeutung

Werner Rossade · Birgit Sauer
Dietmar Schirmer (Hrsg.)

Politik und Bedeutung

Studien zu den kulturellen Grundlagen politischen Handelns und politischer Institutionen

Ralf Rytlewski
zum 65. Geburtstag

Westdeutscher Verlag

Die Deutsche Bibliothek – CIP-Einheitsaufnahme
Ein Titeldatensatz für diese Publikation ist bei
Der Deutschen Bibliothek erhältlich

1. Auflage Juni 2002

Der Westdeutsche Verlag ist ein Unternehmen der Fachverlagsgruppe BertelsmannSpringer.
www.westdeutschervlg.de

Umschlaggestaltung: Horst Dieter Bürkle, Darmstadt
Druck und buchbinderische Verarbeitung: Rosch-Buch, Scheßlitz
Gedruckt auf säurefreiem und chlorfrei gebleichtem Papier
Printed in Germany

ISBN 3-531-13830-8

Inhalt

Vorwort

Kulturelle Grundlagen politischen Handelns und politischer Institutionen – das ist wohl das umfassendste Integral des Wirkens von Ralf Rytlewski in Lehre, Forschung und internationalen wissenschaftlichen Verbindungen. Zugrunde liegt ein weiter Kulturbegriff, der subjektive und objektive politische Kultur oder Sprache und Symbolik des Politischen ebenso einschließt wie die sozialen Beziehungen und Interaktionen. Die Vielschichtigkeit dieses Kulturbegriffs und seine innere Differenziertheit wurden nicht unwesentlich durch die Rezeption des Werkes von Pierre Bourdieu erzeugt, aber auch Michel Foucault und Mary Douglas inspirierten die zugehörige politikwissenschaftliche Debatte. Die transdisziplinäre Herangehensweise an politische Phänomene hat Ralf Rytlewski an seine MitarbeiterInnen und Studierenden weiter vermittelt, mit einer Fülle von Anregungen aus zahlreichen Quellen. Als Hommage an einen Politikwissenschaftler, dessen Ausscheiden aus dem aktiven Universitätsdienst eine Zäsur in seinem Leben, aber kein Ende seiner Arbeit bedeutet, treffen sich in dieser Festschrift namhafte VertreterInnen des Faches und junge WissenschaftlerInnen mit den Herausgebenden in einem Band, der Ralf Rytlewski durch substanzielle Beiträge zu jener wissenschaftlichen Unternehmung ehren möchte, der er sein Leben als Hochschullehrer, forschender Sozialwissenschaftler, wissenschaftspolitisch Handelnder und Publizist zu aktuellen Tagesfragen verschrieben hat.

Die hier versammelten Beiträge berühren in ihrer Thematik die Bereiche der Disziplin, die Ralf Rytlewski im Laufe seiner wissenschaftlichen Entwicklung verfolgt und vorangetrieben hat. Im ersten Teil geht es um Elemente einer Kultur-Politologie, zu der von ihm mancher Anstoß ausgegangen ist. Der eröffnende Beitrag von Dietmar Schirmer umreißt auf der kategorialen Ebene dieses Arbeitsfeld, das nach Überzeugung der HerausgeberInnen künftig der Politikwissenschaft noch reichhaltige Impulse zu geben vermag. Es folgen Analysen von Gerhard Göhler, Barbara Riedmüller, Yves Pourcher und Werner Rossade zu vielfältigen Aspekten des Gegenstandes: symbolische Politik im Kontext politischen Handelns; ‚Wohlfahrtskultur' in ihrer hochproblematischen Aktualität; Krieg, ein wieder grausam aktuelles Thema, in historischer Perspektive; Topik als Instrument explorativer sozialwissenschaftlicher Forschung mit dem Versuch einer unmittelbar gegenwartsbezogenen Anwendung, der nicht auf allgemeinen Konsens abhebt.

Der zweite Teil des Bandes ist politisch-kulturellen Problemen repräsentativer Demokratie gewidmet. Grundfragen wie Zivilgesellschaft und Demokratie, Partizipation und Responsivität, ‚Politikverdrossenheit' als Zweifel an den PolitikerInnen untersuchen Joachim Raschke, Hans-Dieter Klingemann und Oskar Niedermayer. Weitere zentrale Aspekte des Zusammenhangs von politischen Institutionen, Einstellungsmustern und politischem Handeln präsentieren die Beiträge von Birgit Sauer, Wolfgang Langenbucher/Gabriele Kypta, Hans-Joachim Mengel und

Wolfgang Luthardt. Frauen in der Politik, Rechtspopulismus, die problematische Sonderstellung der christlichen Kirchen gemäß den deutschen Verfassungen und der Nationalstaat im Zusammenhang politischer Steuerung sind ihre Themen.

Der dritte Teil hat es mit Deutschland in Europa zu tun. Dietmar Schirmer und Christa Lang-Pfaff analysieren in unterschiedlicher Fokussierung nationale und supranationale konzeptionelle Elemente politischer Institutionen, politischen Handelns und ihrer sprachlich-kulturellen Fundierungen. Peter Steinbach betrachtet Weichenstellungen für deutsche Medien nach 1945. Angela Borgwardt und Horst Dähn untersuchen mit kritischen Schriftstellern und der Rolle der evangelischen Kirche mitentscheidende Faktoren für die Verwandlung der ehemaligen DDR in die heutigen neuen Bundesländer. Werner Süß zieht eine Zwischenbilanz zur alten und neuen deutschen Hauptstadt – im Übrigen ein Thema, über das Ralf Rytlewski vorzugsweise weiter arbeiten wird. Dieter Schröder macht dokumentierend, ohne viel Kommentar, ein Dilemma der neuen Bundesrepublik Deutschland deutlich, an einer Region, die auf neudeutsch ‚strukturschwach' zu nennen wäre und die deshalb einer doppelten kulturpolitischen Belastung ausgesetzt ist: durch die allgegenwärtige, politisch kurzsichtige Dauerminderung personeller und sachlicher Aufwendungen für Kulturarbeit und durch die fortgesetzte ‚Abwicklung' nicht unbedingt aller Hinterlassenschaften des SED-Staates, wohl aber vorhandener kultureller Einrichtungen und Aktivitäten. Schließlich bringt Charles Elworthy mit seinem Beitrag über die Zentralbanken einen wichtigen wirtschaftspolitischen Aspekt zu den anderen Facetten der Thematik.

Im vierten Teil weitet sich der Blick über das Haus Europa und seine deutsche Etage hinaus auf globale Perspektiven. Die Weite lässt sich hier nur exemplarisch vertreten, aber das geschieht durch sehr wesentliche Themen, zuerst im Kontext von China und Asien generell. Eberhard Sandschneiders Gegenüberstellung von ‚westlicher' Demokratie und (vermeintlichen?) Herausforderungen durch Asien ist den Denkbildern des „Okzidentalismus" verbunden, aber durchaus kritisch und erfrischend despektierlich im Bezug auf konzeptionsbildende Pseudo-Heilige unserer Tage. Ding Ding hingegen setzt zu Vorstellungen vom für den Orient allheilbringenden Westen eine Analyse der neuesten Erscheinungen gesellschaftlicher Selbstorganisation in China, die auf dessen eigener, über Jahrtausende erprobter Kulturtradition beruhen. Eigenständigkeit des globalen Südens in seiner Verklammerung mit dem vorherrschenden Norden mahnt in anderer Weise Kum'a Ndumbe an, durch sein bitter notwendiges Plädoyer, hier mit Blick auf Afrika, für Entwicklung *mit* denen, die sich entwickeln wollen, nicht ohne sie. Aufschlüsse über die kontrastierenden Realitäten der ‚Russischen Föderation' zwischen Sowjeterbe und Globalisierungssog gibt Klaus Segbers mit seiner soziologisch fundierten Analyse. Von dort über den Pazifik hinüber führt Dietmar Schiller zu einer grenzüberschreitenden populären Musik von politischer Bedeutung, die sich nicht wie manches Andere vorwiegend in billigem Klamauk erschöpft. Dieser Teil und damit die Texte des Bandes schließen mit dem kritischen Ausblick Dirk Berg-Schlossers auf die wahrscheinliche Entwicklung der politischen Kulturen, für die er weder einen *Kampf der Kulturen* noch ‚postmodernen' Einheitsbrei zu sehen vermag.

Ein solches Panorama gegenwärtig drängender, in historischen Erscheinungen lehrreicher und zumeist aus sehr alten Herrschaftsmustern heraus wirkender Konfigurationen von Politik und politischer Kultur ist wohl der Ebene von Arbeitsinteressen angemessen, die Ralf Rytlewski erreicht hat. Geboren am 27. Juni 1937 nahe Hamburg, verlor er schon als Kind seinen Vater. Seine Mutter ist ihm bis heute geblieben, sie konnte vor kurzem in voller geistiger Frische ihren 95. Geburtstag feiern. Nach Realschule, Ausbildung zum Kaufmann, Abitur und zweijährigem Besuch der Berliner Meisterschule für Graphik und Buchgewerbe folgte für ihn von 1961 bis 1966 das Studium der Politikwissenschaft, Volkswirtschaftslehre und Soziologie an der Freien Universität Berlin, abgeschlossen mit der Prüfung zum Diplom-Politologen. Anschließend war Ralf Rytlewski wissenschaftlicher Assistent, bis 1973 an der FU, dann an der Universität München bei Peter Christian Ludz, wo 1976 auch die Promotion zum Dr. rer. pol. folgte. Seit 1980 hatte er eine Professur für Politikwissenschaft mit dem Schwerpunkt Komparatistik an der Freien Universität Berlin inne, wo er einst in den bewegten sechziger Jahren studierte. Anfang der neunziger Jahre wirkte er als Gastprofessor an der Humboldt-Universität Berlin und an der National-Universität Seoul, Korea. Universitäre Leitungsarbeit forderte ihren Tribut; neben der Mitgliedschaft in vielen Gremien war Ralf Rytlewski von 1993 bis zur Jahrtausendwende Dekan und Prodekan des Fachbereichs. Nicht nur, aber auch in diesen Funktionen hat er manchen Kollegen im Fach gefördert.

Das Verhältnis von Politik und Kultur war für ihn immer zentraler Gegenstand der Forschung und ein Schwerpunkt in der Lehre. Am Otto-Suhr-Institut unterrichtete Ralf Rytlewski neben Einführung in die Vergleichende Politikwissenschaft über Themenkreise wie Herrschaft und Staat, Parlamentsreform, Parteiendemokratie, westeuropäische Parteien- und Regierungssysteme, Kulturpolitik in Ländern und Kommunen sowie die Hauptstadt Berlin. Schon bald war der politische Osten ein bevorzugter Gegenstand seiner wissenschaftlichen Arbeit geworden, zunächst die DDR. Von 1970 bis 1974 und dann wieder von 1987 bis 1989 wirkte er in den wissenschaftlichen Kommissionen „Materialien zum Bericht zur Lage der Nation" mit und war von 1976 bis 1978 Mitglied im Arbeitskreis für vergleichende Deutschlandforschung beim Bundesminister für innerdeutsche Beziehungen, außerdem seit 1986 im Trägerverein der Ost-Akademie Lüneburg; von 2000 bis 2002 war er Vorsitzender des Trägervereins des Berliner Instituts für vergleichende Staat-Kirche-Forschung. Über das Ende der DDR hinaus publizierte er nicht nur selbst zu diesem Gegenstand, sondern betreute auch zahlreiche einschlägige Abschlussarbeiten, Dissertationen und Habilitationen. Er erweiterte dieses Feld seiner Arbeit auf die damalige Sowjetunion, später die Russische Föderation. Mit dem Dekan Alexander Boronoev und der Soziologischen Fakultät der Universität Leningrad/St. Petersburg bestand ein langjähriges Kooperationsprojekt, speziell zur Abgeordnetenforschung. Über diesen regionalen Rahmen ging er hinaus mit Korea, so als Mitglied und Sprecher der deutsch-koreanischen Arbeitsgruppe FU Berlin – National-Universität Seoul, die vor allem Wiedervereinigungsfragen auf Konferenzen, in gemeinsamer Forschung und in Publikationen erörterte.

Einseitigkeit war und ist auch in dieser Hinsicht nicht Ralf Rytlewskis Sache. Die Facetten von Ostforschung und Ost-West-Vergleich hatten stets ihr Pendant in Projekten, die sich auf den Westen bezogen. Die Verbindung zu Frankreich fand an der Universität besonders in seinem Einsatz als Lehrender und Promotor im ersten zweisprachigen Diplomstudiengang in der Politikwissenschaft ihren Ausdruck, der aufgrund einer Vereinbarung zwischen dem Berliner Fachbereich und dem Institut d'Études Politiques, Paris, realisiert wurde. Für gemeinsame Forschung gab es Ende der achtziger/Anfang der neunziger Jahre auf Initiative von Pariser Fachkollegen einen fruchtbaren Anstoß, der zur Bildung des „Arbeitskreises europäischer Sozialwissenschaftler zu Praktiken der Politik" (CERPP) mit Ralf Rytlewski als deutschem Sprecher führte und auf mehreren Tagungen in Paris, Berlin, St. Petersburg und Siedlce (Polen) anregenden Gedankenaustausch von Politik-, Sozial- und Sprachwissenschaftlern sowie Historikern aus mindestens acht europäischen Ländern brachte.[1] Der Beitrag von Yves Pourcher im vorliegenden Band geht auf diese Verbindungen zurück.

Rytlewskis Engagement in seinen Arbeitsschwerpunkten äußerte sich auch als Sprecher der Arbeitskreise *Sozialistische Systeme*, *Politische Kultur* sowie *Politische Sprache* in der Deutschen Vereinigung für Politische Wissenschaft. Seit den achtziger Jahren wirkte er im *Research Committee in Political Education* der *International Political Science Association* und der *German Studies Association* mit. Als Sprecher von Ausbildungskommissionen an der Freien Universität und der Humboldt-Universität Berlin war für ihn zeitweise auch institutionalisiert, was seine ganze Arbeit durchdringt, die Förderung von StudentInnen und wissenschaftlichem Nachwuchs wie auch von MitarbeiterInnen generell. Ralf Rytlewskis ständiges Examinanden- und Graduierten-Colloquium zu laufenden Projekten aus der Vergleichenden Politikwissenschaft hat zahlreiche Promovierte aus vielen Ländern hervorgebracht, unter ihnen auch die in dem vorliegenden Band mit Beiträgen vertretenen, jüngst promovierten Angela Borgwardt, Ding Ding und Dietmar Schiller.[2] Eine Liste der Veröffentlichungen von Ralf Rytlewskis Promovierten und/oder Habilitierten, zumal der aus anderen Ländern und Regionen des Erdballs, wäre ein schönes Geschenk für den Mentor so vieler StudentInnen und angehender WissenschaftlerInnen. Sie bleibt Desiderat für die nächste Festschrift, vielleicht zu seinem 70. oder 80. Geburtstag?

Dass die vorliegende Festschrift so zustande kam, wie sie jetzt präsentiert werden kann, ist in erster Linie der Bereitschaft der AutorInnen zur Mitarbeit zu

---

1 Vgl. die Konferenzbände: *Politique Symbolique en Europe – Symbolische Politik in Europa*, hg. von Marc Abélès und Werner Rossade, Berlin: Duncker & Humblot 1993; *Ethnizität – Nationale Bewegungen – Soziale Praxis*, hg. von Wanda Dressler-Holohan, Konstantin Khabibullin, Nikolai Skvorzov, St. Petersburg: Petropolis 1995 (russ.)

2 Zwei der Genannten haben ihre Dissertationen bereits veröffentlicht (Ding 2000, Schiller 2002), die dritte Dissertation ist für die Publikation im laufenden Jahr 2002 festgemacht.

verdanken. Darüber hinaus waren an diesem Band aber auch HelferInnen beteiligt, ohne die die editorische und redaktionelle Arbeit zwischen vier Städten in drei Ländern auf zwei Kontinenten nicht zu koordinieren und zu bewältigen gewesen wäre. Marlene Müller-Rytlewski hat die Festschrift von einem frühen Stadium der Vorbereitung an bis zur Verlagsreife produktiv begleitet. Mancher Beitrag wäre ohne ihr Engagement und ihre Berliner „Ortskunde" nicht geschrieben worden. Sie hat die Herausgebenden in vielfältiger Weise unterstützt, bis hin zur technischen Einrichtung der Texte für den Druck. Für diesen Teil der Arbeiten ist aber insbesondere Karin Jacob zu danken, die die enorme Arbeit der Erstellung der Druckvorlage mit großem Einsatz, geduldig und versiert geleistet hat. Beratend und helfend wirkte dabei Dörte Bleckmann. Viel verdankt der Band auch der ständigen wissenschaftlich-technischen Unterstützung von Ursula Fischer-Rossade und Ursula Grob.

Das Erscheinen der Festschrift wäre nicht möglich gewesen ohne die finanzielle Mithilfe von Horst Dähn, dem Otto-Suhr-Institut für Politikwissenschaft und dem Präsidenten der Freien Universität Berlin sowie der Cornell-Universität. Dem Westdeutschen Verlag, für uns vertreten durch Frank Schindler, gebührt Dank für die Veröffentlichung.

Die HerausgeberInnen danken Ralf Rytlewski und wünschen ihm noch viele Jahre wissenschaftlich und politisch wirksamer Arbeit in bester Gesundheit und voller Schaffenskraft.

Werner Rossade *Birgit Sauer* *Dietmar Schirmer*

I.

Aspekte von Kultur-Politologie

Vom schwierigen Verhältnis von „Kultur" und Politikwissenschaft

Dietmar Schirmer

Ungetrübt ist das Verhältnis von „Politik" und „Kultur" nie gewesen. Ein „degeneriertes Forschungsprogramm" (Laitin 1995: 168) ist die politische Kultur-Forschung geheißen worden, als Konzept „zum Schlagwort deformiert" (Gabriel 1981: 204), ein „Pudding", den an die Wand zu nageln man vergeblich sich mühe (Kaase 1983: 144). Die „Beliebigkeit seines materialen Gehalts" (Gebhardt 1987: 50) ist ebenso beklagt worden wie sein ungeklärter kausaler Status – und keiner dieser Einwände, keine der pessimistischen Diagnosen die Leistungsfähigkeit des Paradigmas betreffend ist ohne Substanz. Die Disziplin hat denn auch politische Kultur als Außenseiter behandelt: In keiner der beiden großen Bilanzen über den Stand des Fachs, die die American Political Science Association veranlasst hat, wurde *political culture* eines eigenen Eintrags oder wenigstens einer ausführlicheren Erwähnung innerhalb eines Artikels für würdig befunden (Finiter 1983; 1993). Dasselbe gilt für die „Best of PVS"-Sammlung, herausgegeben zum 50. Geburtstag des Westdeutschen Verlags: neunzehn Artikel, keiner zu Angelegenheiten politischer Kultur (siehe Seibel et al. 1997).

Insofern mag es überraschen, dass so selten die Konsequenz gezogen wurde, die Praschl 1984 in der Österreichischen Zeitschrift für Politikwissenschaft vorgeschlagen hatte: Das Ganze nämlich fallen zu lassen, weil „[a]n der Politik ... überhaupt nichts [zu finden sei, D.S.], was mit Kultur etwas zu tun hätte" (Praschl 1984) – wohl einem Begriffsverständnis folgend, in dem „Kultur", nach alter Väter Sitte, eben zu Burgtheater und Neujahrskonzert gehört und nicht zu Systemstabilität, Machtausübung und demokratischer Performanz.

Politische Kultur, wie immer sie verstanden werden mag, ist als intellektuelle Provokation und als Generator von Forschungsfragen erstaunlich lebendig. Mehr noch, wenn man als Maßstab für die Bedeutung, die dem Gegenstand beigemessen wird, die Anzahl der Publikationen im Social Science Citation Index anlegt, die „*political culture*" im Titel tragen, ergibt sich ein Bild stetig steigender Popularität: Zwischen 1963, dem Erscheinungsjahr von *The Civic Culture*, und 1969 liegt der Jahresdurchschnitt bei fünf Einträgen, in den siebziger Jahren sind es 21, 30 in den Achtzigern, 52 in den Neunzigern und 58 im Jahr 2000, dem letzten Jahr, für das eine abgeschlossene Indizierung angenommen werden kann. Also ist alles rosig im Reich von Kultur und Politik? Kaum.

Laitin hat in einer freundlich-kritischen Sammelrezension darauf hingewiesen, dass die prognostischen Fähigkeiten des Forschungsprogramms politische Kultur sich als begrenzt erwiesen haben: „[T]he political culture researchers did not predict the long-term success of democracy in the Federal Republic of Germany, the wave of democratizations in the 1970s and 1980s, or the failures that returned to authoritarian rule" (Laitin 1995: 168). Das wäre nicht so schlimm, denn: „This [prognostic capability; D.S.] would be a difficult criterion for any social science research program to meet" (ebd.). In der Tat – man denke nur an unsere diesbezüglichen Erfahrungen mit dem Ende des Staatssozialismus.[1] Schwerer wiegt allerdings der Befund, die politische Kultur-Forschung sei noch nicht einmal *post factum* im Stande gewesen, Demokratisierung und demokratischen Kollaps angemessen zu erklären: „Almond and Verba found Italy lacking a civic culture, as did LaPalombara in Pye and Verba's Political Culture and Political Development (1965). But Hahn [1991, D.S.] found a city in provincial Russia having such a culture. But no practitioner in this tradition would predict either democratic collapse in Italy or democratic stability in Russia" (ebd.).

Putnams (1993; 2000) einflussreiche und methodisch innovative Arbeiten zum *social capital* beruhen auf der Annahme eines positiven Kausalzusammenhangs zwischen der Dichte zivilgesellschaftlicher Organisation einerseits und demokratischer Stabilität und institutioneller Performanz andererseits. Zu dieser Theorie verhält sich freilich die Weimarer Republik mehr als nur obstinat, weil hier abhängige und unabhängige Variable invers kodiert sind: ausgeprägtes soziales Kapital – gemessen als Dichte freiwilliger Organisationen – gepaart mit miserablen Werten in demokratischer Stabilität (siehe Berman 1997). Samuel Huntingtons These von der Ablösung ideologischer durch interzivilisatorische Konflikte beeindruckt immerhin durch die Grandezza, mit der sie über den Umstand hinweggeht, dass sämtliche der blutigsten Konflikte seit 1989 – im Kongo, in Ruanda und Angola – sich innerhalb, nicht zwischen den „Großzivilisationen" abspielten und eher durch das *failing states*-Paradigma als durch kulturelle Differenz erklärt werden können. Der Beispiele für inverse Kodierungen von *causa* und Ergebnis, die den unterstellten Kausalmechanismus von politischer Kultur und politischer Struktur fragwürdig erscheinen lassen, sind viele.

Es mag jedoch sein, dass die Schwierigkeiten, den explanatorischen Status von „Kultur" für politische Strukturen und Prozesse zu bestimmen, nicht so sehr in der zusehenden Zerfaserung und der additiven Ausweitung eines progressiv degenerierenden Forschungsprogramms zu suchen sind, sondern in falschen Erwartungen, die gerade durch die Suggestion, es handle sich um ein Forschungs*programm* – einschließlich der im Begriff mitschwingenden Konnotationen einer koordinierten, kohärenten und kollektiven Anstrengung kumulativer Wissensproduktion – evo-

---

1 Man könnte allerdings argumentieren, dass das Prognosedesaster, das der Zusammenbruch der staatssozialistischen Welt der Politikwissenschaft beschert hat, in erster Linie ein Desaster der institutionen-orientierten politischen Strukturanalyse und gerade nicht der politischen Kultur-Forschung war. Wenn Rytlewski (1989 – vor dem Fall der Mauer) eine Dissonanz von offizieller und dominanter politischer Kultur registriert, so läuft das ganz richtig und im Geiste Almonds und Verbas auf eine Instabilitätshypothese hinaus. Wenn daraus die Konsequenz – der mögliche oder wahrscheinliche Zusammenbruch der DDR – nicht gezogen wird, so vor allem wegen einer Überschätzung des Beharrungsvermögens institutioneller Strukturen in einem nicht-demokratischen System und einer Unterschätzung des Grades, zu dem auch der sozialistische Autoritarismus auf diffuse Unterstützung angewiesen war – zumal nachdem Gorbatschow die eminent stabilisierende Interventionsdrohung von Seiten der Sowjetunion zurückgezogen hatte.

ziert worden sind. „Politische Kultur" – oder, um den Determinierungen dieser Begriffsfassung auszuweichen: „Politik und Kultur" markiert ein thematisch und perspektivisch definiertes Forschungs*feld* eher denn ein *-programm*: Es gehört auf eine Ebene mit Kultursoziologie oder politischer Ökonomie, nicht mit *contentious politics* oder *varieties of capitalism*, und wie niemand auf die Idee käme, die Pluralität der Fragestellungen, Theorien und Methoden von Kultursoziologen oder politischen Ökonomen als Degenerationsmerkmal zu werten, so sollte man sich dasselbe für das Feld von Politik und Kultur verkneifen.

„Politische Kultur" – zerlegt

Variationen über die Frage nach dem Gegenstand politikwissenschaftlicher Kulturforschung: Annahmen, Bedeutungen, Einstellungen, Orientierungen; affektive, evaluative, kognitive, subjektive, Tiefen-Dimension; Habitus, Ideen, Praxis, Ritual, Sinn, Sprache, Symbol; Archiv, Muster, Struktur, System

Der Verdacht, dass „Kultur", wie vage sie auch verstanden wird, nicht nur für das Verständnis sozialer Organisation im Allgemeinen, sondern politischer Ordnungen und Prozesse im engeren Sinne von elementarer Bedeutung sei, ist so alt wie das Philosophieren über die Gesellschaft selbst und damit zwei, zweieinhalb Millenia älter als das, was uns als „politische Kultur-Forschung" vertraut ist. Seit Gabriel Almond und sein Juniorautor Sidney Verba in den späten fünfziger und frühen sechziger Jahren des vergangenen Jahrhunderts versuchten, „politische Kultur" als Forschungsparadigma zu lancieren (Almond 1956, Almond/Verba 1963, Pye/Verba 1965), hat sich die Politikwissenschaft vergeblich darüber zu verständigen bemüht, was politische Kultur denn nun sei, woraus sie bestehe und was ihre Analyseeinheiten sein sollten. Der historische Ausgangspunkt des Projekts „politische Kultur" war, in Gegenstand und Zielsetzung, präzise genug: Es sollte um die Bestimmung der Stabilität demokratischer politischer Systeme durch die Messung und Aggregierung von Einstellungen zum politischen System, seinen Inputs und Outputs und zur Rolle des Selbst im politischen Prozess gehen, das Ganze komparativ und in Zeitreihen, mit Nationalstaaten als kulturtragenden Einheiten und mit der „*civic culture*", die in Großbritannien und den USA ihre „Demokratiekompatibilität" bewiesen hatte, als einer Art *benchmark*, gegen die andere empirische politische Nationalkulturen zu messen seien.

Die Vorstellung, dass sich ein solches Forschungsparadigma festschreiben und als Programm exekutieren ließe, hat sich freilich als falsch erwiesen. Das mag zum Teil an einer institutionellen Inkompatibilität gelegen haben: Getrieben und gezogen von ihrem eigenen Selbstbild wie von institutionellen Erwartungen ihre Kreativität und ihren Erfindungsgeist betreffend, lassen sich AkademikerInnen kaum in das Prokrustesbett eines bis aufs letzte Tüpfelchen ausgearbeiteten Forschungsdesigns zwängen, das sie dann nur noch handwerklich exekutieren können. Wichtiger waren aber wohl die eingebauten Schwachstellen des Forschungsprogramms selbst: die durchsichtige Zweckgebundenheit zur Informationsbeschaffung für die Außenpolitik einer neuen Supermacht mit tendenziell globaler Einflusssphäre (Oren 1999), der anglo-amerikanische normative *bias*; das sozialpsychologisch verkürzte Kulturverständnis; die ungeklärten kausalen Mechanismen zwischen den Variablen; die relative Beliebigkeit der abzufragenden Einstellungskataloge – die Kritik ist bekannt und muss hier nicht en detail wiederholt werden.

In dem Moment, in dem das Programm abgesteckt war, begann seine Modifizierung und Diversifizierung, zum Teil unter tätiger Mithilfe der Begründer selbst, wie die von Verba zusammen mit Lucian Pye edierte Studie zu politischer Kultur und politischer Entwicklung mit ihren erheblichen konzeptionellen und methodischen Abweichungen von den Vorgaben der *Civic Culture*-Studie zeigt (Pye/Verba 1965). Was die heterodoxen Aneignungen von "Kultur" in der Politikwissenschaft in den siebziger und achtziger Jahren verband, war ihre theoretische Skepsis dem Behaviorismus gegenüber und ihr Bestreben, gegen die individualistisch-sozialpsychologische Einengung des Kulturbegriffs dessen systematischen und kollektiven Charakter zu betonen – Kultur als intersubjektiv geteilter Interpretationshorizont und Bedeutungsgenerator. Es wehte ein anthropologisch-ethnologischer Geist.

Oberhalb dieses kleinsten gemeinsamen Nenners war freilich Platz für ausgesprochen disparate Ausformungen, je nachdem wie metatheoretische Festlegungen (für oder gegen Marxismus, Phänomenologie, Strukturalismus, Ethnomethodologie, Semiotik, Diskurstheorie), methodische Entscheidungen (quantitativ-deskriptiv, quantitativ-hypothesentestend oder qualitativ-interpretierend) und die Dimensionierung der kulturtragenden Einheiten (national, regional, lokal, religions-, milieu-, klassenspezifisch etc.) ausfielen, vor allem aber im Hinblick darauf, wie die kausalen Verknüpfungen zwischen kulturellen, systemischen und Prozesskategorien gefasst wurden. Jedenfalls wurde, was die Inspirationen politischer Kulturtheorie angeht, das Alphabet zwischen A wie Almond und V wie Verba – und darüber hinaus – gründlich ausgefüllt. Roland Barthes, Peter L. Berger, Pierre Bourdieu, Ernst Cassirer, Mary Douglas, Umberto Eco, Michel Foucault, Clifford Geertz, Claude Levi-Strauss, Thomas Luckmann, Karl Marx, Charles Pierce, Ferdinand de Saussure, Thorstein Veblen, Max Weber, Hayden White – die Liste derer, die ihre Fußabdrücke hier oder dort im Gelände politologischen Kulturschaffens hinterlassen haben, überspannt Disziplinen und Theorietraditionen.

Variationen über die Frage, was politische Kultur erklärt: demokratische Stabilität, diffuse Unterstützung, Systemunterstützung, Compliance Ideology, institutionelle Performanz, Identität, Integration, Legitimität, Partizipation, politischer Konsens, Präferenzformation, Wahlverhalten, Werthaltungen

In der Almond und Verbaschen Tradition war politische Kultur als unabhängige, die Stabilität des (liberal-demokratischen) politischen Systems als abhängige Variable gesetzt worden; ähnliche Kausalbeziehungen gelten für die Ansätze, die

Elkins/Simeon (1979); Elkins (1993) und Wildavsky (1987) vorgeschlagen haben. In den ausgreifenden – und immer ausgreifender werdenden – Studien von Inglehart zu Materialismus, Postmaterialismus und Postmodernismus (Inglehart 1971, 1990, 1997) hingegen fungieren wirtschaftliche Prosperität (*scarcity*-Hypothese) und Sozialisation als unabhängige, kultureller Wandel als abhängige Variable. Bei Putnam liegen die Verhältnisse etwas komplizierter, mit zwei kausalen Nexus, einem zwischen historischen politischen Institutionen und Zivilkultur (wobei letztere das Explanandum ist) und einem zwischen Zivilkultur und der Effizienz gegenwärtiger politischer Institutionen (mit Zivilkultur als Explanans; Putnam 1993). Putnams Italien-Buch fällt damit in eine – wiederum sehr heterogene – Gruppe von Konzeptionalisierungen, die Kultur weder nur als unabhängige noch exklusiv als abhängige Variable fassen, sondern sie in eine Dialektik, ein relationales Beziehungsgefüge oder einen *feedback loop* mit anderen Variablen (seien es das politische System, institutionelle Performanz, politischer Prozess, historische Erfahrung, individuelle Sozialisation und Werthaltungen u.v.a.m.) einfügen. Die Sache wird keineswegs übersichtlicher dadurch, dass „Kultur" gelegentlich als Bestandteil, Attribut oder Dimension dessen auftaucht, was sie ursprünglich hatte erklären sollen, wenn nämlich von der Kultur politischer Institutionen oder, umgekehrt, von politischer Kultur als Institution die Rede ist. Wenn Explanans und Explanandum derart Teil ihres jeweiligen anderen werden, ist das so ungefähr, als ob der Mechanik das Gesetz der Schwerkraft herunterfiele, gleichsam Objekt seiner selbst werdend.

Variationen über den Status „politischer Kultur": Forschungsfeld, -konzept, -paradigma, -programm; Kategorie, Konzept, Mikro/Makro-Link, Residualkategorie, Theorie; abhängige, intervenierende, unabhängige Variable

Die beiden großen Versprechungen politischer Kultur-Forschung waren, zu systematischen Aussagen über den Zusammenhang von Kultur und Struktur zu gelangen und den *missing link* zwischen Mikro- und Makroebene der Politikforschung herzustellen. In der traditionellen Fassung des Konzepts handelt es sich dabei freilich nur um *ein* Versprechen, weil Kultur und Struktur – als aggregierte Einstellungen und politisches System – einerseits und Mikro- und Makroebene andererseits dasselbe sind. Was in dieser Perspektive –„politische Kultur" als „‚subjektive Dimension' von Politik," wie es 1983 in einem Selbstverständigungspapier des einschlägigen DVPW-Arbeitskreises hieß (zit. n. Berg-Schlosser/Schissler 1987: 17) – allerdings verloren geht ist, erstens, jede Hoffnung, den berühmten *missing link* zu finden sowie, zweitens, der kollektive, konzeptionell-systematische und historische Charakter von „Kultur" (siehe Rohe 1987; Schirmer 1992: 16ff.).

Erstens: In der Forschungstradition, die politische Kultur als unabhängige und Systemstabilität als abhängige Variable behandelt, wird die Frage der Vermittlung zwischen beiden systematisch ausgespart und durch einen unidirektionalen Kausalzusammenhang ersetzt. Der *missing link* bleibt, was er ist: *missing*, ein Umstand, an dem auch die statistische Aggregation individueller Einstellungsdaten nichts ändert.[2] Eine der zentralen konzeptionellen Schwächen dieser Traditionslinie – und besonders misslich für ein *politikwissenschaftliches* Forschungsprogramm – ist die konsequente Vermeidung von Machtfragen: Fragen der Ausübung von Deutungsmacht, der Verfügungsgewalt über kulturelle und symbolische Ressourcen, der Normsetzungsgewalt in Sozialisationsinstitutionen usw. – als habe es Konzepte wie das der kulturellen Hegemonie bei Gramsci, des Wissen-Macht-Nexus in der Diskursanalyse Foucaults (1961, 1975), oder des symbolischen Kapitals in Bourdieus Kultursoziologie (1979, 1985) nicht gegeben. Spätestens seit dem Erscheinen von Edward Saids *Orientalism* (1978) ist die Machtabstinenz der Kulturforschung in akuter Begründungsnot.

Zweitens: Dass der Begriff der „Kultur" intersubjektiv und konzeptionell-systematisch angelegt ist, ist keineswegs erst eine Erfindung des Strukturalismus. Max Weber hat 1904 eher beiläufig eine Begriffsdefinition gegeben, die bis heute nichts verloren hat: „‚Kultur'," heißt es da, „ist ein vom Standpunkt des Menschen aus mit Sinn und Bedeutung bedachter endlicher Ausschnitt aus der sinnlosen Unendlichkeit des Weltgeschehens (...) Transzendentale Voraussetzung jeder Kulturwissenschaft ist nicht etwa, daß wir eine bestimmte Kultur wertvoll finden, sondern daß wir Kulturmenschen sind, begabt mit der Fähigkeit, bewußt zur Welt Stellung zu nehmen und ihr einen Sinn zu verleihen" (Weber 1922: 180). Auf diesen konzeptionellen Charakter von Kultur als einer Stellung des Menschen zur sozialen und natürlichen Welt, als eines Generators von Sinn und Bedeutung – intersubjektiv geteilt, daher kollektiv und kommunizierbar – hat in der deutschen politischen Kultur-Forschung mit Nachdruck Karl Rohe (1987) hingewiesen. Die Bemühungen um „Politik und Kultur" in der Politikwissenschaft der Freien Universität Berlin – vor allem angesiedelt im Kreis um Rytlewski (siehe z. B. Opp de Hipt 1987; Abélès/Rossade 1993; Rossade 1997; Rytlewski/Sauer 1988), in dem von Detlef Lehnert und Klaus Megerle initiierten Projekt „Politische Kultur in der Weimarer Republik" (siehe Lehnert/Megerle 1989, 1990 und 1993; Schirmer 1992) sowie, über die FUB hinausgreifend, in dem DFG-Schwerpunkt „Politische Institutionen" unter der Regie von Gerhard Göhler u. a. (Göhler et al. 1990; 1997) – waren stets von diesem umfassenderen Kulturverständnis angeleitet. Wir Berliner waren hier freilich nur ein Fall unter anderen. Als Folge der Kulturdebatten der siebziger und achtziger Jahre entwickelte sich allerorten, neben den Arbeiten in der behavioristisch-quantitativen Tradition Almonds, ein Typus politologischer Kulturforschung, der seine Inspirationen aus dem Kulturverständnis der Kultursoziologie und der Ethnologie bezog und die Analyse von Kultur als kollektivem Deutungszusammenhang in qualitativ-interpretierender Manier betrieb.

---

2 Dies soll nicht als Argument gegen die Nutzung von *survey research*-Daten verstanden werden, sondern als Hinweis darauf, dass Einstellungsdaten nur ein Rohmaterial politischer Kultur-Forschung, nicht schon ihr Ergebnis sein können.

„Politik und Kultur" – wohin?

Es war genau in dieser Phase der Ausweitung, als die politische Kultur-Forschung zwar die Kultur (als kollektiv geteilter Bedeutungsgenerator) als auch das Politische (durch die Wiederaufnahme der Machtfrage) für sich gewann, aber ihre Einheit und Verbindlichkeit verlor. „Politik und Kultur" eignete sich eine Vielfalt von theoretischen Quellen und operationellen Modi an, von der Ideen- und Begriffsgeschichte zur Diskurstheorie, vom Strukturalismus zum Marxismus zur Ethnomethodologie, von der Symbol- und Metapherntheorie zum Konstruktivismus; das Ganze keineswegs systematisch, sondern opportunistisch den Geschmäckern individueller Autoren und den idiosynkratischen Erfordernissen ihrer Projekte folgend. Dieses diverse Arsenal wurde in einer Vielzahl von Bemühungen allem appliziert, was nicht schnell genug weglaufen konnte: Politikerreden, Meinungsumfragen, Fest- und Feiertagen, Leitartikeln, Fernsehnachrichten, Romanen, Autobiografien, parlamentarischen Sitzordnungen, Denk- und Mahnmälern, Modezeitschriften, Popikonen, sozialen Bewegungen, institutionellen Ordnungen, ganzen Staaten und winzigen Zirkeln von Aktivisten. Es zeigte sich darin, dass „Degeneration" des Forschungs*programms* und Produktivität des praktischen Forschens durchaus zusammengehen.

Trotz – oder vielleicht gerade wegen – der Produktivität politikwissenschaftlicher Kulturforschung im Zeitalter ihrer Diversifizierung scheint es mir, als sei neuerlich ein Gezeitenwechsel fällig. Die sechziger Jahre sahen die Etablierung einer konzisen, aber konzeptionell und methodisch verengten politischen Kultur-Forschung als Forschungs*programm*. In den siebziger und achtziger, teils auch noch in den neunziger Jahren ging es um den Ausbruch aus dieser Enge, wenn auch um den Preis theoretischer und methodischer Verbindlichkeit. Der neue Pluralismus hat in seinen besten Hervorbringungen allerdings nicht nur das Potenzial, sondern auch die Grenzen politikwissenschaftlicher Kulturforschung vor Augen geführt: Wie brillant einzelne Studien, wie plausibel kulturalistische Erklärungen für dieses oder jenes auch sein mögen – Generalisierungen über einzelne Fälle oder eng begrenzte Fallgruppen hinaus und die Bestimmung des kausalen Status von Kultur stehen nach wie vor aus. Wohin also nun, nachdem wir doch ein ganzes Stück Weges gekommen sind?

„Interessen (materielle und ideelle), nicht: Ideen, beherrschen unmittelbar das Handeln der Menschen. Aber: die ‚Weltbilder', welche durch ‚Ideen' geschaffen wurden, haben sehr oft als Weichensteller die Bahnen bestimmt, in denen die Dynamik der Interessen das Handeln fortbewegte" (Weber 1920: 252).

Webers berühmter Satz von den Ideen und Interessen wird von denen, die in „Kultur" investiert haben, gerne zitiert, um die Berechtigung politikwissenschaftlicher Kultur-Forschung gegen die Übermacht des *rational choice*-Paradigmas zu verteidigen. Man käme freilich den Weberschen Intentionen näher, betrachtete man „Ideen" und „Interessen" nicht als Objekte einer Arbeitsteilung zwischen kulturalistischen und rationalistischen Schulen, sondern als integrale Bestandteile jedes Forschungsgegenstandes, den man sich in unseren Disziplinen sinnvollerweise denken kann. Gibt man als drittes noch die politischen Systeme und ihre Institutionen hinzu, so ergibt sich eine Triangulierung von Kultur, Struktur und Handlung, in der die Großalternativen der Theorieschulen synthetisiert sind. Lichtbach (1997: 262 und *passim*) präsentiert ein solches Schema, das das Dreieck aus Kultur, Struktur und Handlung für die verschiedenen Aggregatsebenen – Individuum, Kollektiv, Gesellschaft – durchdekliniert.

Einige der erhellendsten politikwissenschaftlichen Arbeiten jüngeren Datums zeigen, dass eine solche Synthese durchaus zu haben ist, ohne dass man Theorie-Gigantomanie Parsonesken Ausmaßes betreiben müsste. Einige dieser Arbeiten wurden durch den Erklärungsnotstand angeregt, den die Prozesse nationalistisch-ethnischer Mobilisierung und der Desintegration von Staaten in Osteuropa kurz nach dem Ende des Staatssozialismus (siehe z. B. Beissinger 2002; Brubaker 1996) verursacht hatten, andere gehören in den Bereich der historischen politischen Soziologie, wie etwa Te Brakes Untersuchung zur Rolle „kleiner Leute" in der frühneuzeitlichen europäischen Politik (Te Brake 1998). Eine ähnliche Triangulierung von Struktur, Kultur und Handeln schlagen McAdam, Tarrow und Tilly (2001) in ihrer programmatischen Schrift zur Erforschung von *contentious politics* vor, in der sie vier kausale Mechanismen – *opportunity structure* (→ Struktur), *identity shift* (→ Kultur), *competition* und *brokerage* (→ Handeln) – identifizieren, die sich wie Leitmotive durch die Analyse einer Vielzahl disparater Fälle von Mobilisierungszyklen ziehen.

Das Plädoyer wäre also für Entdifferenzierung: Die Aufgabe der eingeführten *Arbeitsteilung cum Konkurrenz* von Struktur-, Kultur- und Handlungsanalyse und die Erzeugung von Synergieeffekten durch die Integration der Perspektiven. Es könnte sich erweisen, dass sich in einer solchen Forschungsstrategie auch das leidige Problem des kausalen Status politischer Kultur wenn schon nicht autoritativ lösen, so doch zumindest praktisch bearbeiten ließe: Die Triangulierung von Struktur, Kultur und Handeln, wie sie McAdam, Tarrow und Tilly für *contentious politics* vorschlagen, führt automatisch dazu, dass Zusammenhänge zwischen *causal mechanisms* und *outcomes* der logischen Form „wenn A, dann B" aufgebrochen werden, weil nun prinzipiell jedes B dreifach kontingent ist. Praktisch heißt das nicht nur, dass die Präsenz einer bestimmten Causa nicht schon ein bestimmtes Resultat determiniert – und umgekehrt, dass die Absenz eines bestimmten Resultats trotz Präsenz der Causa noch nicht deren Status invalidiert – sondern auch, dass der kausale Status der Variablen Struktur, Kultur und Handeln kontextabhängig gleitet. Die Frage des Kausalität von Kultur verwandelt sich damit von einem theoretischen in ein empirisches Problem.

Allen Schwierigkeiten zum Trotz hat „Kultur" – einschließlich der daran geknüpften Fragestellungen, Theorietraditionen und Methoden – ihren Platz in der Politologie gefunden. Die Politikwissenschaft hat keinen *culturalist turn* vollzogen, aber ihre kulturelle Dimension zu ignorieren, kann sie sich nicht mehr leisten. Vielleicht am bemerkenswertesten in diesem Zusammenhang ist, dass die Frage nach den kulturellen Grundlagen politischer Institutionen und politischen Handelns sich mittlerweile selbst in derjenigen der politikwissenschaftlichen Subdisziplinen etabliert hat, die lange solchen Versuchungen gegenüber völlig resistent schien: die Lehre von den internationalen Beziehungen und der Sicherheitspolitik. Ein robuster kulturalistischer Konstruktivismus, wie er vor allem von Peter Katzenstein (1996) forciert worden ist, hat sich dort unter dem Titel *new institutionalism* folgenreich neben die etablierten Paradigmen von Neorealismus und Neoliberalismus geschoben.

Literatur

Abélès, Marc/Rossade, Werner (Hg.) 1993: *Politique Symbolique en Europe – Symbolische Politik in Europa*, Berlin: Duncker & Humblot

Almond, Gabriel A. 1956: Comparative Political Systems, in: *The Journal of Politics* 18, S. 391-409

Almond, Gabriel A./Verba, Sidney 1963: *The Civic Culture: Political Attitudes and Democracy in Five Nations*, Princeton: Princeton University Press

Beissinger, Mark R. 2002: *Nationalist Mobilization and the Collapse of the Soviet State*, Cambride/New York: Cambridge University Press

Berg-Schlosser, Dirk/Schissler, Jakob 1987: Politische Kultur in Deutschland – Forschungsgegenstand, Methoden und Rahmenbedingungen, in: Berg-Schlosser/Schissler (Hg.): *Politische Kultur in Deutschland. Bilanz und Perspektiven der Forschung* (PVS-Sonderheft 18), Opladen: Westdeutscher Verlag, S. 11-26

Berman, Sheri 1997: Civil society and the collapse of the Weimar Republic, in: *World Politics* 49 (3), S. 401-429

Bourdieu, Pierre 1979: *Entwurf einer Theorie der Praxis auf der ethnologischen Grundlage der kabylischen Gesellschaft*, Frankfurt a. M.: Suhrkamp

Bourdieu, Pierre 1985: *Sozialer Raum und ,Klassen' – Leçon sur la leçon*, Frankfurt a. M.: Suhrkamp

Brubaker, Rogers 1996: *Nationalism Reframed: Nationhood and the National Question in the New Europe*, Cambridge/New York: Cambridge University Press

Elkins, David J. 1993: *Manipulation and Consent: How Voters and Leaders Manage Complexity*, Vancouver: University of British Columbia Press

Elkins, David J./Simeon, Richard E.B. 1979: A Cause in Search of Its Effect, or What Does Political Culture Explain?, in: *Comparative Politics* 11, S. 127-145

Finiter, Ada W. 1983: *Political Science: The State of the Discipline*, Washington: The American Political Science Association

Finiter, Ada W. 1993: *Political Science: The State of the Discipline II*, Washington: The American Political Science Association

Foucault, Michel 1961: *Folie et déraison: Histoire de la folie à l'âge classique*, Paris: Plon

Foucault, Michel 1975: *Surveiller et punir: naissance de la prison*, Paris: Gallimard

Gabriel, Oscar W. 1981: Politische Kultur – zum Schlagwort deformiert, in: *Politische Vierteljahresschrift* 22, S. 204-209

Gebhardt, Jürgen 1987: Politische Kultur und Zivilreligion, in: Berg-Schlosser/Schissler (Hg.): *Politische Kultur in Deutschland. Bilanz und Perspektiven der Forschung* (PVS-Sonderheft 18), Opladen: Westdeutscher Verlag, S. 49-60

Göhler, Gerhard et al. (Hg.) 1990: *Politische Institutionen im gesellschaftlichen Umbruch. Ideengeschichtliche Beiträge zur Theorie politischer Institutionen*, Opladen: Westdeutscher Verlag

Göhler, Gerhard et al. (Hg.) 1997: *Institution – Macht – Repräsentation. Wofür politische Institutionen stehen und wie sie wirken*, Baden-Baden: Nomos

Hahn, Jeffrey W. 1991: Continuity and Change in Russian Political Culture, in: *British Journal of Political Science* 21, S. 393-421

Huntington, Samuel P. 1996: *The Clash of Civilizations and the Remaking of World Order*, New York: Simon & Schuster

Inglehart, Ronald 1971: *The Silent Revolution: Changing Values and Political Styles*, Princeton: Princeton University Press

Inglehart, Ronald 1990, *Culture Shift in Advanced Industrial Societies*, Princeton: Princeton University Press
Inglehart, Ronald 1997: *Modernization and Postmodernization*, Princeton: Princeton University Press
Kaase, Max 1983: „Sinn oder Unsinn des Konzepts ‚Politische Kultur' für die vergleichende Politikwissenschaft, oder auch: Der Versuch, einen Pudding an die Wand zu nageln," in: Kaase, Max/Klingemann, Hans-Dieter (Hg.): *Wahlen und politisches System. Analysen zur Bundestagswahl 1980*, Opladen: Westdeutscher Verlag, S. 144-171
Katzenstein, Peter J. (Hg.) 1996: *The Culture of National Security: Norms and Identity in World Politics*, New York: Columbia University Press
Laitin, David D. 1995: The Civic Culture at 30, in: *American Political Science Review* 89, 168-173
Lehnert, Detlef/Megerle, Klaus (Hg.) 1989: *Politische Identität und nationale Gedenktage. Zur politischen Kultur in der Weimarer Republik*, Opladen: Westdeutscher Verlag
Lehnert, Detlef/Megerle, Klaus (Hg.) 1990: *Politische Teilkulturen zwischen Integration und Polarisierung. Zur politischen Kultur in der Weimarer Republik*, Opladen: Westdeutscher Verlag
Lehnert, Detlef/Megerle, Klaus (Hg.) 1993: *Pluralismus als Verfassungs- und Gesellschaftsmodell. Zur politischen Kultur in der Weimarer Republik*, Opladen: Westdeutscher Verlag
Lichtbach, Mark I. 1997: Social Theory and Comparative Politics, in: Lichtbach, Mark I./Zuckerman, Alan S. (Hg.): *Comparative Politics: Rationality, Culture, and Structure*, Cambridge/New York: Cambridge University Press, S. 239-276
McAdam, Doug/Tarrow, Sidney G./Tilly, Charles 2001: *Dynamics of Contention*, Cambridge/New York: Cambridge University Press
Opp de Hipt, Manfred 1987: *Denkbilder in der Politik. Der Staat in der Sprache von CDU und SPD*, Opladen: Westdeutscher Verlag
Oren, Ido 2000: Is Culture Independent of National Security? How America's National Security Concerns Shaped ‚Political Culture', in: *European Journal of International Relations* 6, S. 543-573
Putnam, Robert D. 1993: *Making Democracy Work: Civic Traditions in Modern Italy*, Princeton: Princeton University Press
Putnam, Robert D. 2000: *Bowling Alone: The Collapse and Revival of American Community*, New York: Simon & Schuster
Pye, Lucian W./Verba, Sidney (Hg.) 1965: *Political Culture and Political Development*, Princeton: Princeton Univesity Press
Rohe, Karl 1987: Politische Kultur und der kulturelle Aspekt von politischer Wirklichkeit, in: Berg-Schlosser/Schissler (Hg.): *Politische Kultur in Deutschland. Bilanz und Perspektiven der Forschung* (PVS-Sonderheft 18), Opladen: Westdeutscher Verlag, S. 39-48
Rossade, Werner 1997: *Gesellschaft und Kultur in der Endzeit des Realsozialismus*, Berlin: Duncker & Humblot
Rytlewski, Ralf 1989: Ein neues Deutschland? Merkmale, Differenzierungen und Wandlungen in der politischen Kultur der DDR, in: Wehling, Hans-Georg (Red.): *Politische Kultur in der DDR*, Stuttgart/Berlin/Köln: Kohlhammer, S. 11-28
Rytlewski, Ralf/Sauer, Birgit 1988: Die Ritualisierung des Jahres. Zur Phänomenologie der Feste und Feiern in der DDR, in: Luthardt, Wolfgang/Waschkuhn, Arno (Hg.): *Politik und Repräsentation. Beiträge zur Theorie und zum Wandel sozialer Institutionen*, Marburg: SP-Verlag Schüren, S. 265-285
Said, Edward W. 1978: *Orientalism*, New York: Pantheon Books
Schirmer, Dietmar 1992: *Mythos – Heilshoffnung – Modernität. Politisch-kulturelle Deutungscodes in der Weimarer Republik*, Opladen: Westdeutscher Verlag
Seibel, Wolfgang, et al. (Hg.) 1997: *Demokratische Politik – Analyse und Theorie. Politikwissenschaft in der Bundesrepublik Deutschland*, Opladen/Wiesbaden: Westdeutscher Verlag
Te Brake, Wayne 1998: *Shaping History: Ordinary People in European Politics, 1500-1700*, Berkeley/Los Angeles: University of California Press
Weber, Max 1920: Die Wirtschaftsethik der Weltreligionen, in: ders.: *Gesammelte Aufsätze zur Religionssoziologie I*, Tübingen: Mohr, 9. Aufl. 1988, S. 237-573
Weber, Max 1922: Die „Objektivität" sozialwissenschaftlicher und sozialpolitischer Erkenntnis, in: ders.: *Gesammelte Aufsätze zur Wissenschaftslehre*, Tübingen: Mohr, 7. Aufl. 1988, S. 146-214
Wildavsky, Aaron 1987: Choosing Preferences by Constructing Institutions: A Cultural Theory of Preference Formation, in: *American Political Science Review* 81, S. 3-21

Politische Symbole – symbolische Politik

Gerhard Göhler

Wenn Politik als „symbolisch“ bezeichnet wird, ist damit gemeinhin die abwertende Vorstellung verbunden, sie sei „bloß“ symbolisch, nämlich inhaltsleer, substanzlos, durch Schlagworte überdeckt, „inszeniert“ usw. Dem liegt die Vorstellung zu Grunde, dass sich Inhalt und Ausdruck, Realität und ihre Darstellung säuberlich trennen lassen. Das allerdings ist nicht selbstverständlich – alle konstruktivistischen Ansätze sozialer Wirklichkeit sehen hier vielmehr einen untrennbaren Zusammenhang. Überdies geht es dabei um Symbole, nicht allgemein um Sprache oder Zeichen. So stellt sich die zusätzliche Frage, was denn „Symbole“ spezifisch zur Realitätskonstruktion beitragen. Das alles ergibt ein unübersichtliches Feld, denn die Fragen, wie Realität symbolisch konstruiert wird und was daran das eigentlich „Symbolische“ ist, fallen in der verzweigten Diskussion nicht einfach zusammen. Es kann durchaus unterschieden werden zwischen der Vorstellung einer generell symbolischen Konstruktion der Wirklichkeit und der Vorstellung einer sozialen Konstruktion der Wirklichkeit, in der Symbole eine besondere (und eingeschränkte) Rolle spielen.

Ein angemessenes Verständnis des Verhältnisses von Symbolen und Politik betrifft also zunächst die beiden Fragen: Was ist politische Realität? Wie wird sie symbolisch konstituiert?

Die Realitätsfrage führt auf das konstruktivistische Argument, soziale Wirklichkeit sei gesellschaftlich, möglicherweise symbolisch konstruiert. Soweit es hierbei um Symbole geht, ist überdies festzuhalten – und dies unabhängig von der konstruktivistischen Entscheidung – welchen Aufschluss Symboltheorien über den Charakter von Symbolen geben können. Erst auf dieser Grundlage lässt sich die Frage angehen, die hier im Zentrum steht: Was leisten Symbole für die Politik?

Hier geht es, so wird zu erörtern sein, zunächst um Integration, denn Symbole sind wichtige Integrationsmedien. Eher problematisch bleibt die Frage, ob Symbole in einem präzisierbaren Sinn auch Steuerungsinstrumente der Politik sind. Entgegen der landläufigen Vorstellung, was mit Symbolen in der Politik alles machbar sei, eignen sich Symbole durchaus nicht in erster Linie zur Steuerung. Wenn es trotzdem Steuerungseffekte der Symbole gibt, lassen sich solche Effekte nur über die Integrationsleistung von Symbolen in der Politik bestimmen. Gerade dieser Weg allerdings führt – sofern solche Überlegungen plausibel gemacht werden können – zu einer neuartigen Verortung der „symbolischen Politik“ als theoretisches Konzept.[1]

1 Die vorliegenden Überlegungen versuchen, meine Arbeiten zur Bestimmung von Symbolen in der Politik (insbes. Göhler 1997 und 1999) systematisch fortzuführen und neue Fragen aufzunehmen. Den Teilnehmerinnen und Teilnehmern meines Seminars „Symbolische Politik“ im Sommersemester 2001 an der Freien Universität Berlin danke ich für anregende und weiterführende Diskussionen.

Das Konzept ist in Deutschland vor allem durch die Arbeiten von Sarcinelli (1987) und durch die Rezeption von Edelman (1990) zu einem verbreiteten Denkmuster geworden. „Symbolische Politik" ist seitdem ein vor allem negativer Begriff, der in ideologiekritischer Intention „wirklich" politisches Problemlösungshandeln von bloß symbolischer Surrogatspolitik abgrenzt.

Allerdings bleibt die schematische Weise, in der diese Ansätze das Verhältnis von Realität und Symbolik zu fassen versuchen, unbefriedigend. Zwar führt Sarcinelli die hilfreiche Unterscheidung von „politischer Symbolik" und „symbolischer Politik" ein (1989: 295). Ferner weist er dem Symbolischen in der Politik spezifische Funktionen zu und unterscheidet zwischen einer *regressiven* (verdichtenden und vereinfachenden), einer *nomischen* (legitimitätsstiftenden) und *affektiven* Funktion. Aber er benutzt diese Symboldefinition doch wiederum nur, um in seinem Argument zu bleiben: dass die aufgelisteten Mechanismen der Symbole eine zweite Realität, eben eine Schein-Realität konstituieren, nicht einen „Wirklichkeitsausschnitt" (ebd.) wiedergeben.

Was konstatiert wird, ist also eine Verdoppelung der Realität: Die „echte", „eigentliche" Realität der Politik, in der Sachentscheidungen anstehen und gefällt werden, steht der „äußeren", „präsentierten" Realität der Politik gegenüber, welche von den Eliten zur Selbstlegitimation und Herrschaftssicherung unter das Volk gebracht wird. Wahlkämpfe sind die dafür besonders geeignete Arena. So wenig an solchen Beobachtungen zu zweifeln ist, so fragwürdig bleibt doch der Kern des Konzepts. Leben wir tatsächlich in zwei Realitäten? Das konstruktivistische Argument besagt ganz generell, dass wir es immer nur mit einer einzigen Realität zu tun haben, jener nämlich, die in der jeweiligen Situation durch soziales Handeln, Reden, Präsentieren, also insgesamt durch soziale Interaktion erst zustande kommt. Sie ist deshalb stets schon kommunikativ und eben auch symbolisch vermittelt. Wenn diesem Argument Gewicht zugebilligt wird, ist „symbolische Politik" nicht ein spezifischer, abgrenzbarer Modus von Politik, sondern Politik ist stets auch symbolisch, eine Trennung wird unmöglich.

Was ist politische Realität?

Neuere, konstruktivistische Ansätze können darüber belehren, dass eine Aufspaltung von Realitäten als Analyseschema nicht taugt, solange von einer Aufspaltung und nicht bloß einer Dimensionierung die Rede ist.

a) Der bekannteste Ansatz für eine solche Sicht ist die *Gesellschaftliche Konstruktion der Wirklichkeit* von Berger/Luckmann (1969). Die Autoren legen damit eine „Theorie der Wissenssoziologie" (Untertitel) vor, was erläuterungsbedürftig ist. Tatsächlich geht es ihnen um die Frage, wie eine Gesellschaft durch subjektiv gemeinten Sinn als „objektive Faktizität" (ebd.: 20) konstituiert wird. Die Konstitution erfolgt zunächst in der Alltagswirklichkeit, denn diese produziert ein Wissen, welches das Verhalten reguliert (ebd.: 21). So wird das Wissen im Alltag zum Gegenstand der Analyse durch die Wissenssoziologie. Diese kann nun zeigen, wie der in Generationen gespeicherte Wissensvorrat einer Gesellschaft die Ortsbestimmung des Individuums in der Gesellschaft ermöglicht und wie das Individuum selbst sich auf diese Weise in der Gesellschaft zu verhalten hat.

Wenn wir versuchen, den Zusammenhang von Symbolen und Politik im Modell von Berger/Luckmann auszuführen, so kommt den Symbolen hier zunächst eine nachgeordnete Bedeutung zu. Für die gesellschaftliche Konstruktion von Wirklichkeit sind Symbole nicht unmittelbar erforderlich, weil sie die Alltagswelt als solche nicht konstituieren. Aber sie sind mit der Alltagswelt verbunden und haben eine wichtige „sekundäre" Funktion. Symbole verweisen aus der Alltagswelt auf andere, übergeordnete „Sinnprovinzen" wie Religion, Kunst oder Wissenschaft, die auf diese Weise der Alltagswelt als Symbolsysteme gegenüberstehen und auf sie einwirken, weil sie aus der Perspektive der Alltagswelt als „Grenzsituationen" erfasst werden (42, 102f.). Symbolisch generierte „Sinnwelten" sind umgreifend, synoptisch, sie integrieren die individuelle Sinnhaftigkeit und strukturieren damit zugleich die Alltagswelt (104f.).

Die Schwierigkeit, im Sinne von Berger/Luckmann die gesellschaftliche Konstruktion der Wirklichkeit mit Hilfe von Symbolen zu verstehen, liegt darin, dass einerseits Symbole für die Alltagswelt nicht konstitutiv sind, andererseits in Form von Sinnwelten die Individuen in die von ihnen konstituierte Wirklichkeit erst integrieren. Die Rolle von Symbolen bleibt merkwürdig prekär.

b) Demgegenüber unternimmt Cassirer in seiner *Philosophie der symbolischen Formen* (1923-28) den Aufweis, dass Wirklichkeit grundsätzlich und durchgehend durch Symbole konstituiert ist. Das Argument enthält zwei Schritte. Zunächst geht Cassirer ganz naheliegend davon aus, dass Wirklichkeit für uns stets physisch und geistig zugleich ist, eine Verbindung von Natur und Kultur, Sinnlichem und Sinnhaftem. Das eine ist nicht ohne das andere. Wenn dem ganz unzweifelhaft so ist, so wird entscheidend, wie ihre Verbindung aussieht, denn diese allein erst erbringt „Wirklichkeit". Das ist der zweite Schritt, er führt in radikaler Weise zu den Symbolen. Der Mensch kann mit seiner Welt und auch mit seinesgleichen nur umgehen, indem er sich *ausdrückt* – wenn er also zwischen sich und all dem, was ihm begegnet und was er schafft, eine Distanz legt, indem er es geistig reproduziert. So drückt er es *symbolisch* aus. Der Mensch ist ein „symbolisches Wesen", ein „animal symbolicum" (Cassirer 1990: 51): „Symbolisieren heißt die Tätigkeit, die vermöge der ‚geistigen Energie' (...) des Menschen, der ‚Energie des Bildens' (...) aus sinnlichen Eindrücken ein konkret sinnliches Zeichen formt" (Oh 1999: 40). Das systematische Ergebnis dieser Tätigkeit ist die *symbolische Form*, und es gibt ebenso viele Formen mit eigenen Gestaltungsprinzipien, wie es symbolisierende Tätigkeiten gibt. Grundlegend sind die mythisch-religiöse, die ästhetische und die wissenschaftliche symbolische Form: Sie entsprechen den symbolischen Tätigkeiten des Ausdrückens (für den Mythos), des Darstellens (für die Kunst) und des Bedeutens (für die Wissenschaft). Dazu kommen als „Elementarform" die Sprache und als „Sonderformen" u. a. die Technik und die historische Erkenntnis. Entscheidend ist in unserem Zusammenhang: Die Welt ist für den Menschen nicht unmittelbar gegeben, sie ist von ihm herausgebildet und entsteht ihm erst durch das Medium des Symbolischen. Das Symbolisieren ist Weltverstehen und zugleich auch Welterschaffen. Die Welt wird erst durch das Symbolisieren zum Gegenstand, zwischen Gegenstand und Symbol besteht letztlich für den Menschen kein Unterschied. „Die symbolische Formung ist eine Gestaltung zur Welt, nicht eine Gestaltung der Welt“ (Oh 1999: 44, vgl. Cassirer 1953ff.: 1/9).

Hier ist in der Tat die Wirklichkeit stets symbolisch generiert, dementsprechend wäre mit Cassirer eine Trennung von politischer Realität und symbolischer Politik schlicht undenkbar. Aber wenn Symbole in der Konstitution von Wirklichkeit eine derart entscheidende Rolle spielen, wird bei Cassirer der Symbolbegriff selbst zum Problem. Das zeigt sich bei ihm bereits immanent, wenn wir unsere Fragestellung an ihn anlegen. Für Cassirer ist die höchste der symbolischen Formen die Wissenschaft, sie ist evolutionär am spätesten entwickelt und kann vor allem für unsere Zeit Geltung beanspruchen. Entsprechend ist das abstrakte mathematische Symbol, welches eindeutig ist und keinerlei Emotionen zulässt oder verarbeitet, die höchstentwickelte Form. Dann ist es aber kein Symbol mehr im Sinne von „symbolischer Politik“, sondern ein Zeichen. Das Symbol wird von Cassirer doppeldeutig verstanden: Einmal umfassend, dann wiederum im Sinne wissenschaftlicher Rationalisierung. Mit dieser Doppeldeutigkeit ließe sich auch die Auftrennung in eine „rationale“ und in eine bloß „symbolische“, die Emotionen ansprechende Politik rechtfertigen, sie wäre bei Cassirer im Unterschied zwischen Mythos und Wissenschaft begründet. Cassirers Abrechnung mit dem Nationalsozialismus im *Mythus des Staates* (1985) lässt sich in diesem Sinne lesen. Allerdings wäre Cassirer dann missverstanden, wie Oh (1999: 97f.) überzeugend gezeigt hat. Zwar konstatiert er durchaus einen Fortschritt der menschlichen Kultur vom Mythos zur Wissenschaft; auf der anderen Seite betont er aber immer wieder, dass Mythos und Wissenschaft gleichberechtigt als symbolische Formen zu fassen sind. Das gilt auch für die Gegenwart. Da das menschliche Bedürfnis, sich auszudrücken, anthropologisch grundlegend ist, bleibt der Mythos als symbolische Form unhintergehbar - als ein wichtiges und ebenso unverzichtbares Element kommt die Entwicklung der wissenschaftlichen Rationalität zum modernen naturwissenschaftlichen Denken hinzu. Letztere ist eine Errungenschaft der Kultur, aber Kultur ist zugleich immer nur als eine Gesamtheit der symbolischen Formen zu begreifen. Ausdrücken, Darstellen und Bedeuten konstituieren gemeinsam unsere Wirklichkeit. So ist es vielmehr die Verselbstständigung des Mythos, die zu den totalitären Konsequenzen des Nationalsozialismus geführt hat.

Lässt sich für die Schwierigkeit der immanenten Cassirer-Interpretation eine Lösung finden, so bleibt das grundlegende Problem doch bestehen. Cassirers Symbolbegriff ist sehr hilfreich, um die Konstruktion gesellschaftlicher Wirklichkeit zu verstehen, er bleibt aber zu unspezifisch und doppeldeutig, um die Rolle des emotionalen Faktors und seines symbolischen Ausdrucks als konstitutives Element von Politik zu erfassen. Dies erfordert ein verengtes Symbolverständnis, auf das Sarcinelli bereits zu Recht hingewiesen hat, das aber im Gegensatz zu seiner

Vorstellung konstruktivistisch begriffen werden muss. Darum wird es im nächsten Abschnitt gehen.

c) Ein weiteres Problem kommt hinzu: Wenn Wirklichkeit im Sinne von Cassirer Wirklichkeit nur dadurch ist, dass sie symbolisch strukturiert wird, so ist mit solchen Strukturen stets *Macht* verbunden. Nicht alle Symbole strukturieren gleichermaßen, die Realität ist vielmehr strukturiert durch bestimmte Symbole und durch andere Symbole nicht. Strukturierende Symbole sind herrschende Symbole, andere bleiben ohnmächtig. Die Machtverteilung kann sich im Lauf der Geschichte ändern, bislang ohnmächtige Symbole gewinnen Strukturierungsmacht, bisher herrschende Symbole verlieren sie. Symbole sind daher stets umkämpft, und diesem Zusammenhang ist Cassirer nicht nachgegangen, weil ihn symbolische Formen auf einer philosophischen, nicht einer politischen Ebene interessieren.

An Cassirer ebenso wie an Marx anknüpfend hat Bourdieu diesen Zusammenhang in soziologischer Sichtweise unter dem Stichwort der *symbolischen Macht* analysiert (Bourdieu 1979, 1985, 1989; vgl. Göhler/Speth 1998; Göhler 1999: 260f.) Sein Hauptinteresse gilt der Weiterführung der Marxschen Frage, wie die Gesellschaft durch das Kapital in soziale Klassen strukturiert wird. Aber er fasst die Herrschaft des Kapitals nicht allein ökonomisch, sondern auch kulturell und sozial, und alle diese Formen können in „symbolisches Kapital", in eine „als legitim anerkannte Form" (Bourdieu 1985: 11) überführt werden. So ist es für Bourdieu vor allem diese symbolische Macht, mit welcher das Kapital die soziale Realität strukturiert, und auf diese Weise bezieht er die idealistische Symboltheorie von Cassirer ausdrücklich in seine Strukturierungstheorie mit ein.

Den Individuen kommen im Sozialen jeweils bestimmte Positionen zu, die sie von den anderen Individuen unterscheiden und die das „soziale Feld" strukturieren. Die jeweilige Position ist mehrdimensional und keineswegs allein ökonomisch bestimmt. Die entscheidende Festlegung erbringt der „Habitus"; mit dieser Kategorie entfaltet Bourdieu eine den symbolischen Formen Cassirers vergleichbare Konstitution sozialer Realität. Der Habitus ist nicht nur ein individuelles äußerliches Kennzeichen im Alltag, er ist der Inbegriff von Dispositionen einer Gruppe von Menschen im Raum des Sozialen. Der jeweilige Habitus wird zum gesellschaftlichen Unterscheidungsmerkmal, weil er soziale Positionen in der Form von Wahrnehmungsmustern konstituiert, welche in Lebensstilen ihren Ausdruck finden. Er steuert die Selbst- und die Fremdzurechnung, die Wahrnehmung von Zugehörigkeit und Abgrenzung, und so erhält der Alltag durch ihn erst seine Gestalt. Der Habitus ist zugleich strukturierte und strukturierende Struktur. Als strukturierende Struktur bestimmt er jeweils den Lebensstil sozialer Gruppen, bewirkt und präsentiert die sozialen Klassifikationen. Als strukturierte Struktur bringt er die Grundstruktur der Gesellschaft für alle Klassen in gemeinsamen Wahrnehmungsmustern zur Geltung. Würde der Habitus lediglich abgrenzen, so würde die Gesellschaft auseinander fallen. Der Habitus produziert und verfestigt zugleich die gemeinsamen Wahrnehmungsmuster der Gesellschaft, um die unterschiedlichen Positionen, die stets auch Positionen ungleich verteilter Macht sind, als ein strukturiertes Ganzes zu erleben und als insgesamt vorgegeben bis zu einem gewissen Grade auch zu akzeptieren.

Gemeinsame Wahrnehmungsmuster, wie Bourdieu sie bestimmt, begründen Herrschaft, und als solche können sie nicht transzendentalen Ursprungs sein (hier grenzt sich Bourdieu grundlegend von Cassirer ab). Sie sind soziologisch zu fassen, nämlich als das Resultat von politischen Kämpfen um symbolische Macht. Die herrschenden Kategorien der Wahrnehmung der sozialen Realität bestimmen die Aufteilung in soziale Gruppen. Diejenigen Gruppen, die sich in der Gesellschaft durchsetzen, liefern auch die herrschenden Symbole als exklusive Deutungsangebote. Wenn also, Cassirer zufolge, Symbole die soziale Realität konstituieren, so ist mit Bourdieu zu folgern, dass sie ihre Wirkung nicht in einem allgemeinen und sozial unspezifischen geistigen Horizont entfalten. Sie sind das Ergebnis sozialer Auseinandersetzungen, als solche setzen sie sich durch und geben die gesellschaftlich strukturierenden und stets mit Herrschaft verbundenen Deutungsmuster vor.

Unklar bleibt Bourdieus Symbolbegriff: Sind alle äußeren Anzeichen, mit denen gesellschaftliche Strukturierung wahrgenommen wird, bereits unterschiedslos „Symbole"? In diesem Fall müsste - ähnlich wie bei Cassirer – „Politik" und „symbolische" Politik einfach gleichgesetzt werden, die spezifischen Funktionen von Symbolen, auf die Sarcinelli zu Recht hinweist, ließen sich nicht mehr ausmachen. Bezeichnenderweise spricht Bourdieu durchweg nicht explizit von „Symbolen", sondern immer nur von „symbolischem Kapital", „symbolischer Macht" usw., also vom Symbolischen als einer jeweils zu attribuierenden Eigenschaft. Damit wird der wichtige Kern im Konzept von „symbolischer Politik", dass Symbole nämlich Verdichtungen und darin emotional aufgeladen sind, nicht mehr darstellbar. Eine genauere Bestimmung der Rolle von Symbolen in der Politik wird unmöglich, Politik ist symbolische Politik, symbolische Politik ist Politik. Dieses Ergebnis einer konstruktivistischen Sicht der Wirklichkeit widerspricht zwar der Realitätsdoppelung im Konzept der „symbolischen Politik", bleibt analytisch jedoch ziemlich unergiebig.

Selbst wenn Politik als gesellschaftlich konstruiert, oder konkreter: als kommunikativ generiert aufgefasst wird, scheint es doch Sinn zu machen, zwischen einer gesellschaftlichen Konstruktion der Politik generell und einer vermittels von Symbolen konstituierten Politik speziell zu unterscheiden. Dazu bedarf es einer Vergewisserung dessen, was unter Symbolen überhaupt zu verstehen ist und welches Symbolverständnis bei solchen Differenzierungen weiterführen kann.

Was sind Symbole?

Für das Verständnis von Symbolen ist in erster Linie die Semiotik zuständig, als Lehre von den Zeichen. Symbole sind zweifellos Zeichen, es fragt sich nur, ob auch alle Zeichen Symbole sind. Das Problem wird auch in der Semiotik gesehen. Gegenüber den bisher diskutierten Konzepten der gesellschaftlichen Konstruktion von Wirklichkeit bietet die Semiotik grundsätzlich die Möglichkeit, eine solche Art der Konstruktion auf die Zeichenebene abzubilden und unterschiedliche Dimensionen auszumachen. So sollte sich die Aufteilung in eine Zeichen- und eine Symboldimension semiotisch modellieren lassen.

Allerdings ist das Symbolverständnis in der Semiotik eher verwirrend, und erst recht verwirrend wird es, wenn man es auf das berühmte „semiotische Dreieck" projiziert. Eco hat verdienstvoller Weise die unterschiedlichen Termini zusammengestellt, die den Ecken dieses Dreiecks in der Literatur zugestellt werden (Eco 1977: 30). Wie sich erweist, ist die Uneinheitlichkeit der Begriffsbildung niederschmetternd, bevor überhaupt die Symbolfrage gestellt wird.

Schema 1

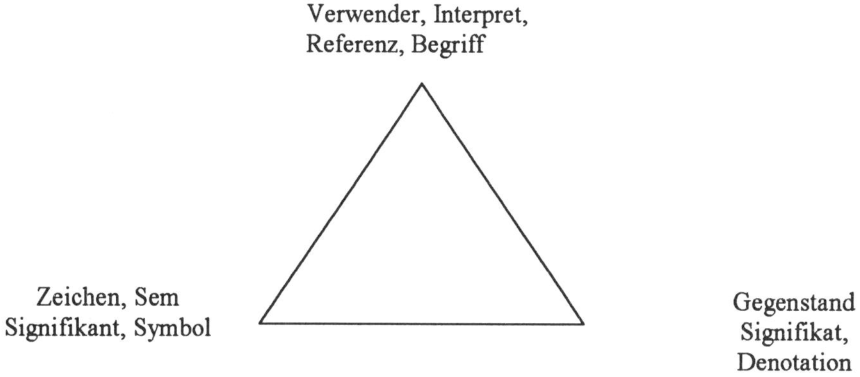

Ecos Zusammenstellung der Begriffe – die hier nur auszugsweise wiedergegeben ist – zeigt, dass sich die Zusammenhänge der unterschiedlichen Begriffsverwendungen intuitiv kaum erkennen lassen. Sollte man auf das Dreieck deshalb lieber verzichten? Trotz aller berechtigten Kritik (Schönrich 1999) wird man nicht darum herum kommen, die unterschiedlichen Instanzen, die in der Semiose zusammenwirken, als solche zu benennen und ihre wechselseitigen Beziehungen zu bestimmen. Aber in unserem Zusammenhang kommt noch eine Komplikation hinzu: Wie lassen sich Symbole in ein semiotisches Dreieck einfügen, wenn zwischen Zeichen und Symbolen zu unterscheiden ist? Ich sehe dafür derzeit keine explizite Lösung innerhalb der semiotischen Symboltheorie, finde sie allerdings in der hermeneutischen Symboltheorie, und über diesen Umweg lassen sich interpretative Stützen auch wieder in der Semiotik gewinnen.

Was ist der Unterschied zwischen semiotischer und hermeneutischer Symboltheorie? Er lässt sich an der Unterscheidung von Metapher und Symbol demonstrieren, wie sie Kurz vorgenommen hat. Die *Metapher* ist ein außergewöhnlicher Wortgebrauch, um durch Abweichungen von den Regeln unserer Umgangssprache

Aufmerksamkeit zu gewinnen. Gelingt die Metapher, ist sie verständlich, so erweisen sich die Abweichungen als sinnvoll und aufschlussreich (Kurz 1988: 14). In diesem Interpretationsprozess ist der Gegenstand, auf den Bezug genommen wird, bekannt – die Bedeutungsvielfalt wird nur im Sprachbewusstsein hergestellt.[2] Das *Symbol* erbringt dagegen eine zusätzliche Bedeutung für das Gegenstandsbewusstsein. Es ist ein „Textelement, das zugleich eine indizierende und eine metaphorische Bedeutung hat“ (76). Analog zur Unterscheidung zwischen denotativen und konnotativen Verweisen (Edelman 1990: 5[3]) verweist das Symbol auf etwas anderes im Gegenstandsbereich, was bisher nicht bewusst war, nämlich auf eine andere Interpretationsmöglichkeit desselben Gegenstandes. Im Gebrauch von Symbolen wird der Gegenstandsbereich erweitert, indem er je unterschiedliche Interpretationen offen hält. Steht die Metapher für einen Überschussgehalt im Sprachbewusstsein, so das Symbol für einen Überschussgehalt im Gegenstandsbewusstsein.

Schema 2

	Metapher	Symbol
		A / B / C
Gegenstandsbewusstsein	□□□□□	□□□ □□□ □□□
	↓ ↓ *(Bezeichnung)*	↑ ↑ ↑ *(Deutung)*
Sprachbewusstsein	□□□ □□□	□□□□□
	Standard/Abweichung	

Symbole sind immer abhängig von Interpreten, die in ihrem Interpretieren (symbolisch) die soziale Realität konstituieren. Auf dieser Grundlage lässt sich das semiotische Dreieck mit den genannten Komponenten so modellieren, dass zugleich die symbolische Erweiterung des Gegenstandsbewusstseins deutlich wird:

2 Beispiel: das Alter als „Abend des Lebens“ (Kurz 1988:11)

3 Edelman trennt hier jedoch sogleich zwischen Rationalität und Emotionalität (vgl. Göhler 1999: 264 FN 10)

Schema 3: Hermeneutische Erweiterung des semiotischen Dreiecks[4]

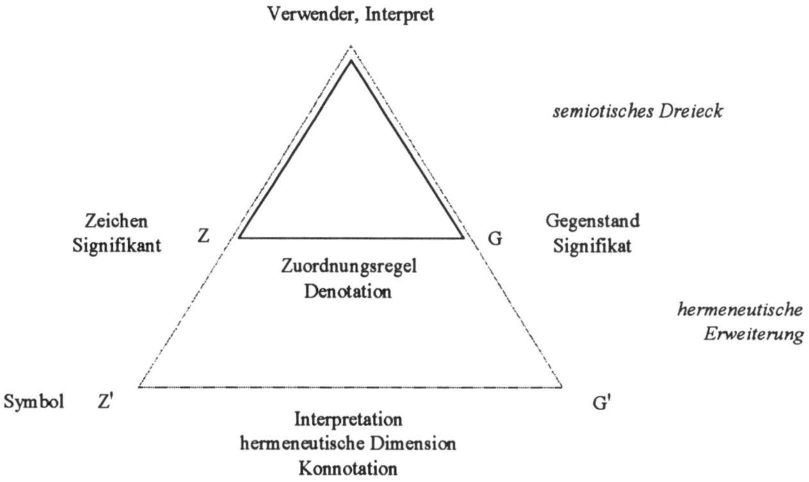

Hier lassen sich Zeichen und Symbol klar unterscheiden (Göhler 1997: 29f): Das *Zeichen* ist ein *semiotisches* Phänomen. Es steht für einen bestimmten Gegenstand oder Sachverhalt, den es bezeichnet. Der Verwender benutzt das Zeichen als Signifikant für den Gegenstand oder Sachverhalt, den er bezeichnen will, das Signifikat. Die Relationen zwischen Verwender, Signifikant und Signifikat bilden die Grundform des semiotischen Dreiecks. Das Zeichen ist eine Form der Bezugnahme, in der der Signifikant eindeutig für einen Sachverhalt steht (Denotation). Seine Bedeutung ergibt sich aus der Zuordnungsregel von Signifikant und Signifikat.

Das *Symbol* ist zwar auch ein Zeichen, aber ein Zeichen sui generis. Als Zeichen verweisen Symbole auf einen Sachverhalt; aber als Symbole bezeichnen sie ihn nicht abkürzend so, dass jedes Mitglied einer Kommunikationsgemeinschaft das Gleiche darunter versteht. Symbole stellen einen Sachverhalt so dar, dass er erst interpretiert werden muss. Die Bedeutung der Symbole beruht also auf der Deutung, die vom jeweiligen Interpreten vorgenommen wird – sie ist nie eindeutig, sondern sie ergibt sich erst aus der Art und Weise, wie die Symbole auf den Interpreten wirken, wie sie von ihm begriffen und verwendet werden (Konnotation). Das Symbolische ist keine besonders bunte oder undeutliche Form der Bezeichnung, sondern ein bestimmter Text- und Bildgebrauch, bei dem der Signifikant einer Deutung unterworfen wird. Erst durch ihre Deutung werden Sachverhalte und Ereignisse zu Symbolen. Symbole sind ein *hermeneutisches* Phänomen.[5] Die

4 Das Schema habe ich bereits in Göhler 1997: 30 vorgestellt. Die hier vorgenommene Verbindung von semiotischer und hermeneutischer Perspektive macht Puristen eher misstrauisch. Mein Kriterium ist allein, dass auf diese Weise die diskutierten Probleme symbolischer Politik besser gelöst werden können.

5 „Das Symbol bezeichnet und benennt nicht. ... Die Bedeutung sprachlicher Zeichen kenne ich, ich habe sie gelernt, die Bedeutung von Symbolen muß ich deuten. Erst durch ihre Deutung werden Gegenstände

Deutung durch den Interpreten bringt seine ganze Lebenswelt mit ein: Sein Wissen, seine Erfahrungen, seine Grundsätze, seine Emotionen. Auf diese Weise ist das semiotische Dreieck hermeneutisch zu erweitern.[6]

Die Deutung ergibt einen Überschuss und bezieht zugleich den Interpreten mit ein – das ist die „Botschaft“ der hermeneutischen Symboltheorie.

Es muss hinzugefügt werden, dass diese Zusammenhänge in der Semiotik durchaus nicht unbekannt sind. Die Schwierigkeit mit der Semiotik liegt vielmehr darin, die Komplexität semiotischer Theoreme – Peirce ist ein illustratives Beispiel – für die Analyse von Symbolzusammenhängen in der Politik (oder allgemein in der sozialen Lebenswelt) zu operationalisieren. Hierfür ist der Einbezug der hermeneutischen Perspektive unverzichtbar. Wird über diesen Zugang das Grundmuster klar, so lässt es sich auch in semiotischen Theoriegebäuden wiederfinden oder zumindest rekonstruieren. Und so liefert dann auch die Semiotik eine bestätigende Hilfestellung – wenn nur der Blick hermeneutisch geschärft ist: Eco teilt die Zeichen in ihrer Beziehung zum Signifikat in univoke und plurivoke, eindeutige und mehrdeutige Zeichen ein und findet den Gipfel der Mehrdeutigkeit in den „unbestimmten Zeichen, auch ‚Symbole‘ genannt, die einen unbestimmten und auf Anspielung beruhenden Zusammenhang mit einer nicht festgelegten Reihe von Signifikaten haben“ (Eco 1977: 53); entsprechend unterscheidet er auch zwischen Denotation und Konnotation (181). Aber ohne eine hermeneutische Klärung bleibt das alles recht unbestimmt, letztlich meint Eco angesichts der geisteswissenschaftlichen Tradition des Symbolbegriffs, dass „die sogenannten Symbole gar keine Zeichen sind [sic!], sondern nur Stimuli mit der Fähigkeit, den Empfänger zu einer schöpferischen Mitarbeit anzuregen“ (55). Das passt in die hier vorgeschlagene hermeneutische Erweiterung des semiotischen Dreiecks schon irgendwie hinein. Peirce befasst sich, vereinfacht ausgedrückt, mit Symbolen systematisch in zweierlei Hinsicht. Zum einen steht das Symbol in der Reihe *Ikon – Index – Symbol*. Das ist der Objektbezug des Zeichens. Als „Ikon“ verweist das Zeichen durch Ähnlichkeit auf das Objekt, als „Index“ durch einen unmittelbaren zeitlichen oder räumlichen Bezug (Rauch – Feuer), als „Symbol“ dagegen verweist es auf das Objekt unabhängig von Ähnlichkeit oder unmittelbarer Determination aufgrund einer allgemeinen Gesetzmäßigkeit, die sich durch die Gewohnheit des Zeichengebrauchs ergibt (Peirce 2000: 135f.; Hoffmann 2001: 102f.). Das ähnelt dem „Bedeuten“ als höchste Funktionsweise der symbolischen Formen bei Cassirer, also letztlich der rationalen Wissenschaft. Was bei Cassirer transzendental, ist bei Peirce pragmatisch begründet – zur Frage nach „symbolischer Politik“ trägt es ebenso wenig bei.

---

und Ereignisse zu Symbolen. Die symbolische Bedeutung ist die symbolische Deutung. Das Symbol ist kein semiotisches, es ist ein hermeneutisches Phänomen“ (Kurz 1988: 80)

6 Verstanden über die „hermeneutische Erweiterung“ sind Symbole sowohl kognitiv als auch affektiv und keineswegs nur für das Gefühl zuständig. Sie beziehen diese Dimension lediglich mit ein. Die „Erweiterung“ ergibt sich aus semiotischer Perspektive. Aus hermeneutischer Perspektive wäre demgegenüber das semiotische Dreieck, soweit es sich auf Denotation beschränkt und die affektive Dimension außerhalb belässt, eine Verengung, eine Abstraktion. Tatsächlich lässt sich die Semiotik nicht soweit einengen, siehe dazu weiter unten.

Interessanter in diesem Zusammenhang ist ein zweiter Aspekt des Symbolverständnisses von Peirce. Das Symbol ist in stärkstem Maße davon abhängig, wie es *interpretiert* wird. Das Symbol ist „das, als was es verstanden wird" (Peirce 1998: 45). Der Interpret kann das Symbol aufgrund seines „Ähnlichkeitsgefühls" (Peirce 1998: 46) erkennen und zuordnen. Also geht auch Peirce über die bloße Denotation, die alltagssprachlich ohnehin die Ausnahme ist, zu einer interpretativen Auffassung des Symbols über. Pragmatistisch liegt es ohnehin nahe, handelnde Personen als Bezugs-Subjekte mit einzubeziehen. Damit kommen Individuen mit ihren Handlungsmöglichkeiten ins Spiel, Wirklichkeit als interpretierte ist akteursabhängig. Insgesamt erhält damit der Peircesche Symbolbegriff die Möglichkeit einer hermeneutischen Ausdeutung. „Symbolische Politik" lässt sich letztendlich, wenngleich nur über den Umweg der Hermeneutik, auch zeichentheoretisch erfassen.

Nehmen wir alles bisher Dargelegte zusammen, so sind Symbole weder eine Verschleierung von Wirklichkeit (denn sie sind es, die diese erst konstituieren), noch geben sie ein umfassendes Abbild dieser Wirklichkeit. Das Erste spricht gegen, das Zweite mit Einschränkungen für das Konzept symbolischer Politik. Symbole haben eine *präsentative* Funktion (Göhler 1997: 36f.; Speth 1997: 71, 84). Sie bringen alles das zum Ausdruck, was grundlegend für den Zusammenhalt und die Legitimation eines Gemeinwesens ist, ihre grundlegenden Werte und Ordnungsprinzipien. Auf diese Weise werden Inhalte nicht verschleiert, sondern im Zuge der Realitätskonstitution durch Symbole erst zur Geltung gebracht. Aber die symbolische Seite der Realitätskonstruktion muss genauer differenziert werden. Symbole präsentieren nicht nur die kognitive, sondern auch die affektive Seite der Realitätskonstitution. Im Zuge aller Rationalisierungstheorien der Moderne ist demgegenüber festzuhalten, dass zunehmend die kognitive Seite der Begründung von Politik und damit der Legitimierung des Gemeinwesens berechtigterweise in den Vordergrund tritt. Wenn Symbole nun gegenüber Zeichen gerade durch ihren Überschussgehalt charakterisiert sind, dann steht dieser Überschussgehalt dem Rationalisierungstheorem entweder unvereinbar entgegen oder er ist ihm gegenüber komplementär. Ersteres wäre ein Rückfall in eine unfruchtbare Dichotomie zwischen Rationalität und Irrationalität, Letzteres bleibt zu bedenken. Komplementarität bedeutet, dass eine von Emotionen und Interpretationen gereinigte Rationalität ebenso ihre Geltung beanspruchen darf wie eine gefüllte, das Affektive einschließende symbolische Konstruktion von Realität. In der Politik steht dementsprechend das instrumentelle Handeln in Form der Steuerung dem symbolischen Handeln in Form der Integration der Mitglieder des Gemeinwesens gegenüber (Göhler 1997: 52). Zugleich birgt allerdings die symbolische Dimension stets die Gefahr, dass sie sich durch Inhaltsentleerung verselbstständigt und die instrumentelle Dimension überdeckt. Bleibt auf diese Weise nur mehr die symbolische, affektiv aufgeladene Seite der Politik sichtbar, so haben wir es mit den Phänomenen zu tun, die wir gemeinhin als „symbolische Politik" im negativen Sinn bezeichnen. Es kommt also darauf an, in der gesellschaftlichen Konstruktion von Wirklichkeit die spezifisch symbolische Komponente, nämlich die Konstruktion von politischer Realität durch Symbole präzise zu bestimmen, denn im hier entfalteten Symbolverständnis ist nicht jede gesellschaftliche Konstruktion auch eine symbolische Konstruktion. Erst innerhalb der symbolisch konstruierten gesellschaftlichen oder politischen Realität ist dann wiederum zu bestimmen, ob es sich um eine konstitutive, d. h. für das Gemeinwesen unabdingbare Form, oder aber um eine bloß präsentative Überdeckung von Inhalten bzw. von Inhaltsleere im Sinne bloß „symbolischer Politik" handelt. Immerhin sind hiermit Unterscheidungen an die Hand gegeben, um nicht in die Allerweltsfalle des Geredes von „symbolischer Politik" zu geraten.

Was leisten Symbole? Integration, Steuerung und symbolische Politik

Steuerung und Integration sind Grundfunktionen des Handlungsraumes Politik gegenüber anderen gesellschaftlichen Handlungsräumen, erfolgreiche Politik muss in hinreichendem Maße sowohl Steuerungs- als auch Integrationsleistungen für die Gesellschaft erbringen (Göhler 1997: 19ff., 52ff.). Unter *Steuerung* verstehe ich in diesem Zusammenhang alle Formen der zweckbestimmten Regulierung von Handlungsoptionen in einer politischen Einheit. Die Regulierung erfolgt negativ durch Gebote und Verbote, positiv durch Anreize – insbesondere finanzieller Art – um die Optionen der individuellen und kollektiven Akteure eines Gemeinwesens zu begrenzen und zu kanalisieren. Das ist die erforderliche Ordnungsleistung der Politik. Unter *Integration* verstehe ich die Orientierung der Bürger an den Werten und Ordnungsprinzipien, die dem Gemeinwesen zugrunde liegen, um ein Mindestmaß an Identifikation und kollektiver Identität zu erreichen. Das ist die erforderliche Orientierungsleistung der Politik (Göhler 1997: 19f.).

Was leisten hierfür nun die Symbole? Hierfür ist zu beachten, dass sich Symbole von denotativ verwendeten Zeichen in ihren Mechanismen und ihrer Wirkung grundlegend unterscheiden (Göhler 1999: 265f.).

Symbole verdichten die grundlegenden Werte und Ordnungsvorstellungen eines Gemeinwesens zu Anschauungsgehalten, sie halten sie auf diese Weise für die Bürger sichtbar präsent. Sie sprechen nicht nur die kognitive, sondern auch die emotionale Seite von Politik an, die für die Akteure und Adressaten von Politik gleichermaßen wichtig ist und deshalb für die Orientierung der Bürger nicht außerhalb bleiben kann. Symbole erzeugen aber keinesfalls uniforme Ausrichtungen, weil sie stets auf der Empfängerseite interpretiert werden. Finden sie hier keinen positiven Resonanzboden, so misslingt normative Integration.[7] Insgesamt also ist die Integrationsleistung der Politik, sofern sie gelingt, eine symbolische Konstruktion von Wirklichkeit – hier: des Gemeinwesens – im konstitutiven Sinn.

---

7 Auf den Zusammenhang von Integration, Erleben und Symbolen hat insbesondere Rudolf Smend in seiner Verfassungslehre hingewiesen (Smend 1928: 124-139, 144f., 162ff.)

Sie ist von den Negativ-Phänomenen der „symbolischen Politik" systematisch klar zu trennen.

Während also Symbole für die normative Integration des Gemeinwesens konstitutiv und unentbehrlich sind, sieht es im Fall der Steuerung anders aus. Mechanismen und Wirkungsweise von Steuerungsleistungen in der Politik sind – unabhängig davon, ob sie gelingen oder nicht und wie weit Politik von sich aus überhaupt zur Steuerung fähig ist – nur in einem Reiz-Reaktions-Schema zu diskutieren. Zwar bewirkt ein Reiz im Falle politischer Steuerung nicht unbedingt eine bestimmte Reaktion der Adressaten. Das Bild des Politikers als Steuermann, der dem Schiff den Kurs gibt, ist irreführend und vernebelt nur die Steuerungsdiskussion. Aber Steuerung begrenzt und kanalisiert die Optionen der Adressaten, und ob dies gelingt oder misslingt, muss ursächlich auf politische Maßnahmen zurückgeführt werden können. Für eine solche Steuerungsleistung der Politik sind Symbole als Instrumente wenig geeignet. Sie begründen keinen Ursache-Wirkungs-Zusammenhang, schneiden Optionen nicht ab, sondern geben nur einen Interpretationsrahmen vor, welcher motivbildend wirkt und Orientierung vermitteln kann. Symbolen fehlt der Charakter der Berechenbarkeit, sie sind Medien der normativen Integration, aber keine Steuerungsinstrumente in einem präzisen Sinn.

Es gibt nun aber ganz offensichtlich Fälle einer gezielten und erfolgreichen Steuerung durch Symbole – so hat der Nationalsozialismus bewusst auf Symbole zur instrumentellen Durchsetzung seiner Herrschaft gesetzt. Also doch Steuerung durch Symbole?

Entweder ist Steuerung durch Symbole unmöglich, oder die Frage nach dem Zusammenhang von Steuerung und Symbolen ist noch nicht hinreichend ausgelotet. Den letzteren Weg versuche ich einen Schritt weit zu gehen.[8] Steuerung ist eine Ausrichtung von oben nach unten, also die gezielte Ausübung von Macht, wobei die Adressaten durch Anreize und Sanktionen zu einem bestimmten Verhalten veranlasst werden. So verstanden ist Steuerung der gezielte Versuch, die Handlungsweisen der Adressaten zu kanalisieren, und Symbole eignen sich dafür nicht. Aber auch Symbole strukturieren die Gesellschaft in Handlungsräume, wenn auch auf andere Weise. Indem sie integrieren, geben sie eine bestimmte Ausrichtung. Diese ist zwar nicht verbindlich und genau festgelegt, aber auch nicht völlig beliebig, weil sonst Integration und Desintegration gleich wahrscheinlich wären. Wer eine Fahne unter keinen Umständen akzeptiert, also als leitendes Symbol nicht anerkennt, wird unter dieser Fahne nicht zu integrieren sein. Also ist auch die Herstellung von Orientierung eine Verengung des Handlungsraums, denn wir werden unseren Werten nicht völlig zuwider handeln (sie nur unterschiedlich auslegen).

Deshalb können Symbole, wenn sie als Integrationsmedien mit ihrer Orientierungsleistung zugleich den Handlungsraum der Beteiligten umrisshaft generieren, auch als Steuerungsinstrumente verwendet werden. Sie steuern, indem sie den Handlungsraum verengen und damit bestimmte Reaktionen wahrscheinlicher machen als andere. Steuerung vermittels von Symbolen gelingt, so könnte man

8 Ähnliche Überlegungen habe ich 1997: 591f. noch anders bewertet.

folgern, wenn sie *ihre Integrationsleistung erfolgreich nutzt.* Diese Instrumentalisierung von Integration scheint nun in einem genaueren Sinn das auszumachen, was in der Politikwissenschaft gemeinhin als „symbolische Politik" bezeichnet wird. Denn bei der Integrationsleistung der Symbole kommt es auf detaillierte Sachverhalte gerade nicht an. Orientierungen sind keine Gebrauchsanweisungen. Diesen Umstand, der bei normativer Integration unerlässlich ist, können sich politische Akteure auch gezielt zu Nutze machen. Sie können die Integrationsleistung von Symbolen als Steuerungsinstrument verwenden, um ein bestimmtes Verhalten zu evozieren – sei es dazu, um Sachverhalte symbolisch zu verschleiern, sei es aber auch dazu, um komplexe Zusammenhänge anschaulich zu verdichten. Die Medienpräsenz politischer Akteure dient in weiten Bereichen dem Zweck, Integrationssymbole für die eigene Politik nutzbar zu machen. Und das mag durchaus seine Berechtigung haben.

Wenn „symbolische Politik" so verortet wird[9], ist sie nicht nur ein vorfindlicher Zustand der Politik, den man vielleicht beklagen mag, sondern auch gezieltes Handeln, welches durchaus ambivalent bewertet werden kann. Der Rekurs auf Konstruktivismus und Symboltheorie kann dazu verhelfen, ihre Mechanismen und Wirkungsweise, aber auch ihre demokratische Legitimation differenzierter zu untersuchen. Damit wird die Grenze zwischen symbolischer Integrationsleistung im konstitutiven Sinn und „symbolischer Politik" als Instrumentalisierung von Integrationsleistungen zugegebenermaßen fließend. Im konkreten Fall dürfte sie oft schwierig zu ziehen sein, die Beurteilung stark vom eigenen Standpunkt abhängen. Die empirische Brauchbarkeit der vorgetragenen Überlegungen muss sich – wie so häufig in der Politischen Theorie – erst noch erweisen.

Zusammenfassung und Fazit

Ich habe gefragt und erörtert, warum das geläufige Konzept der „symbolischen Politik", das für sich gesehen theoretisch höchst unzureichend ist, trotzdem wichtige und unverzichtbare Elemente der Politikanalyse enthält, und wie es systematisch eingeordnet und reformuliert werden kann. Zu diesem Zweck wurden neuere Konzepte zum Realitätsverständnis und zum Symbolverständnis durchgegangen. Der theoretische Mangel des Konzepts der „symbolischen Politik" besteht darin, dass in einer eher naiven Weise das Realitätsverständnis verdoppelt wird in eine sachhaltige und eine Scheinwelt der Politik. Es wurde deshalb gefragt, ob sich diese Trennung angesichts des *linguistic turn* in den Sozialwissenschaften und dem Einzug des Konstruktivismus noch rechtfertigen lässt. Tatsächlich gibt es mit Berger/Luckmann, Cassirer und Bourdieu gute Argumente dafür, unsere Realität immer schon als eine gesellschaftlich konstruierte zu interpretieren, Symbolik und Sachhaltigkeit also nicht zu trennen. Als Schwierigkeit erweist sich dabei der

9 Vgl. bereits Göhler 1997: 588f. Inzwischen versuche ich allerdings, das negative Phänomen „symbolische Politik" in differenzierterer Form von der Symboltheorie aus zu begreifen.

Symbolbegriff. Wenn Symbole nicht mehr sind als ein allgemeiner Ausdruck unserer Welt, geht analytisch verloren, was auch das Konzept der „symbolischen Politik" zu Recht an Symbolen heraushebt: Die Verdichtung, der emotionale Überschuss. Deshalb erscheint es unerlässlich, eine Unterscheidung zwischen Zeichen im Allgemeinen und Symbolen im Besonderen vorzunehmen, ohne die Einheit der gesellschaftlich konstruierten Wirklichkeit aufzugeben. Als hilfreich hat sich hierfür vor allem das hermeneutische Symbolverständnis erwiesen, weil es über die „Deutung" sowohl den emotionalen Überschuss als auch die konstitutive Rolle des Interpreten mit einbringt. Folgt man dieser Sichtweise, so sind Symbole allerdings durch spezifische Mechanismen gekennzeichnet, angesichts derer ihre Wirkungsweise nicht mehr als kausal begriffen werden kann. In der Politik haben Symbole deshalb primär die Funktion der Integration und nur sekundär die Funktion der Steuerung. Damit ist politische Realität, auch wenn sozial konstituiert, bezüglich der symbolischen Konstruktion doch wieder ausdifferenzierbar, was der Intuition des Konzepts der „symbolischen Politik" entspricht. Auf dieser Grundlage erweist sich symbolische Politik, sofern sie Steuerungsleistungen erbringen will, als eine Instrumentalisierung von Integrationsleistungen – entsprechend muss das Konzept reformuliert werden.

Literatur

Berger, Peter L./Luckmann, Thomas 1980: *Die gesellschaftliche Konstruktion der Wirklichkeit*, Frankfurt a. M.: Fischer

Bourdieu, Pierre 1979: Symbolic Power, in: *Critique of Anthropology* 4, S. 77-85

Bourdieu, Pierre 1985: *Sozialer Raum und „Klassen"*, Frankfurt a. M.: Suhrkamp

Bourdieu, Pierre 1989: Social Space and Symbolic Power, in *Sociological Theory* 4, S. 14-25

Cassirer, Ernst 1953ff.: *Philosophie der symbolischen Formen* (1. Aufl. 1923-28). 3 Bde. 2. Aufl. Darmstadt: Wissenschaftliche Buchgesellschaft

Cassirer, Ernst 1990: *Versuch über den Menschen. Eine Einführung in die Philosophie der Kultur*, Frankfurt a. M.: Fischer

Cassirer, Ernst 1985: *Der Mythus des Staates. Philosophische Grundlagen politischen Verhaltens*, Frankfurt a. M.: Fischer

Eco, Umberto 1977: *Zeichen. Eine Einführung in seinen Begriff und seine Geschichte*, Frankfurt a. M.: Suhrkamp

Edelman, Murray 1990: *Politik als Ritual. Die symbolische Funktion staatlicher Institutionen und politischen Handelns*, Frankfurt a. M./New York: Campus

Göhler, Gerhard et al. (Hg.) 1997: *Institution – Macht – Repräsentation. Wofür politische Institutionen stehen und wie sie wirken*, Baden-Baden: Nomos

Göhler, Gerhard 1999: Rationalität und Symbolizität der Politik. In: Greven, Michael Th./Schmalz-Bruns, Rainer (Hg.): *Politische Theorie – heute*, Baden-Baden: Nomos, S. 255-274

Göhler, Gerhard/Speth, Rudolf 1998: Symbolische Macht. Zur institutionentheoretischen Bedeutung von Pierre Bourdieu, in: Blänkner, Reinhard/Jüssen, Bernhard (Hg.), *Institution und Ereignis*, Göttingen: Vandenhoeck & Ruprecht, S. 17-48

Hoffmann, Michael 2001: Was sind „Symbole", und wie läßt sich ihre Bedeutung erfassen?, in: Melville, Gert (Hg.), *Institutionalität und Symbolisierung*, Köln: Böhlau, S. 95-117

Kurz, Gerhard, 1988: *Metapher, Allegorie, Symbol*, 2. Aufl. Göttingen: Vandenhoeck & Ruprecht

Oh, Hyang Mi 1999: *Ernst Cassirers Philosophie der philosophischen Formen. Eine kulturphilosophische Totalitarismuskritik*, Phil. Diss. FU Berlin

Peirce, Charles S. 2000: Prolegomena zu einer Apologie des Pragmatizismus, in: ders., *Semiotische Schriften*, hg. von Christian Kloesel und Helmut Pape. Frankfurt :M.: Suhrkamp, Bd. 3., S. 132-192

Peirce, Charles S. 1998: Neue Elemente, in: Mersch, Dieter (Hg.): Zeichen über Zeichen. Texte zur Semiotik von Peirce bis Eco und Derrida, München: Deutscher Taschenbuch Verlag, S. 37-56

Sarcinelli, Ulrich 1987: *Symbolische Politik*, Opladen: Westdeutscher Verlag

Sarcinelli, Ulrich 1989: Symbolische Politik und politische Kultur, in: *Politische Vierteljahresschrift* 30, S. 292-309

Schönrich, Gerhard 1999: *Semiotik zur Einführung*, Hamburg: Junius

Smend, Rudolf 1928, Verfassung und Verfassungsrecht (1928), in: ders., *Staatsrechtliche Abhandlungen*, 2. Aufl. Berlin (West) 1968, S. 119-276

Speth, Rudolf, 1997, Symbol und Fiktion, in Göhler, Gerhard et al. (Hg.) 1997: *Institution – Macht – Repräsentation. Wofür politische Institutionen stehen und wie sie wirken*, Baden-Baden: Nomos, S. 65-142

Wohlfahrtskultur und neue Tugenden

Barbara Riedmüller

Der Umbau europäischer Wohlfahrtsstaaten vollzieht sich in einem ähnlichen Muster fiskalischer Politik, die sich zuerst als Sparpolitik, dann als Neudefinition sozialer Leistungen entlang veränderter Marktbedingungen darstellte. Die erste Phase war gekennzeichnet durch einen Abbau von sozialen Leistungen, vorwiegend im Bereich Armut und Arbeitslosigkeit. Die zweite Phase stellte sich vor allem rhetorisch in Begriffen wie neue Subsidiarität, zivile Gesellschaft, aktiver Sozialstaat dar, die ein verändertes Verhältnis von sozialen Rechten und Pflichten charakterisieren sollen. Diese Tendenz wird von Kritikern schnell als Neoliberalismus entlarvt, der den europäischen Bürger amerikanischen Verhältnissen unterwerfen will. Indizien für eine solche „Liberalisierung" lassen sich in Diskursen über einen „Dritten Weg" (Giddens 1997) zwischen Kapitalismus und Sozialismus finden, als dessen Kernstück sich eine neue Gerechtigkeitsdefinition herauskristallisiert hat. Gerechtigkeit wird nun nicht an Bedarf und Bedürftigkeit, sondern an die Teilhabe am Arbeitsmarkt gebunden. Der Sozialstaat übernimmt die Aufgabe, die Bedingungen für diese Teilhabe durch Bildung, Mobilität und Flexibilität herzustellen. Im so genannten Blair/Schröder-Papier wird dieses Ziel in die deutsche Sozialdemokratie transportiert, allerdings mit wenig Achtungserfolg. Dieser war auch nicht nötig, denn die öffentliche Gesinnung war längst diesem Ruf gefolgt.

Folgende Überlegungen gelten dieser Gesinnung, die eine neue Wohlfahrtskultur ausmacht. Nachdem ich mich um den Begriff selbst bemüht habe, möchte ich diesen kulturellen Wandel an einem aktuellen Politikfeld bzw. einer Politikstrategie erläutern: an der *Einkommenssicherung im Alter*, als deren Innovationen die private Vorsorge und die Alterssicherung der Frau genannt werden können. Abschließend soll die Idee einer neuen Tugend im Konzept des aktivierenden Sozialstaats, in dem die Bürger selbsttätig soziale Leistungen erbringen, verhandelt werden.

Wohlfahrtskulturen in Europa

In der vergleichenden Sozialpolitikforschung hat Esping-Andersens (1990) Typologie westlicher Wohlfahrtsstaaten für eine breite Debatte gesorgt. Seine Studie „Three worlds of welfare capitalism" untersucht die politischen und kulturellen Ideen, die für die Entwicklung der Wohlfahrtsstaaten maßgebend waren. Das Ergebnis ist ein idealtypisches Modell eines „liberalen", „konservativen" (korporatistischen) und eines „sozialdemokratischen" Wohlfahrtsstaates, das ein Regime bestimmter institutioneller Merkmale und kultureller Wertorientierungen abbildet, die für die kapitalistischen Industriegesellschaften gleichermaßen gelten sollen. Der

Erkenntnisgewinn dieser Unterscheidung in drei Welten des Wohlfahrtskapitalismus liegt nun vor allem darin, dass Esping-Andersen die innere Logik sozialstaatlichen Handelns miterfasst, den Geist, der den Sozialstaat bewegt, die Ideen, Werte, Legitimationsmuster, die den Sozialstaat mitbegründen. Diese innere Logik, sozusagen das normative Fundament, auf dem sozialstaatliches Handeln beruht, wird bei Esping-Andersen als Stratifikation der Dekommodifizierung dechiffriert. Gemeint ist damit ein Maßstab für soziale Rechte, die eine Sicherung des Lebensunterhalts abhängig oder unabhängig vom Zwang zur Erwerbsarbeit garantieren. Ein hohes Maß an Dekommodifizierung, d. h. der Befreiung vom Zwang zur Erwerbsarbeit, institutionalisiert sich in einem gut ausgebauten Leistungssystem in Fällen von Arbeitslosigkeit, Krankheit und Alter und ist bestimmend für den sozialdemokratischen Regimetypus. Diesen findet Esping-Andersen in den skandinavischen Ländern Schweden, Dänemark und Norwegen, in Holland, Belgien und Österreich (vgl. Esping-Andersen 1990: Tab. 2.2 und 2.3). In diesen Ländern ist demnach ein hoher Standard sozialer Sicherung institutionalisiert. Neben der Reichweite sozialer Rechte zur Reduzierung der Marktabhängigkeit gilt als Merkmal zur Unterscheidung wohlfahrtsstaatlicher Regime die Wirklichkeit sozialer Ungleichheit als Folge von Politik (Inklusion versus Exklusion). In vergleichender Perspektive ist hier vor allem die Armutspolitik von Interesse. Ein drittes Merkmal bildet das Verhältnis Staat/Markt/Familie. Mit diesem Verhältnis ist ein zentraler Konfliktbereich wohlfahrtsstaatlicher Entwicklung bezeichnet zwischen dem, was der Staat tun soll/muss und was die Familie leisten soll/muss. Diese Unterscheidung ist vor allem für den deutschen Sonderweg der besonderen sozialpolitischen Stellung der Familie wichtig. Der liberale Typus des Wohlfahrtsstaates hat seine Heimat in Großbritannien mit einem niedrigen Niveau sozialer Leistungen und einem stark ausgeprägten Zwang zur Erwerbsarbeit. Dieses Modell findet sich auch in den Ländern USA, Kanada, Australien, Irland und Neuseeland.

Zuletzt das konservative Modell des Wohlfahrtsstaats, das in Deutschland, Frankreich, Italien, Finnland, der Schweiz und Japan anzutreffen ist. Dort ist der Schutz gegen die Kräfte des Marktes und der damit verbundenen Einkommensausfälle auf einem mittleren Niveau; entsprechend hoch sind die Fürsorgeanteile an den sozialen Leistungssystemen. Die Bedeutung der Familie ist im konservativen Typus besonders ausgeprägt, die Frauenerwerbsarbeit entsprechend niedrig. Eine interessante Differenz zwischen den verschiedenen Typen ist auch die Stärke oder Schwäche korporatistischer/etatistischer Strukturen mit einem nach Berufsgruppen differenzierenden Sicherungssystem (vgl. auch Kohl 1999: 114).

Diese Wohlfahrtstypologie will nicht nur auf institutionelle Wirkungszusammenhänge insistieren, wie sie etwa durch gesetzliche Maßnahmen aktiver Arbeitsmarktpolitik in den untersuchten Ländern festzustellen sind. So galt Schweden schon lange als Vorbild für eine „wirksame Arbeitsmarktpolitik“. Die Typologie umfasst auch Ideen, Geschichte, soziale Auseinandersetzungen, weltanschauliche Programme, die sich in politischem Handeln und sozialpolitischen Konzepten niederschlagen und somit den Pfad sozialpolitischer Institutionalisierung begrenzen. Traditionellerweise werden als Träger sozialer Ideen die sozialen Bewegungen bei der Durchsetzung sozialpolitischer Programme untersucht. Für die skandinavische Region geraten in diesem Zusammenhang die Rolle der Gewerkschaften und der Sozialdemokratie in den Blick, neuerdings auch der Frauenbewegung (vgl. Kulawik 1999). Ebenso hat die Bedeutung der Kirchen ihren institutionellen Niederschlag in der Geschichte der Sozialpolitik gefunden. So ist im Vergleich zu anderen europäischen Ländern in Deutschland das Subsidiaritätsprinzip stärker ausgebildet, was wiederum die starke Rolle der Familie und die Arbeitsteilung zwischen Mann und Frau mitgeprägt hat. Der Begriff Wohlfahrtskultur meint eben nicht monetäre, juristische und politische strategische Wege der Institutionalisierung, sondern die normativen Bezugspunkte, die diese Wege fixieren. Eduard Heimann (1929) hat Sozialpolitik als „institutionellen Niederschlag der sozialen Idee des Kapitalismus" genannt. Die Hoffnung, dass die „Verwirklichung der sozialen Idee des Kapitalismus gegen den Kapitalismus" institutionalisiert wird, wird als Erfolg der Arbeiterbewegung gefeiert und zum Teil eines sozialpolitischen Geschichtsbildes. Aber Kaufmann (1991: 23) weist mit Recht darauf hin, dass die Ideengeschichte der Sozialpolitik ein stark vernachlässigter Teil der bisherigen sozialwissenschaftlichen Forschung ist (ebd.: 24). Er schlägt vor, den Begriff Wohlfahrtskultur auf „diejenigen Leitideen, Handlungsmodelle und Begründungen" zu beschränken, die konkrete politische Maßnahmen bedingen. Leider hat die vergleichende empirische Forschung den Zündfunken, der von Esping-Andersens Typologie ausging, schnell in messbaren Fakten über Sozialausgaben, Sozialstrukturdaten und institutionalisierten Programmen erstickt (zuletzt Alber 2000; Kohl 1999).

In jüngster Zeit wurde eine Reihe von Arbeiten veröffentlicht, die sich mit Deutungsmustern und deren Wandel befassen. Nullmeier/Rüb (1993) arbeiteten einen wissenspolitologischen Forschungsansatz aus, der breite Rezeption erfuhr. Ihre Analyse der Rentenpolitik in Deutschland zeigt, dass die institutionellen Abriegelungen von Interpretationsmustern und Wissensbeständen eine Rentenreform lange Zeit verhinderte. Die Reform der rot-grünen Bundesregierung hat diese analytische Prozedur noch nicht erfahren. Die Analyse von Deutungsmustern sozialpolitischer Akteure hat im Zusammenhang der Policy-Forschung unter dem Aspekt des Gelingens oder Misslingens politischer Programmatik eine gewisse Konjunktur und wird modern mit dem Begriff „Diskursanalyse" belegt (vgl. Bleses 1998).

Diese Analyse soll öffentliche, politische, aber auch professionelle Debatten identifizieren, um zu erfahren, warum und mit welcher Zielsetzung Akteure ein Interesse an Wohlfahrt haben. Letztere Frage identifiziert Franz-Xaver Kaufmann (1991: 24) als „Elemente einer Wohlfahrtskultur". Wohlfahrtskultur meint aber nicht nur die Interessen sozialpolitischer Akteure, sondern deren implizite und explizite Wertvorstellungen sowie normative Überzeugungen, die ihr Handeln leiten. Daran schließt sich die Frage an, welchen Wandel diese normativen Konzepte erfahren und welche neuen Alltagspraktiken, wie sie im angelsächsischen Kulturbegriff diskutiert werden, entstehen.

Im internationalen Vergleich sind solche wohlfahrtskulturellen Unterschiede auch Bestandteil der Forschung über Alltagskultur. Besonders die US-amerikanische Armutspolitik ist ein prägnantes Beispiel wohlfahrtskultureller Interpretationen. Auch in Alltagsdiskursen ist es selbstverständlich, dass Fragen der Einkommensverteilung in den USA anders als in Europa beantwortet werden, was wiederum Rückschlüsse auf unterschiedliche Gerechtigkeitsvorstellungen in den jeweiligen Ländern erlaubt. Insofern können auch Einstellungen zum Wohlfahrtsstaat dem Begriff Wohlfahrtskultur zugeordnet werden. Diese kulturellen Werte sind besonders dann von Interesse, wenn ihr Wandel eine Veränderung der Einstellung zum Wohlfahrtsstaat markiert. Bekannt geworden sind Einstellungsunterschiede zwischen Ost- und Westdeutschen (vgl. Roller 1996; Müller/Wegener 1994). Solche „welfare attitudes" (Heien 2000: 10) besitzen im europäischen Vergleich einen wichtigen Stellenwert als Maßstab der Legitimation der europäischen Integrationspolitik.

Als Indikator eines kulturellen Wandels können solche Einstellungsmuster dann Hinweise auf Gefährdungen geben, wenn Veränderungen innerhalb eines Typus der Wohlfahrtskultur stattfinden, wenn z. B. die Akzeptanz im sozialdemokratischen Wohlfahrtsstaatsmodell im Hinblick auf soziale Ungleichheit steigt und sich dem Niveau des liberalen Modells anpasst. Diese Generierung einer veränderten Definition von Gerechtigkeit und Ungleichheit äußert sich dann in einer abnehmenden Bereitschaft der Bürger, soziale Leistungen auszudehnen bzw. in einer zunehmenden Bereitschaft, sie einzuschränken. So geht in Deutschland die Mehrheit der Bürger davon aus, dass sich das derzeitige Niveau sozialer Sicherung nicht halten wird (vgl. Roller 1992: 96–205). In Großbritannien und Schweden wird dagegen ein höheres Niveau sozialer Leistungen akzeptiert, was als Folge einer rigiden Sparpolitik interpretiert wird und nicht als Abschwächung oder Verstärkung kultureller Entwicklungspfade.

Exklusion und Inklusion. Das Ende des Ernährermodells

Die Reform der deutschen Rentenversicherung (Deutscher Bundestag 2000b) nimmt mit dem Aufbau einer privaten Altersvorsorge und der Reform der Hinterbliebenenversorgung von zwei Traditionen Abschied. Einmal von der Idee, dass ein volles Erwerbsleben eine Lebensstandardsicherung im Alter garantiert, und zum anderen, dass die Frau über das Alterseinkommen des Mannes als Witwe hinreichend gut gesichert ist. Die Absenkung des Rentenniveaus kann in erster Linie fiskalisch erklärt werden, denn demographisch bedingte Ausgabensteigerungen haben erwartbare Steigerungen der Beitragshöhe zur Folge. Diese Beitragshöhe der Arbeitgeber und Arbeitnehmer wurde im Kontext der Standort-Deutschland-Debatte zu einer unzumutbaren Belastung der Wirtschaft und der Binnennachfrage erklärt und von allen beteiligten Akteuren als Angriffspunkt der Reform akzeptiert.

Es hat sich ohne Widerstand der Gewerkschaften die Zielsetzung durchsetzen können, dass mit einer Senkung der Lohnnebenkosten eine Verbilligung der Arbeitskraft eintritt, die die Chancen der Teilhabe am Arbeitsmarkt für alle erhöhen sollte. Diese positive Wirkung ist bekanntlich umstritten. Interessant ist nun, dass die Folgen dieser Beitragsstabilität den Druck auf den einzelnen Arbeitnehmer erhöhen, kontinuierlich seine Einkommenssicherung zu steigern, und dass der ehemals gewollte sozialpolitische Umverteilungsaspekt der gesetzlichen Alterssicherung verdrängt wird zugunsten eines strikten Äquivalenzprinzips. Es setzt sich eine stärkere Abhängigkeit von Arbeitsrolle und Sozialbürgerrolle durch. Diese Abhängigkeit wird noch gesteigert durch die Notwendigkeit, eine private Altersversorgung aufzubauen, die auch dann vom Arbeitseinkommen abhängig ist, wenn der Staat sie steuerlich oder durch Direktzahlung subventioniert. Der Arbeitsmarktbürger, sofern er nicht ererbtes Vermögen besitzt, muss seinen individuellen Marktwert steigern, um sein Lebensalter zu sichern. Vom einzelnen Arbeitnehmer wird die Kalkulation seiner Marktgängigkeit erwartet. Er wird in die Pflicht genommen, sein individuelles Arbeitsvermögen kapitalträchtig anzulegen. Mit der Rentenreform wird in den deutschen Wohlfahrtsstaat mehr Markt einbezogen, so dass hier eine Neigung zum liberalen Modell Großbritanniens erkennbar ist, welches eben nicht alle Risiken auf hohem Leistungsniveau abdeckt.

Wie verhält sich die kulturelle Hegemonie des deutschen Familienmodells zu dieser Marktgängigkeit? Die deutsche Rentenreform tut sich schwer, mit dem kulturellen Erbe der Familienmoral zu brechen. Das Wohlfahrtsstaatskonzept, das die Frau in die soziale Sicherung des Ehemannes einschließt, wird nicht in Frage gestellt. Diese Abhängigkeit wurde und wird mit der häuslichen Pflicht zur Kindererziehung der Frau begründet. Die Witwenrente ist mit der dynamischen Rente des Mannes existenzsichernd geworden (vgl. Riedmüller 2000). Kindererziehungszeiten sind in die gesetzliche Rentenversicherung seit 1985 eingebaut worden. Sie sollten die Verluste der Frauen am Arbeitsmarkt durch Kindererziehung und den damit verbundenen Verlust sozialer Sicherung kompensieren, und sie wurden ein Stück weit der Forderung der Frauen nach Anerkennung ihrer „Tätigkeit" gerecht. Auch die Reform im Jahre 2001 setzt diesen Trend fort, indem sie Frauen mit Kindern besser stellt (vgl. Lepperhoff/Meyer/Riedmüller 2001). Erziehungszeiten, die Besserstellung teilzeitarbeitender Mütter sowie die Zuzahlung zur privaten Altersversorgung sollen den bekannten Ausfall am Arbeitsmarkt wieder gutmachen.

Trotz dieser Verbesserung, die auch bevölkerungspolitische Motive hat, lässt sich die Tendenz zur Preisgabe der Hegemonie des Familienmodells nicht ideell, sondern materiell begründen. Es geht um die Entwertung der Witwenrente: Sie sinkt durch die Absenkung des Rentenniveaus des Mannes, sie sinkt durch die Erhöhung der Anrechnung anderer Einkünfte auch aus Vermögen, sie sinkt künftig für Frauen ohne Kinder von 60 auf 55%. Dieser Tendenz entspricht das Arbeitsmarktverhalten von Frauen, deren Erwerbsneigung stetig zugenommen hat. Diese soziale Wirklichkeit, dass Frauen sich vom Ernährermodell verabschieden, bestätigt sich auch auf europäischer Ebene, obgleich Deutschland nicht wie Schweden die Witwenrente abgeschafft hat und wie die Schweiz ein Splitting der Rentenanwartschaften durchführt (vgl. ebd.). Die deutsche Rentenreform höhlt die Hinterbliebenenversorgung materiell aus und macht sie unattraktiv. Im Parteienstreit ist daher die Forderung der CDU nach Verbesserung der Stellung der Mutter ein Stachel im Fleisch der Reform, weil sich die Regierung einerseits an das Leitbild von Ehe und Familie anlehnt, aber gleichzeitig nur aus Gründen der Finanzierbarkeit auf die Arbeitsrolle der Frau setzt, die künftig selbst für ihre Rentenanwartschaften Sorge tragen soll. Dieses Leitbild einer erwerbstätigen Frau wird von den Regierungsparteien nicht stark gemacht. Vermutlich deswegen, weil die Arbeitsmarktlage nicht günstig genug eingeschätzt wurde: „Wir können die Frauen jetzt nicht auf den Arbeitsmarkt verweisen“ (Zitat Riedmüller aus den Beratungen zur Rentenreform 2000).

Aber nicht nur die Regierungsparteien SPD und GRÜNE haben sich nicht hinreichend für einen kulturellen Wandel eingesetzt, auch die Frauenvereine und -verbände mochten sich nicht von der alten Witwenrente trennen (vgl. Anhörung zur Rentenreform, Deutscher Bundestag 2000a). Und dies, obgleich vor allem jüngere Frauen nach neuesten Umfrageergebnissen Erfolg im Beruf dem Glück der Familie vorziehen. Es wäre falsch, ein Fortleben der traditionellen Familienrolle der Frau anzunehmen, aber in Deutschland sind die kulturellen Wurzeln dieser Idee besonders tief. Dies macht das konservative deutsche Wohlfahrtsstaatsmodell aus. Es existiert eher eine Koexistenz zweier Leitbilder, nämlich der abhängigen und der unabhängigen Frau, die nicht in einem Kulturkampf ausgefochten werden, denn auch die konservativen Parteien führen ihn halbherzig. Die Generationen der Streitparteien sind zu ähnlich kulturell vergesellschaftet.

Es gibt im Westen Deutschlands noch keine großen Erfahrungen mit der Vereinbarkeit von Familie und Beruf, entsprechende Dienstleistungen sind mangelhaft ausgebaut. Im Osten Deutschlands liegt die Erfahrung zwar vor, sie ist aber durch die Einbrüche am Arbeitsmarkt von der Agenda der Sozialpolitik abgesetzt worden. Das Ergebnis dieses Verlustes an Leitbildern in der Rentenreform ist, dass es der Frau individuell überlassen bleibt, ob sie sich auf die Familie, d. h. den männlichen Ernährer, verlässt oder ob sie für sich selber sorgt – mit oder ohne Kinder. Auf den Wohlfahrtsstaat, der ehemals das Glück der Familie bewacht hat, kann sie sich angesichts der faktischen Ergebnisse der Reform nicht verlassen. Auch hier hat sich der Markt durchgesetzt, der den Wert der Arbeit nicht nach der Kinderzahl, sondern der individuellen Leistungsfähigkeit misst.

Aktiver Sozialstaat

Die genannten institutionellen Reformen des Wohlfahrtsstaates werden begleitet von einer öffentlichen politischen Rhetorik über mehr „Eigenverantwortung“ des Bürgers. Im erwähnten Schröder/Blair-Papier wird ein „Unternehmergeist“ auf allen Ebenen der Gesellschaft gefordert, „kompetente“ und „gut ausgebildete“

Arbeitnehmer sollen eine neue Verantwortung übernehmen, das Sozialsystem soll „Initiative" und „Kreativität" fördern (Schröder/Blair 1999: 5). Ganz kritisch heißt es, dass ein „Sozialversicherungssystem, das die Fähigkeit, Arbeit zu finden, behindert", reformiert werden muss. Moderne Sozialdemokraten wollen das Sicherungsnetz aus Ansprüchen in ein „Sprungbrett in die Eigenverantwortung verwandeln" (ebd.: 14). Das große Projekt der Durchsetzung von mehr Eigenverantwortung geht einher mit einer Umdeutung von sozialer Gerechtigkeit, die nicht als „Verteilung von Geld", sondern als „Ausweitung der Chancengleichheit, unabhängig von Geschlecht, Rasse, Alter oder Behinderung" (ebd.) verstanden wird. Die Gleichstellung von Mann und Frau wird ausdrücklich erwähnt. In dieser Definition von Gerechtigkeit werden nicht Güter, sondern Chancen verteilt; nicht Empfänger von sozialen Leistungen, sondern die Herstellung letzterer gilt als Bezugsgröße. Postuliert wird eine neue Ethik der individuellen Verantwortung.

Dabei werden sowohl argumentativ Anleihen gemacht bei Diskussionen über eine neue Bürgergesellschaft, die das Engagement des Einzelnen fordert, als auch bei neueren Diskursen über Gerechtigkeit, die im Wesentlichen auf Rawls' Theorie der Gerechtigkeit beruhen (vgl. Rawls 1975). Die Attraktivität der Rawlschen Gerechtigkeitstheorie beruht auf der Idee, eine gerechte Gesellschaft vom Individuum her zu denken. Über den Markt lasse sich Gerechtigkeit nicht herstellen, da er auf der Basis ungerechter Zugangsbedingungen beruhe. Rawls schlägt daher vor, die Individuen mit sozialen Grundgütern so auszustatten, dass sie gleiche Chancen haben. Diese Grundgüter folgen der Regel, dass neben der Verteilung von Grundfreiheiten und politischen Rechten, die in westlichen Demokratien unbestritten sind, soziale und ökonomische Ungleichheiten nur dann zulässig sind, wenn diese zum Vorteil auch der weniger Begünstigten sind (vgl. ebd.).

Letzteres Postulat eignet sich zur Rechtfertigung von Ungleichheit und hat die Rezeption im Kontext einer Modernisierung des Wohlfahrtsstaates beflügelt. Wolfgang Clement wendet sich in seiner Rede anlässlich des „Forums Grundwerte: Gerechtigkeit" der SPD in Berlin am 26. April 2000 unter dem Titel „Durch innovative Politik zu gerechterer Teilhabe" gegen eine „plakative Gleichstellung von Gerechtigkeit und Gleichheit" (Clement 2000: 3). Hatte Gerechtigkeit früher Gleichheit als Verteilungs- und Ergebnisgleichheit bedeutet, so soll heute Gerechtigkeit (Clement zitiert hier Rawls) verstanden werden als Gleichheit der Chancen. Die Politik muss die Entfaltung der Chancen z. B. durch Bildung fördern. Öffentliche Investitionen seien vor allem dort notwendig, wo es mit der Gleichheit von Startchancen nicht getan ist. Niemand soll „im Namen der Chancengleichheit allein- oder zurückgelassen" werden, „es wird um jedes Talent gekämpft". „Das Bildungssystem wird künftig mehr denn je zum Schlüssel für soziale Gerechtigkeit" (ebd.: 7). Die Tugend des Bürgers, der seine Chancen für sich nutzt und sich gleichzeitig verantwortlich zeigt für das Gemeinwesen, beruht auf der Stärke des Individuums. Unter dem Titel „Ohne Bürgergesellschaft kein Sozialstaat" argumentiert Andrea Fischer für eine Verbindung zwischen Kommunitarismusdebatte und der Diskussion über wohlfahrtsstaatliche Reformen. Es gebe, so Fischer

(1999), einen „blinden Fleck“ in der deutschen Sozialstaatsdebatte: „Für viele Sozialstaatstraditionalisten existiert die BürgerInnengesellschaft nur als ‚rechte Rhetorik‘. Immer dann, wenn jemand von der Selbsttätigkeit des Menschen spricht, wittern sie Sozialabbau“ (ebd.: 2). Dagegen wendet sie ein, „ohne Kultur der Solidarität, die bei ihren Angehörigen moralische Orientierungen fordert und fördert, ist der Sozialstaat aber leblos und zum Absterben verurteilt“. Auch Andrea Fischer begreift den Begriff „Selbstverantwortung“ als einen „Adapter“ (ebd.: 3) zwischen Sozialstaat und Gesellschaft.

Die neuere wissenschaftliche Auseinandersetzung um eine „kommunitaristische Sozialpolitik“ (vgl. Roth 1995: 45) bestätigt diese kulturelle Trendwende zu mehr Bürgerengagement aber nicht. „Plädoyers für eine neue Bürger- und Sozialkultur“ (Luther 1999: 9-13) beruhen auf einem christlichen Menschenbild, in dem der Mensch eigenverantwortlich für sein Leben und mitverantwortlich für das Schicksal anderer konzipiert ist, und erscheinen nun im neuen Gewand (ebd.: 11). Wir erkennen die alte Subsidiaritätsdebatte wieder, oder, wie Alois Glück (1999: 20) als Verfechter einer aktiven Bürgergesellschaft formuliert: „Was der Einzelne zumutbar selbst leisten kann, muss er selbst leisten. Das ist eine neue Kultur der Selbständigkeit“.

Aus empirischen Befunden über die Bedeutung einer neuen Bürgerkultur erfahren wir Unterschiedliches (vgl. zusammenfassend Evers/Olk 1996: 9-63). Es haben sich infolge von eingeschränkter Staatstätigkeit und der Entwicklung eines privaten Dienstleistungssektors unterschiedliche wohlfahrtspluralistische Arrangements entwickelt. Während in Großbritannien vor allem während der Regierung Thatcher ein Ausbau privater Märkte sozialer Dienstleistungen stattgefunden hat, wird in skandinavischen Ländern trotz reduzierter Staatsquote die aktive Rolle des Staates erhalten. In Dänemark werden soziale Initiativen und Selbsthilfegruppen mit erheblichen Mitteln gefördert. Ganz in der Tradition der sozialdemokratischen Wohlfahrtskultur wird in Schweden der Aufbau eines Gemischtmarktes von egalitären Zugangsrechten zu sozialen Leistungen für alle Bevölkerungsgruppen begleitet. Gleicher Zugang gilt auch beim Aufbau einer privaten Altersvorsorge.

In Schweden ist im Unterschied zu Deutschland ein Unisex-Tarif der privaten Altersversicherung gesetzlich vorgeschrieben worden. Dagegen dominiert in Deutschland das traditionelle Subsidiaritätsdenken, das durch die exklusive Stellung der Wohlfahrtsverbände erklärt wird (Backhaus-Maul/Olk 1994). Der Trend geht aber in den westlichen Ländern in Richtung wohlfahrtspluralistischer Konzepte, was durch den Druck seitens der Menschen verstärkt wird, die für sich Wahlfreiheit und Selbstbestimmung auf dem Markt sozialer Dienstleistungen in Anspruch nehmen. Dieses Nachfrageverhalten wird auch verstärkt zum Gegenstand sozialwissenschaftlicher Forschung (vgl. Evers/Olk 1996).

Aus diesen Befunden könnte die These einer aktiven Wohlfahrtsproduktion dahingehend hinterfragt werden, ob die Nachfrage nach öffentlichen oder privaten Dienstleistungen entsprechend der Einkommenslage selektiert wird oder ob es zu einer echten freien Wahl an Wohlfahrtsgütern kommen wird. Im Ergebnis lässt sich auch diese Diskussion über die Entwicklung einer pluralistischen Wohlfahrtskultur als Hinwendung zum „sozialen Kapital“ (Bourdieu 1998) des Individuums lesen. Gleichwohl zeigt sich im Trend der Bestand wohlfahrtskultureller Konzepte, die in den Institutionen der Wohlfahrtsproduktion fortleben. Diese Bestandsfestigkeit lässt vermuten, dass sich Deutschland auch hier schwer tut, dem Abbau der staatlichen Wohlfahrt eine gesellschaftliche Produktion sozialer Dienstleistungen jenseits des einstigen Subsidiaritätsprinzips entgegenzusetzen.

Literatur

Alber, Jens 2000: Sozialstaat und Arbeitsmarkt: Produzieren kontinentaleuropäische Wohlfahrtsstaaten typische Beschäftigungsmuster? – Gleichzeitig eine Abhandlung über einige Probleme komparativer statistischer Analyse, in: *Leviathan* 4, S. 535-569

Backhaus-Maul, Holger/Olk, Thomas 1994: Von Subsidiarität zum „outcontracting“: Zum Wandel der Beziehungen zwischen Staat und Wohlfahrtsverbänden in der Sozialpolitik, in: Streeck, Wolfgang (Hg.): *Staat und Verbände*, Sonderheft 25 der Politischen Vierteljahresschrift, Opladen: Westdeutscher Verlag, S. 100-135

Bleses, Peter 1998: *Deutungswandel der Sozialpolitik: die Arbeitsmarkt- und Familienpolitik im parlamentarischen Diskurs*, Schriften des Zentrums für Sozialpolitik 8, Frankfurt a. M./New York: Campus

Bourdieu, Pierre 1998: *Die feinen Unterschiede: Kritik der gesellschaftlichen Urteilskraft*, Frankfurt a. M.: Suhrkamp

Clement, Wolfgang 2000: *Durch innovative Politik zu gerechterer Teilhabe.* Rede anlässlich des „Forums Grundwerte: Gerechtigkeit“ der SPD in Berlin am 26. April 2000, www.spd.de/events/grundwerte /clement. html

Deutscher Bundestag 2000a: *Entwurf eines Gesetzes zur Reform der gesetzlichen Rentenversicherung und zur Förderung eines kapitalgedeckten Altersvorsorgevermögens (Altersvermögensgesetz-AvmG)* – Drucksache 14/4595, Drucksache 14/1151, Berlin: MuK

Deutscher Bundestag 2000b: *Gutachten des Sozialbeirats zum Rentenversicherungsbericht 2000*, Drucksache 14/4730 vom 24.11.2000, Berlin: MuK

Esping-Andersen, Gøsta 1990: *The Three Worlds of Welfare Capitalism*, Princeton: Princeton University Press

Evers, Adalbert/Olk, Thomas 1996: Wohlfahrtspluralismus – Analytische und normativ-politische Dimensionen eines Leitbegriffs, in: Evers, Adalbert/Olk, Thomas (Hg.): *Wohlfahrtspluralismus: vom Wohlfahrtsstaat zur Wohlfahrtsgesellschaft*, Opladen: Westdeutscher Verlag, S. 9-60

Fischer, Andrea 1999: Die neue Subsidiarität – Paßt die Kommunitarismusdebatte zum Sozialstaat, in: *Diakonie Dokumentation* 1, www.diakonie.de

Giddens, Anthony 1997: *Der dritte Weg: die Erneuerung der sozialen Demokratie*, Frankfurt a. M.: Suhrkamp

Glück, Alois 1999: Das Leitbild „Aktive Bürgergesellschaft“ – Überlegungen für den Weg zu einer neuen Sozial- und Bürgerkultur, in: *Politische Studien* Sonderheft 1, S. 20

Heien, Thorsten 2000: *Einstellungen zum Wohlfahrtsstaat im europäischen Vergleich: Ausgangspunkt oder Hindernis auf dem Weg zu einer Sozialunion?*, Bielefeld, www.uni-bielefeld.de/~hjawww /forsch/ewv

Heimann, Eduard 1929: *Soziale Theorie des Kapitalismus – Theorie der Sozialpolitik*, Tübingen

Kaufmann, Franz-Xaver 1991: Wohlfahrtskultur – Ein neues Nasobem?, in: Nippert, Reinhardt P. (Hg.): *Kritik und Engagement. Soziologie als Anwendungswissenschaft*, München: Oldenbourg, S. 19-27

Kohl, Jürgen 1999: Leistungsprofile wohlfahrtsstaatlicher Regimetypen, in: Flora, Peter/Noll, Heinz-Herbert (Hg.): *Sozialberichterstattung und Sozialstaatsbeobachtung: individuelle Wohlfahrt und wohlfahrtsstaatliche Institutionen im Spiegel empirischer Analysen*, Frankfurt a. M./New York: Campus

Kulawik, Teresa 1999: *Wohlfahrtsstaat und Mutterschaft. Schweden und Deutschland 1870-1912*, Frankfurt a. M./New York: Campus

Lepperhoff, Julia/Meyer, Traute/Riedmüller, Barbara 2001: Zur Alterssicherung der Frau in Deutschland und in der Schweiz, in: *Leviathan* 2, S. 199-217

Luther, Susanne 1999: Gegensteuern statt Klagen – Ein Plädoyer für eine neue Bürger- und Sozialkultur, in: *Politische Studien*, Sonderheft 1, S. 9-13

Müller, Hans-Peter/Wegener, Bernd 1994: *Soziale Ungleichheit und soziale Gerechtigkeit*, Opladen: Leske + Budrich

Nullmeier, Frank/Rüb, Friedbert W. 1995: *Die Transformation der Sozialpolitik: vom Sozialstaat zum Sicherungsstaat*, Frankfurt a. M./New York: Campus

Rawls, John 1975: *Eine Theorie der Gerechtigkeit*, Frankfurt a. M.: Suhrkamp

Riedmüller, Barbara 2000: *Alterssicherung von Frauen in der Europäischen Union und in der Schweiz. Regelungen und aktuelle Reformen*. Gutachten im Auftrag des Bundesministeriums für Arbeit und Sozialordnung, Berlin

Roller, Edeltraud 1992: *Einstellungen der Bürger zum Wohlfahrtsstaat der Bundesrepublik Deutschland*, Opladen: Westdeutscher Verlag

Roller, Edeltraud 1996: *Abbau des Sozialstaats. Einstellungen der Bundesbürger zu Kürzungen von Sozialleistungen in den neunziger Jahren*, Berlin: Wissenschaftszentrum Berlin für Sozialforschung

Roth, Roland 1995: Kommunitaristische Sozialpolitik? Anmerkungen zur aktuellen Debatte über Professionalität und Ehrenamt in der Sozialpolitik, in: *Forschungsjournal Neue Soziale Bewegungen* 3, S. 44-53

Schröder, Gerhard/Blair, Tony 1999: *Der Weg nach vorne für Europas Sozialdemokraten*. Beitrag der Sozialistischen Partei zum Kongreß der Sozialistischen Internationale, London

Zur politischen Ethnologie des Ersten Weltkriegs[1]

Yves Pourcher

August 1914

Das Jahr hatte Hoffnungen geweckt, wenig getrübt von den üblichen Alltagssorgen. 1914, ein Neues, in der Jahreszahl zweimal die Sieben. Ist das nicht eine Glückszahl? Abgemessenen Schrittes geht das Jahrhundert in Europa voran, in kleinen leichten Tanzschritten, dann aber im ungeheuren Marschtritt der Moderne: Arbeiter, Maschinen, große Vermögen, Hunger nach Land und nach Macht. Noch steht man mit einem Fuß im 19. Jahrhundert, doch der kolossale Wandel, der alle Möglichkeiten eröffnet, hat schon begonnen. Die positivsten Möglichkeiten: Schöpferische Leistungen in Wissenschaft und Technik, Medizin, Kunst; Austausch, an dem alle teilhaben können. Doch auch die schlimmsten: Eine wahnsinnige Gier zu herrschen, die Leidenschaften des Nationalismus, heftiges Verlangen von Generalen und Industriellen nach Krieg; Blut, das sich vergießen lässt; ein ökonomisch-politisch erzeugter „Überschuss" von Menschen, die abgeschlachtet werden können.

Das Jahr verspricht eine gute Ernte. Die Erde wird Frucht bringen, das Getreide sprießt, die Bäume stehen in Blüte, und stärker denn je ziehen die Rosse den Pflug. Brrr! ruft der Mensch, was immer sich tut, der Wein, der wird gut. Also lasst uns schon essen und trinken, Gott danken – und der Republik, den Jahreszeiten, dem Jahrhundert! Doch plötzlich, im Sommer, die Angst, vom kleinsten Dorf bis nach Paris: „Krieg droht!" Anfang Juli, in schwüler Hitze, grassiert ein Fieber. Wie im Stummfilm, in dem die handelnden Personen verstört um sich blicken und zögernd-hektisch agieren, kommt das groteske Ballett der Diplomaten in Bewegung.

Frankreich glaubt noch nicht an Krieg, man sieht lediglich eine Demonstration von Stärke und vorgetäuschte Unnachgiebigkeit. Doch es kommt anders. Am Abend des 1. August isst eine Gruppe von Freunden, Schriftsteller und Künstler, zusammen bei einem Weinhändler in Lyon, in der engen, düsteren Rue Plénay. Gegen 10 Uhr rennt ein Mann vorbei: „Jaurès ist ermordet!" Erst dumpfes Schweigen, dann Entsetzen, die Angst wächst, Schreie mischen sich in die Tränen

1 Dieser Beitrag umfasst Auszüge aus dem Werk des Verfassers über das Alltagsleben der Franzosen im Ersten Weltkrieg (Pourcher 1994). Der Ethnologe, Sozialhistoriker und Politologe gehört zu der Generation von Politikwissenschaftlern in Frankreich, die seit den achtziger Jahren eine politische Ethnologie (auch ‚Anthropologie des Politischen') entwickeln (s. a. Pourcher 1987; 1989; Rossade 1995; 2000). Sein Buch über den Kriegsalltag zeichnet unter Auswertung umfangreicher Archivmaterialien ein mächtiges Panorama der Zeit, von dem die Auszüge hier nur einen gewissen Eindruck vermitteln können. Die politisch-ethnologischen Konzeptionen dagegen werden auch in der fragmentarischen Wiedergabe deutlich (dazu auch Pourcher 1993; 1997). Aus Platzgründen wurde auf viele Quellenangaben des Originals verzichtet. Erläuterungen in der deutschen Fassung sind mit (A.d.Ü.) gekennzeichnet.

(Béraud 1949: 231). Der sozialistische Volkstribun, der Mann, dessen Wortgewalt die Massen mitriss, ist tot – umgebracht, als er noch um den Frieden rang.

Die Ablehnung des Krieges äußert sich unterschiedlich. Die Arbeiterbewegung, also die sozialistische Partei und die Gewerkschaften, beteuert zwar noch ihren Friedenswillen, aber darin ist bereits ein Zögern. Schon werden die Schuldzuweisungen abgestuft, und Annäherung an die Kriegsbefürworter deutet sich an. Noch schreit man gegen den Krieg und die mordlüsterne Bourgeoisie, aber Überzeugung und Energie schwächeln, wenn es darum geht, die Bewegung zu aktivieren. In Arcis-sur-Aube trifft sich am Tag der Mobilmachung, als die Gendarmen mit dem Transport von Plakaten beschäftigt sind, eine Gruppe von Kriegsgegnern, hauptsächlich Textilarbeiter, in einer Schenke. Sie stimmen die Internationale an und die „Hymne des Siebzehnten".[2] Am folgenden Morgen gegen 10 Uhr, einem Sonntag, verkündet einer der Teilnehmer vor seinem Haus: „Wenn es Krieg gibt, werde ich nicht vor Hunger krepieren. Man hat so seine Verbindungen, ich komme schon durch. Die Armee? Auf die pfeife ich. Die können mich suchen, finden werden sie mich nicht. Und wenn sie mich finden, so einfach lasse ich mich nicht mitnehmen." Angesichts möglicher Wirkung auf die Bevölkerung verfügt der Unterpräfekt sofort die Festnahme der Männer. Während der ganzen Anfangsperiode des Krieges wagt manch einer verbale Provokationen, bis hin zu heftigen Protesten. Ob anarchistische Glaubensbekenntnisse oder Invektiven gegen Armee und Nation, alle solchen öffentlichen Appelle werden unnachsichtig verfolgt. In dieser Zeit bleiben sie Randerscheinungen, rasch erstickt von der nationalen Aufwallung im Verein mit Repression.

Frieden ist nur mehr Erinnerung. Es hat genügt, eine neue Lage zu verkünden, Sturmglocken zu läuten, die Trommel zu schlagen und großformatige Plakate aufzuhängen – schon war klar, dass die Einstellungen von gestern nicht mehr gelten. So ist der Eingreifplan nach dem „Carnet B", einer Frucht jahrelanger polizeilicher Informationsbeschaffung und Registrierung von Antimilitaristen und Anarchisten, ziemlich überflüssig geworden, wenn er auch ein Damoklesschwert bleibt, das immer noch droht.

Der Krieg bedeutet, ganz besonders in diesem August 1914, eine einzige unermessliche Ortsverschiebung von Menschen. Manche müssen schon in den ersten Tagen abfahren, andere warten in Truppenunterkünften auf die Züge, die sie an die Front bringen sollen. Ein Durcheinander auf den Eisenbahnen. Der Einsatz aller Züge einzig für den Transport von Menschen und Kriegsmaterial geht nicht ohne Pannen ab, aber alle Unfälle bleiben vor der Öffentlichkeit streng geheim. In der Nacht des 12. August z. B. werden südlich von Bordeaux beim Zusammenstoß zweier Militärzüge ein Soldat getötet und 90 verletzt, fünf davon schwer. Tags

2 Hymne des 17. Linienregiments, die als antimilitaristisches und revolutionäres Lied berühmt wurde, nachdem dieses Regiment mit seinen Rekruten südfranzösischer Herkunft im Jahre 1907 vor einem möglichen Einsatz gegen demonstrierende Weinbauern im Languedoc (Béziers) gemeutert hatte, im Kontext sozialer Unruhen gegen Maßnahmen des damaligen Kabinetts Clemenceau. Vgl. Agulhon 1997: 134ff. (A.d.Ü.)

zuvor hat eine andere Katastrophe, ebenfalls verursacht durch die Überlastung des Schienennetzes, bei Troyes zehn Soldaten das Leben gekostet.

Leben mit dem Krieg

Mit immer neuen Kommissionen und Erlassen, mit dem Entstehen zahlreicher Kriegsämter und Dienststellen tritt das Alltagsleben in eine Phase krisenhafter Militarisierung, im Sinne von autoritärer straffer Planung, die mit der Herausbildung einer ausufernden Kriegsadministration einhergeht, das Zivile ohne Rücksicht beiseite schiebt und ihre eigenen Regeln durchsetzt. Erfordernisse von Kriegen bereiten großen zivilen Reformen den Boden, und dieser Krieg am Anfang eines Jahrhunderts, zugleich am Ende einer langen Periode wirtschaftlicher Entwicklung, fügt sich durchaus in das Muster. Während die Fronten bereits erstarren, wächst mit jedem Monat etwas in Frankreich bis dahin Unbekanntes: Eine „formularbesessene Technobürokratie", um Julien Gracqs (1992: 188) Ausdruck aufzunehmen. In dieser beherrschenden Zeitströmung verschwindet der Zivilist oder er redet, als wäre er Militär: Der Präfekt ebenso wie der Richter, der Bürgermeister oder die anderen Repräsentanten der öffentlichen Gewalt.

Als Ausgleich für die Abwesenheit der Ernährer zahlt der Staat den Familien, die dem Land die Soldaten stellen, einen Sold, und das Hinterland lebt zum Teil von dieser Unterstützung, die Erkenntlichkeit ausdrückt und mit der Schweigen erkauft wird. Der Soldat von 1914/18 führt den Krieg als Bauer, der er ist, ohne Leidenschaft oder Begeisterung, aber mit dem Sinn für gut getane Arbeit. In Uniform und Stiefeln, Waffen schleppend, schlamm- und kotbedeckt erwartet er den morgigen Tag, wie man auf dem Lande stets ein Morgen erwartet hat, das der Feldarbeit, von Saat und Ernte. Als Tagelöhner eines Krieges, der Jahre dauert, verlangt er als Gegenleistung nur ein mageres Entgelt für die Seinen: Das tägliche Brot für die Frauen, Kinder und Eltern, für die er nicht mehr sorgen kann. Für die bescheidene Hilfe, die seiner Familie zuteil wird, unterwirft er sich dem Gesetz des Krieges und nimmt die Trennung hin, Gefahr, Leiden und selbst den Tod. Die Republik hat die Bedingungen des Vertrages festgelegt. Bereitwillig teilt sie die Kriegsfrancs aus, an die allein gebliebenen Frauen, die Eltern, bald schon an Tausende von Waisen und Witwen.

Etwas Neues bringt dieser Krieg im Vergleich zu seinen Vorgängern. Zum ersten Mal wird die Arbeit, vorzüglich die des Bauern, hoch geschätzt. Die soldatische Tat, eine Mischung von Kühnheit und Kraft des Kämpfers, wird im neuen Wertesystem des Krieges ersetzt durch die unermessliche Produktions- und Überlebensleistung eines ganzen Volkes. Durchhalten, das heißt den Acker bestellen und industriell produzieren. Dem Feind die Stirn bieten heißt, die Männer noch aus dem letzten Dorf dahin bringen, wo sie in der aufgewühlten Erde ein Bollwerk bilden sollen. Es heißt, ohne Unterlass die Weizensilos zu füllen, Tausende von Rinderhälften zu liefern, die großen Eichenfässer, Holz, Kohle, Eisen, Wolle und alles, was das Land hervorbringen kann. An die Stelle der Männer im Felde treten –

neben ausländischen Arbeitern und Kriegsgefangenen – die Frauen und Kinder, die Mütter und Väter der Soldaten. Minderjährige und Alte, sonst am Rande, gewinnen an Bedeutung für die Gesellschaft.

Über die Erfordernisse des Krieges definiert der Staat seine Rolle um und verstärkt seinen Zugriff auf die Gesellschaft. Der nationale Staat blüht im Kriege auf. Norbert Elias (1987: 278) schreibt, dass „sich mit der Funktion des Staates als Überlebenseinheit, als Beschützer und Garant der Sicherheit des einzelnen Staatsangehörigen, zugleich der Anspruch verbindet, von den Einzelnen die Bereitschaft zur Vernichtung ihres Lebens, die Verpflichtung zum Tode zu fordern, wenn das den Regierenden für die Sicherheit der gesamten Nation erforderlich zu sein scheint. Im Namen der dauernden Sicherheit erzeugen die führenden Männer und Frauen der Nationalstaaten, vor allem die der mächtigsten Staaten, einen Dauerzustand der Unsicherheit". Das Neue, das dieser Krieg in die widersprüchliche Beschaffenheit der Nationalstaaten hineinbringt, ist die Erweiterung der Schutzfunktion des Staates angesichts der Zerstörungsforderung durch die dem Soldaten gegebene Garantie, dass seine Familie keinen Mangel leiden wird. Der Krieg kann dauern, kann Leben auslöschen und vieles wegnehmen, die Vorsorge des Staates wacht, sie verteilt Mittel und Auszeichnungen. Der Staat erweitert unaufhörlich den Bereich seiner Aufgaben, er kümmert sich um die Frauen und Kinder, er nimmt und gibt, er organisiert das Leben und die Gedanken. Überall setzt er die Prioritäten, er wirbelt die Menschen, ihr Leben und ihre Vermögen durcheinander, indem er sie an sich nimmt und in die Kriegsmaschinerie einbringt. Der Staat ersetzt die Familie, Vater und Mutter zugleich; er ist Herr der Rede, des Denkens, der Veröffentlichung; der Staat ist Bankier – kein Sektor entgeht seiner Intervention.

Frankreich lernt die Inflation kennen. Selbst die Grundversorgung wird knapp. Es wird rationiert, und die Warteschlangen um karge Zuteilungen wachsen. Trotzdem geht das Leben weiter, ein Leben mit dem Mangel, mit den kleinen Vorräten, die harte Arbeit und Geschick beschaffen können. Die Ansprüche gehen zurück; das Gewöhnliche wird zur Ausnahme und Unscheinbares zum Fest. Man muss sich mit den plötzlich so wichtigen Kleinigkeiten begnügen und der Hoffnung, sie morgen wieder zu haben: Das Lebensnotwendigste an Nahrung, Kleidung, Heizung. Tagtäglich muss man etwas auftreiben, man wird findig, geht wenn nötig mit schlechtem Beispiel voran und trägt zum allgemeinen Egoismus bei. Der Krieg erzeugt andere Konstellationen der Wünsche und Werte. So ergeben sich auch kleine Revanchen: der Leute vom Land über die Städter, der Bewohner Südfrankreichs gegen die Nordfranzosen, der Facharbeiter, die in den Betrieben bleiben oder zurückkehren konnten, gegenüber den Unternehmern – generell Vorteile für die, die aus Entfernung und Lähmung etwas für sich herausschlagen können.

Multikultur des Krieges

Im Süden, um die Metropole Marseille, bewirkt die Konstellation der Krieg führenden Länder, dass sich die nationalen Komponenten der ansässigen Bevölkerung verändern. Schon Anfang des Jahrhunderts war die italienische Mehrheit durch Zuwanderung aus Spanien modifiziert worden. Jetzt müssen die französischen Arbeiter an die Front und die aus Italien zurück in die Heimat. Sie werden ersetzt durch Immigranten aus dem französischen Nordafrika – Algerier, Tunesier, Marokkaner –, die bald eine bedeutende, homogene arabische Gemeinschaft bilden. Auch aus anderen Erdteilen kommen Arbeiter ins Land. Dabei bestehen schon innerhalb Frankreichs beträchtliche Unterschiede zwischen keineswegs gleichgestellten Ethnien: Basken, Bretonen, Korsen, Okzitanier neben der dominierenden einsprachigen französischen Bevölkerung. Und schon die in dem großen Land ausgeprägten regionalen Differenzen wie, sagen wir, zwischen Auvergnaten und Pikarden führen, von den Zwängen und der Nervosität des Krieges begünstigt, zu Reibereien. Doch hauptsächlich kommt es durch das Eintreffen alliierter Armeen auf französischem Boden zum Zusammenstoß unterschiedlicher und gegensätzlicher Kulturen.

Seit den ersten Kriegstagen marschieren ständig wachsende Soldatenkolonnen aus allen Erdteilen unaufhörlich durch Frankreich. Anfangs kommen sie hauptsächlich aus Britannien – England, Wales, Schottland, Irland – und aus Kanada, Australien und Südafrika, später auch aus den USA. Da der Krieg mit zunehmender Dauer immer mehr Menschen benötigt, löst für die britische Armee 1916 allgemeine Wehrpflicht das Prinzip der Freiwilligkeit ab. Insgesamt setzt das Vereinigte Königreich von 1914 bis 1918 mehr als fünf Millionen Soldaten ein. Das Land, in dem der Krieg wütet, ist für die Menschen von der Insel oder aus Übersee auch ein Ort des Staunens und der Entdeckungen. Sie schauen überrascht und neugierig, sie machen sich lustig, sie lachen und sind fasziniert. Die Engländer lernen Frankreich kennen und die Amerikaner Europa. Sie finden nicht nur die „Troglodytenwelt" der Schützengräben vor, sondern ein für sie fremdes Land mit Städten und Dörfern, Bergen und Ebenen, Hafenorten und der Metropole Paris, lebendig, arbeitend, weinend, lächelnd, gebend und nehmend. Die einen und die anderen, Soldaten wie Zivilisten, Leute von hier und von dort betrachten sich interessiert, sind überrascht von den kleinen Unterschieden: Sie sehen nicht gleich aus, haben andere Kleidungs- und Essgewohnheiten, Gesten, die sich widersprechen, und Worte, die selbst in Deutung oder Übersetzung den jeweils anderen nicht viel sagen.

Marcel Mauss (1978: 201) sah diese Heere mit den Augen des Ethnologen und notiert die Spezifik dessen, was er „Techniken des Körpers" nennt. Graben ist eine einfache Arbeit, dennoch zeigt sich auch hier ein Unterschied zwischen Franzosen und Briten und damit der kulturspezifische Charakter dieser elementaren Tätigkeit. „Die englischen Truppen, bei denen ich war, konnten sich nicht der französischen Spaten bedienen. Das bedeutete, dass jeweils 8000 Spaten pro Division geändert werden mußten, sobald eine französische Division abgelöst wurde – und umgekehrt. Das ist ein Beweis dafür, dass eine Fertigkeit sich nur langsam erlernen läßt. Jede Technik im eigentlichen Sinne hat ihre spezifische Form." Dieser soziale Charakter des Habitus, der „nicht nur mit den Individuen und ihren Nachahmungen" variiert, sondern „vor allem mit den Gesellschaften, den Erziehungsweisen, den Schicklichkeiten und den Moden, dem Prestige", äußert sich in jedem „Verhalten des Körpers". Die britischen Truppen marschieren in einem anderen Schritt als die französischen, darum scheitert der monatelange Versuch eines englischen Regiments, zu französischer Marschmusik durch eine Stadt hinter der Aisnefront zu defilieren (ebd.: 201ff.). Die Soldaten verwundern sich über die Schritte, die Marschmusik und die Uniformen, die Zivilbevölkerung registriert das Tun und Lassen der ausländischen Truppen, und beide halten ohne Ende bei den banalen Unterschieden, bei vorschnellen Urteilen und vorgeblichen Ethnotypen, die sich allein auf Äußerlichkeiten gründen.

Doch dabei bleibt es nicht. Die Postzensur enthüllt, dass 1918 im Bereich der englischen Armee zunehmende Unzufriedenheit herrschte. Briefe aus jener Zone enthalten Klagen der Bevölkerung über das rigorose Vorgehen der Briten. „In den rückeroberten Gebieten unter ihrer Zuständigkeit verfährt die britische Armee bei der Nutzung von Boden, der zwischenzeitlich brach lag, nach neuen Regeln. Sie beschlagnahmt und bewirtschaftet ihn auf eigene Rechnung, lediglich ein Zehntel der Erträge geht an die Gemeinde. Die Eigentümer, die ihre Felder selber bestellen wollen, erhalten die Unterstützung britischer Soldaten. Aber es kommt zu Reibereien. Die Brotrationierung, die starken Einschränkungen der Bewegungsfreiheit wie auch Verständigungsschwierigkeiten mit den Engländern bringen die Bevölkerung laufend zu Äußerungen wie: ‚Das ist wie mit den Boches! Das ist noch schlimmer als mit den Deutschen!'" (SHAT Vincennes, 16N1540, Bericht vom 2. März 1918). Während der großen deutschen Frühjahrsoffensive verstärkt sich der Unmut. Schon wieder musste man fliehen und alles den Soldaten überlassen, deren Disziplin offenbar nachließ, nicht zuletzt infolge der Arroganz der Offiziere. In der Tat nimmt die englische Armee, wie alle Truppen in akuter Bedrohung, einfach alles, was sie braucht, aus dem Land, in dem sie sich befindet. Über solche uneingeschränkte Priorität des Krieges beschweren sich die Flüchtlinge in ihren Briefen. Eine Frau schreibt: „In Remaucourt haben sich die Engländer genau so aufgeführt, wie es die Deutschen getan hätten. Sie haben Häuser und Keller geplündert und die Sachen kaputt gemacht, an denen man am meisten hing." Eine andere schreibt am 30. April 1918: „Die Engländer sind hier die Herren. Mittlerweile fragen sie gar nicht mehr, sie kommen und lassen sich häuslich nieder; bei uns haben sie ein Büro eingerichtet, wo Tag und Nacht gearbeitet wird, es herrscht ein unglaubliches Kommen und Gehen. Früher mochten wir die Engländer, aber jetzt kann sie niemand mehr ausstehen. Kaum hatte man die Leute aus ihren Häusern geworfen, zogen die Engländer ein, tranken den letzten Champagner und Wein und rannten dann als Frauen verkleidet auf die Straße, auch Offiziere dabei. Anderswo ruinieren sie Wäsche und Möbel, und wenn die Zivilisten nach Hause möchten, werden sie rausgeworfen."

In einem Brief vom 8. Mai schreibt eine Frau Clémence aus Witternesse zornig: „Armes Frankreich, dass du dich so ruinieren lässt, wir müssen unsere Häuser verlassen und alles an die Engländer wegwerfen, es geht soweit, dass ihre Pferde unsere Getreidefelder abweiden und wir lassen sie alles machen ... Ich bin sicher, dass ich nichts mehr vorfinde ... sie gehen so weit, dass sie ihre Pferde mit unseren Kornvorräten füttern. Es ist eine Schande, dass du dich von Engländern und Feldpolizei aus dem eigenen Hause jagen lassen musst. Eines kann ich dir sagen, ich habe Mut bewiesen, alle meine Nachbarn waren bereits weg, aber ich bin ganz alleine dort geblieben und das trotz der Artilleriegranaten, und dann kam zum vierten Mal die Feldpolizei und warf mich hinaus. Die Engländer kriegen den Schlüssel und dann verschwenden sie alles. Es ist grausam!"

Die Unbilden, unter denen die Zivilbevölkerung vor allem in Frontnähe leidet, gehen von ausländischen wie auch von französischen Soldaten aus gemäß dem Gesetz des nicht endenden Krieges. Im Juli des Jahres 1917 wird die ohnehin lange Liste der Missetaten immer länger. An unterschiedlichen Orten sind es bestimmte Truppengattungen, die sich im Unterschied zu anderen besonders schlimm aufführen. Oft gehen die Offiziere mit schlechtem Beispiel voran. Da sind es die Zuaven[3], dort ist es der Landsturm, der stiehlt, säuft und sich prügelt. Sie verwüsten die Gärten, fischen mit Handgranaten, verderben die jungen Mädchen. Manche Lazarette sind moralisch so verkommen, dass keine anständige Frau dort noch arbeiten will. In Ostfrankreich sollen die Schützen und die Schwarzen viele Frauen geschwängert und mit Geschlechtskrankheiten infiziert haben. Die Beziehungen zu den Alliierten machen teils mehr, teils weniger Probleme. Die Australier seien gefürchtet; im Département Seine-et-Marne sollen sie Kartoffeln aus dem Boden gerissen und Protestierende als „Boches" beschimpft haben. Die Engländer werden zwar wegen ihrer Sauberkeit geschätzt, sind aber nicht gerade für Feinfühligkeit bekannt. Die Amerikaner sieht man häufig nicht gern, weil sie die Lebensmittelpreise in die Höhe treiben, dafür wird ihnen guter Wille und Kameradschaftsgeist zugestanden. Hingegen scheint die Antipathie gegenüber den Belgiern zu wachsen, man erzählt von Schlägereien zwischen Belgiern und Engländern in den Schützengräben. Das Gerücht kursiert, die belgische Königin habe Verrat geübt.

Diebische Zuaven, disziplinlose Truppen aus dem Süden[4], syphilitische „Neger", sauber gewaschene, aber raubeinige Engländer, gewalttätige Australier, Amerikaner mit zu viel Geld und undurchsichtige Belgier – für die Bevölkerung ist eines so schlimm wie das andere. Denn in dieser Zeit endloser Truppenbewegungen, angesichts des ständigen Kommens und Gehens bewaffneter Männer, die essen, trinken, pinkeln, sich drängen, Gräben ausheben, aufbauen und zerstören, gibt es Gründe genug, sich zu beklagen. Unterschiedlichste Menschen nach Region, Regiment, Land und Hautfarbe.

---

3 Kolonialtruppe, im französischen Algerien aus Berberstämmen und Europäern rekrutiert (A.d.Ü.)

4 Soldaten aus Südfrankreich galten dem Vorurteil als feige, zuchtlos und träge, besonders seit Béziers 1907; vgl. Anm. 2 (A.d.Ü.)

Mit dem Eintreffen zahlreicher Soldaten aus den USA stellt sich das „Rassenproblem" wieder ganz neu. Frankreich hat aus seiner Kolonialpolitik gelernt und in den vergangenen Jahrzehnten seinen republikanischen Diskurs über Zivilisation, Trennung von Kirche und Staat und allgemeine Schulbildung geführt. Der Krieg aber unterwirft feste Begriffe und Ideologien militärischer Disziplinierung. Schwarze Soldaten kommen aus dem französischen Kolonialreich oder aus Amerika; Rollen und Hierarchien sind unterschiedlich definiert. Die nordamerikanische Praxis mag bei den Franzosen noch so sehr auf Unverständnis stoßen, sie müssen damit umgehen, denn es handelt sich um zwei selbstständige Armeen mit eigener innerer Ordnung. Die Instruktionen der französischen Militärmission für die französischen Offiziere, die mit schwarzen Soldaten aus den USA zu tun haben, besagen: Der amerikanische Standpunkt in der „Negerfrage" mag vielen Franzosen zweifelhaft erscheinen, aber es stehe ihnen nicht zu, dieses so genannte Vorurteil in Frage zu stellen. Die amerikanische öffentliche Meinung zur Rassenfrage sei eindeutig und lasse keine Diskussion zu. Der hohe Anteil an Schwarzen in den Vereinigten Staaten (ungefähr 15 Millionen) würde für die weiße Rasse dort eine Gefahr der Entartung mit sich bringen, wenn es keine strikte Trennung zwischen Schwarzen und Weißen gäbe. Da diese Gefahr für die französische Rasse nicht bestehe, hätten sich die Franzosen angewöhnt, mit den Schwarzen ohne Distanz und tolerant umzugehen. Solche Toleranz und alltägliche Vertrautheit kränkten die (weißen) Nordamerikaner zutiefst. Sie sähen darin einen Angriff auf ihre nationalen Dogmen. Sie fürchteten, der Kontakt zu Franzosen könnte die amerikanischen Schwarzen zu Ansprüchen verleiten, die sie für nicht hinnehmbar halten. Es sei unerlässlich, strikt darauf zu achten, dass eine schwere Verstimmung der (US-)amerikanischen Öffentlichkeit vermieden werde. Obwohl sie Staatsbürger der USA seien, würden die Farbigen von den Weißen als Menschen minderer Art angesehen, zu denen man ausschließlich geschäftliche oder Dienstleistungsbeziehungen unterhalten dürfe. Man werfe ihnen Begriffsstutzigkeit, Indiskretion, Mangel an Bürgersinn und Gewissenhaftigkeit bei der Arbeit, ein zu lässiges oder zudringliches Benehmen vor. Die Untugenden der Neger seien in den Augen der weißen USA-Bürger eine ständige Bedrohung und deshalb scharf zu bekämpfen.

Wie sollten also die militärischen Anforderungen von Front und Hinterland mit den deutlichen Unterschieden der Armeen und der Mentalitäten in Einklang gebracht werden? Eine generelle Regelung war nicht möglich, dafür waren Geschichte und Gesellschaft der Schwarzen aus Amerika und der aus den französischen Kolonien viel zu unterschiedlich. So versuchte die Militärmission, Verhaltensregeln für die eigenen Soldaten und die Zivilbevölkerung vorzugeben: 1) Jeder allzu enge Kontakt der französischen Offiziere mit den schwarzen Offizieren sei zu vermeiden. Man solle ihnen zwar korrekt und höflich begegnen, sie aber nicht wie die weißen amerikanischen Offiziere behandeln; das würde diese zutiefst kränken. Man dürfe nicht mit ihnen gemeinsam essen, Begrüßungen mit Händedruck sowie Gespräche oder Besuche außerhalb des Dienstes seien zu vermeiden. 2) Man solle die schwarzamerikanischen Truppen nicht überschwänglich loben, vor allem nicht in Gegenwart weißer Amerikaner. Ihre Qualitäten und Leistungen dürften nur in gemäßigter Form anerkannt werden. 3) Man müsse die Bewohner der Standorte veranlassen, die Schwarzen nicht zu verwöhnen. Die weißen Nordamerikaner entrüsteten sich über jeden öffentlichen Umgang vertraulicher Art zwischen weißen Frauen und Schwarzen. Kürzlich hätten sie heftig gegen eine Abbildung in der Illustrierten *La Vie parisienne* protestiert, die eine Frau im Séparée mit einem Schwarzen zeigte. Vertraulichkeiten weißer Frauen mit Schwarzen würden im Übrigen auch von Franzosen mit Kolonialerfahrung abgelehnt; sie sähen darin einen großen Prestigeverlust für die weiße Rasse. Die Militärbehörden könnten in dieser Sache nicht direkt tätig werden, wohl aber über die zivilen Stellen auf die Bevölkerung Einfluss nehmen (SHAT Vincennes, 7N2258).

Umgekehrt bedeutete auch für die aus Nordamerika Herübergebrachten, mit ihrer Geschichte und ihrer spezifischen Kultur im Gepäck, die Erfahrung des alten Kontinents und der Schrecken des Krieges einen vielfachen Schock, und in der Etappe vor oder nach dem Kampf an der Front konnte es passieren, dass ihr Bedürfnis, sich zu zerstreuen und zu amüsieren, mit den strikten Vorschriften der militärischen Ordnung kollidierte.

Ein Land auf dem ‚Felde der Ehre'

Der Krieg endet in seiner Eisenbahn-Einkleidung, aber nicht mit den gigantischen Menschenansammlungen auf den Gares de l'Est und du Nord in Paris oder dem landesweit allgegenwärtigen Rhythmus der Lokomotiven wie am Anfang, sondern in einem einzelnen Waggon auf dem Lande, unweit von Paris im Département Oise. Der ist für einen Augenblick zum Mittelpunkt der Erde geworden, an dem steife deutsche Bevollmächtigte eintreffen, unterzeichnen und sogleich wieder wegfahren.[5] Ein kurzer Moment als Ende des grausamen Massakers, das acht Millionen Europäer verschlungen und weitere sechs Millionen zu Invaliden gemacht hat – der plötzliche Halt eines Wahnsinnszuges, der seine Fahrt mit hoher Geschwindigkeit begann und schließlich nichts zurückließ als einen kleinen Eisenbahnwagen in Rethondes.

Was sind die Kriegstoten wert? So seltsam die Frage klingen mag, es ist genau die, vor der die meisten Gesellschaften stehen, die sich der Gewalttätigkeit von Gruppen gegenübersehen. Bei den Mundang von Léré gilt der Tod im Kampf nicht als rühmlich, und bei den Moissi im heutigen Burkina Faso werden nicht nur den gefallenen Kriegern keine besonderen Ehren zuteil, sondern sie werden nahezu heimlich bestattet. Um ihren Tod der Familie mitzuteilen, wirft man den Speer des Kriegers über die Einfassungsmauer der Wohnanlage, und das bleibt die einzige Beileidsbekundung. Als guter Krieger oder guter Jäger gilt, wer heil zurückkehrt:

5 Anspielung auf die Unterzeichnung des Waffenstillstands am 11. November 1918 im Salonwagen des Marschalls Foch auf einer Waldlichtung im Forst von Compiègne nahe der Gemeinde Rethondes (A.d.Ü.)

Der eine als Sieger oder zumindest ohne Schaden, der andere mit Jagdbeute.[6] Von historischen Gesellschaften hat das antike Griechenland das Bild vom ‚schönen Tod fürs Vaterland' gemalt, der den gefallenen Kriegern wie durch eine Initiation jene Qualitäten verlieh, um welche die Elite, die *Aristoi*, zeit ihres Lebens wetteiferten. Was in der Initiationsordnung afrikanischer Gemeinwesen durch die Beschneidung und den Bezug auf Masken erreicht werden soll, findet der Mann da durch den Tod in der Schlacht, der ihm Ruhm bringt. Das heldenhafte Tun, des Preislieds würdig, gewährt ewige Jugend und erhebt seinen Vollbringer ins Übermenschliche. Durch sein Sterben entgeht er dem sonst unausweichlichen Verfall und erhält sich strahlenden Glanz.

Doch der ‚schöne Tod' hat sein unerbittliches Pendant: Die Schändung des niedergestreckten Feindes, die ihn für immer aus der Erinnerung der Menschen löschen soll. Der große Anspruch des Heldenideals schließt die Verstümmelung Toter mit ein. Um vom Leichnam des Feindes Jugend und männliche Schönheit zu tilgen, besudelt man ihn mit Staub und Erde, zieht ihm die Haut ab, damit er unkenntlich wird, haut ihn in Stücke, die den Hunden, Vögeln und Fischen vorgeworfen werden, oder man verweigert ihm das Begräbnis und lässt den Leichnam verrotten, den Würmern und Insekten zur Nahrung. Das ist die totale Umkehrung des ‚schönen Todes', vollendete Unmenschlichkeit, und nur die Götter vermögen die Schande solcher Exzesse vom Helden zu nehmen.

Um seine Soldaten nicht solchem grauenhaften Geschick auszusetzen, erfand Athen die kollektive Erhebung aller seiner Kriegsgefallenen zu Heroen. Die Polis erkannte so ihre Verpflichtung gegenüber den toten Mitbürgern an. Sie brach mit der griechischen Sitte, die Gefallenen auf dem Schlachtfeld zu bestatten, und überführte ihre sterblichen Überreste in die Heimat. Mit diesem politischen Akt setzte sich das Gemeinwesen an die Stelle der Familie, der sonst die Totenfürsorge obliegt. Der Ruhm erhält politische Bedeutung; das Beispiel der als Soldaten gestorbenen Staatsbürger wird der Erziehung kommender Generationen dienstbar gemacht. In eben diesem Sinne hat Athen die Leichenrede für die Kriegsgefallenen erfunden.

Die Männer, die seit Herbst 1914 zu Millionen mobilisiert wurden, sollten kämpfen, also auch töten, so viele Feinde wie möglich. Ergebnis war ein vordem nicht dagewesenes Massensterben. In den Kriegsberichten ist kaum die Rede vom Akt des Tötens, um so mehr aber von den daraus folgenden Leichenbergen. Maurice Genevoix konnte schon seit dem 9. September 1914, während der Marneschlacht, diese physische Präsenz des Todes keinen Augenblick mehr loswerden. Er rauchte bis in die Nacht hinein, um den fürchterlichen Gestank zu vertreiben, den Geruch der auf den Feldern verstreut liegenden Toten, die ihre Kameraden zurücklassen mussten, ohne sie noch mit Erde bedecken zu können, damit man sie nicht verwesen sah. So auch der Soldat Henri Barbusse (1979: 355): „Um einen

6 Den Vergleich mit afrikanischen Ethnokulturen hat auch Abélès (z. B. 1990: 138ff.) gezogen, vor allem in Bezug auf die jährlich wiederkehrende Wallfahrt von Staatspräsident Mitterrand zur vorgeschichtlichen Stätte Solutré in Burgund, die er als Herrschaft sicherndes Erneuerungsritual deutet (A.d.Ü.).

zerfetzten Tornister, der auf einem Haufen von Knochen, Stoff und Ausrüstungsgegenständen liegt, erkennen wir in regelmäßigen Abständen weiße Punkte, und wenn wir uns darüberbeugen, sehen wir die Fuß- und Handknöchel dessen, was einmal eine Leiche war. – Mitunter erblicken wir in länglichen Erdlöchern Stoffetzen; mit der Zeit sind die unbegrabenen Leichen in die Erde gekrochen, und wir wissen, dass auf diesem Stück ein menschliches Wesen zu Staub geworden ist."[7]

Der Waffenstillstand beendete zwar das Abschlachten, löste aber das Problem der Gefallenen nicht. Vielmehr setzte er die unerträgliche Preisgabe der Toten und das Durcheinander der Gräber, das Panik, höchste Eile und der Zwang der Umstände verursacht hatten, erst recht ins Licht. Was sollte mit den menschlichen Körpern geschehen, die das Granatfeuer zerrissen und weggeschleudert hatte? Wie war den Erwartungen der Familien und dem Wunsch der Nation zu begegnen? Das Land konnte sich nicht des Friedens erfreuen, ohne etwas für die Gefallenen zu tun, derer in den offiziellen Reden ständig gedacht wurde.

Trommelfeuer und das Hin und Her der Fronten hatten die sorgsamen Vorschriften für den Umgang mit den Gefallenen überholt. Vor den Herbstoffensiven 1915 ordnete das französische Oberkommando neuerlich die Bildung einer Registrierstelle bei jeder Armee an, die auch für eine angemessene Bestattung der Gefallenen in Einzel- oder in Gemeinschaftsgräbern zu zehn (die Leichen neben- und nicht übereinander liegend) sorgen sollte. Vorgeschrieben wurde genaue Registrierung der Grabstellen und eine registrierte Erkennungsmarke an jedem Toten, um im Falle einer Exhumierung die Identifikation zu ermöglichen. Abgesehen von den großen Friedhöfen Mourmelon und Suippes blieben diese Anweisungen jedoch auf dem Papier. Verschwundene Leichen, ganze Gräberfelder zerstört – dieser Krieg tötete nicht nur, er erfand zusätzlich die Vernichtung der Toten.

Nach Kriegsende wurde die Heimführung der verbliebenen Gefallenen zu einem kaum lösbaren Problem. Versuche von Angehörigen, auf eigene Faust ihre Toten zu bergen, mussten untersagt werden. Wo die Schlachten getobt hatten, die Erde aufgebrochen und umgewühlt war, lagen Trümmerhaufen und lauerten Blindgänger. Zu der physischen Gefährdung kamen der Schock des grauenvollen Anblicks und die Möglichkeit der Verwechslung: Statt des gesuchten Toten den Leichnam eines Fremden, vielleicht den eines Feindes mitzunehmen. Die von den Behörden organisierte Rückführung erwies sich als schwierig. Waren der Transport, die Verteilung auf die Bestimmungsorte und die Grabstätten geklärt, blieb noch die Verladung der Särge. Die nationale Eisenbahngesellschaft lehnte es kategorisch ab, an den Verbindungsbahnhöfen zu den regionalen Verkehrsnetzen dafür zu sorgen. Das Militärkommando verweigerte die erforderlichen Hilfskräfte. So musste man auf Zivilpersonen zurückgreifen, die kaum aufzutreiben waren, und den Gemein-

7 Einen anderen Aspekt der Zerstörung von Menschen in der Hölle des Krieges behandelt Pourcher (1997a) in einem Aufsatz über den Einfluss, den die Verwundung durch einen Gasangriff mit zeitweiliger Erblindung bei der Verwandlung einer banalen gescheiterten Existenz, eines mäßig begabten, arbeitsscheuen Kleinbürgers aus dem deutsch-österreichischen Grenzgebiet namens Hitler in ein Monstrum hatte, das sich zum Vollstrecker finsterster politischer Ambitionen auswachsen konnte (A.d.Ü.).

den die Verantwortung für Beförderung und Bestattung der Toten übertragen. Am Beispiel von Morlaix in der Bretagne wird deutlich, wie mit den geringen vorhandenen Mitteln für jedes Teilstück der Transportroute unter persönlichem Einsatz um den Erfolg der Überführung gerungen werden musste. Im Frühjahr 1921 durchquerten die Gefallenenzüge Frankreich und erreichten den Bahnhof von Morlaix. Statt der langen Waggonschlangen, die Bretonen zu Tausenden in den Krieg befördert hatten, kehrte ein armseliger kleiner Zug in die Heimat zurück. Und der Unterpräfekt zählte die Wagen, die Särge und die vom Staat bewilligten Gelder. Ein hohes Verwechslungsrisiko bargen auch diese Transporte. Zudem waren manche Särge in einem kaum transportfähigen Zustand.

Noch mehr als der Krieg warf der Frieden das Problem der Toten auf. Tote Menschen, tote Erinnerungen – die Toten waren überall, auch wenn man sie vergessen oder selbst schmähen wollte. Die Nachkriegszeit selbst war ein Krieg. Zu hektisch die Tänze, die Musik und die Malerei, wie um das Vergangene zu verjagen. Die Witwen, die Waisen; die Legionen der Kriegsteilnehmer; die Hüter des Gedenkens, die nationale Einheit und Sammlung beschworen; die Pazifisten, die ihren Hass auf den Krieg herausschrieen, und all die anderen, die vor allen Dingen leben wollten. Krieg und Tod waren in die Gedanken und Träume eingebrochen, sie öffneten der Desillusionierung Tür und Tor. So in der Literatur, bei Barbusse, Duhamel, Paulhan, Cocteau, Céline und anderen in Frankreich, bei Graves und besonders bei C. E. Montague in Britannien, bei Remarque, Ernst Jünger und anderen in Deutschland, Dos Passos oder Hemingway in den Vereinigten Staaten. Die Toten aber fanden nach und nach ihre Begräbnisstätten, in den vielen Gemeinden verteilt über ganz Frankreich und in riesigen Nationalfriedhöfen im Norden und Osten. Auch die Verbündeten sammelten ihre Gefallenen, die Vereinigten Staaten 30.000 in acht Gräberfeldern auf französischem Boden. Aus Großbritannien kamen von 1920 bis 1923 jede Woche 4.000 Grabsteine nach Frankreich. Gräber unter dem Kreuz oder dem Halbmond vereinigten in den nationalen Gedenkstätten alle Regionen des Landes und der Kolonien. Diese Monumente und die symbolische Beisetzung von *unbekannten Soldaten*, in Frankreich unter dem Arc de triomphe in Paris, gaben zusammen mit den Kriegerdenkmälern in jeder Gemeinde den Nationalstaaten einen neuartigen Heldenkult im alten Stil. Georges Bernanos (1938) sah in der Zwischenkriegszeit bereits die ungeheuren Leichenberge von morgen voraus, wie wenn die Toten des vergangenen Krieges neue herbeiriefen, noch zahlreicher und noch barbarischer, noch apparathafter umgebracht. Und noch 80 Jahre nach dem Waffenstillstand von 1918 gibt die Erde in den ehemaligen Frontzonen unbestattete Gefallene frei.

Der Krieg sollte, in Frankreich wie überall in den beteiligten Ländern, innere Gegensätze zudecken und in einer beschworenen Einheit des Volkes auflösen. Paradoxerweise brachte er gerade das Gegenteil zum Vorschein, eine innere Mannigfaltigkeit, die sich nicht durch Forderungen des Tages wegdekretieren ließ. Alles Franzosen, pauschal gesagt, aber zugleich auch Bretonen, Menschen aus der Pikardie, Provenzalen, Normannen, Pariser, Gebirgler, Seeleute, Bergarbeiter, blonde und brünette, große und kleine. Baskische, bretonische, okzitanische Soldaten hatten sich für Frankreich geschlagen, warum also sollte man ihre Stimmen und ihre Lieder ablehnen? Es war, als hätten sich die verschiedenen Lande früher verborgen, um besser zu überdauern. Als die Gefahr erschien, war ohne Zögern der Appell an die Provinzen ergangen und das Lied von der Liebe zur Heimatregion angestimmt worden. Hervorgetreten war eine französische Identität, stark durch ihre Ethnien und ihre „regionalen Völker" (Braudel 1990: 214). Unterschiede durften sein, sie wurden sogar betont, da sie jetzt im nationalen Interesse lagen. Nach Kriegsende wollte sich die erzeugte Bewegung nicht ohne weiteres wieder zurückbilden. Die Regionen mochten nicht verschwinden; sie zählten ihre Toten.[8] Aber der Krebsschaden der Welt war nicht geheilt, und Zweifel lastete über diesem Europa, das so viel verloren hatte an Stärke, an Freude und Intelligenz. Für das „Aggregat an geistiger und physischer Kraft, an neuen Mischungen und Varianten, deren mögliche Mannigfaltigkeit wir nicht ermessen können", bekam es eine minderwertige „Nachkultur" (Steiner 1972: 41). Viele Männer in der Vollkraft ihrer Jugend waren im Krieg geblieben. Der Wein machte traurig, nicht fröhlich. Aber trotzdem war da eine Stimme, die sang von aller Liebe zu den Menschen.

(Deutsche Fassung von Werner Rossade, auf der Basis eigener Übertragungen sowie von Arbeitsübersetzungen, die als Unterrichtsprojekt im Fremdsprachen-institut der Landeshauptstadt München (FIM) unter Verantwortung von Merve Grimm und Dr. Ralf Stamm mit Beteiligung der Studierenden Natalie Bachmann, Isabell Gerbig/Sandra Peters, Julia Höhn, Gabriella Loparco, Sibylle Püschl, Nathalie Schroeder, Kathrin Seitz und Sebastian Sappl angefertigt wurden. Der Text entspricht teils direkten Übersetzungen, teils Zusammenfassungen der Seiten 7, 14, 17, 22-24, 41f., 61, 113f., 66, 96f., 98f., 176f., 184f., 192-201, 445, 463-468, 481-483, 485-498, 504f., 509f. des Originals Pourcher 1994.
Mit Autorisation des Verfassers und freundlicher Genehmigung des Verlags Librairie Plon, Paris.)

Literatur

Abélès, Marc 1990: *Anthropologie de l'État*, Paris: Armand Colin
Agulhon, Maurice 1997: *La République 1880-1995*, Paris: Hachette
Barbusse, Henri 1979: *Das Feuer. Tagebuch einer Korporalschaft*, Zürich: Unionsverlag
Béraud, Henri 1949: *Qu'as-tu fait de ta jeunesse?*, Paris: Plon
Bernanos, Georges 1938: *Les grands cimetières sous la lune*, Paris: Plon
Braudel, Fernand 1990: *L'identité de la France, les hommes et les choses*, Paris: Flammarion
Elias, Norbert 1987: *Die Gesellschaft der Individuen*. Hg. von Michael Schröter, Frankfurt a. M.: Suhrkamp
Gracq, Julien 1992: *Carnets du grand chemin*, Paris: José Corti
Mauss, Marcel 1978: Die Techniken des Körpers (1934), in: ders.: *Soziologie und Anthropologie*, Bd. II, Frankfurt a. M.: Ullstein (München: Hanser 1975), S. 199-220

8 Weiter zur regionalistischen Bewegung von Korsika bis zur Bretagne und ihrer Lähmung durch den Blutzoll der Provinzen siehe im Original: Pourcher 1994: 505ff. (A.d.Ü.)

Pourcher, Yves 1987: *Les Maîtres de granit. Les notables de Lozère du XVIIIe siècle à nos jours*, Paris: Olivier Orban

Pourcher, Yves 1989: *La Trémie et le Rouet* [Mühltrichter und Spinnrad]. *Moulins, industrie textile et manufactures de Lozère à travers leur histoire*, Montpellier: Les Presses du Languedoc

Pourcher, Yves 1993: Des combats et des triomphes de Marianne: entre folklore et rituel?, in: Abélès, Marc/Rossade, Werner (Hg.): *Politique Symbolique en Europe – Symbolische Politik in Europa*, Berlin: Duncker & Humblot, S. 163-177

Pourcher, Yves 1994: *Les Jours de Guerre. La vie des Français au jour le jour entre 1914 et 1918*, Paris: Plon

Pourcher, Yves 1997: Un ethnologue dans l'histoire, in: Abélès, Marc/Jeudy, Henri-Pierre (Hg.): *Anthropologie du politique*, Paris: Armand Colin, S. 211-232

Pourcher, Yves 1997a: Aveuglé par la haine, in: *Sociétés & Représentations*, 4, S. 139-164

Rossade, Werner 1995: Rezension von Pourcher 1994, in: *Anthropos. Internationale Zeitschrift für Völker- und Sprachenkunde*, 90.4-6, S. 635-637

Rossade, Werner 2000: Rezension von Abélès/Jeudy (Hg.) 1997, in: *Politische Vierteljahresschrift*, 41.2, S. 372-374

Steiner, George 1972: *In Blaubarts Burg. Anmerkungen zur Neudefinition der Kultur*, Frankfurt a. M.: Suhrkamp

Topik und politische Kultur

Werner Rossade

Topik in der Kulturgeschichte

Topik ist ein heuristisches Verfahren, das seinen Ursprung in der antiken Rhetorik hat. Vereinfacht lassen sich ‚Topos' und ‚Topik' etwa so erläutern: Für praktische Zwecke der Argumentation, vor allem bei Rechtshändeln, wurden Verzeichnisse (Kataloge) griffiger und erprobter Argumente angelegt, sozusagen Schränke mit vielen Schubladen, wo die verschiedenen Argumente aufbewahrt und bei Bedarf entnommen werden konnten. Die einzelne ‚Schublade' war der Ort (griechisch *topos*), an dem die benötigte Redehilfe zu finden war. Mit der Zeit übertrug sich der Begriff *topos* von diesem Ort auf das Argument selbst, und da es dessen vorzügliche Eigenschaft war, in sehr verschiedenen oder allen möglichen Zusammenhängen, also allgemein, verwendet werden zu können, nannten es die Beteiligten *koinòs tópos*, ‚allgemeiner Platz' (vgl. Bornscheuer 1976: 26-60; Mittelstraß Hg. 1996: 319-323; Zekl 1997: XIXff.). So wurde es später in andere Sprachen/ Kulturen übernommen, als *locus communis*, *lieu commun*, *commonplace*, *Gemeinplatz* u. a. Die modernen Formen erinnern an heutigen Sprachgebrauch, der ‚Gemeinplatz' als banales, abgegriffenes Klischee versteht, ein gerades Gegenteil von erkenntnisträchtigen Topoi, die – nach der klassischen Definition von Lalande – ein bereitstehendes Repertoire von Gesichtspunkten bilden, welche *die Invention*, also das Gewinnen neuer Erkenntnisse, *fördern* (erleichtern).[1] Zweifellos gibt es fließende Übergänge zwischen Topos und Klischee.

Nehmen wir zur Verdeutlichung einen Topos, der im Kontext unseres Gegenstandes seit längerem eine Rolle spielt: Max Kaases Metapher vom *an die Wand zu nagelnden Pudding* für das Paradigma *politische Kultur* (Kaase 1983). Geradezu begeistert aufgenommen und exzessiv zitiert, wurde dieser Vergleich aus dem saloppen Vokabular von Studentensprache rasch zum klischeehaften Element einer *Mode*, die es ja in der Wissenschaft ebenso gibt wie in anderen Lebensbereichen. Der Erkenntniswert solcher Klischees pflegt gegen Null zu tendieren, was allerdings hier – wie wohl in allen oder doch in vielen Fällen – im „Topos" selbst angelegt ist. Denn weshalb soll das Paradigma *politische Kultur* so viel mehr „Pudding", d. h. begrifflich unbestimmt und schwer festzumachen sein als andere Konzepte der Politischen Wissenschaft auch? Wenn dieses Konzept „einerseits den Blick für Besonderheiten einer Gesellschaft" schärft, „selbst aber nie in begrifflicher Schärfe sich fassen" lässt (Hanke 1987: 12), so ist es vielleicht darin eine echte *topische* heuristische Kategorie.

---

1 Topique = „Théorie des ‚lieux' (…) ou ‚lieux communs', c'est-à-dire des classes générales dans lesquelles peuvent être rangés tous les arguments ou développements. La connaissance de ces lieux forme, par suite, une sorte de répertoire facilitant l'invention" (Lalande 1991: 1137; vgl. Viehweg 1974: 35, 37).

Eine philosophische Systematisierung des antiken Verständnisses von Topoi als „vielseitig verwendbare, überall annehmbare Gesichtspunkte, die im Für und Wider des Meinungsmäßigen gebraucht werden und zum Wahren hinführen können" (Viehweg 1974: 24), sich abhebend vom Alltagsgebrauch wie von der ‚praktischen Philosophie' der Sophisten, hat Aristoteles (384-322) unternommen. Er unterschied dieses Topische, Heuristische vom Apodiktischen als vermeintlich (philosophisch) unstreitig Wahren (ebd.: 19f.) und begründete damit einen Gegensatz, der bis heute in wechselndem Kleid Wissenschaftsentwicklung prägt, verstand aber das stringent Logische als auf dem Topischen beruhend (Zekl 1997: XV-XIX). Aristoteles nannte seine umfassende Ausarbeitung *Topika*, etwa: ‚Lehre von den Örtern' (ebd.: XVI). Ihre originale Form wird erst in der Gegenwart aus vielen spätantiken (Stoa) und scholastischen Überlagerungen rekonstruiert (ebd.: XVIIff.; siehe Aristoteles 1997). Spätere Umformungen der Aristotelischen Topik, wie die durch Cicero (Bornscheuer 1976: 61-90) klammere ich hier aus.

Das induktiv-exploratorische Verfahren der Wissensgewinnung, für das Topik steht, dominierte das geistige Leben im antiken und europäischen Kulturbereich über zwei Jahrtausende. Topisches Vorstellen und Denken war darin weit mehr als eine bloße heuristische Methode im Rahmen von Teilsektoren der Kulturentwicklung. Vielmehr war sie, wie Bornscheuer (1976) gezeigt hat, ein eigenständiger, komplexer, in sich vielfach differenzierter Modus des gesellschaftlichen Bewusstseins, geprägt von einer spezifischen *Struktur der gesellschaftlichen Einbildungskraft* bis in die Hochzeiten der spätfeudalen Epoche des Barock mit einem höfischen Adel als damaligem Träger der kulturellen Hegemonie und richtungweisendem Sponsor für die Koryphäen des Geisteslebens. Als wissenschaftliche Methode wurde Topik mit dem Anbruch der bürgerlich-kapitalistischen Frühzeit zunehmend von einem anderen Grundmodell abgelöst. Axiomatisch-deduktive Verfahren begannen die Stelle der explorativen, alltagssprachlich und -kulturell fundierten einzunehmen. Statt der Kombinatorik (dazu Bornscheuer 1976: 52ff.) des Ramon Llull (Raimundus Lullus), der Staatslehre Johannes' von Salisbury (zu diesem Scholastiker vgl. von Moos 1996) und vieler anderer topisch geprägter Entwicklungen wurde der rationale Deduktionismus von Descartes zum leitenden Paradigma (autonomer) Wissenschaft, und Topik kam darin schon bald nur noch am Rande vor (Mittelstraß Hg. 1996: 320f.). Topoi und Topik aber persistierten nicht nur in den Alltagskulturen, sondern ebenso in den Künsten (s. a. Bornscheuer 1976: 20ff.). Literarische Motive und über die Jahrhunderte wiederkehrende Grundfiguren im Stofflichen wie auch im Technischen (‚Gestalterischen'); dasselbe in den Bildenden Künsten; die Elemente musikalischer Kreation[2] – alles Topoi, wie auch z. B. die fixierten, sich wiederholenden Darstellungsmuster im Film bis hin zu den Klischees der Unterhaltungsindustrie à la Hollywood. In der Wissenschaft kam

2 Thomas Mann (1974: 661f.) schreibt in seinem *Doktor Faustus* von der Befasstheit der Musik „mit figuris, characteribus, formis coniurationum und wie solche Namen der Beschwörung und Zauberei genannt sein mögen". Vgl. auch (ebd.: 426) zur dialektischen Vertauschung der Identitäten und Einheit des Gegensätzlichsten in der Musik wie im Mythos.

es während des vergangenen Jahrhunderts zu einer Renaissance von Topik, auf unterschiedlichen Wegen.

Kulturmuster und Topoi

Zunächst ist ein systematischer Zusammenhang zu erörtern, der zwischen Topoi und Kulturmustern. Historisch speist sich der konfigurationale oder Kulturmuster-Ansatz aus verschiedenen Quellen. An den Anfang werden die *symbolischen Formen* von Ernst Cassirer (1874-1945) gesetzt, der eine Philosophie dieser Formen entwickelte (zuerst veröffentlicht 1923-1929), nicht als Metaphysik, sondern als *Phänomenologie* der Erkenntnis. Im Unterschied zu Kant wollte er Erkennen umfassend als Zusammenwirken aller geistigen Kräfte verstehen und dabei den starren Gegensatz von Subjekt und Objekt der Erkenntnis überwinden. Kritik der Vernunft werde zur Kritik der Kultur; Philosophie sei wesentlich Kulturphilosophie, die sich auf die Einzelwissenschaften von kulturellen Erscheinungen – wie Sprache, Mythos, Kunst u. a. – stütze, unter ihnen ausdrücklich auch die Völkerkunde. Die symbolischen Formen, die nach Cassirer das Ganze der Kultur konstituieren, seien nicht „starre, ein für allemal feststehende *Schemata* des Geistes", sondern Zeugen eines letztlich gesellschaftlich, historisch bedingten Formungs*prozesses*, der sich dialektisch entwickelt. Kulturkonfigurationen oder -muster sind hier unterschiedliche Weisen von Symbolverwendung, der symbolischen Repräsentation sozialer Gegebenheiten und Beziehungen, wie später bei Bourdieu, aber ohne dessen soziologische Konkretisierung der ‚symbolischen Formen' (vgl. Cassirer 1994).

Von der Ethnologie kam ebenfalls eine Konkretisierung der ‚symbolischen Formen', und zwar aus dem Studium indigener Völker Nordamerikas, die der Ausrottung vorerst entgangen waren, mit ihren Kulturen. Franz Boas (1858-1942) und der an seinem Lehrstuhl promovierte Alfred Louis Kroeber (1876-1960) begründeten und entwickelten auf dieser Grundlage ganze ‚anthropologische' und soziologische Wissenschaftszweige in den Vereinigten Staaten (vgl. Sills Hg. 1968, Bd.2: 99; Bd.8: 454, 462). Boas definierte im Bestreben, Gruppen von kulturellen Einzelelementen methodisch zusammenzufassen, Kulturmuster (*pattern*) als Organisationsprinzip, das bestimmten Elementen innerhalb eines kulturellen Gesamtzusammenhangs einen bestimmten Stellenwert zuordnet und andere, nicht in das Schema passende Elemente ausklammert, also sowohl integrativ als auch selektiv wirkt (vgl. Girtler 1979: 243). Boas' Schülerin Ruth Benedict (1887-1948) verallgemeinerte aus intensiver Feldforschung bei nordamerikanischen und ozeanischen Indigenenvölkern ihren Begriff der Kulturmuster[3], die sie allerdings eher im Sinne von Gesellschaft transzendierenden Archetypen oder ähnlich Platonschen Ideen auffasste (vgl. Benedict 1989: 16, 46-49 u. ö.). Prägender war jedoch für diese ‚Kultur-

3 Zum Gebrauch von ‚Konfiguration' und ‚Muster': Benedict betitelte den Aufsatz, der ihrem Hauptwerk vorausging, *Configurations of Culture in North America* (1932). Jenes hieß dann *Patterns of Culture* (1934). Kroeber nannte sein 1944 erschienenes Buch über die Weltkulturen *Configurations of Culture Growth*. Später und in der Gegenwart überwiegt dann *pattern(s)*.

anthropologen‘ (besser vielleicht: Ethnosoziologen) ihre Orientierung an konkret historischen Ethnokulturen, aus deren Untersuchung sie ihre Theorien ableiteten.

In diesem wissenschaftlichen Kontext kam es zu einer wichtigen Kontroverse. Die Ethnologie von Boas, seinen Vorläufern und seinen Schülern fasst Kultur und Gesellschaft als Einheit, mit Vorwiegen der Kultur. Sie ist Soziologie, im Selbstverständnis wie in der heutigen Sicht. Gleichzeitig oder nicht viel später entstand an ihrem Ort aber auch eine Soziologie mit wenig oder keiner Bindung an die Ethnologie, deren nach dem Zweiten Weltkrieg international einflussreichster Wortführer Talcott Parsons (1902-1979) sich gegen die erste wandte. Der Streit der beiden Richtungen firmierte als Auseinandersetzung um den Vorrang von ‚Kultur‘ oder von ‚Gesellschaft‘. Er fand, was in der Wissenschaftsgeschichte eher selten ist, seine offizielle Beilegung, in einem von Kroeber und Parsons gemeinsam verfassten und in der Fachzeitschrift der Soziologen, nicht der ‚Kulturanthropologen‘ veröffentlichten Papier, das von dritter Seite als „Nichtangriffspakt“ (*nonaggression pact*) und in dem Dokument selbst als „Waffenstillstand“ (*truce*) bezeichnet wird (Kroeber/Parsons 1958: 583; Sills Hg. 1968, Bd. 3: 528). Das im Oktober 1958 erschienene Papier gab einen Abriss der Fachentwicklung „in den englischsprachigen Ländern“ und dokumentierte dann, dass der vermeintliche Ausgleich der beiden Richtungen, vertreten durch den über 80jährigen Kroeber und den eine ganze Generation jüngeren Parsons, tatsächlich eine Niederlage der Ethno/Soziologie und der Sieg einer speziellen, keineswegs *der* Soziologie war: Die ‚Anthropologen‘ sollten ihren weiten Kulturbegriff zurücknehmen, die weitgehende Identifizierung von Kultur und Gesellschaft aufgeben und sich auf einen engen, symbolzentrierten Kulturbegriff beschränken, während *Gesellschaft* „oder, allgemeiner gesagt, *soziales System*“ die Stelle einnehmen sollte, die der weite Kulturbegriff inne hatte (Kroeber/Parsons 1958: 583). So triumphierte im Streit der beiden Paradigmen mit ihrer jeweiligen Topik eine Systemlehre, die dazu tendiert, Gesellschaft ohne Menschen zu konstruieren, und die diese am liebsten ganz aus der Gesellschaft eliminieren möchte (vgl. Esser 2000 zu Luhmann).

Dass der strukturell-funktionale Schematismus sich so durchsetzen konnte, lag aber auch daran, dass in der nordamerikanischen Kulturanthropologie Gesellschaft tendenziell nur als Kultur vorkam, kaum als Sozialstruktur. Gerade bei dieser setzt indes die Konzeption von Pierre Bourdieu (1930-2002) an. Während in jener anderen Sozialwissenschaft Kultur und Gesellschaft in der beschriebenen Weise auseinanderfielen, bilden sie bei Bourdieu eine nicht zu trennende, konstituierende Einheit. Sie bleiben nicht äußerlich aufeinander bezogen, sondern bestehen nur in- und durcheinander. Bourdieus Leistung ist eine *Soziologie* der „symbolischen Formen“, wie der Titel einer deutschen Auswahl aus seinen frühen Aufsätzen besagt (Bourdieu 1974), und Jacob Taubes fand, Bourdieu sei „wohl der erste, der Ernst Cassirers ‚Philosophie der symbolischen Formen‘ vom theoretischen Himmel auf die sozialwissenschaftliche Erde herunter geholt“ habe (zit. n.: Bourdieu 1974: 4. Umschlagseite). Bourdieu definiert die Prägungen einer Gesellschaft als *Konfigurationen von Merkmalen sozialer Praktiken*, die durch deren Sozialstruktur hervorgebracht werden. In den konkreten Lebensstilen der verschiedenen sozialen Schichten und Gruppen findet die bestehende Sozialstruktur symbolischen Ausdruck. Der Raum der klassen- und schichtbedingt unterschiedlichen Lebensstile ist der gesellschaftliche Ort, wo die alltäglichen Positionskämpfe zwischen Gruppen und Individuen mit den Mitteln der Distinktion ausgetragen werden (Bourdieu 1974: 42f.; Bourdieu 1984: 278f. und passim; Möbius 1984: 28ff. u. ö.; Mörth/ Fröhlich Hg. 1994). Mentalitäts- und Verhaltensmerkmale sozialer Klassen und Schichten ergeben sich aus ihrer Position in der vorhandenen Sozialstruktur, hauptsächlich aus ihrer funktionellen Gewichtigkeit darin, nicht primär aus ihrer numerischen Größe (Bourdieu 1974: 48ff., 55 u. a.). Die Merkmalskonfigurationen unterschiedlicher sozialer Praxis lassen sich als Denk-, Wahrnehmungs- und Handlungsmuster näher bestimmen (Möbius 1984: 28).

Die in diesem Beitrag vertretene ethnosoziologische Auffassung verwendet einen weiten Kulturbegriff, der alle Äußerungen und Objektivierungen menschlich-gesellschaftlicher Tätigkeit samt deren bewusstseinsmäßigen Reflexen umfasst, wie in Ethnologie, Archäologie, Prähistorie u. a. Disziplinen.[4] Sie akzeptiert nicht eine Trennung von ‚hoher' und alltäglicher Kultur, sieht die materielle Kultur als Basis ihrer Wechselwirkung mit der geistigen und geistig-praktischen (der Kultur in engerem Sinn, gemäß einem weit verbreiteten Gebrauch des Kulturbegriffs) und besteht auf der Gesellschaftlichkeit von Kultur im Gegensatz zu idealistischen und transzendenten Konzepten. Der hier gemeinte konfigurationale Ansatz nimmt die Gesellschaft qua Kultur, also nach ihrer Seite der historischen *Menschwerdung des Menschen*, als Gesamtheit oder Integral von Kulturmustern, die dann die Elemente oder *Quanten* des ganzen Prozesses darstellen. Möglicherweise besteht eine Analogie zum Bild der modernen Physik von der Einheit zwischen Welle und Korpuskel, zwischen Kontinuität und Diskontinuität im Licht und der elementaren Materie überhaupt (vgl. Einstein/Infeld 1991: 271ff.). Die *Musterung* des Kulturprozesses (*patterning* nach Benedict [1989: 46ff.] ohne ihre idealistischen Zutaten) in Einheit mit dessen Auffassung als – in sich widersprüchliches, konfliktreiches – Kontinuum, etwa als „Drama Kultur" (Lipp 1994), ergäbe vielleicht eine Entsprechung jenes naturwissenschaftlichen Weltbildes im Realitätsbereich Kultur.

Wie hängen nun Topoi mit Kulturmustern zusammen? Sie sind offenbar Perzeptions- oder Wahrnehmungs- und Deutungs/Darstellungs-Muster, gehören als solche auf die subjektive Seite. Topoi als relativ fixierte Redefiguren begleiten die entsprechenden Handlungsmuster und stehen mit ihnen in Wechselwirkung. Politische Kultur nach Almond und Verba ist ebenfalls eine subjektive Sache. Sie meint

4 Kennt der Kulturbegriff in dieser Hinsicht keine inhärente (kulturelle, eingeschlossen moralische) Wertung – außer der, die sich auf die Produktivität des gesellschaftlichen Menschen oder der Gattung Mensch, der Menschheit selbst bezieht –, so muss doch auf Humanität (‚Menschwerdung des Menschen') zielende Kulturauffassung einen Doppelcharakter des Begriffs voraussetzen: neben diesem ganz allgemeinen Aspekt einen engeren, der Kultur auf das einschränkt, was der historischen *Menschwerdung* förderlich ist, und das für Unkultur = Inhumanität hält, was sie hemmt, verhindert oder grundsätzlich in Frage stellt. Auf politische Kultur bezogen wäre dann Unkultur, Inhumanität z. B. der leichtfertige Gebrauch von *Krieg* nicht als äußerstes Befreiungs-, sondern als ‚normales' Herrschafts- und Vorherrschaftsmittel.

im Wesentlichen Einstellungen der Bürger eines politischen Gemeinwesens zu dessen Institutionen und der Politik seiner Entscheidungsträger. Die Einseitigkeit solcher Fassung hat u. a. eine Erweiterung des Blicks von Einstellungs- auf Vorstellungsmuster hervorgebracht (Rohe 1987), was den Verbleib im Subjektiven nicht aufhebt. Zweifellos gehören solche Einstellungen und Vorstellungen zur politischen Kultur. Erforschung von Einstellungen kann besonders dann fruchtbar werden, wenn sie nicht hauptsächlich auf das Wahlvolk zielt, vielmehr auch und primär auf die so genannten Entscheidungsträger. Dass Vorstellungen von Politik ein ergiebiger Gegenstand sind, hat z. B. Dietmar Schirmer (1992) mit seiner Untersuchung von Deutungscodes verschiedener politischer Richtungen in der Weimarer Republik gezeigt. In seiner Studie sind die Bezüge auf Bourdieus Theorie der Repräsentation m. E. besonders relevant, die erkennen lassen, dass mit dieser Theorie politische Kultur sehr viel grundlegender erfassbar ist als mit den häufig nur kumulativen Anhäufungen statistischen u. a. Materials im Umkreis des Konzepts *political culture* (vgl. ebd.: 32ff. u. ö.).

Die Forschung zu politischer Kultur nach jenem Grundmodell aus den fünfziger und sechziger Jahren hat mit einer Fülle von Beiträgen sehr viele Aufschlüsse z. B. über deutsche Vergangenheit, Parteien, Wahlen, politische Bewegungen, regionale und lokale Strukturen, Partizipation, demokratische Regierungsweise u.v.m. oder auch Methoden wie etwa das Scheuch-Klingemann-Modell erbracht.[5] Aber die Beschränkung, die durch die subjektivistische Einseitigkeit des Modells *political culture* gegeben ist, verhindert doch, dass die nach meiner Auffassung Hauptsachen ins Zentrum gerückt werden: nicht nur die Einstellungen zu und die Vorstellungen von der Sphäre der Politik, sondern an erster Stelle die *Beschaffenheit* der jeweiligen politischen Institutionen und der von den ‚Entscheidungsträgern', also den Herrschenden bestimmten tatsächlichen Politik selbst.[6] Wie weit sind die Institutionen und die praktizierte Politik geeignet, eine Verwirklichung des orientierenden Postulats (der ‚Utopie') von Demokratie als *Regierung des Volkes durch das Volk und für das Volk* näher zu bringen? Oder reduzieren sie – ein grundlegender Topos im aktuellen Diskurs – Demokratie auf ein Repräsentativsystem, das dem *Souverän* nur ab und an gestattet, bei Wahlen seine Stimme ins Spiel zu bringen, und dazu tendiert, bürgerschaftliche oder zivilgesellschaftliche Initiativen in bloßer Hilfsfunktion für diese zu sehen? Parlamentarische Repräsentativdemokratie hat auch in solchen engen Schranken unschätzbare Vorteile gegenüber autoritären und totalitä-

5 Ich nenne hier nur vier gewichtige Sammelbände aus 15 Jahren Arbeit über politische Kultur: Berg-Schlosser/Schissler Hg. 1987; Berg-Schlosser/Rytlewski Hg. 1993; Niedermayer/Westle Hg. 2000; Fuchs/Roller/Weßels Hg. 2002.

6 Schirmer (1992: 31f.) fordert von politischer Kulturforschung eine Vermittlung zwischen Akteurs- und Systemseite der Politik, zwischen dem Subjektiven der Beteiligten und „dem institutionellen Aufbau des politischen Systems inklusive der (...) kennzeichnenden Konsonanzen und Dissonanzen". Sie soll nach „den kulturellen Grundlagen politischer Praxis in all ihren Aggregatszuständen" fragen. Das geht genau auf das von mir Gemeinte. Der Vf. betont auch (ebd.: 55), politische Kultur sei nicht a priori affirmativ, sondern bringe zugleich kritische Distanz hervor. Da wäre noch der prägende *Herrschaftsaspekt* politischer Praxis und politischer Institutionen hervorzuheben und die Analyse bis zu Handlungsempfehlungen weiterzutreiben.

ren Regierungssystemen, aber das kann nicht alles sein. Und weiter: Fördert die realisierte Innen- und Außenpolitik eines politischen Gebildes das demokratische Grundanliegen oder ist sie womöglich nur bzw. primär Instrument der partikularen Interessen herrschender Gruppen?

Reduzierung politischer Kultur auf die subjektive Seite entspricht einem Muster und Topos allgemeiner Kulturauffassung, wo nur oder primär Werte, nicht die Werke als Inbegriff von Kultur aufgefasst werden. Für das Konzept *political culture* hat die Subjektivierung mehrere Konsequenzen. *Erstens* folgt daraus ein konservatives Grundmodell, insofern politische Kultur darauf eingeschränkt werden kann, die Bürger auf die vermeintliche Höhe als solcher nicht in Frage gestellter Institutionen heben zu wollen. Dies entspricht einem prägenden Muster US-amerikanischer Eigensicht und hat darüber hinaus in der offiziellen Ideologie des ‚real existierenden Sozialismus' gewirkt, dem ein solches Muster besonders gemäß war (vgl. Rossade 1997: 340). *Zweitens* ist das Konzept von seinen Ursprüngen her ethnozentrisch, insofern das politische System der USA respektive der ‚angelsächsischen' Staaten als Vorbild schlechthin erscheint, was vielfach Kritik fand (vgl. Reichel 1981: 26ff.; Glaeßner 1982: 121ff.; Gabriel 1992: 95). Vernachlässigung der Hauptmomente politischer Kultur, konservative Grundhaltung und Ethnozentrismus wären demnach Grundmängel des Konzepts *political culture* als solchem. Es ist Bestandteil politischer Ideologie im Sinne von interessebestimmten konzeptionellen Bildungen, die falsches Bewusstsein erzeugen können oder sollen (vgl. Fußn. 12).

Für solches Bewusstsein nenne ich zwei relevante Beispiele, Großtopoi sozusagen (einflussreiche Perzeptionsmuster, die sich auf grundlegende Zusammenhänge im Kontext demokratischer politischer Kultur beziehen). Das eine ist die Akzentuierung der Definition von Politik. Erschöpft sich Politik wesentlich im Ringen um Interessenausgleich zwischen konfligierenden sozialen Trägern dieser Interessen mit der Aussicht auf ständig wiederholte Harmonisierung, oder ist solcher Interessenausgleich nur ein Moment im Kampf um *Macht und Herrschaft*, der als eigentlicher Inhalt von Politik gelten muss? Es ist klar, dass solche unterschiedliche Akzentuierung von Relevanz für die Vorstellungen der involvierten Bürger von Politik und damit für ihr Handeln in Bezug auf Politik ist. Wenn die harmonisierende Variante überwiegt, wie gegenwärtig,[7] dann entsteht ein Zerrbild von politischer Realität, das manipulierendem Missbrauch förderlich ist.

7 Sie wird z. B. nach meinem Eindruck den Studenten der Politikwissenschaft vorzugsweise beigebracht und ist auch definitorisch prägend (etwa Nohlen et al. Hg. 1998: 488f.). *Macht* und *Herrschaft* fehlen darin nicht gänzlich, aber sie sind weit davon entfernt, als bestimmende Momente zu erscheinen, wie etwa in einer älteren Politikdefinition, die noch dazu im Umkreis von Kulturpolitik vorkam: Der dynamische Begriff ‚Politik' lasse sich „nur aus dem Zusammenhang der Elemente Macht, Recht und Gestaltung verstehen". Politik sei demnach „Kampf um die Macht, mit deren Hilfe eine bestimmte Ordnungsvorstellung durchgesetzt wird, die dann von den Unterworfenen als legitim anerkannt werden soll". Politische Entscheidungen konkretisierten sich in verschiedenen Sachgebieten wie Wirtschaft, Recht oder Kultur. „Politische Herrschaft, die in politischen Entscheidungen offenbar wird, ist prinzipiell umfassender und dominierender Natur" (Abelein 1970: 11).

Das zweite Beispiel bezieht sich auf politische Sozialisierung und Herrschaft. Nach Norbert Elias bewirkt der Prozess der Zivilisation zunehmende und zunehmend verinnerlichte Affektkontrolle als Einpassung der Individuen in eine bestehende staatlich organisierte Gesellschaft und deren geltende Normen, welche Einpassung per definitionem kulturell positiv zu bewerten ist (Elias 1976; s. a. Kuhlmann 2000). Auch hier tritt der Herrschaftsaspekt sehr in den Hintergrund. Zu fragen ist, ob nicht im Anschluss an einen 400 Jahre älteren Denker, Étienne de La Boétie (1564/1980), der in diesem Kernpunkt den politischen Realitäten näher war, das Perzeptionsmuster *freiwillige Knechtschaft*, eine echt topische Kategorie, weiter bringt als ästhetisierende[8] Auflösung des Sozialstrukturen, damit auch die Politik, Prägenden: der unterschiedlichen Gewichtigkeit gesellschaftlicher Großgruppen.

Topik als sozialwissenschaftlicher Forschungsansatz

Eine Wiederbelebung der neuzeitlich ausgeschalteten Topik in dem weiten Bereich der Wissenschaften von ‚Mensch und Gesellschaft‘, erst in Ansätzen auch in den Sozialwissenschaften im engeren Sinne (Soziologie, Politologie u. a.), erfolgte hauptsächlich von zwei Seiten. Einmal aus der Literaturwissenschaft, wo der Romanist Robert Curtius (1948) in einem monumentalen Werk die Vielfalt von seit der Antike tradierten Topoi in europäischen Literaturen darstellte (dazu auch Auerbach 1946) und zugleich Topik als Methode verstand.[9] Der andere Anstoß kam von der juristischen Metatheorie her, mit dem schon klassischen Beitrag von Theodor Viehweg (zuerst 1953; 5. und letzte veränderte Auflage 1974). „Die Topik“, schreibt Viehweg, „ist eine von der Rhetorik entwickelte Techne[10] des Problemdenkens. Sie entfaltet ein geistiges Gefüge, das sich bis in Einzelheiten hinein eindeutig von einem deduktiv-systematischen unterscheidet“ (Viehweg 1974: 14). Topik habe in der Jurisprudenz ihren angestammten Platz bis in die

---

8 D. h. die politischen Gegebenheiten und Vorgänge im Grunde entpolitisierende, weil in allgemein-kulturelle Entwicklungen (Zivilisationsprozess) auflösende [Sichtweise].

9 Curtius sah diese beiden Seiten: Topik als speziellere Lehre von den unterschiedlichen Topoi oder den Topoi in unterschiedlichen (Kultur-)Bereichen und Topik als allgemeineres heuristisches Verfahren für die Erforschung einer Vielzahl von Gegenständen. Den zweiten Aspekt beschreibt er in der Sache sehr ähnlich wie Vertreter der exploratorischen Sozialforschung ihre Verfahrensweise (vgl. Kleining 1995: 9, 61ff.; Lamnek 1995: Bd. 1, 3ff., 22ff., 102ff.).: Am Anfang steht, dass etwas „auffällt“. „Ein solches Betroffenwerden gleicht einem plötzlichen Aufleuchten, das zunächst nicht mehr als diffuser, flüchtiger Aufschein ist; aber immer einen Hinweis auf Chiffern (Konfigurationen, Muster!, W.R.) ‚betrifft‘, die enträtselt sein wollen.“ Nächster Schritt sei, dieses „diffuse Licht in einer Linse zu sammeln, dunkle Felder damit abzuleuchten und so exakte Beobachtungen zu gewinnen“. Dann folge die Integration der Beobachtungen „in einen Sinnzusammenhang“, mit deren Gelingen eine mitteilbare, wenn auch noch nicht endgültige Erkenntnis erreicht sei. Die Systematik, der Zusammenhang bleibe elastisch und modifizierbar; er wandle sich unter den Händen. Das topisch-heuristische Vorgehen beginne immer wieder beim zufälligen ‚Auffallen‘ und dem Verfolgen von Fährten. So könne die Topik zu einer geschichtlichen *ars inveniendi* werden (Curtius 1938: 19ff.; s. a. Curtius 1948: [7], wo der Autor die klare, konzise Beschreibung explorativen Vorgehens von seinem Lehrer Gustav Gröber zitiert).

10 ‚Kunst‘, Verfahrensweise; davon unser ‚Technik‘.

Gegenwart, und die neuzeitlichen Bemühungen, sie auszuschalten, seien nur zu einem sehr geringen Teil geglückt. Fortsetzung dieser Bemühungen erfordere eine „stringente deduktive Systematisierung unseres Faches mit exakten Mitteln" zu dem Zweck, „die Jurisprudenz durch deduktive Systematisierung zur Rechtswissenschaft zu entwickeln". Dabei werde die Annahme vorausgesetzt, „die Probleme unserer Disziplin ließen sich auf diese Weise hinreichend erledigen". Werde das nicht angenommen, „müßte die Jurisprudenz als ein besonderes Verfahren der Problemerörterung verstanden werden, das als solches Gegenstand der Rechtswissenschaft ist". Dazu müsste die Topik einbezogen werden, und der Versuch wäre unumgänglich, „eine zulängliche Theorie der Praxis zu entwickeln" (ebd.).

Im weiteren Fortgang haben Viehweg selbst und die Fortsetzer seiner Erwägungen von der schroffen Entgegensetzung zwischen deduktiv-systematischem und topisch-exploratorischem (problemerörterndem) Verfahren Abstand genommen und mehr auf Ausgleich und wechselseitige Ergänzung beider gesetzt. Der Ansatz aber wurde auch in anderen Disziplinen aufgenommen, zumeist auf eigenen Wegen. So in der Soziologie, wobei die zugehörigen Untersuchungen eine *soziale* Zielrichtung im engeren Verständnis des Begriffes aufweisen (vgl. Bornscheuer 1976: 129-138). Am Anfang stand die industriesoziologische Untersuchung einer Forschergruppe über das Gesellschaftsbild des Arbeiters (Popitz et al. 1957). Darin hatte Hanno Kesting in seinem Abschnitt über Stellungnahmen der (Hütten-)Arbeiter *zum eigenen Arbeitsvollzug, zu technischen Neuerungen und zum technischen Fortschritt* (vgl. ebd.: VI, VIIf.) eine zusammenfassende Analyse *Zur sozialen Topik*, in der die Beobachtung einer auffallenden „Stereotypik der Vorstellungen und der häufige Gebrauch von gleichlautenden Wendungen und sogar von Sprachhülsen aller Art" mitgeteilt wurde, und zwar als durchgängige Erscheinung (Kesting 1957: 82). Sie deute auf einen „allgemeinen, relativ fest umrissenen Bestand von Vorstellungen, Gesichtspunkten und Thesen", der den Befragten gemeinsam zur Verfügung stehe und „auf den sie bei ihren Antworten zurückgreifen können" (ebd.).

Kesting sah das nicht als spezifischen Ausdruck der den Arbeitern als gesellschaftlicher Unterschicht sozial induzierten *Sprachlosigkeit*, sondern als allgemeines, in allen Schichten anzutreffendes gesellschaftliches Phänomen: „Die Tatsache eines solchen Bestandes und die damit zusammenhängende Stereotypik der Vorstellungen wie der Aussagen überrascht nur solange, als man sie auf die Arbeiterschaft beschränkt glaubt." Beobachtung zeige jedoch, dass generell „der Gemeinplatz und das Schlagwort das Feld beherrschen, sobald das Gespräch sich allgemeinen Gegenständen" zuwende. „Das allgemeine Denken über allgemeine Probleme kleidet sich im allgemeinen in stereotype Klischees; es vollzieht sich (...) in Form von Topoi", wobei die verwendeten Topoi schichtenspezifische Unterschiede aufweisen, z. B. schon zwischen Arbeitern und Angestellten im selben Großbetrieb (ebd.: 82ff.). Die unterschiedliche Topik ist geprägt von bestimmten Typen von Gesellschaftsbildern (ebd.: 87; Bornscheuer 1976: 133). Bornscheuer (1976: 133-138) sah eine methodische Bildungssoziologie, wie sie Oskar Negt im Kontext gewerkschaftlicher Bildungsarbeit in Ansätzen entwickelte, als mögliche Vermittlung zwischen der von Kesting untersuchten alltagssprachlichen Argumentationstopik und der von Curtius bewusst gemachten literatursprachlichen Ausdruckstopik.

Neuaufnahme von Topik gab es außer in den genannten auch in anderen Disziplinen (ebd.: 109-115, 180-206). Auch in der Politikwissenschaft gab es Ansätze, u. a. von Hennis. Dessen Versuch, Topik als eine Art Generalmethode der politischen Wissenschaft im Kontext einer „praktischen Philosophie“ einzuführen (Hennis 1963: bes. 89-115; s. a. Hennis 1977), ist wegen der begrifflichen Unschärfe seiner Ableitungen und wissenschaftshistorischer Irrtümer stark in Kritik geraten (Bornscheuer 1976: 123ff.; Kuhn 1965). Bornscheuer (1976: 127) bescheinigte ihm auch „naiv-machiavellistische Meditationen über Macht, Recht und Richtigkeit“, die „ein Hohn“ auf alle ‚philosophischen‘ und ‚dialektischen‘ Ansprüche seien und „die Prinzipien der topischen inventio in einem Maße“ pervertierten, „wie es in der gesamten Topikforschung nicht seinesgleichen findet“. Er meinte, bezogen vor allem auf Hermann Lübbe, die politologische Toposforschung sollte nicht den Nachfolgegenerationen Carl Schmitts überlassen bleiben, „die sich der Mühen demokratischen Alternativdenkens und Interessenausgleichs schon wieder durch dezisionistische Entscheidungslehren entledigen möchten“ (ebd.). Solche Unzulänglichkeiten und spezifische Orientierungen haben sicherlich die ohnehin bestehende Tendenz in der Disziplin verstärkt, politologischer Topik allenfalls eine Randposition unter den Methodenangeboten einzuräumen.

In einem politikwissenschaftlichen Kompendium wird Topik in einem kurzen Artikel behandelt, der sie als „eine systematisierte Theorie der Fundstellen (*topoi*) für überzeugende Argumente und Beweisstücke zu einem vorgegebenen konkreten Einzelproblem“ in die klassische Tradition der „handlungsorientierten praktischen Wissenschaften und damit insbesondere der Politikwissenschaft“ eingeordnet sieht. Ohne nähere Erörterung verweist der Artikel, nach J. St. Mill und C. S. Peirce, auf Hennis, Kuhn u. a. und schließt mit der Feststellung, letztlich appelliere Topik nicht an die Wahrheit der Theorie, sondern an die Wahrscheinlichkeit der Alltagsvernunft (Kriz et al. Hg. 1994: 488f.) – was im Kontext wohl nicht nur tendenziell an die in der Disziplin vorherrschende Abwertung qualitativer Exploration zugunsten des deduktiv-hypothesentestenden Vorgehens anklingt. Von der Möglichkeit, mithilfe der Topik bestimmte *Musterungen*, also spezifische relevante Strukturierungen untersuchter Gegenstände, zu erfassen, ist keine Rede.

Von dieser Möglichkeit habe ich in Anwendung auf literarische Texte aus der damaligen DDR unter dem Gesichtspunkt ihrer Aussagefähigkeit über die dort vor sich gehenden gesellschaftlichen Wandlungsprozesse Gebrauch zu machen versucht. Feststellung und Systematisierung hervortretender politisch-ideologischer Muster, die sich als Topoi im Sinne festliegender (festgelegter) Perzeptions- und Deutungs-Konfigurationen darstellen, sollten dazu beitragen, Beschaffenheit und Richtung jener Prozesse zu erhellen (Rossade 1982: I.1 [43-147], bes. 139-143; 440-452; passim). Weder dieser Kern der Untersuchung noch eine spätere Zusammenfassung der herausgearbeiteten Topik des Gegenstandes (Rossade 1989: 251-

255)[11] haben ein hörbares Echo hervorgerufen, mit einer Ausnahme. Eine andere Arbeit zum gleichen Thema referierte kurz mein Vorgehen bei der Feststellung und Einordnung politisch-ideologischer Topoi aus Belletristik in den Systemwandel und fasste dann so zusammen: „So vielversprechend der Ansatz, von einer Kritik der (realsozialistischen, W.R.) Topik auszugehen ist, so aufschlußreich die einzelnen Interpretationen", so wenig zwingend seien meine Folgerungen (Hanke 1987: 24). Statt kritischer Erörterung der Methode also ein Übergang zu anderer Sicht des Gegenstandes – wohl auch ein Muster/Topos in der wissenschaftlichen Debatte.

Topik und internationale Beziehungen

Die internationalen Beziehungen sind ein wahres Paradies für politische Topik, wenn denn der Ausdruck ‚Paradies' mit seinen wonnigen Konnotationen auf ein solches Feld anwendbar ist. In der Zeit des Kalten Krieges herrschten Topoi entgegengesetzter Eigendarstellung von der Art *Freiheit* und *Menschenrechte* für den Westen, *Frieden* und *(soziale) Gerechtigkeit* für den ‚kommunistischen' Osten, was dann von sozialdemokratischer Seite mitunter halb programmatisch zu einem Ganzen aus den Vorzügen und ohne die Nachteile beider Seiten zusammenzutun versucht wurde. Solche propagandistischen Etiketten erfüllen in hohem Maße die Bestimmungsmerkmale für Ideologie im Sinne von falschem Bewusstsein, wie denn auch die mit dem Ende des Kalten Krieges verknüpfte Formel vom ‚Ende der Ideologie' wohl längst selbst als Ideologie durchschaut ist. Eine neuere Zeitschrift widmet sich ausdrücklich der totgesagten politischen Ideologie.[12] Die komplexen politischen Prozesse um die europäische Einigung drücken sich sprachlich in einer ebenso komplexen Topik aus (vgl. den Beitrag von Christa Lang-Pfaff im vorliegenden Band). Ebenso sind die neuen internationalen Konfliktkonstellationen durch eine festgefügte politische Topik gekennzeichnet.

Vom polnischen Papst bis zum deutschen Bundespräsidenten begrüßten vor wenig mehr als einem Jahrzehnt öffentliche Repräsentanten, aber auch viele weniger prominente Menschen das so genannte Ende des Kalten Krieges als möglichen Anbruch einer neuen Zeit ohne Kriege und blutige Auseinandersetzungen. Dabei

---

11 „Topoi sind zunächst Redefiguren, relativ fixe historisch tradierte Auffassungs- und Darstellungsmuster vor allem in Geschriebenem, die ein Repertoire geistig-praktischer Reproduktion und Einordnung von jeweils Gegebenem durch den Bezug auf schon Dagewesenes bilden und damit Problemlösungen erleichtern. Es mag naheliegen, den Toposbegriff (...) auf stereotype Perzeptions- und Handlungsmuster generell zu erweitern, zumal diese durchweg auch mit toposhaften Redefiguren verbunden sind" (Rossade 1990: 53f.). Hier tendieren Topos und (Kultur-)Muster zur Identität.

12 Das *Journal of Political Ideologies*, das 2001 im 6. Jahrgang erschienen ist. In seinem Impressum (hier nach No. 3, Oktober 2001) heißt es: „The journal promotes research into political ideologies, which are indispensable to the understanding of political thought (...) it underlines that political action, processes and institutions are endowed with ideological import and shaped to a considerable extent by political ideologies. (...) the notion of ideology is (...) concerned (...) with epistemological issues of truth, distortion and dissimulation and with sociological phenomena of power, dominance and exploitation, as well as with functional questions, denoting action-oriented political thinking. Significant attention is also given to (...) interpreting the idea-patterns of particular ideological variants."

war der Kalte Krieg im Sinne der fünfziger Jahre längst überholt, und in den Beziehungen der beiden damaligen ‚Supermächte' dominierte aus der bekannten Dreiheit schon lange die Kooperation bei fortbestehender scharfer Konkurrenz im globalen Vorherrschaftsstreben über offene Konfrontation. Die Systemkonkurrenz fiel weg durch den Zusammenbruch des ‚real existierenden Sozialismus'. Von den beiden Kontrahenten blieb der westliche als einziger Hegemon übrig. Der vermeintliche Sieg des Kapitalismus über den Sozialismus[13] bewirkt eine frenetische Euphorie von verstellend so genanntem Neoliberalismus, für Ideologen wie Fukuyama Anlass, die dem Marxismus unterstellte[14] Auffassung vom Ende der Geschichte in einem erreichten Idealzustand neu aufzulegen und eifrig zu propagieren (vgl. Kissler 2002). Aber statt Anbruch ewigen Friedens gab es eine Mutation des Kalten in eine Kette von heißen Kriegen bis hin zum *ersten Krieg des 21. Jahrhunderts* oder *Krieg gegen den Terror* des George W. Bush.

Dieser Krieg, „bei dem nicht klar ist, wer eigentlich der Feind bzw. wer der eigentliche Feind ist, ist beispiellos". Der *internationale Terrorismus* erscheine als „Feind ohne Gestalt", der durch Fixierung auf den „saudi-arabische(n) Bauunternehmer Osama bin Laden" und seine Al Kaida-Organisation sowie „das afghanische Taliban-Regime" nur ganz unzureichend fassbar zu machen versucht worden sei. „Das Kriegsziel (...) ist so angelegt, dass es immer neue Gegner erfassen und sich auf ständig neue Länder und Regionen richten kann", was einen Krieg ohne absehbares Ende bedeute (Münkler 2001: 581f.). Die Wendung von möglichem dauerhaftem Frieden zu realem Krieg hat, wie bekannt, schon vor mehr als zehn Jahren eingesetzt, als der Vater des derzeitigen USA-Präsidenten seinen problematischen Feldzug gegen einen arabischen Militärmachthaber initiierte, der zuvor von der US-Administration gemeinsam mit arabischen Feudalstaaten in seinem mörderischen Krieg gegen den islamistischen Iran intensiv unterstützt worden war. Da trat ein Muster (mit zugehöriger ideologischer Topik) hervor, das nun schon Tradition hat, von dem Panama-Präsidenten Noriega 1989/90 über Saddam Hussein 1991 bis zu den paschtunischen Taliban 2001. Immer werden Machthaber oder politische Kräfte, die zunächst von den USA als deren Interessen dienlich groß gemacht werden, extrem verteufelt und massiv bekämpft, wenn sie es wagen, auf eigene Interessen umzuschwenken. Der Krieg gegen den Irak, der mit seltener Verbohrtheit bis heute prolongiert wird und ungezählte Opfer fordert, zeigte deutliche Merkmale von Provokation und Inszenierung. In der Vorphase der Kampfhandlungen wurde auch im Kongress der USA der Verdacht geäußert, die US-Regierung

13 Ich halte es nicht für belegbar, dass der Frühsozialismus kommunistischer Prägung scheiterte, weil ihm der Kapitalismus grundsätzlich überlegen und er selbst kaum mehr als eine folgenschwere Abirrung vom allein heilbringenden Weg des bürgerlich-kapitalistischen Wirtschafts- und Politiksystems war. Vielmehr führte seine Niedergangsform ‚real existierender Sozialismus' zum unvermeidlichen Zusammenbruch, weil sie aus Legitimationsgründen verbal-topikmäßig an einer ideologischen Hülle festhalten wollte, deren Inhalte sie zunehmend für westliche Muster aufgegeben hatte (s. a. Rossade 1997).

14 Engels (1878/1975: 106-108 u. ö.) schrieb, mit der sozialistischen Revolution ende die Vorgeschichte und *beginne die eigentliche Geschichte* der Menschheit, also das gerade Gegenteil von „Ende der Geschichte".

habe Saddam Hussein zu seiner Besetzung Kuwaits, die als Kriegsgrund diente, „geradezu ermutigt" (Der Tagesspiegel, Berlin, 20.9.1990: 11).

Vom ersten Tag nach den Anschlägen vom September 2001[15] an gibt es erdweit Stimmen, die davor warnen, auf Militäraktionen zu setzen, ohne die Ursachen des *Terrors* im Sozialen und Politischen zu beheben. Verbal wird das selbst vom Hauptträger des „Anti-Terror-Krieges" nicht bestritten, praktisch aber ignoriert zugunsten eines Vorrangs der militärischen Option, der spätestens seit einem Grundsatzpapier des Pentagon (U.S. Strategy 1992) publik ist und inzwischen zu massiver Umkehrung der vorhergehenden, wenn auch noch ganz unzureichenden Bemühungen um Rüstungsbeschränkung geführt hat. Bisher beispiellose Hochrüstungs-Programme mit phantastischen Kosten und immer mehr blutige Kriegshandlungen bestimmen die Praxis der „Guten" gegen vorgefundene „Achsen des Bösen" und ähnliche Mystifikationen.[16] Harald Müller (2002: 76) kommt in seiner Problematisierung einer konzeptionell vorausgesetzten Friedfertigkeit repräsentativdemokratischer Staaten u. a. zu dem Schluss: „Die Selbstreflexion der demokratischen ‚Polity' bedarf der ständigen kritischen Beigabe, damit sich die Hybris der moralischen und institutionellen Überlegenheit nicht in eine dramatische und gewalthaltige Feindbildentwicklung und Ausgrenzungsdynamik umsetzt." Der derzeitige internationale Hegemon könnte sich zwecks Beherzigung eines solchen Postulats auch das Schicksal des einstigen ‚realsozialistischen' Konkurrenten vor Augen halten, dessen Zusammenbruch wesentlich mitbedingt war durch die selbsterzeugte Zerstörung der lebenswichtigen eigenen Legitimationsbasis durch politische Praktiken, die die verkündeten Ziele und Ideale zunehmend ad absurdum führten (s. a. Sauer 1993: 81, 92, 100).

Die Feindbildentwicklung, von der Müller spricht, hat sich nach dem Wegfall des Kontrahenten aus dem Kalten Krieg auf den Süden verlagert. Für den verlorenen Feind musste der Islam eintreten, was sich aus der wahrgenommenen geostrategischen Bedeutung des ‚Nahen Ostens' unschwer ergab. Statt nach dem Ausfall des fast nur noch auf militärische Macht fixierten, von innen her zerbröckelnden Sowjetimperiums die Militärblöcke aufzulösen und die aufgehäuften Waffenarsenale abzubauen, übernahm die NATO zunehmend politische Aufgaben und globale Interventionen. Die Fixierung auf den arabisch/islamischen Süden schloss automatisch eine Unterstützung des Hegemons für die reaktionärsten Kräfte Israels ein.

---

15 Für die Turmhäuser des Welthandelszentrums in New York, erklärtermaßen Embleme eines in der Eigensicht unerschütterlichen und ‚für immer' gegründeten Kapitalismus, soll der Topos *Haus des Pharao* gegolten haben (Pohly/Durán 2001: 56ff.).

16 Die in der Art von Kleinkinderfibeln infantilen Topoi der eigenen Vortrefflichkeit wie *We are good guys* (und die anderen nicht) sind als wichtige Elemente eingeschlossen in die Ideologie quasi naturgegebener Berufung zur Vorherrschaft. *America first* als populäre programmatische Losung steht voll im Kontext des imperialen Anspruchs (wie einst „Deutschland, Deutschland über alles"), obwohl in beiden Fällen der bornierte Primat des eigenen unmittelbaren Vorteils (jüngst z. B. Selbstabschottung gegen unerwünschte Importe durch Strafzölle bei Öffnungsforderung an *die anderen*) für reibungsarme Realisierung der Vorherrschaft kontraproduktiv sein muss. Dass eine mit der Topik von ‚Gut' und ‚Böse' arbeitende politische Ideologie außerhalb der USA überhaupt ernsthaft erörtert wird, hat selbstverständlich mit der *freiwilligen Knechtschaft* gegenüber dem Hegemon zu tun.

Diesen gelang es, als eine endliche Einigung Israels mit den Palästinensern greifbar nahe zu sein schien, durch Reaktivierung des Ex-Generals Scharon, der durch Spruch eines israelischen Gerichts wegen Verbrechen gegen die Menschlichkeit aus der Politik hatte ausscheiden müssen, den Prozess völlig umzukehren, bis zu dem gegenwärtigen barbarischen Vorgehen gegen die Autonomiegebiete. Die zunächst ganz unverhüllte Unterstützung der Bush-Administration für den Krieg der israelischen Machthaber erfuhr in den ersten Apriltagen 2002 eine spektakulär aufgemachte Zäsur, als der Präsident der USA den sofortigen Rückzug der israelischen Armee aus den besetzten Palästinenser-Städten forderte, dies aber auf Scharons Einspruch sofort dahin präzisierte, er wolle keinen „überstürzten" Abzug – was die bloße Alibifunktion des verbalen Rückzugsverlangens deutlich machte. Dieser ganze Komplex politischer Aktionen und Reaktionen in Tat und Wort demonstriert, zumeist in massiver Plumpheit, (ur)alte Herrschafts- und Hegemoniemuster mit zugehörigen ideologischen Klischees.

Das heutige Israel liefert dabei ein wahres Exemplum (zu diesem Begriff vgl. von Moos 1996). Wenn der israelische Premier anscheinend den Präsidenten der USA vorführt, dann hilft zur Erklärung keine Hypothese von überproportionaler Macht der Juden als Wahlvolk und als einflussreiche Interessengruppen in den USA. Vielmehr wird umgekehrt ein Schuh daraus. Leute wie Scharon, die es in Israel wie in nahezu allen Ländern gibt, können deshalb hausen wie *Sherman thru Georgia*, weil sie in die Interessenlage der USA-Regierungen höchstens teilweise nicht passen. Wenn Israel, in aktueller Fernsehsprache, „politisch und militärisch am Tropf der USA hängt", wäre es diesen ein Leichtes, durch Drosseln des Tropfes ihren angeblichen Friedenswillen durchzusetzen. Das geschieht ebenso wenig, wie die EU mit ihren papierenen Protesten gegen Zerstörung und Gewalt, neuerdings sogar „Erwägung" von Sanktionen, irgend etwas bewirkt, von den seitens der USA entmachteten Vereinten Nationen gar nicht zu reden. All das erinnert bestürzend an ganz analoge Muster von Äußerungen des Völkerbundes gegen die faschistischen Aggressoren in den dreißiger Jahren.

In diesem Zusammenhang ist eine herrschende Topik richtigzustellen, die in Schonung „der Juden" wegen der sechs Millionen Hingemordeten der *Schoah* auch Leute wie Scharon und seinesgleichen einschließen möchte, obwohl diese den Tätern des ‚Holocaust' sehr viel näher stehen als den Opfern. Das wird auch in Israel so gesehen und ist dann gelegentlich bei uns zu lesen, wenngleich die kritischen Stimmen immer noch viel weniger Publizität haben als das offizielle Israel. Der Artikel eines Historikers von der Hebräischen Universität Jerusalem sieht die zunehmende Akzeptanz für Handlungen des Premiers Scharon, die nach dessen eigenen Worten noch vor kurzer Zeit heftigste Proteste hervorgerufen hätten, als Bestandteil des gegenwärtigen Abgrunds und verurteilt unter Bezug auf Umfragen die Siedlungspolitik der Regierungen als für Israel gefährlich (Zimmermann 2002). Eine deutsche Lehrerin in Jerusalem zitiert eine ältere Israelin, die sich auf die Schoah bezieht: „Wir haben 50 Jahre gebraucht, um den Holocaust zu verarbeiten und zu halbwegs normalen Beziehungen zu dem Land unserer früheren Peiniger zu gelangen. Wie sollen analog die Palästinenser mit all dem Hass fertig werden, der jeden Tag von uns neu genährt wird?" Und sie zitiert einen bekannten Historiker von der Hebräischen Universität, vielleicht den soeben hier angeführten: „Es wäre eine Katastrophe, wenn wir diesen Krieg gewinnen würden" (Greiner 2002). Die Parallele zum Regime und den Untaten des deutschen Faschismus könnte nicht eindeutiger sein.

Eine Lösung des ‚Nahost-Konflikts' ist nur auf dem Wege der Bildung zweier voneinander unabhängiger, lebensfähiger Staaten in guter Nachbarschaft vorstellbar, wobei Israel aus einem hegemonialen Vorposten in einen Staat *der Region* mutieren und das palästinensische Volk für die ungeheuren Leiden, Opfer und Zumutungen durch den von den Regierungen Israels zu verantwortenden jahrzehntelangen Genozid entschädigen muss, soweit das überhaupt möglich ist.

Ein gewisser Unterschied zu der Zeit vor 65 Jahren ist das Gewicht *freiwilliger Knechtschaft* im Blick auf die USA. Unterwerfung unter den Hegemon bis zu „uneingeschränkter Solidarität", der nicht einmal nachgefragt wird,[17] ist ein wesentlicher Faktor bei der Lähmung energischen Haltgebietens für die Kriegstreiber und Staatsterroristen. Allerdings haben die Zumutungen von deren Seite doch dazu geführt, dass teilweise deutlich stärkere Kritik auch von Politikern geübt wurde (vgl. z. B. Der Spiegel, 8/2002: 154ff.; 9/2002: 30ff.). In der Publizistik, nicht zuletzt in der in die Feuilletons von Tageszeitungen abwandernden politischen, finden sich Äußerungen von bisher seltener Deutlichkeit. Etwa in einem Artikel zum Feindbild-Bedürfnis „Amerikas", d. h. der USA, der das Ersetzen des ‚Kommunismus' durch ‚Islamismus' ganz klar macht, an die Haltung von Kriegsgefangenen in Käfigen erinnert, den angedrohten neuen Krieg gegen den Irak völkerrechtswidrig nennt und sich nicht scheut, den Kurs der USA-Administration insgesamt als Rückfall hinter erreichte Verrechtlichung in „vormoderne Zeiten" zu charakterisieren (Augstein 2002). Darin erscheinen auch einschlägige Autoren so eindeutig als strategische Konzeptionsbildner für die Regierungspolitik Washingtons, wie es in unserer Politikwissenschaft kaum üblich ist. Nicht, dass „Vordenker" wie Huntington, oder Fukuyama und andere in dieser nicht kritisiert würden. Das ist durchaus und häufig sehr gründlich der Fall, auch in Beiträgen zum vorliegenden Sammelband (vgl. insbes. die von Berg-Schlosser und Sandschneider). Aber die genannten nordamerikanischen Autoren werden von deutschen (und europäischen) Politologen doch hauptsächlich als Wissenschaftler, weniger als Sicherheitsberater gesehen. Da scheint das oben angesprochene Muster einer „Ästhetisierung" oder Entpolitisierung von Wissenschaft mitzuspielen, vereint mit *freiwilliger Knechtschaft* gegenüber dem bekannten Adressaten, insofern – allgemein gesagt – durchaus nicht zu übersehen ist, mit welchem Respekt, mitunter

17 Vgl. den Beitrag von Raschke (erster Abschnitt) im vorliegenden Band, wo zu den in den Augen zivilgesellschaftlicher Akteure unmoralischen Handlungsweisen gerechnet wird, „dass man Verbündete ‚uneingeschränkt' unterstützt, noch bevor man weiß, was sie tun". Das Muster erinnert an etwas, was seinerzeit den Methoden Stalins vorgehalten wurde: Er habe von den Teilnehmern internationaler Parteitreffen verlangt, Resolutionen zuzustimmen, die ihnen niemals bekannt gemacht worden waren.

devot, politik- und sozialwissenschaftliche Konzepte aus den USA rezipiert werden, auch wenn sie es nicht immer verdienen.

Schlussbemerkung

Der konfigurationale Ansatz in Verbindung mit Topik ermöglicht, die tatsächliche *Musterung* politischer – wie auch anderer gesellschaftlicher – Erscheinungen und Vorgänge zu erfassen und dabei die klischeehaften Wahrnehmungs- und Darstellungsmuster solcher Realitäten kritisch in den Blick zu bekommen. Dieser Beitrag konnte lediglich einige Anhaltspunkte zu geben versuchen, wie ein solcher Ansatz ausgebaut werden könnte, sowohl was zutreffende Reproduktion spezifischer Topoi und Topik als auch was das konfigurational-topische Verfahren selbst angeht.

Literatur

Abelein, Manfred (Hg.) 1970: *Deutsche Kulturpolitik. Dokumente*, Düsseldorf: Bertelsmann

Aristoteles 1997: *Organon, Band 1: Topik*, hg. von Hans Günter Zekl, Hamburg: Meiner

Auerbach, Erich 1946: *Mimesis. Dargestellte Wirklichkeit in der abendländischen Literatur*, Bern: Francke

Augstein, Franziska 2002: Monster finden. Amerika sucht einen Ersatz für das Reich des Bösen, in: *Süddeutsche Zeitung*, 19.02., S. 15

Baeumer, Max L. (Hg.) 1973: *Toposforschung*, Darmstadt: Wissensch. Buchgesellschaft

Benedict, Ruth 1989: *Patterns of Culture*, with a new foreword by Mary Catherine Bateson, and a preface by Margaret Mead, Boston: Houghton Mifflin

Berg-Schlosser, Dirk/Rytlewski, Ralf (Hg.) 1993: *Political Culture in Germany*, London: Macmillan

Berg-Schlosser, Dirk/Schissler, Jakob (Hg.) 1987: *Politische Kultur in Deutschland. Bilanz und Perspektiven der Forschung*, Opladen: Westdeutscher Verlag

Bornscheuer, Lothar 1976: *Topik. Zur Struktur der gesellschaftlichen Einbildungskraft*, Frankfurt a. M.: Suhrkamp

Bourdieu, Pierre 1974: *Zur Soziologie der symbolischen Formen*, Frankfurt a. M.: Suhrkamp

Bourdieu, Pierre 1984: *Die feinen Unterschiede. Kritik der gesellschaftlichen Urteilskraft*, 3., durchges. Auflage, Frankfurt a. M.: Suhrkamp

Cassirer, Ernst 1994: *Philosophie der symbolischen Formen*, Teil 1-3; Index; Aufsätze, 5 Bände, Darmstadt: Wissensch. Buchgesellschaft

Curtius, Ernst Robert 1938: Topik als Heuristik, in: Baeumer (Hg.) 1973, S. 19-21

Curtius, Ernst Robert 1948: *Europäische Literatur und lateinisches Mittelalter*, Bern: Francke

Einstein, Albert/Infeld, Leopold 1991: *Die Evolution der Physik*, Augsburg: Weltbild

Elias, Norbert 1976: *Über den Prozeß der Zivilisation*, Frankfurt a. M.: Suhrkamp

Engels, Friedrich 1975: Herrn Eugen Dührings Umwälzung der Wissenschaft (1878), in: Marx, Karl/Engels, Friedrich: *Werke*, Bd. 20, Berlin: Dietz, S. 1-303

Esser, Hartmut 2000: Inklusion und Exklusion, in: Niedermayer/Westle (Hg.), S. 407-416

Fuchs, Dieter/Roller, Edeltraud/Weßels, Bernhard (Hg.) 2002: *Bürger und Demokratie in Ost und West. Studien zur politischen Kultur und zum politischen Prozeß. Festschrift für Hans-Dieter Klingemann*, Wiesbaden: Westdeutscher Verlag

Gabriel, Oscar W. (Hg.) 1992: *Die EG-Staaten im Vergleich*, Opladen: Westdeutscher Verlag

Girtler, Roland 1979: *Kulturanthropologie*, München: dtv

Glaeßner, Gert-Joachim 1982: *Sozialistische Systeme. Einführung in die Kommunismus- und DDR-Forschung*, Opladen: Westdeutscher Verlag

Greiner, Margret 2002: Was ärger ist als der Tod, in: *Süddeutsche Zeitung*, Wochenendbeilage, 30.03.-01.04., S. I

Hanke, Irma 1987: *Alltag und Politik. Zur politischen Kultur einer unpolitischen Gesellschaft. Eine Untersuchung zur erzählenden Gegenwartsliteratur der DDR in den 70er Jahren*, Opladen: Westdeutscher Verlag
Hennis, Wilhelm 1963: *Politik und praktische Philosophie. Eine Studie zur Rekonstruktion der politischen Wissenschaft*, Neuwied/Berlin: Luchterhand
Hennis, Wilhelm 1977: *Politik und praktische Philosophie. Schriften zur politischen Theorie*, Stuttgart: Klett-Cotta
Journal of Political Ideologies, Basingstroke/UK: Taylor & Francis
Kaase, Max 1983: Sinn oder Unsinn des Konzepts Politische Kultur, in: Kaase, Max/Klingemann, Hans-Dieter (Hg.): *Wahlen und politisches System*, Opladen: Westdeutscher Verlag, S. 144-171
Kesting, Hanno 1957: *Zur sozialen Topik*, in: Popitz et al. (Hg.), S. 81-88
Kissler, Alexander 2002: Triumphzug. Francis Fukuyama erklärt die amerikanische Weltpolitik, in: *Süddeutsche Zeitung*, 13.03., S. 17
Kleining, Gerhard 1995: *Lehrbuch Entdeckende Sozialforschung*, Band I: Von der Hermeneutik zur qualitativen Heuristik, Weinheim: Beltz, PVU
Kriz, Jürgen et al. (Hg.) 1994: Politikwissenschaftliche Methoden, in: Nohlen, Dieter (Hg.): *Lexikon der Politik*, Bd. 2, München: Beck
Kroeber, Alfred Louis/Parsons, Talcott 1958: The concepts of culture and of social system, in: *American Sociological Review*, 23.5, S. 582-583
Kuhlmann, Stefan 2000: Evolution von Staatlichkeit – mit einem Exkurs zu N. Elias' „Soziogenese des Staates", in: *PVS* 41.4, S. 623-646
Kuhn, Helmut 1965: Aristoteles und die Methode der politischen Wissenschaft, in: *Zeitschrift für Politik* 12.2, S. 101-120
La Boétie, Étienne de 1980: *Von der freiwilligen Knechtschaft* (1564), hg. von Horst Günther, Frankfurt a. M.: Europäische Verlagsanstalt
Lalande, André 1991: *Vocabulaire technique et critique de la philosophie*, 16. Auflage, 2 Bände, Paris: Quadrige/PUF
Lamnek, Siegfried 1995: *Qualitative Sozialforschung*, 3., korrig. Auflage. Band 1: Methodologie; Band 2: Methoden und Techniken, Weinheim: Beltz, PVU
Lipp, Wolfgang 1994: *Drama Kultur*, Berlin: Duncker & Humblot
Mann, Thomas 1974: Doktor Faustus. Das Leben des deutschen Tonsetzers Adrian Leverkühn erzählt von einem Freunde, in: ders.: *Gesammelte Werke in dreizehn Bänden*, 2. durchges. Auflage, Bd. VI, Frankfurt a. M.: S. Fischer
Mittelstraß, Jürgen (Hg.) 1996: *Enzyklopädie Philosophie und Wissenschaftstheorie*, Bd. 4, Stuttgart/Weimar: Metzler
Möbius, Friedrich 1984: Stil als Kategorie der Kunsthistoriographie, in: ders. (Hg.): *Stil und Gesellschaft. Ein Problemaufriß*, Dresden: Verlag der Kunst, S. 8-50
Moos, Peter von 1996: *Geschichte als Topik. Das rhetorische Exemplum von der Antike zur Neuzeit und die* historiae *im* „Policraticus" *Johanns von Salisbury*, 2. Auflage, Hildesheim: Olms
Mörth, Ingo/Fröhlich, Gerhard (Hg.) 1994: *Das symbolische Kapital der Lebensstile. Zur Kultursoziologie der Moderne nach Pierre Bourdieu*, Frankfurt a. M./New York: Campus
Müller, Harald 2002: „Antinomien des deokratischen Friedens", in: *PVS* 43.1, S. 46-81
Münkler, Herfried 2001: Sind wir im Krieg? Über Terrorismus, Partisanen und die neuen Formen des Krieges, in: *PVS* 42.4, S. 581-589
Niedermayer, Oskar/Westle, Bettina (Hg.) 2000: *Demokratie und Partizipation. Festschrift für Max Kaase*, Wiesbaden: Westdeutscher Verlag
Nohlen et al. (Hg.) 1998: Politische Begriffe, in: ders. (Hg.): *Lexikon der Politik*, Bd. 7, München: Beck
Pohly, Michael/Durán, Khalid 2001: *Osama bin Laden und der internationale Terrorismus*, München: Ullstein
Popitz, Heinrich et al. 1957: *Das Gesellschaftsbild des Arbeiters. Soziologische Untersuchungen in der Hüttenindustrie*, Tübingen: Mohr
Reichel, Peter 1981: *Politische Kultur der Bundesrepublik*, Opladen: Leske + Budrich
Rohe, Karl 1987: Politische Kultur und der kulturelle Aspekt von politischer Wirklichkeit, in: Berg-Schlosser/Schissler (Hg.), S. 39-48
Rossade, Werner 1982: *Literatur im Systemwandel. Zur ideologiekritischen Analyse künstlerischer Literatur aus der DDR*, Bern/Frankfurt a. M.: Peter Lang

Rossade, Werner 1987: Kulturelle Muster in der DDR, in: Berg-Schlosser/Schissler (Hg.), S. 229-237

Rossade, Werner 1989: Literatur als politische Institution, in: Rytlewski, Ralf (Hg.): *Politik und Gesellschaft in sozialistischen Ländern*, Opladen: Westdeutscher Verlag

Rossade, Werner 1990: Kulturmuster in der DDR. Ein Werkstattbericht, in: Mänicke-Gyöngyösi, Krisztina/Rytlewski, Ralf (Hg.): *Lebensstile und Kulturmuster in sozialistischen Gesellschaften*, Köln: Wissenschaft und Politik, S. 50-72

Rossade, Werner 1997: *Gesellschaft und Kultur in der Endzeit des Realsozialismus*, Berlin: Duncker & Humblot

Sauer, Birgit 1993: Rituel et mythe. Une contribution à l'analyse des jours fériés en R.D.A., in: Abélès, Marc/Rossade, Werner (Hg.): *Politique Symbolique en Europe – Symbolische Politik in Europa*, Berlin: Duncker & Humblot, S. 79-100

Schirmer, Dietmar 1992: *Mythos – Heilshoffnung – Modernität. Politisch-kulturelle Deutungscodes in der Weimarer Republik*, Opladen: Westdeutscher Verlag

Sills, David L. (Hg.) 1968: *International Encyclopedia of the Social Sciences*, London/New York: Macmillan & Free Press

U.S. Strategy 1992: U.S. Strategy Plan calls for insuring that no rivals develop. A one-superpower world. Pentagon's Document outlines ways to thwart challenges to primacy of America, in: *The New York Times*, 08.03.

Viehweg, Theodor 1974: *Topik und Jurisprudenz. Ein Beitrag zur rechtswissenschaftlichen Grundlagenforschung*, 5., durchges. und erw. Auflage, München: Beck

Zekl, Hans Günter 1997: Einleitung des Herausgebers, in: Aristoteles, S. XV-CVI

Zimmermann, Moshe 2002: Gesichter des Krieges, in: *Süddeutsche Zeitung*, 02.04., S. 11

II.

Bürgerinnen und Bürger in der repräsentativen Demokratie und ihren Institutionen

Zivilgesellschaft und Demokratie

Joachim Raschke

Zivilgesellschaft und Demokratie, das ist – entgegen mancher Äußerung bei Festanlässen – keine harmonische Beziehung. Im Gegenteil, aus dem Blickwinkel der Zivilgesellschaft wird deutlich, was fragwürdig und brüchig ist an der heutigen Demokratieform. Als die Idee einer demokratischen Zivilgesellschaft, einer öffentlich-egalitären Selbstorganisation der Gesellschaft, in den politisch-wissenschaftlichen Debatten an Boden gewann, hatte sich Demokratie als Funktionssystem schon lange aus der Gesellschaft entfernt. Das Potenzial von Zivilgesellschaft entfaltet sich in einem breiten Spektrum gesellschaftlicher Themen vom Sozialen bis zum Kulturellen, die sie tragenden freien Assoziationen leisten auch einen Beitrag zur Stabilisierung von Demokratie. Fragt man aber enger nach den Möglichkeiten zivilgesellschaftlicher Akteure bei politischen Themen, so ist das Ergebnis ernüchternd. Zivil- bzw. Bürgergesellschaft greift gegenüber dem etablierten Funktionssystem von Demokratie zu kurz. Demokratie ist nicht mehr ganzheitlich zu denken. Sie wird zum sekundären Effekt eines Funktionssystems Demokratie und einer zivilgesellschaftlichen Interventionsdemokratie. Zivilgesellschaft ist, als politisch aktiver Faktor, im Wesentlichen ein kritisches Korrektiv gegenüber etablierter Politik.[1] Vorweg und gegen realitätsferne Idealisierung: Zivilgesellschaft ist sowohl ein normativer wie ein empirischer Begriff. Das mindert die Suggestion und erhöht die Spannung, die mit dem Begriff gegeben ist.

Zwei konträre Entwicklungslogiken unter dem Dach der Demokratie

Politisches System und Zivilgesellschaft werden durch die gesamtgesellschaftliche Entwicklung eher auseinander getrieben als integriert. Globalisierung, die die Substanz nationalstaatlicher Entscheidung aushöhlt, und Individualisierung, die tradierte Solidaritäten und Berechenbarkeiten kollektiver Akteure aufbricht, sind die gängigen, zutreffenden Stichworte, mit denen erklärt wird, warum Politik am Beginn des 21. Jahrhunderts mit den Demokratievorstellungen der fünfziger oder sechziger Jahre des vergangenen Jahrhunderts nicht mehr recht zu fassen ist.

(a) Instrumentelle *Rationalisierung* erhöht die Distanz des politischen Systems gegenüber der Gesellschaft. Es wächst der Professionalisierungsdruck für Problem- und Prozesswissen. Beide werden immer komplexer, interdependenter, unsicherer. Politischer Erfolg erfordert ein Mehr an strategischer Handlungsfähigkeit, die zugleich unter den Bedingungen von Globalisierung und Individualisierung immer

---

1 Die beste theoretische Aufarbeitung des Konzepts Zivilgesellschaft bietet Klein (2001). Empirisch relevante, zum Teil komparative Beiträge finden sich unter anderem bei Klingemann/Neidhardt (2000), Putnam (2001), Weidenfeld (1996), Zimmer/Nährlich (2001).

schwieriger wird. Die Rationalisierung folgt der Eigenlogik des politischen Systems. Dazu gehören Regeln staatlichen Handelns ebenso wie Regeln des politischen Marktes. Politik im politischen System („die Politik") entfernt sich immer stärker von Vorstellungen des Politischen im bürgerschaftlichen Bereich („das Politische"). Der Unterschied liegt zwischen Handelnden, die um „richtige", „gerechte", „faire" Lösungen ringen, und Handlungen, die Funktionen mehr oder weniger erfüllen (z. B. Erfordernisse von Regierungs- oder internationaler Handlungsfähigkeit). Was für das Funktionieren eines Systems notwendig erscheint, kann für die Vorstellungen zivilgesellschaftlicher Akteure unmoralisch oder fragwürdig sein. Beispiel: das Verbrennen von Rindern aus Gründen politisch erzwungener Marktrationalität. Oder: dass man Verbündete „uneingeschränkt" unterstützt, noch bevor man weiß, was sie tun.

Das um den Staat gruppierte politische System und das Marktsystem koordinieren das Handeln der in ihren Grenzen auftretenden Akteure über harte, auf Macht und Geld aufbauende Funktionsregeln. Im politischen System ist der Handlungssinn der Akteure an der Erbringung grundlegender Leistungen orientiert (zu handlungstheoretisch angelegter Analyse funktionaler Differenzierung vgl. Mayntz 1988). Machtgewinnung und -erhaltung sowie Problemlösung sind die ineinander verschränkten Leistungen, die professionelle politische Akteure vor allem anderen zu erbringen haben. In der Priorisierung rangiert Macht vor Problemlösung.

(b) *Autonomisierung* stärkt das politische Handlungspotenzial der Bürgergesellschaft. Sie stützt die zivilgesellschaftlichen Akteure, die nicht primär durch jene Aktionsformen und Orientierungen charakterisiert sind, die durch das politische System bzw. dessen harte Funktionsregeln bestimmt werden (Initiativen, Vereine, soziale Bewegungen). Autonomisierung wird durch verschiedene soziopolitische Entwicklungen gefördert: Abbau traditioneller Milieus und Schwächung politischer Organisationen, die gesellschaftliche Kräfte in der „klassischen Moderne" auf das politische System kanalisiert und sie dort gebunden haben (Parteien, Gewerkschaften, Kirchen); Bildungsexpansion; bürgerschaftlicher Kompetenzzuwachs; erweitertes Aktionsrepertoire; Aufbau schwächer gebundener und flexiblerer, „staatsfernerer" und staatskritischer Netzwerke.

Nicht alle intermediären Organisationen sind auf der Seite der Zivilgesellschaft anzusiedeln. Die Sortierungsregel könnte heißen: Ist der Grad der Orientierung an Funktionserfordernissen des politischen Systems so stark, dass er im Zweifelsfalle auch gegenüber unmittelbaren, nicht nach systemischen Regeln gefilterten Wert- und Interessenorientierungen durchschlägt, wird der intermediäre Akteur zum politischen System gerechnet. Parteien, zumal deren Berufspolitiker und strategische Eliten, operieren im Zweifelsfall nach den Funktionserfordernissen des politischen Systems. Ihre gesellschaftliche Entkopplung ist hauptverantwortlich für Störungen zwischen dem zivilgesellschaftlichen und dem politisch-systemischen Handlungsbereich.

In der Sprache des politischen Funktionalismus leisten zivilgesellschaftliche Akteure vorzugsweise politische Artikulation, zu der die Debatte unterschiedlichster Forderungen und Begründungen gehört. Bei den Funktionen Aggregation und Entscheidung kommen die tragenden politischen Vermittlungsinstitutionen – Parteien, Großverbände, Wahlen – zum Zuge. Hinsichtlich Legitimation leistet Zivilgesellschaft bestenfalls die Hälfte.

Eine solche Funktionszuordnung stößt sich sowohl am gewachsenen Selbstbewusstsein zivilgesellschaftlicher Akteure wie an der zunehmenden Funktionsschwäche von Parteien. Andererseits gibt es für die Filterung und Zusammenfügung von Themen, Werten, Interessen in der Zivilgesellschaft keine Anreize und Notwendigkeiten – Institutionen demokratischer Aggregation und Entscheidung sind in das politische System ausgewandert. Neben die Fundamentalopposition treten deshalb meist thematisch begrenzte zivilgesellschaftliche Initiativen.

Die Entkopplung von politischem System und Zivilgesellschaft wird am deutlichsten an der Schnittstelle beider: beim Rückgang von Parteimitgliedschaft, der innerparteilichen Beteiligung, der Parteiidentifikation und der Wahlbeteiligung. (Partei)politische Akteure und ihre Anhänger, zumal wenn sie aus Bewegungen kommen, erleben den Prozess der Umstellung von einer nicht-systemischen auf eine systembedingte politische Handlungslogik als schmerzhaft und ambivalent. Gleichzeitig wissen sie aber keine Alternative dazu. Die engagierten Aktiven führt der Engagement-Enttäuschung-Zyklus nach vielleicht zehn Jahren zum Rückzug aus der Politik, die Berufspolitiker immunisieren sich gegen Enttäuschung, Policy-seekers überleben im politischen System, weil andere (Vote- und Office-seekers) für das Überleben entsprechend den harten Funktionsregeln sorgen. Intermediäre Demokratie bewährt sich so als System funktionaler Enttäuschung: Sie integriert immer wieder neue Unzufriedenheit in das System der Funktionsdemokratie, unter Abstoßung der kleineren Zahl erst idealistischer, dann frustrierter Aktiver. Überlegenheit der Funktionsdemokratie über zivilgesellschaftliche Ausprägungen von Demokratie beruht auf der Steuerungskraft operativer Aggregations- und Entscheidungsregeln (z. B. von Wahlergebnissen) sowie auf Ressourcenstärke. Das lässt die Prognose zu, dass die Funktionslogik des politischen Systems sich gegen die Handlungslogik des zivilgesellschaftlichen Bereichs durchsetzt. Nicht ohne Konflikte und Reibungen, im Zweifelsfalle aber zuverlässig.

Demokratisierungsgrenze und Demokratiekluft

Die kaum noch verrückbare Demokratisierungsgrenze und die wachsende institutionelle Demokratiekluft verringern konstruktive Lösungen einer Demokratiereform. Es fehlt der Spielraum für eine „große" Demokratiereform, die zur Wiederannäherung des politisch-systemischen und des zivilgesellschaftlichen Bereichs führen könnte.[2] Schon parallel zur anti-etatistischen Intervention von APO und Studenten-

2 Der instruktive Band von Klein/Schmalz-Bruns (1997) liefert, entgegen der anfänglichen Intention, in vielen empirischen Beiträgen Belege für das, was hier Demokratisierungsgrenze und Demokratiekluft genannt wird.

bewegung wurde eine *Demokratisierungsgrenze* des politischen Institutionensystems diagnostiziert (Hondrich 1972). Wenn die Bürger- und politischen Beteiligungsrechte durchgesetzt sind, wenn das Wahlalter sich auf 16 Jahre zubewegt, wenn Organisations- und Oppositionsrechte institutionalisiert sind, wenn schließlich auch die Regeln für die Binnenstruktur politischer Organisationen wenigstens formell-demokratisch sind, wo kann dann eine Reform der „Demokratisierung" noch ansetzen? Die Rede von einer Demokratisierungsgrenze ist riskant und auch konservativ, wenn durch (vergleichende) Empirie oder Plausibilität gezeigt werden kann, dass doch mehr an Beteiligung bei relevanten Entscheidungen auf zentraler Ebene möglich ist. Die Volksgesetzgebung, als komplementäre Institution zur repräsentativen Demokratie, ist das Beispiel für eine Demokratisierungschance, die das politische System der Bundesrepublik Deutschland bisher ausgelassen hat.

Volksgesetzgebung auf Bundesebene wäre eine relevante Demokratiereform, aber sie wäre auch die – in den meisten westlichen Demokratien schon erreichte – objektive Grenze für folgenreiche formelle Demokratisierung des politischen Systems auf zentraler Ebene. Die drei klassischen Verzahnungen von Staat und Zivilgesellschaft, die anfangs auch für Bewegungen „von unten nach oben" offen waren, sind unter Druck geraten: Parteimitgliedschaft, Wahl, Verbandsmitgliedschaft. Parteien verlieren Mitglieder und Aktive, Wahlen verlieren Wähler und Aussagekraft, Großverbände wie Gewerkschaften und Kirchen schrumpfen. Die Reformfähigkeit von Großorganisationen (Parteien, Verbände) in Richtung auf folgenreiches Bürgerhandeln wird heute äußerst skeptisch beurteilt. Die Krise der Mitgliedschaft verweist immer auch auf Probleme gesellschaftlicher Verankerung. Verkümmerndes authentisches Mitglieder- bzw. Aktivenhandeln wird ersetzt durch advokatorische Elitenpolitik, die dafür auf demokratisch nicht legitimierte Informationen aus zweiter Hand angewiesen ist. Gerade die an Verbänden orientierte Organisationsanalyse zeigt den Großtrend einer Umstellung von Mitglieder- auf Einflusslogik (Streeck 1987). Politik wird zu Dienstleistung.

Wahlen könnten demokratischer sein als sie sind, aber sie sind kaum noch formell demokratisierbar, sie bleiben im Kern Personen- und Parteien-, nicht Sachentscheidungen. Es ist nicht irgendein Problem demokratischer Institutionen, wenn die Partizipation im Rahmen von Partei, Wahl und Verband gestört ist. Es ist der Nerv einer doch auch partizipatorisch verstandenen Demokratie, der an der Schnittstelle zwischen politischem System und Zivilgesellschaft getroffen wird. Institutionelle Alternativen für diese Verzahnungen existieren nicht. Sie sind im Baukasten demokratischer Instrumente nicht enthalten.

Von der Beteiligungs- zur Interventionsdemokratie

Spannungsreich sind die Beziehungen zwischen politischem System und Zivilgesellschaft gerade auch unter der Annahme eines gemeinsamen Dachs von Demokratie. *Eliten-Demokratie* war die zutreffende Bezeichnung des Demokratietyps, wie er in den fünfziger und sechziger Jahren Realität und Norm abbildete. Eliten waren die tragenden Akteure des Demokratieprozesses. Demokratie blieb elitengesteuert. Parteien, Verbände und Wahl schlugen die Brücke zur Gesellschaft, die (wie z. B. im Modell der *civic culture* nach Almond/Verba 1963) integrativ mit dem politischen System verbunden war. Mitgliederrollen und konventionelle Beteiligungsrollen (z. B. Wähler) sicherten die Verknüpfung einer holistisch gedachten Demokratie.

Partizipations-Demokratie war immer mehr Ideal als Realität. Aber sie wurde in den siebziger und achtziger Jahren Teil der Realität, insofern neue, für Partizipation motivierte und befähigte (Mittel-)Schichten in den politischen Raum drängten. Ronald Inglehart, ihr wissenschaftlicher Interpret und Prophet zugleich, drückte im Begriff „elitensteuernder" Demokratie das Wunschbild dieser Wertwandelsgruppen aus, für die politische Beteiligung einen hohen Stellenwert hatte. Aber weder konnte die Wissenschaft realistische Wege zu einem partizipatorischen Umbau des Institutionensystems benennen, noch fanden die politischen Akteure bei ihren Experimenten einen Weg. Die erwartungsüberladenen „neuen sozialen Bewegungen" blieben in den Grenzen sozialer Bewegungen stecken, als schwach organisierte Bewegungen sogar in engen Grenzen. „Basisdemokratie", Zauberformel für die neuen Bewegungen und die daraus hervorgehenden Grünen, scheiterte am Druck funktionaler Differenzierung und an Effizienzerfordernissen.

Die größte Innovation im Zeichen „partizipatorischer Demokratie" lag in der Erweiterung des Aktionsrepertoires, nicht in tragfähigen institutionellen Erneuerungen. Die institutionelle Reintegration der Protestgenerationen durch die grüne Partei (und die nachfolgende Enttäuschung), die Domestizierung anfangs unkonventioneller Aktionsformen durch konventionelle Akteure (inzwischen demonstriert auch die Polizei), die Ernüchterung über Möglichkeiten eines Politikwandels von unten – der Zyklus von Engagement und Enttäuschung hat die Partizipationsakteure erfasst, ohne dass sie stabiler Bestandteil des Institutionensystems geworden wären. Zusammen mit den erodierenden traditionellen Milieus und Bindungen erwächst daraus ein Entkopplungspotenzial. Grundlage für die sich seit den neunziger Jahren abzeichnende *Interventions-Demokratie* ist die fortschreitende Entkopplung eines elitenzentrierten politischen Systems von einer zivilgesellschaftlichen Sphäre. Dazu gehört der Bedeutungsverlust der klassischen Verbindungsglieder zwischen Politik und Gesellschaft (Partei, Großverband, Wahl).

Dem „bürgerschaftlichen Engagement" sind auf dem Feld der Politik die Chancen folgenreicher Einflussnahme durch kontinuierliche Beteiligung verbaut. Wenn die gezielte Nicht-Beteiligung bei einer Wahl größere Wirkung haben kann als die Beteiligung, wenn das Versiegen von Parteinachwuchs die Existenzkrise einer Partei heraufbeschwört, wenn mit sechsmonatigem Engagement bei einer Initiative größere Wirkung zu erzielen ist als durch sechsjährige Daueraktivität als Parteimitglied, dann kommt es zu einer Umwertung von Beteiligungsformen. Die sporadische, situationsspezifische Intervention entwickelt sich zu einem neuen Beteiligungstyp. Nicht die „starke Demokratie“, wie in der Idealisierung von Bürgergesellschaft, sondern die schwache, aber unbequeme Demokratie ist der spezifische Beitrag der Zivilgesellschaft. Sie bleibt wesentlich abhängig von den Leistungen des Funktionssystems Demokratie. Beide zusammen bilden lose verkoppelte, im Grunde schlecht verbundene Teildemokratien.

Die Stärke von Instrumentalisierungsstrategien

Stärke und Ressourcen des politischen Systems ermöglichen seinen Akteuren Instrumentalisierungsstrategien. Von ihnen wird ausgiebig Gebrauch gemacht, weil die Systemakteure kostengünstig von einigen Vorzügen der Zivilgesellschaft profitieren können. Sozialstaatliche Entlastungen in der Finanzkrise des Staates sind ein bekanntes Beispiel, wie der Staat von Stärken der Zivilgesellschaft profitiert. Einbindungsstrategien des kooperativen Staates, insbesondere des Korporatismus, ziehen Akteure mit zivilgesellschaftlichem Potenzial (zum Beispiel die Gewerkschaften) in die Sphäre des Staates und unterwerfen sie dabei Funktionsregeln des politischen Systems. Zumindest erhöhen sie deren Widersprüchlichkeit in der Zuordnung zu unterschiedlichen Handlungssphären. *Responsivität,* vielfach gelobt als vorbildliche Steuerungsmaxime von Regierungen, hat auch negative Effekte für zivilgesellschaftliche Akteure. Es lässt sich im *Responsivitätsdilemma* fassen. Je stärker die Responsivität politischer Eliten, desto schwächer die Chancen für die Entfaltung demokratischer Zivilgesellschaft. Eine responsive, demoskopisch gestützte Staatspolitik, die sich an parteiübergreifendem „Konsens“ orientiert, drängt engagierte zivilgesellschaftliche Akteure in einen Randbereich ab. Entpolitisierung und Apathisierung sind Folgen. Politischer Partizipation wird breitere Evidenz und Legitimation entzogen.

Zugespitzt: Eine Politik für das Volk kann auf die Beteiligung des Volkes verzichten. Für sich genommen ist das nichts Neues, in der gegenwärtigen Konstellation verschärft sich das Dilemma aber durch das verbesserte – hier: demoskopische – Steuerungswissen und die verstärkten, aber ins Leere laufenden gesellschaftlichen Partizipationsbedürfnisse. Die Enteignung politischer Partizipation resultiert also auch aus der demobilisierenden Wirkung von Mainstreampolitik. Sie wird gefördert durch die Autonomisierung der Zivilgesellschaft. Diese legt Responsivitätsstrategien der Regierung nahe – so kann flexibler als durch Planungen oder Programme den raschen Veränderungen von Stimmungen und Präferenzen Rechnung getragen werden, als Voraussetzung für Machterhalt. Dabei sinken die Chancen aktiver Minderheiten, „eigene“ gesellschaftliche Mehrheiten zu mobilisieren.

Ansatzpunkte zivilgesellschaftlicher Einflusssteigerung und Perspektiven

Es gibt keinen Königsweg zur zivilgesellschaftlichen Demokratisierung des politischen Systems. Kriterium müsste die Verstärkung folgenreicher Einflusschancen gegenüber dem politischen System sein. Zu den stärkeren Mitteln gehört die bürgerschaftliche Einflussnahme durch Wahlen (insbesondere durch Optionssteigerung und Erhöhung der Verbindlichkeit von Wahlen) und vor allem durch Abstimmungen (Einführung Volksbegehren/Volksentscheide auf Bundesebene). Der wichtigste potenzielle Verbündete zivilgesellschaftlicher Akteure sind die Massenmedien. Deren Öffnung zur Bürgergesellschaft könnte die Kräfteverhältnisse zwischen bürgerschaftlichen und systemischen Politikakteuren beeinflussen.

Zu den schwächeren Mitteln zählen Versuche zur Demokratisierung der Kommunalpolitik. Wenn sie überhaupt tragen, bleiben sie ohne Rückwirkung auf die Steuerungszentren der Politik und stoßen auf die engen Grenzen schwacher Kompetenzen und knapper Ressourcen (Roth 1997). Kompensatorische, zum Teil aber auch erweiternde Tätigkeitsbereiche demokratischer Beteiligung finden sich auf traditionell unpolitisch gedachten Feldern, z. B. der „Konsumentendemokratie". Politik mit dem Einkaufskorb, an der Zapfsäule oder mit dem Verkehrsmittel könnten politisch relevante Produzentenentscheidungen beeinflussen.

Trotz großer Sympathien für Zivilgesellschaft als Idee zeigt schon die anrissartige Analyse ihres Verhältnisses zu den heute dominierenden demokratischen Formen das Bild einer mit sich zerfallenen, eher undurchsichtigen, unberechenbaren, ungemütlichen Demokratie. Auch die abschließenden Perspektivpunkte unterstreichen mehr das heuristische und kritische Potenzial des Konzepts Bürgergesellschaft denn ihre normative Tragfähigkeit als Grundlage einer – nicht mehr möglichen – einheitlichen Gesamtidee von Demokratie: *Zivilgesellschaft kann „Demokratie" nicht tragen.* Die Bürgergesellschaft ist nur ein Teil des Ganzen der Demokratie, ihr schwächster Teil. Sie ist auch nicht „Voraussetzung" von Demokratie, wie es oft heißt, sondern ihr anderer Teil. Behauptungen über „Krisen der Demokratie" sollte man nicht inflationieren, aber eine erhebliche Belastung des politischen Prozesses ist mit der Demokratiespaltung gegeben. Akteure auf beiden Seiten erleben, dass auf unterschiedlicher Wellenlänge gesendet, dadurch Verständigung extrem erschwert wird. Eine der Hauptursachen der Demokratiekluft ist das Fehlen funktionaler Äquivalente für die Kernfunktionen von Parteien. Da die Erwartungen an eine Demokratisierung von Parteien geschwunden sind, bleiben für engagementbereite Demokratieakteure nur Wege an den Parteien vorbei und die Suche nach anderen Einflusskanälen in der dualen Demokratie.

Qualitätseinbußen von Politik: Politik wird responsiver. Zugleich wird sie aber auch (noch) inkonsistenter, sprunghafter, kurzfristiger, unberechenbarer, bindungsärmer, reaktiver. Große Projekte, Linienführung und „Stimmigkeit" sind von Politik nicht mehr zu erwarten. Dies ist eine der Folgen der Dualisierung von Demokratie, damit aber auch der an sich positiven Veränderungen im bürgerschaftlichen Sektor. Zwar ist die Reise mit der Zivilgesellschaft keine Reise ins Blaue, aber auch nicht zu Glück und Zufriedenheit. Schattenseite der Zivilgesellschaft ist das Doppelgesicht von bürgerschaftlicher Emanzipation und regressiven Verwerfungen, eine sozial gespaltene und undemokratische Bürgergesellschaft: Bestehende soziale Ungleichheiten werden noch forciert, nicht abgebaut (vgl. Brömme/Strasser 2001). Die soziale Ungleichheit politischer Interessenvertretung – mit den Vorteilen für die (akademisierten) Mittelschichten – verstärkt die soziale Spaltung der Zivilgesellschaft (Gabriel 2000). Die „freie Assoziation" ist auch ein Vehikel für Fundamentalismus und Terrorismus, auf der Linken wie auf der Rechten, bei religiösen oder ethnischen Minderheiten. Zivilgesellschaft ist ein Reservoir für die Mobilisierung von Emotionen, von „unten" wie von staatlich-politischen Akteuren.

Grenzen der Zivilgesellschaft: Weder ist ihre Autonomie so groß wie häufig angenommen, noch ist die Verselbstständigung des politischen Systems so radikal, wie die idealtypische Zuspitzung nahe legt. In beiden Handlungsbereichen gibt es Überlappungszonen. Für die Zivilgesellschaft wirkt dies einer Idealisierung entgegen, hinsichtlich des politischen Systems mildert es die äußersten Konsequenzen etwas ab. Auch zivilgesellschaftliche Akteure zeigen instrumentelle Handlungsmuster, nur dass diese – idealtypisch gesehen – sich mit anderen, z. B. politisch-moralischen Orientierungen durchmischen und sich nicht zu Funktionsimperativen verdichten. So in medienorientierter Kampagnenpolitik, die die Stellung der Medien zwischen Markt, Politik und Bürgergesellschaft in Rechnung stellt und deren „Nachrichtenfaktoren" systematisch für die eigenen Zwecke nutzt. In solcher Überlappungszone bewegt sich auch ein zivilgesellschaftlicher Akteur wie Greenpeace, wenn er, um das Spendenaufkommen nicht zu gefährden, das Autothema beiseite schiebt, also wider besseres ökologisches Wissen instrumentelle Mobilisierungsstrategien verfolgt, die nur in einer Gesamtbewertung rechtfertigt werden können. Auch im politischen System gibt es Überlappungszonen querliegender Logiken gegen die Funktionslogik, z. B. die „Basislogik" unterer und mittlerer Ebenen von Mitgliederorganisationen, die „Fachlogik" von Fachpolitikern oder die „Morallogik" ethischer Argumentationen.

Grundlegendere Grenzen der Zivilgesellschaft bestehen in ihren Abhängigkeiten von den Funktionssystemen Politik und Markt. Das politische System stabilisiert eine bürgerrechtliche Ordnung, Voraussetzung für eine sich entfaltende Bürgergesellschaft, es interveniert (positiv und negativ) in die Zivilgesellschaft und es instrumentalisiert sie. Umgekehrt – und das macht die Wechselbeziehungen zwischen Zivilgesellschaft und politischem System aus (vgl. Chandhoke 2001) – ist die Grundstruktur des politischen Systems Ausdruck gesellschaftlicher Machtverhältnisse und Vorstellungen, intervenieren zivilgesellschaftliche Akteure in das politische System (durch Kooperation, Opposition oder Protest), instrumentalisieren auch aktive Bürger staatlich kontrollierte Ressourcen für bürgerschaftliche Zwecke. Die Dualisierung von Demokratie ist ein Belastungsfaktor für demokratische Transparenz und Effizienz, sie stellt Partizipation auf eine harte Probe. In Autonomisierungstendenzen der Zivilgesellschaft liegen aber auch Chancen einer Vitalisierung von politischem Bürgerengagement. Eigensinn, Experimentierlust und Eigeninitiative suchen auch nach dem Bedeutungsverlust institutionalisierter Partizipation neue Wege der Einmischung. Damit beugen sie, in Zeiten fortschreitender Desillusionierung über traditionelle Demokratieformen, der Gefahr einer Demokratie ohne – aktive – Demokraten vor.

Literatur

Almond, Gabriel A./Verba, Sidney 1963: *The Civic Culture. Political Attitudes and Democracy in Five Nations*, Princeton: Princeton University Press

Brömme, Norbert/Strasser, Hermann 2001: Gespaltene Bürgergesellschaft? Die ungleichen Folgen des Strukturwandels von Engagement und Partizipation, in: *Aus Politik und Zeitgeschichte*, B 25-26, S. 6-14

Chandhoke, Neera 2001: The ‚Civil' and the ‚Political' in Civil Society, in: *Democratization*, Vol. 8, No. 2 , S. 1-24

Gabriel, Oscar W. 2000: Partizipation, Interessenvermittlung und politische Gleichheit. Nicht intendierte Folgen der partizipatorischen Revolution, in: Klingemann, Hans-Dieter/Neidhardt, Friedhelm (Hg.): *Zur Zukunft der Demokratie. Herausforderungen im Zeitalter der Globalisierung*, Berlin: Ed. Sigma, S. 99-122

Hondrich, Karl Otto 1972: *Demokratisierung und Leistungsgesellschaft. Macht- und Herrschaftswandel als sozio-ökonomischer Prozeß*, Stuttgart: Kohlhammer

Klein, Ansgar 2001: *Der Diskurs der Zivilgesellschaft. Politische Kontexte und demokratietheoretische Bezüge der neueren Begriffsverwendung*, Opladen: Leske + Budrich

Klein, Ansgar/Schmalz-Bruns, Rainer (Hg.) 1997: *Politische Beteiligung und Bürgerengagement in Deutschland. Möglichkeiten und Grenzen*, Bonn: Bundeszentrale für politische Bildung

Klingemann, Hans-Dieter/Neidhardt, Friedhelm (Hg.) 2000: *Zur Zukunft der Demokratie. Herausforderungen im Zeitalter der Globalisierung*, Berlin: Ed. Sigma

Mayntz, Renate 1988: Funktionelle Teilsysteme in der Theorie sozialer Differenzierung, in: dies. et al.: *Differenzierung und Verselbständigung. Zur Entwicklung gesellschaftlicher Teilsysteme*, Frankfurt a. M./New York: Campus, S. 11-44

Putnam, Robert D. (Hg.) 2001: *Gesellschaft und Gemeinsinn. Sozialkapital im internationalen Vergleich*, Gütersloh: Bertelsmann

Roth, Roland 1997: Die Kommune als Ort der Bürgerbeteiligung, in: Klein, Ansgar/Schmalz-Bruns, Rainer (Hg.) 1997: *Politische Beteiligung und Bürgerengagement in Deutschland. Möglichkeiten und Grenzen*, Bonn: Bundeszentrale für politische Bildung, S. 404-447

Streeck, Wolfgang 1987: Vielfalt und Interdependenz. Überlegungen zur Rolle von intermediären Organisationen in sich ändernden Umwelten, in: *Kölner Zeitschrift für Soziologie und Sozialpsychologie*, Jg. 39, S. 452-470

Weidenfeld, Werner (Hg.) 1996: *Demokratie am Wendepunkt. Die demokratische Frage als Projekt des 21. Jahrhunderts*, Berlin: Siedler

Zimmer, Annette/Nährlich, Stefan (Hg.) 2001: *Engagierte Bürgerschaft. Traditionen und Perspektiven*, Opladen: Leske + Budrich

Forderung und Responsivität
Eine Untersuchung zur politischen Partizipation der Bürger und der Responsivität von politischen Parteien und NGOs in Europa

Hans-Dieter Klingemann

Einleitung

Im Folgenden sollen zwei Fragen beantwortet werden:

- Was tun Bürger, wenn sie soziale Probleme auf die Agenda ihrer Regierung setzen wollen?
- Über welche Mittel verfügen Regierungen, um soziale Forderungen ihrer Bürger wahrzunehmen und wie reagieren sie darauf?

Die erste Frage richtet den Blick auf die Beteiligungsbereitschaft der Bürger; die zweite auf die politischen Parteien und die zivilgesellschaftlichen Organisationen. Beide Fragen gehen von der Voraussetzung aus, dass sich soziale Nachfragesituationen als Folge des politischen und sozialen Wandels entwickeln. Heute kann man davon ausgehen, dass die Prozesse der supranationalen Integration, Globalisierung und der sozio-ökonomischen Modernisierung in Westeuropa ebenso wie die demokratische und marktwirtschaftliche Transformation in den Ländern Mittel- und Osteuropas die Lebenschancen der Bevölkerung tiefgreifend verändern.

Bürger demokratischer Systeme können ihre sozialen Forderungen frei artikulieren. Ihnen stehen viele Wege offen, um die Aufmerksamkeit der politischen Autoritäten auf ihre Forderungen zu lenken. Wir werden später diskutieren, für welche Wege sich die Bürger im Einzelnen entscheiden. Für demokratische Systeme ist jedoch ebenso wichtig, dass die politischen Autoritäten, insbesondere die Regierungs- und Oppositionsparteien, die sozialen Forderungen der Bürger aufgreifen. Eine partizipationsbereite Bürgerschaft und responsive politische Akteure sind für die Persistenz von Demokratien gleichermaßen wichtig – das ist der Grund, weshalb unseren beiden Leitfragen solches Gewicht zukommt.

Bürger nutzen verschiedene Formen politischer Beteiligung, um auf das Regierungshandeln Einfluss zu nehmen. Sie wählen eine bestimmte Partei oder werden ihr Mitglied, weil sie deren Programm gut finden. Gleiches gilt für die Unterstützung der großen Interessenorganisationen durch die Bürger, wie etwa der Gewerkschaften. Alte wie neue soziale Ziele werden aber auch in zivilgesellschaftlichen Organisationen verfolgt; Dritte-Sektor-Organisationen (NGOs) haben dabei heute erheblich an Bedeutung gewonnen. Die meisten NGOs kennen keine formale Mitgliedschaft, sondern bauen auf die öffentliche Unterstützung für ihre Ziele. Der über das institutionalisierte System der Interessenvermittlung kanalisierte Wunsch nach Beteiligung an politischer Entscheidung wird flankiert durch Formen direkter politischer Beteiligung, die von Unterschriftensammlungen und der Teilnahme an

Demonstrationen bis zu Protestformen reicht, die vor Gewalt gegen Personen und Sachen nicht Halt machen.

Moderne Regierungen sind Parteienregierungen. An politische Parteien richten sich die Forderungen der Bürger in erster Linie, und die politischen Parteien tun ihrerseits alles, um sie frühzeitig zu erfassen, Lösungsvorschläge zu erarbeiten und in ihre Programme aufzunehmen. Das gilt auch für die sozialen Probleme. Zwar unterscheiden sich die Parteien in dem Stellenwert, den sie sozialpolitischen Forderungen zubilligen, und in den Lösungsvorschlägen, die sie dafür anbieten; für alle aber gilt, dass ihr Zugang zu legitimer Machtausübung von der Teilnahme an wettbewerbsorientierten Wahlen abhängt. Ihr Wahlerfolg hängt wesentlich von der Fähigkeit ab, ihre jeweiligen Positionen den Wählern überzeugend zu vermitteln. Aus diesem Grund suchen sie das Gespräch mit den Bürgern in den Wahlkreisen, werten sie die Inhalte der Massenmedien aus, geben sie Meinungsumfragen in Auftrag und versuchen so, den Wünschen und Forderungen der Bürger auf die Spur zu kommen. Der wichtigste institutionelle Mechanismus, mit dem in repräsentativen Demokratien legitime Macht zugewiesen wird, sind nun einmal die Wahlen zu den Parlamenten (Klingemann/Fuchs 1995).

Im Folgenden werden wir zunächst die wichtigsten konzeptionellen Probleme sowie Fragen der Datenlage und -analyse behandeln. Danach sollen die beiden Leitfragen, auf welche Weise Bürger ihre Forderungen stellen und wie die Parteien darauf reagieren, für die Mitgliedsstaaten des Europarats empirisch beantwortet werden.

Konzeptionelle Fragen

Was ist gemeint, wenn von *neuen sozialen Forderungen* die Rede ist? Eine einfache Antwort auf diese Frage ist nicht möglich. Es scheint angezeigt, das Problem zunächst in seine Bestandteile zu zerlegen und mit dem Konzept der Forderung zu beginnen. Es wurde systematisch von David Easton (1965: 38) entwickelt, der folgende Definition vorschlägt: „A *demand* may be defined as an expression of opinion that an authoritative allocation with regard to a particular subject matter should or should not be made by those responsible for doing so." Die Kategorie unterscheidet sich von anderen Konzepten wie etwa dem des *Interesses* insofern, als es eine klare und angebbare Richtung impliziert.

Soziale Forderungen der Bürger und soziale Leistungen des Staates, wie sie uns heute wohlvertraut sind, haben sich im Zuge der Industrialisierung herausgebildet. Zum Kernbestand gehören die Absicherung gegen das Risiko des Einkommensverlustes – sei es durch Arbeitslosigkeit, Alter, Krankheit oder Tod –, dem Lohnempfänger und die von ihnen Abhängigen ausgesetzt sind; hinzu treten die Risiken in den Bereichen Gesundheit, Wohnen und Erziehung. Forderungen nach Familienunterstützung, psychotherapeutischer Versorgung, Rehabilitation oder Rechtsberatung indizieren eine Ausweitung des Konzepts der sozialen Sicherheit (Swaan 2001: 973). Alle diese sozialen Forderungen werden mit den Prinzipien der sozio-ökonomischen Sicherheit und der sozio-ökonomischen Gleichheit begründet, wie sie vor allem die Gewerkschaften und die sozialistischen Parteien vortragen und vertreten. Sie richten sich in erster Linie an den Staat, von dem eine auskömmliche soziale Absicherung erwartet wird. Ferner wird gefordert, dass die soziale Absicherung durch den Staat den Bürgern als politisches Recht zusteht, und ihnen nicht als Almosen zuteil wird (Wilensky 1975: 1). Repräsentative Umfragen, wie sie im Rahmen des International Social Survey Programme (ISSP) 1996 durchgeführt wurden, zeigen deutlich, dass eine überwältigende Mehrheit der Bürger in 15 westeuropäischen Ländern den Staat in der Verantwortung sieht, wenn es um wohlfahrtsstaatliche Maßnahmen wie die finanzielle Umverteilung oder die Gesundheitsversorgung geht (Roller 2001: 40). In Mittel- und Osteuropa können wir erwarten, dass die Staatsorientierung im Bereich der Sozialpolitik infolge der ideologischen Prägung durch den Kommunismus sogar noch stärker ausgebildet ist. Westeuropa hat historisch auf soziale Forderungen der Bürger mit der Entwicklung verschiedener Typen von Wohlfahrtsregimen reagiert (Esping-Andersen 1990). Heute sind, vor allem wegen demographischer Veränderungen der Altersstruktur der Bevölkerung, Kernbestandteile des traditionellen Wohlfahrtsstaates unter Druck geraten. Es wird nach neuen Lösungen für die alten Probleme gesucht. Das gilt besonders für die Altersvorsorge und die Krankenversicherung, Probleme, die auf den Agenden sämtlicher europäischer Regierungen hoch rangieren, egal, ob es sich dabei um alte oder neue Demokratien handelt.

Wie unterscheiden sich die neuen von den alten sozialen Forderungen? Auf diese Frage gibt es keine einfache Antwort. Sozio-ökonomische Gleichheit und sozio-ökonomische Sicherheit sind nach wie vor die sozialpolitischen Leitprinzipien; was sich ändert, sind die Mittel, mit deren Hilfe diese Ziele erreicht werden können. Es besteht kein Zweifel daran, dass sich diese Mittel tiefgreifend und nachhaltig wandeln müssen.

Soziale Probleme haben gesellschaftliche Wurzeln. Modernisierungstheoretiker betonen die Entwicklung von der industriellen zur post-industriellen Gesellschaft (Bell 1973; Inglehart 1997) und gehen davon aus, dass die sozialen Forderungen der Bürger als Folge des Strukturwandels der Gesellschaft begriffen werden müssen. Materialistische werden von postmaterialistischen Wertorientierungen abgelöst; der tertiäre Bereich der Wirtschaft wächst im Vergleich zu Industrie und Landwirtschaft, die Wertschätzung persönlicher Freiheit und der Partizipationsbereitschaft steigt an (Welzel/Inglehart/Klingemann 2002). Neue Muster beruflicher Mobilität, Veränderungen in der Einstellung zu Arbeit und Arbeitslosigkeit, steigende Anforderungen an den Umweltschutz und nachhaltige Entwicklung sowie die Einforderung der Rechte von Frauen sind charakteristisch für moderne, „postindustrielle“ Gesellschaften. Eine detaillierte Systematik dieser neuen sozialen Forderungen steht bis heute allerdings noch aus.

Es ist oft darauf hingewiesen worden, dass Bürger neue soziale Forderungen oft durch unkonventionelle, *nicht-institutionalisierte Partizipationsweisen* zum Ausdruck bringen. Das kann als Hinweis darauf interpretiert werden, dass ein Zusammenhang zwischen *neuen* Forderungen und *neuen*, nicht institutionalisierten Partizipationsweisen besteht. Wir werden diesen Hinweisen anhand von Daten aus den Mitgliedsländern des Europarats nachgehen.

Daten und Analysedesign

Es bedarf zweier Arten von Daten, um die beiden gestellten Fragen empirisch zu beantworten. Erstens werden Mikrodaten benötigt, um zu ermitteln, auf welche Weise Bürger sozialen Forderungen Nachdruck verleihen. Zweitens müssen Makrodaten verfügbar sein, um Merkmale der zentralen kollektiven Akteure in die Analysen einbringen zu können. Auf der Mikroebene handelt es sich in erster Linie um Informationen über das Verhältnis der Bürger zu wichtigen intermediären Organisationen wie Parteien, Gewerkschaften oder zivilgesellschaftlichen Organisationen mit sozialen Zielsetzungen, sowie zu ihrer Bereitschaft, ihren Forderungen auch durch unkonventionelle Formen der Partizipation Gehör zu verschaffen. Die Daten der Makroebene beziehen sich sowohl auf politische Parteien als auch auf NGOs und erfassen Merkmale wie etwa ihre Aktivitätsfelder (NGOs) und die Bedeutung, die sie sozialen Problemen in ihren Wahlprogrammen beimessen (politische Parteien).

Dem Europarat gehören derzeit 44 Mitgliedsstaaten an; bei 19 dieser Länder handelt es sich um zentral- und osteuropäische Transformationsstaaten, die dem Rat nach 1990 beigetreten sind. Es ist plausibel anzunehmen, dass sich diese neuen Demokratien von den alten hinsichtlich der politischen Kultur und der politischen Agenda, einschließlich der Sozialpolitik, systematisch unterscheiden. Allerdings sind Daten, die für alle 44 Länder vergleichbar sind, nach unseren Recherchen nicht verfügbar. Wir konnten keine einzige Datensammlung ausfindig machen, die für alle Länder des Europäischen Rates die von uns benötigten Mikro- als auch Makrodaten bereitstellte. Die umfassendste Datensammlung, die auf der Mikroebene Informationen über politische Orientierungen und Verhaltensabsichten erfasst, sind die Umfragen der European Values Study (EVS) (Halman 2001) und die damit verbundenen Umfragen des World Values Survey (WVS). Diese Studien decken alle Mitgliedsstaaten des Europarats ab, mit Ausnahme von Andorra, Zypern, Liechtenstein und San Marino. Die EVS/WVS-Daten sind repräsentativ für die Einstellungen der erwachsenen Bevölkerung der Staaten des Europarats (18 Jahre und älter).

Das Johns Hopkins Comparative Non-profit Sector Project ist das bislang umfassendste Projekt einer Makrodatensammlung über NGOs (Salomon/Hems/Chinnock 2000). Es deckt allerdings nur 13 europäische Staaten (davon vier mittel- und osteuropäische Staaten) ab. Gleichwohl können wir diese Daten nutzen, um die spezifischen Aktivitätsfelder und die Bedeutung dieser neuen kollektiven Akteure im Bereich der Sozialpolitik zu untersuchen. Hinsichtlich der programmatischen Orientierungen politischer Parteien ziehen wir die Daten des Party Manifesto Project heran (Budge et al. 2001). Diese Daten ermöglichen Analysen zur relativen

Bedeutung unterschiedlicher politischer Prinzipien und Politikfelder, wie zum Beispiel der sozialen Gerechtigkeit, des Wohlfahrtsstaats, der Bildungspolitik oder der Umweltpolitik. Das Party Manifesto Projekt erfasst im Zeitraum von 1990 bis 1999 dieselben Länder wie die EVS und der WVS.

Sowohl EVS/WVS als auch das Party Manifesto Project behandeln West- und Ostdeutschland als getrennte Fälle. Das Party Manifesto Project präsentiert Daten für die ersten und letzten freien Wahlen der DDR. In den Umfragen werden die beiden deutschen Datensätze getrennt, um politische Sozialisationseffekte kontrollieren zu können. Alles in Allem können wir also Daten für 20 westeuropäische und 20 mittel- und osteuropäische „Fälle" in den Vergleich einbeziehen. Dies ist eine relativ komfortable Datenbasis. Für die vergleichende Betrachtung der NGOs stehen allerdings, wie bereits angemerkt, nur 13 Länder zur Verfügung.

Die Analyse zielt darauf ab, empirisch und vergleichend zu untersuchen, auf welche Weise Bürger soziale Forderungen stellen und wie politische Parteien auf solche Forderungen reagieren. Die Einheiten der Analyse sind Staaten. Verglichen werden Mikro- und Makrodaten auf der Länderebene.

Die konzeptionellen Überlegungen unterscheiden zwischen den folgenden unabhängigen Variablen:

- Unterstützung für politische Organisationen, die soziale Forderungen vertreten;
- Mitgliedschaft in freiwilligen Organisationen, die soziale Forderungen vertreten;
- Bereitschaft zur nicht-institutionalisierten Partizipation;
- die relative Bedeutung alter und neuer sozialer Forderungen in den Wahlprogrammen der politischen Parteien.

Die Datenanalyse geht in zwei Schritten vor. Im ersten Schritt werden die Länder in zwei Gruppen eingeteilt. Das Kriterium ist die positive oder die negative Abweichung vom Mittelwert des jeweils betrachteten Merkmals. Dieses Verfahren ermöglicht eine erste Grobeinteilung der betrachteten Länder nach der jeweiligen Verbreitung der verschiedenen Unterstützungsformen für soziale Forderungen. Dabei zeigt sich ein deutlicher Unterschied zwischen den westeuropäischen und den mittel- und osteuropäischen Staaten – ein Befund, der mit dem allgemeinen Vorwissen über die untersuchten Länder übereinstimmt. Im zweiten Schritt werden die Unterschiede zwischen der Gruppe der westeuropäischen Länder und der Gruppe der mittel- und osteuropäischen Länder einer Diskriminanzanalyse unterzogen. Aus Platzgründen können wir hier nur die wichtigsten Ergebnisse dieser Analyse präsentieren.

Ergebnisse

Die Ergebnisse der einzelnen Analysen zur Unterstützung politischer Organisationen durch die Bürger, zu ihrer Mitgliedschaft in zivilgesellschaftlichen Organisationen, zur Bedeutung von NGOs, zur Bereitschaft für die Teilnahme an nicht-institutionalisierten Formen der politischen Beteiligung und zur Responsivität der Parteien gegenüber alten und neuen sozialen Forderungen stützen die These einer ausgeprägten West-Ost-Differenz: In Westeuropa ist die Fähigkeit der Bürger, soziale Forderungen zu artikulieren und in den politischen Prozess einzubringen, insgesamt wesentlich stärker ausgeprägt. Diese Differenz ist besonders groß hinsichtlich der Bedeutung der NGOs, der Mitgliedschaft in freiwilligen Organisationen und der Bedeutung *neuer* sozialer Bewegungen (siehe Tab. 3). Der Unterschied ist weniger dramatisch, wenn man die politische Unterstützung für Parteien und Gewerkschaften und die *alten* sozialen Forderungen in den Wahlprogrammen der politischen Parteien betrachtet (siehe Tab. 4).

Um die Art der West-Ost-Differenzen genauer zu bezeichnen, soll nun die verfügbare Evidenz zusammengeführt werden. Dabei geht es um die Zuordnung der einzelnen Länder zu den beiden hier unterschiedenen Ländergruppen und um das relative Gewicht, das einzelne Merkmale für diese Zuordnung besitzen. In beiden Analysen benutzen wir sieben Indikatoren für die vier bereits diskutierten Konzepte. Die Indikatoren sind dichotomisiert und können die Werte 0 (unter dem Durchschnitt aller Fälle) oder 1 (über dem Durchschnitt aller Fälle) annehmen. Sie sind nachfolgend aufgeführt.

1 Unterstützung für politische Organisationen, die soziale Forderungen vertreten;
1.1 Unterstützung für Parteien (in Wahlen und als Mitglied);
1.2 Unterstützung für Gewerkschaften;

2 Mitgliedschaft in freiwilligen Organisationen, die soziale Forderungen vertreten;
2.1 Freiwillige Organisationen zur Förderung „*alter*“ sozialer Forderungen;
2.2 Freiwillige Organisationen zur Förderung „*neuer*“ sozialer Forderungen;

3 nicht-institutionalisierte Partizipation;
3.1 Häufigkeit nicht-institutionalisierter Partizipation;

4 Bedeutung alter und neuer sozialer Forderungen in den Wahlplattformen der Parteien;
4.1 Bedeutung „*alter*“ sozialer Forderungen;
4.2 Bedeutung „*neuer*“ sozialer Forderungen.

Für die Ländereinteilung summieren wir die Werte für jeden dieser Indikatoren. Der Index „Soziales Forderungspotenzial“ kann Werte zwischen 0 (alle Indikatoren zeigen unterdurchschnittliche Werte für das betreffende Land) und 7 (alle Indikatoren zeigen überdurchschnittliche Werte für das betreffende Land) annehmen. Die Ergebnisse sind wie folgt:

Tab. 1: Gruppenzugehörigkeit und Skalenwerte des Indexes Soziales Forderungspotenzial

Gruppe	Wert	Länder	
		Westeuropäische	mittel- und osteuropäische
1	7	Schweden, Norwegen, Dänemark, Finnland, Niederlande, Österreich, Schweiz	
2	6	Island, Luxemburg, Großbritannien, Irland	
3	5	Belgien, Griechenland, Deutschland (West)	Mazedonien, Slowakei
4	4		Deutschland (Ost), Tschechien
5	3	Frankreich, Italien	
6	2	Portugal, Malta	Kroatien, Slowenien, Estland, Moldawien, Ukraine, Russland, Georgien, Aserbaidschan
7	1	Spanien, Türkei	Albanien, Armenien, Ungarn, Lettland, Polen, Rumänien
8	0		Bulgarien, Litauen

Wir interpretieren die Skalenwerte als Ausdruck der relativen Stärke des Potenzials für soziale Forderungen in den einzelnen Ländern. Dabei zeichnen sich zwei Muster ab. Das eine trennt die westeuropäischen Länder entlang einer Nord-Süd-Achse. Alle nordischen Länder finden sich in den Gruppen eins und zwei; alle südeuropäischen Länder fallen in die Gruppen fünf bis sieben. Das zweite Muster trennt die meisten westeuropäischen von den meisten mittel- und osteuropäischen Ländern: Keines der mittel- und osteuropäischen Länder findet sich in den höchsten beiden Gruppen, lediglich vier erreichen die Skalenwerte vier und fünf; Bulgarien und Litauen stehen mit dem Skalenwert 0 ganz am Ende der Reihe; alle anderen Länder dieser Region erreichen Skalenwerte von nur eins oder zwei. Umgekehrt erzielen lediglich sechs westeuropäische Fälle Skalenwerte von drei oder weniger.

Zusätzliche Evidenz für dieses Bild der Spaltung zwischen West- und Osteuropa liefern die Ergebnisse der Diskriminanzanalyse. Sie geben einen Anhaltspunkt für den Grad der Spaltung und für die relative Bedeutung, mit der die einzelnen Merkmale zu dieser Spaltung beitragen. Die Ergebnisse sind in Tabelle 2 zusammengefasst:

Tab. 2: Bestimmungsgründe der West-Ost-Differenz: Das relative Gewicht der Indikatoren zur Bestimmung der West-Ost-Differenz

	R
1. Unterstützung für politische Organisationen, die soziale Forderungen fördern	
Unterstützung für Parteien (in Wahlen oder durch Mitgliedschaft)	.37
Unterstützung für Gewerkschaften	.09
2. Mitgliedschaft in freiwilligen Assoziationen mit sozialer Agenda	
Freiwillige Organisationen zur Förderung „alter" sozialer Forderungen	.55
Freiwillige Organisationen zur Förderung „neuer" sozialer Forderungen	.48
3. Nicht-institutionalisierte politische Partizipation	
Häufigkeit nicht-institutionalisierter Partizipation	.71
4. Bedeutung der Ausweitung sozialer Rechte in den Wahlprogrammen der Parteien	
Bedeutung „alter" sozialer Rechte	.26
Bedeutung „neuer" sozialer Rechte	.55

Charakteristika der Diskriminanzanalyse: Eigenwert 1.47, kanonische Korrelation .77, Signifikanz .000.
r: Pooled within group correlation between discriminating variables and the discriminant function.

Was Mittel- und Osteuropa anbetrifft, so beobachten wir, dass Schlüsselinstitutionen repräsentativer Demokratie allmählich beginnen, Wurzeln zu schlagen (siehe Tab. 5). Das gilt für den Parteienwettbewerb und die Herausbildung von Wählerbindungen an die politischen Parteien auf der einen Seite und die wachsende Responsivität seitens der Parteien zumindest hinsichtlich alter sozialer Forderungen auf der anderen. Gleiches gilt für die Gewerkschaften. Beteiligungsformen hingegen, die auf individueller Initiative und zivilgesellschaftlicher Assoziierung basieren, sind in Westeuropa ungleich stärker ausgeprägt als in den Transformationsgesellschaften Mittel- und Osteuropas. Dasselbe Muster zeigt sich, wenn wir den Blick nicht auf Organisationen und Partizipationsformen, sondern auf spezifische politische Inhalte richten – daher die hohe diskriminierende Wirkung des Indikators „Bedeutung neuer sozialer Rechte". Weder die Unterstützung von freiwilligen Organisationen zur Förderung neuer sozialer Rechte noch von Parteien, die für neue soziale Rechte eintreten, ist für die Länder Mittel- und Osteuropas charakteristisch.

Tatsächlich identifiziert die Diskriminanzanalyse in 34 der 40 Fälle korrekt, ob es sich um westeuropäische oder um mittel- und osteuropäische Länder handelt. Spanien (.97), die Türkei (.93) und Portugal (.68) wurden fälschlicherweise der mittel- und osteuropäischen Gruppe zugeordnet. Die Slowakei hingegen wurde als westeuropäisch eingestuft, ebenso wie Estland (.56) und Georgien (.44), die letztgenannten Länder allerdings mit nur sehr geringer Wahrscheinlichkeit.

Unsere Analyse zielte auf die Exploration und Beschreibung der Mitgliedsländer des Europarats hinsichtlich der Fähigkeit der Bürger, soziale Forderungen zu vertreten und der Fähigkeit der politischen Parteien, solche Forderungen aufzugreifen. Wir vermuten eine positive Beziehung zwischen der Fähigkeit, soziale Forderungen zu kommunizieren und dem Grad der Unterstützung demokratischer Regierungsweise. Diese Vermutung gewinnt durch unsere Untersuchung an Plausibilität: Der von uns vorgeschlagene Index „Potenzial sozialer Forderungen" korreliert stark (r = .65) mit dem Anteil „starker" Demokraten in den untersuchten Ländern (zur Definition der „starken" Demokraten siehe Klingemann 1999). Die Fähigkeit eines Landes, die zur Erfüllung sozialer Forderungen notwendigen Ressourcen zu mobilisieren, beruht in erster Linie auf seinem Wohlstand. Wenn wir das Bruttosozialprodukt pro Kopf der Bevölkerung als Indikator für den Wohlstand eines Landes einsetzen, so ergibt sich eine Korrelation von .76. Dies sind solide Ausgangspunkte für die Entwicklung von Strategien, die zur Überwindung der Spaltung Europas beitragen können.

Tab. 3: Nicht-institutionalisierte Beteiligungsformen als potenzielle Mechanismen zur Kommunikation sozialer Forderungen

Land	Wenigstens eine Beteiligungsform praktiziert	Unterschriftensammlung	Demonstrationen	Boykotte
	%	%	%	%
Schweden	88.5	87.3	35.8	34.0
Grossbritannien	79.7	79.6	13.3	16.6
Belgien	74.7	71.8	39.9	12.1
Frankreich	71.4	68.0	39.4	13.0
Norwegen	69.0	64.7	26.1	18.1
Schweiz	67.7	67.0	17.3	11.3
Niederlande	67.3	61.4	32.3	21.9
Dänemark	64.9	56.8	29.3	24.9
Deutschland (Ost)	64.9	62.3	46.8	6.4
Griechenland	64.7	49.6	47.5	4.7
Irland	62.1	60.6	21.9	8.5
Italien	60.9	54.6	34.8	10.3
Tschechien	60.6	58.4	27.6	9.0
Slowakei	59.4	59.3	14.4	4.2
Österreich	57.6	56.1	16.0	9.7
Island	57.5	53.0	20.7	17.8
Luxemburg	56.3	52.7	30.3	9.1
Finnland	50.9	50.8	14.8	15.2
Deutschland (West)	49.0	47.0	21.7	10.2
Malta	42.3	33.1	25.5	10.6
Kroatien	38.1	37.4	7.7	8.0
Armenien	37.2	18.4	29.5	11.7
Slowenien	34.5	32.4	9.8	8.2
Lettland	33.8	19.1	25.1	4.0
Spanien	33.8	28.6	26.9	5.6
Portugal	31.5	26.9	17.0	5.7
Litauen	30.8	30.5	13.4	5.1
Albanien	30.0	27.1	19.1	11.7
Russland	28.6	11.7	23.9	2.5
Georgien	26.0	14.2	19.9	6.0
Estland	25.1	20.9	11.3	3.1
Polen	24.4	21.1	8.8	4.3
Aserbaidschan	24.2	10.3	20.9	2.7
Ukraine	23.3	13.9	18.3	4.9
Türkei	21.6	19.7	9.1	9.1
Mazedonien	20.1	15.4	10.8	8.0
Bulgarien	20.1	12.0	17.0	4.0
Rumänien	18.5	10.7	14.8	1.9
Ungarn	16.2	15.8	4.9	2.9
Moldawien	15.5	10.4	8.3	1.0

„Ich werde Ihnen nun verschiedene Formen politischer Beteiligung vorlesen, und ich möchte Sie bitten, mir für jede einzelne zu sagen, ob Sie das jemals getan haben, ob Sie sich vorstellen können, es zu tun, oder ob Sie das unter keinen Umständen tun würden." Unterschriftensammlung = „sich an einer Unterschriftensammlung beteiligen"; Demonstration = „an einer angemeldeten Demonstration teilnehmen"; Boykott: „sich an einem Boykott beteiligen". Die Zelleneinträge geben den Anteil der Antwortenden wieder, die behaupten: „habe ich getan".

Tab. 4: Stellenwert der Ausweitung alter und neuer sozialer Forderungen in den Wahlprogrammen politischer Parteien, 1990-1999

Land	Soziale Forderungen	*Alt*		*Neu*	
	Ausweitung *alt* und *neu*	Soziale Gerechtigkeit	Sozialstaatsausweitung	Erziehung	Umweltschutz
	%	%	%	%	%
Finnland	36.5	8.3	8.8	4.3	12.5
Malta	35.3	5.1	13.8	6.3	4.1
Schweden	35.2	10.9	5.6	3.3	12.7
Luxemburg	33.9	2.4	10.1	6.2	8.9
Portugal	33.9	5.9	9.8	4.5	5.6
Deutschland	32.6	4.4	6.0	3.1	11.3
Deutschland (Ost)	32.5	3.5	6.1	4.4	7.8
Slowenien	32.6	6.5	7.5	5.4	4.6
Irland	31.6	9.2	6.9	4.1	7.3
Island	30.1	6.2	8.3	5.7	5.0
Norwegen	30.0	3.3	8.4	5.6	9.7
Grossbritannien	27.7	3.3	8.2	6.2	6.2
Belgien	27.5	2.2	8.0	5.6	4.5
Niederlande	27.2	4.1	4.8	4.5	7.6
Estland	26.9	2.5	12.0	6.3	2.5
Frankreich	26.3	6.5	5.6	4.1	7.1
Schweiz	25.6	5.4	8.7	2.7	7.5
Griechanland	25.5	3.9	5.6	4.5	4.2
Slowakien	24.9	3.5	7.7	4.3	4.8
Kroatien	24.8	5.2	3.7	2.6	9.9
Lettland	24.2	1.4	11.9	4.1	2.1
Österreich	23.9	6.5	3.1	2.9	9.3
Dänemark	22.3	1.9	5.7	4.5	5.1
Spanien	22.2	2.2	8.3	4.2	4.1
Rumänien	22.1	2.2	5.6	3.9	4.5
Aserbaidschan	21.5	7.3	2.6	1.7	0.6
Tschechien	19.4	3.0	4.6	2.9	5.0
Italien	19.0	3.2	1.9	2.4	6.0
Ungarn	18.8	2.7	6.2	4.1	3.2
Ukraine	17.9	3.0	7.4	1.9	2.1
Bulgarien	17.5	1.2	5.2	3.4	3.4
Littauen	17.4	1.6	6.2	2.5	2.5
Russland	16.9	3.0	6.7	1.4	1.4
Türkei	16.8	2.7	5.2	3.4	1.7
Mazedonien	16.4	0.6	7.1	2.6	2.7
Polen	16.3	2.5	6.1	3.1	2.0
Georgien	15.3	5.7	1.9	3.0	1.8
Armenien	15.2	3.5	4.6	2.6	1.3
Moldawien	14.2	2.8	5.6	1.7	0.6
Albanien	13.2	2.5	3.5	2.5	1.0

Tab. 5: Politische Organisationen zur Förderung sozialer Forderungen: Politische Parteien und Gewerkschaften

Land	Wahlabsicht %	Mitgliedschaft in politischer Partei %	Mitgliedschaft in Gewerkschaft %
Moldawien	92.6	2.9	36.3
Georgien	91.5	3.7	3.5
Armenien	90.0	1.6	1.7
Norwegen	89.8	15.5	47.1
Niederlande	89.8	9.3	23.6
Albanien	87.6	33.8	9.1
Türkei	86.6	8.8	5.1
Dänemark	78.1	6.8	54.7
Luxemburg	78.1	6.5	13.5
Irland	76.4	4.5	10.3
Slowakien	76.2	6.9	16.4
Schweden	75.9	10.4	62.4
Finnland	75.5	6.2	33.9
Malta	73.6	7.3	9.7
Island	71.7	19.0	59.9
Grossbritannien	70.9	2.7	7.3
Deutschland (West)	69.7	3.1	6.7
Polen	69.5	0.9	10.1
Estland	68.6	2.2	4.9
Österreich	68.5	12.0	19.1
Lettland	67.2	2.0	11.5
Belgien	67.1	7.1	15.8
Tschechien	66.1	4.5	10.6
Deutschland (Ost)	65.0	2.8	7.4
Russland	62.9	0.7	23.1
Mazedonien	62.8	21.3	20.3
Frankreich	60.6	1.9	4.1
Schweiz	59.5	16.9	16.8
Portugal	58.0	1.7	2.4
Ukraine	55.4	2.1	21.1
Ungarn	55.1	2.0	7.3
Slowenien	54.6	3.1	17.0
Italien	54.0	4.2	6.3
Kroatien	53.1	5.1	11.8
Spanien	51.7	2.1	3.6
Bulgarien	51.7	4.9	7.6
Aserbaidschan	51.2	6.5	28.9
Griechenland	50.6	9.2	9.4
Rumänien	48.4	2.4	9.2
Litauen	45.5	2.3	2.4

Wahlabsicht: „Wenn morgen Wahlen wären, welche Partei würden Sie wählen?" Die Zellen geben den Anteil der Befragten wieder, die eine Partei nannten.
Mitgliedschaft in politischer Partei oder Gewerkschaft: „Sehen Sie sich bitte die folgende Liste freiwilliger Organisationen und Aktivitäten an und sagen Sie mir, welchen Sie zugehören."
Die Zellen geben den Anteil der Anwortenden wieder, die Mitgliedschaften in „politischen Parteien und Gruppen" oder „Gewerkschaften" nannten.

Literatur

Bell, Daniel 1973: *The Coming of Post-industrial Society*, New York: Basic Books

Budge, Ian et al. 2001: *Mapping Policy Preferences. Estimates for Parties, Electors, and Governments 1945-1998*, Oxford: Oxford University Press

Easton, David 1965: *A Systems Analysis of Political Life*, New York: Wiley

Esping-Andersen, Gøsta 1990: *The Three Worlds of Welfare Capitalism*, Cambridge: Polity Press

Halman, Loek 2001: *The European Values Study. A Third Wave. Sourcebook of the 1999/2000 European Values Study Surveys*, Tilburg: EVS, WROC Tilburg University

Inglehart, Ronald 1997: *Modernization and Postmodernization. Cultural, Economic, and Political Change in 43 Societies*, Princeton: Princeton University Press

Klingemann, Hans-Dieter 1999: Mapping Political Support in the 1990s. A Global Analysis, in: Norris, Pippa (Hg.): *Critical Citizens. Global Support for Democratic Governance*, Oxford: Oxford University Press, S. 31-56

Klingemann, Hans-Dieter/Fuchs, Dieter (Hg.) 1995: *Citizens and the State*, Oxford: Oxford University Press

Roller, Edeltraud 2001: *Die Leistungsfähigkeit von Demokratien*, Berlin: Freie Universität Berlin (Habilitationsschrift)

Salomon, Lester M./Hems, Leslie C./Chinnock, Kathryn 2000: *The Non-profit Sector. For What and for Whom?* Working Papers of the Johns Hopkins Comparative Non-profit Sector Project, No. 37, Baltimore: The Johns Hopkins Center for Civil Society Studies

Swaan, Abram De 2001: Welfare State, in: Krieger, Joel (Hg.): *The Oxford Companion to Politics of the World*, Oxford: Oxford University Press, S. 972-977

Welzel, Christian/Inglehart, Ronald/Klingemann, Hans-Dieter, 2002: Human Development as a General Theory of Social Change. A Multi-level and Cross-cultural Perspective, in: *European Journal of Political Research*, im Erscheinen

Wilensky, Harold L. 1975: *The Welfare State and Equality. Structural and Ideological Roots of Public Expenditures*, Berkeley: University of California Press

PolitikerInnenverdrossenheit? Zur Entwicklung der Bevölkerungsorientierungen gegenüber dem politischen Führungspersonal

Oskar Niedermayer

Die CDU-Spendenaffäre von 1999/2000 hat der Diskussion um das Verhältnis von Bevölkerung und PolitikerInnen neue Nahrung gegeben. Der weit verbreiteten Ansicht, dass wir es schon seit Beginn der achtziger Jahre mit einer „durchgängig steigende(n) Verdrossenheit über ‚Politik' im Allgemeinen und über ihre Repräsentanten im Besonderen" (Starke 1993: 70) zu tun haben, fehlt bisher jedoch, zumindest bezüglich der Repräsentanten, weitgehend die wissenschaftliche Untermauerung. Ist PolitikerInnenverdrossenheit somit – wie die Politikverdrossenheit insgesamt – möglicherweise bloß ein „demoskopisches Artefakt" (Schedler 1993: 414)? Der folgende Beitrag will dieser Frage nachgehen.

Welche Orientierungsobjekte und -arten lassen sich unterscheiden?

Zur Strukturierung der Analyse soll zunächst zwischen verschiedenen Orientierungsobjekten und Orientierungsarten unterschieden werden. Die Orientierungen der Bevölkerung gegenüber dem politischen Führungspersonal können sich auf drei Objektebenen beziehen: Auf das politische Führungspersonal insgesamt, auf einzelne PolitikerInnen und auf deren spezifische Eigenschaften. Der dritten Objektebene wird, vor dem Hintergrund eines Trends „in Richtung einer stärkeren Personalisierung des Wahlverhaltens" (Ohr 2000: 298), in neuerer Zeit im Rahmen der Wahlforschung zunehmend Aufmerksamkeit zuteil, wobei sich herausschält, dass zur differenzierten Erfassung von Orientierungen gegenüber SpitzenpolitikerInnen mindestens vier Eigenschaftsdimensionen notwendig sind, nämlich Sachkompetenz, Managerfähigkeiten, Integrität und persönliche Eigenschaften (Klein/Ohr 2000; Lass 1995; Vetter/Brettschneider 1998).

Die sich auf die verschiedenen Objektebenen beziehenden Orientierungen lassen sich nach dem Kriterium zunehmender Verhaltensrelevanz in kognitive, evaluative und konative Orientierungen einteilen. Kognitive Orientierungen umfassen die Relevanz, die ein bestimmtes Orientierungsobjekt für die BürgerInnen besitzt, das Interesse an ihm und das Wissen über dieses Objekt. Evaluative Orientierungen stellen Beurteilungen des Orientierungsobjekts auf einem positiv-negativ-Kontinuum dar. Diese Orientierungsart kann weiter unterteilt werden in eher affektiv-wertbezogene Beurteilungen wie Vertrauen oder Sympathie und eher rational-outputbezogene Beurteilungen, die sich auf die Bewertung der Kompetenz bzw. der geleisteten Arbeit beziehen. Konative Orientierungen sind Verhaltensabsichten gegenüber dem Orientierungsobjekt, wie z. B. die Wahlabsicht.

Abbildung 1 fasst die verschiedenen Objekte und Arten der Orientierungen zusammen, wobei nur diejenigen Orientierungsarten einbezogen wurden, die für die Forschung von Interesse sind.

Abb. 1: Orientierungen gegenüber dem politischen Führungspersonal

Objekt	Art
Gesamtes politisches Führungspersonal	*Kognitive Orientierungen:* Zurechnung (ungestützt): Es wird danach gefragt, welches nach Meinung des Befragten die wichtigsten PolitikerInnen sind. Zurechnung (gestützt): Es wird eine Reihe von Personen in politischen Führungspositionen vorgegeben und gefragt, ob der Befragte es gerne sehen würde, wenn die jeweilige Person künftig eine wichtige Rolle spielen würde. *Evaluative Orientierungen:* Generell: Allgemeine Beurteilung Affektiv-wertbezogen: Vertrauen, Sympathie Rational-outputbezogen: Beurteilung der Kompetenz und Arbeit
Einzelne PolitikerInnen	*Kognitive Orientierungen:* Bekanntheit (ungestützt): Es wird die politische Führungsposition vorgegeben und nach der Person gefragt, die die Position inne hat. Bekanntheit (gestützt): Es wird der Name der Person vorgegeben und danach gefragt, ob der Befragte die jeweilige Person kennt. *Evaluative Orientierungen:* Generell: Allgemeine Beurteilung Affektiv-wertbezogen: Vertrauen, Sympathie Rational-outputbezogen: Beurteilung der Kompetenz und Arbeit *Konative Orientierungen:* Wahlabsicht
Eigenschaften einzelner PolitikerInnen - Integrität - pers. Eigenschaften - Sachkompetenz - Managerfähigkeiten	*Evaluative Orientierungen:* Generell: Allgemeine Beurteilung Affektiv-wertbezogene Beurteilungskriterien Rational-outputbezogene Beurteilungskriterien

Wie hat sich die Beurteilung des politischen Führungspersonals durch die Bevölkerung verändert?

Die folgende Analyse konzentriert sich auf die Entwicklung der allgemeinen Beurteilung des gesamten politischen Führungspersonals durch die Bevölkerung und auf die kognitive Basis dieser Bewertungen.[1] Dieser Bereich ist bisher kaum erforscht: Die wenigen existierenden Studien beschäftigen sich ausschließlich mit evaluativen Orientierungen und enthalten – mit Ausnahme der Analyse von Maier (2000 a, b) – keine Längsschnittanalysen über einen längeren Zeitraum hinweg (Krimmel 1999; Pickel/Walz 1997; Walter 2000).

Erste Hinweise auf längerfristige Veränderungen des Verhältnisses zwischen Bevölkerung und PolitikerInnen liefern die Antworten auf die Frage, ob im Großen und Ganzen die richtigen Leute in den führenden Positionen sind.[2] Zwar stellt die Frage nicht spezifisch auf die Beurteilung des politischen Führungspersonals, sondern auf Führungspositionen generell ab, zwei Gründe sprechen jedoch dafür, dass die Bürger bei der Beantwortung der Frage primär die politische Elite im Sinn haben: Die deutliche Veränderung der Antwortverteilung insbesondere bei politischen Machtwechseln, aber auch generell zu Wahlzeiten.

Tabelle 1 gibt die Entwicklung der positiven Antworten im Verlauf der beiden Machtwechseljahre 1982 und 1998 bei der Gesamtbevölkerung und bei den Anhängerschaften der verschiedenen Parteien wieder. Anfang 1982, dem letzten Jahr der sozial-liberalen Regierung unter Bundeskanzler Helmut Schmidt, sind noch drei Viertel der SPD-Anhänger der Meinung, dass die richtigen Leute in den führenden Positionen sind, die FDP-Anhänger, von denen viele einen Koalitionswechsel ihrer Partei befürworten, sind gespalten, bei den Anhängern von CDU/CSU und GRÜNEN bejaht nur gut jeder Siebte die Frage. Mit der sich im Laufe des Jahres verschärfenden Koalitionskrise geht die Zustimmung generell zurück, wobei die Unterschiede zwischen den Parteianhängern erhalten bleiben. Die Aufkündigung der sozial-liberalen Koalition im November führt zu einer Umkehrung der Verhältnisse: Nunmehr bejahen gut drei Fünftel der CDU/CSU-Anhänger, aber nur noch ein Fünftel der SPD-Anhänger die Frage. Die gleichen systematischen Veränderungen der Orientierungen der Parteianhängerschaften sind vor und nach dem Machtwechsel 1998 von der CDU/CSU-FDP-Koalition zur rot-grünen Koalition zu beobachten.

1 Für eine zusammenfassende Analyse auch der beiden anderen Objektebenen (einzelne PolitikerInnen und deren Eigenschaften) vgl. Niedermayer 2001. Die in diesem Beitrag benutzten Daten wurden von der Forschungsgruppe Wahlen e.V. im Auftrag des ZDF erhoben (Politbarometer-Studien) und vom Zentralarchiv für Empirische Sozialforschung, Universität zu Köln, zugänglich gemacht. Für die Analyse und Interpretation der Daten trägt der Verfasser die alleinige Verantwortung.

2 Die exakte Frageformulierung für die in Tabelle 1 und Abbildung 2 wiedergegebenen Daten lautet: „Glauben Sie, dass heute bei uns in Deutschland (1977-90: in der Bundesrepublik) im Großen und Ganzen die richtigen Leute in den führenden Positionen sind oder glauben Sie das nicht?“

Tab. 1: Bejahung der Frage, ob die richtigen Personen in den führenden Positionen sind: Vor und nach den Machtwechseln 1982 und 1998
(Angaben in Prozent)

	Ges.	Wahlabsicht				
		CDU/CSU	FDP	SPD	GRÜNE	PDS
1982						
Jan	38	13	48	73	14*	
Aug	26	10	30	59	6*	
Nov	36	61	45	20	7*	
1998						
Juni	27	45	48	19	16	7*
Nov	40	21	20*	58	65	28

* = geringe Fallzahlen (n<10)
Quelle: eigene Berechnungen (FGW-Politbarometer)

Systematische Veränderungen der Antwortverteilung lassen sich nicht nur bei den beiden Machtwechseln, sondern auch generell zu Wahlzeiten feststellen. Wie Abbildung 2 zeigt, werden über den gesamten Untersuchungszeitraum von 1977 bis 1998 hinweg die höchsten Zustimmungswerte in den Bundestagswahljahren mobilisiert.

Allerdings fällt die Mobilisierung von Wahl zu Wahl schwerer, wobei die ‚Vereinigungswahl' von 1990 die einzige Ausnahme darstellt. Generell ist über die letzten zwanzig Jahre hinweg ein deutlich negativer Trend festzustellen, d. h. die Bevölkerung ist immer weniger der Meinung, dass die richtigen Leute in den führenden Positionen sind. Mitte bis Ende der achtziger Jahre ist auch der Anteil derjenigen zurückgegangen, die die Frage nicht beantworten wollen oder können[3] – im letzten Jahrzehnt hat nur noch etwa jeder zehnte Bürger keine klare Haltung zu dieser Frage – und die negativen Antworten sind, mit Ausnahme des Vereinigungszeitraums, deutlich gestiegen. Bis Ende der achtziger Jahre überwog noch meist die positive Beurteilung der Führungsriege, in den neunziger Jahren haben die negativen Antworten die positiven weit überflügelt.

3 Der hohe Prozentsatz der Kategorie „weiß nicht/keine Antwort" im Jahre 1991 ist darauf zurückzuführen, dass sich die überwiegende Mehrheit der Bürger aus den neuen Bundesländern so kurz nach der Vereinigung noch keine Meinung gebildet hatte.

Abb.2: Sind die richtigen Leute in den führenden Positionen?
(1977-1998; Angaben in Prozent)

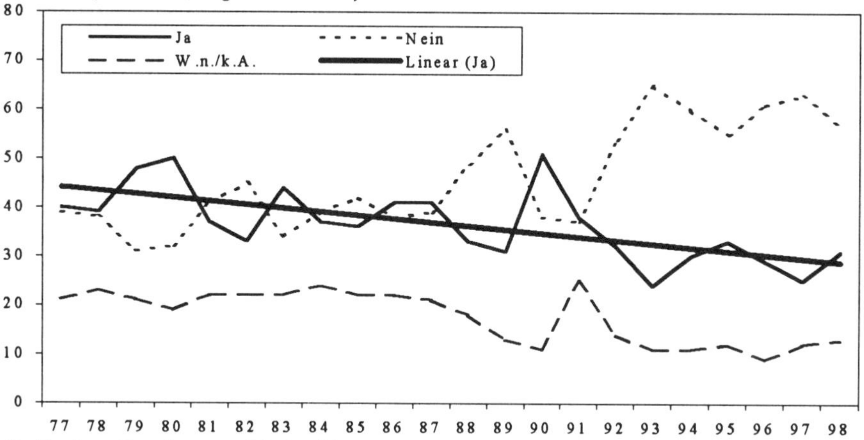

Quelle:eigene Berechnungen (FGW-Politbarometer)

Etwa drei Fünftel der BürgerInnen sind in den letzten Jahren der Ansicht, dass nicht die richtigen Leute in den führenden Positionen seien. Sind dies alles PolitikerInnenverdrossene? Für eine solch weitreichende Schlussfolgerung ist der bisher verwendete Indikator wegen seiner zu geringen Spezifiziertheit nicht geeignet. Damit das Konzept der ‚PolitikerInnenverdrossenheit' nicht das gleiche Schicksal erleidet wie der Terminus ‚Politikverdrossenheit', nämlich im Rahmen einer „kommunikativen Selbstläufer"-Debatte (Ehrhart/Sandschneider 1994: 451) zu einem „medialen Mülleimer" zu degenerieren, „in den alles hineingepackt wird, was auch nur entfernt an Kritik, Unzufriedenheit, Ängste, Unbehagen oder auch an anti-politische Vorurteile erinnert" (Thierse 1993: 19), soll es hier im Rahmen einer Orientierungstypologie relativ eng gefasst werden. Wir unterscheiden vier Typen von allgemeinen Beurteilungen des gesamten politischen Führungspersonals durch die Bevölkerung, Begeisterung, Wohlwollen, Skepsis und Verdrossenheit:

- Begeisterung liegt vor, wenn ausnahmslos alle Mitglieder des politischen Führungspersonals positiv beurteilt werden;
- Wohlwollen liegt vor, wenn die Beurteilung des politischen Führungspersonals im Durchschnitt positiv ausfällt;
- Skepsis liegt vor, wenn die Beurteilung des politischen Führungspersonals im Durchschnitt nicht positiv ausfällt[4];
- Verdrossenheit liegt vor, wenn kein einziges Mitglied des politischen Führungspersonals positiv beurteilt wird.

Aus normativ-demokratietheoretischer, die Notwendigkeit einer prinzipiellen Kongruenz zwischen politischen Orientierungen und politischen Strukturen betonenden Sicht entspricht der wohlwollende Typ – mit Abstrichen auch noch der Skeptiker –

4 Nicht positiv bedeutet, dass neben einer negativen Bewertung auch der Grenzfall einer exakt neutralen Durchschnittsbewertung in diese Kategorie eingeordnet wird.

am ehesten dem Idealbild des demokratischen Staatsbürgers, da „ein gewisses Maß an Politikervertrauen für die Stabilität und Funktionsfähigkeit eines politischen Systems und für die Generierung von Systemunterstützung als notwendig betrachtet wird" (Walter 2000: 279), ein vollkommen kritikloser Umgang der Herrschaftsunterworfenen mit den Herrschaftsträgern in Demokratien aber als eher dysfunktional anzusehen ist. Der Wohlwollende steht dem politischen Führungsspersonal nicht so unkritisch gegenüber wie der Begeisterte, der alle SpitzenpolitikerInnen über jegliche Parteigrenzen hinweg positiv beurteilt, hat aber doch eine insgesamt eher positive Grundhaltung gegenüber der in den demokratischen Institutionen tätigen Führungsschicht, was ihn vom Skeptiker unterscheidet, der das politische Führungsspersonal kritischer sieht. Auch der Skeptiker urteilt jedoch differenziert, wohingegen der Verdrossene keinem Mitglied des Führungspersonals etwas Positives abgewinnen kann.

Bei der Operationalisierung der allgemeinen Beurteilung des politischen Führungsspersonals soll die methodische Kritik aufgegriffen werden, die an der bisherigen Verdrossenheitsforschung geübt wurde (Schedler 1993). Zu vermeiden ist demnach die ausschließliche Orientierungsmessung anhand der Vorlage von negativ besetzten Items sowie die Verwendung zu allgemeiner und unbestimmter Formulierungen, um Antwortverzerrungen und pauschalisierter Kritik vorzubeugen. Unter die Verwendung zu allgemeiner Formulierungen fallen u. E. insbesondere alle Fragen, die den BürgerInnen eine Bewertung „der PolitikerInnen" ohne Nennung konkreter Personen abverlangen, da solche Formulierungen die Befragten zwingen, Pauschalurteile abzugeben. Wenn zur Ermöglichung differenzierter Urteile konkrete Personen vorgegeben werden, ist zu beachten, dass die Auswahl der zu bewertenden PolitikerInnen nicht nach externen, vorher festgelegten Auswahlkriterien erfolgt, sondern den Befragten selbst überlassen wird, da nur die Beurteilung des von den BürgerInnen selbst perzipierten politischen Führungspersonals für ihre sonstigen politischen Orientierungen und Verhaltensweisen relevant ist.

Die hier verwendete Operationalisierung anhand der PolitikerInnenskalometer, die von der Forschungsgruppe Wahlen e. V. im Rahmen der monatlichen Politbarometer-Umfragen erhoben werden, genügt diesen Anforderungen. Jeweils zum Quartalsbeginn wird dort nach den wichtigsten Politikerinnen und Politikern in Deutschland gefragt, wobei die Befragten ohne Vorgaben bis zu fünf Personen nennen können. Monatlich wird dann mit einer neutralen Frageformulierung um eine allgemeine Beurteilung der zehn PolitikerInnen mit den meisten Nennungen gebeten.[5] Die Beurteilungen werden somit nicht anhand der Vorgabe negativer Items vorgenommen und sie beziehen sich weder pauschal auf ‚die PolitikerInnen' bzw. ‚das politische Führungspersonal' noch auf einen extern vorgegebenen Perso-

5 Die Frageformulierung lautet: „Stellen Sie sich einmal ein Thermometer vor, das aber lediglich von +5 bis –5 geht, mit einem Nullpunkt dazwischen. Sagen Sie mir bitte mit diesem Thermometer, was Sie von einigen führenden Politikerinnen und Politikern halten. Plus 5 bedeutet, dass Sie sehr viel von der Politikerin bzw. dem Politiker halten, minus 5 bedeutet, dass Sie überhaupt nichts von ihm bzw. ihr halten."

nenkreis, sondern auf diejenigen PolitikerInnen, die von den Befragten selbst zur politischen Führungsspitze gezählt werden. Um mit Hilfe dieses Instruments die zeitliche Entwicklung der allgemeinen Beurteilung der gesamten politischen Führungsspitze durch die Bevölkerung abzubilden, wurde zunächst pro Monat der Durchschnitt aus den Beurteilungsmittelwerten der zehn am häufigsten genannten PolitikerInnen gebildet, dieser wurde für die vereinfachte Darstellung in Abbildung 3 sodann quartalsweise gemittelt.

Abbildung 3 zeigt, dass die durchschnittliche allgemeine Beurteilung der politischen Führungsspitze[6] durch die BürgerInnen in den neunziger Jahren von Anfang an nur schwach positiv ausfällt[7] und im Zeitablauf immer schlechter wird. Den bisherigen Tiefpunkt erreichte sie in den Jahren 1996/97, also in der Endphase der CDU/CSU-FDP-Regierung unter Helmut Kohl. Mit dem Machtwechsel zur rot-grünen Koalition Ende 1998 verbesserte sich die Lage zwar, die Beurteilungswerte erreichten aber auch im Jahre 2000 nicht mehr die Spitzenwerte von 1991 und dem Wahljahr 1994.

Das Verhältnis der Bevölkerung zur politischen Führungsspitze ist somit nicht ungetrübt. Ob allerdings ein hohes Maß an PolitikerInnenverdrossenheit in dem hier definierten Sinne existiert, kann erst durch eine genauere Analyse aufgezeigt werden.

In den folgenden Abschnitten sollen daher die Jahre 1996-1998[8] näher betrachtet werden. Zunächst wird analysiert, auf welcher kognitiven Basis die generelle Bewertung der politischen Führungsspitze durch die BürgerInnen erfolgt, danach wird der Anteil an Begeisterten, Wohlwollenden, SkeptikerInnen und Verdrossenen unter den Befragten bestimmt und der Frage nach den möglichen sozialstrukturell bedingten Unterschieden in den Orientierungen gegenüber der politischen Führungsspitze nachgegangen, und schließlich wird untersucht, welchen Einfluss diese Orientierungen auf die Zufriedenheit der Bevölkerung mit der Demokratie insgesamt haben.

---

6 Maier (2000: 136) operationalisiert PolitikerInnenverdrossenheit anhand dieses Indikators. Dies bedeutet z. B., dass ein parteigebundener Befragter, der acht PolitikerInnen schwach positiv und zwei Repräsentanten des politischen Gegners sehr negativ beurteilt, als allgemein politikerverdrossen eingestuft wird. Unser Konzept ist enger, indem es als verdrossen nur solche BürgerInnen bezeichnet, die keine(n) der zehn SpitzenpolitikerInnen positiv beurteilen. Zudem bezieht Maier nur die Beurteilung der PolitikerInnen der etablierten Parteien ein. Das generelle Konzept von Verdrossenheit sollte sich aber auf die politische Führungsspitze insgesamt beziehen. Hinzu kommt, dass die Unterscheidung zwischen etablierten und nicht-etablierten Parteien für eine Analyse über einen längeren Zeitraum hinweg große Probleme aufwirft, wie Maiers Einstufung der heutigen Regierungspartei Bündnis 90/Die Grünen als nicht etablierte Partei zeigt.

7 Zu beachten ist, dass der positive Bereich der Skala bis +5 reicht und der höchste in den neunziger Jahren erreichte Skalenwert bei 1,16 lag (4. Quartal 1991).

8 Dieser Zeitraum wurde gewählt, weil 1996/97 der bisherige Tiefpunkt in der allgemeinen Bewertung erreicht wurde und das Jahr 1998 tiefgreifende Veränderungen durch den Machtwechsel brachte. Für 1999 und 2000 standen die Daten zum Zeitpunkt des Abschlusses des Manuskripts (Ende 2000) für Analysezwecke noch nicht zur Verfügung (die Werte für die Abb. 3 wurden aus den von der FGW monatlich veröffentlichten Ergebnissen errechnet).

Abb.3: Allgemeine Beurteilung der politischen Führungspitze
(quartalsw. gemittelte Durchschnittswerte; 10 wichtigste Politiker; -5 bis +5)

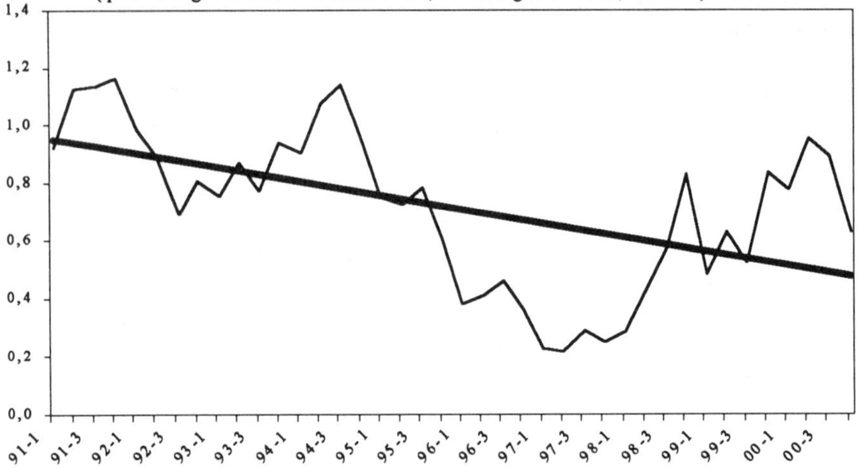

Quelle: eigene Berechnungen (FGW-Politbarometer)

Wen rechnet die Bevölkerung zur politischen Führungsspitze?

Eine Analyse der kognitiven Orientierungen – also der Zurechnung von Personen zur Führungsspitze – ist für unsere Fragestellung deswegen relevant, weil die Aussage, die Beurteilungen bezögen sich auf den von den Befragten selbst als politische Führungsspitze wahrgenommenen Personenkreis, nur zutrifft, wenn die in die Analyse einbezogenen zehn wichtigsten PolitikerInnen die von der Bevölkerung perzipierte politische Führungsspitze hinreichend repräsentieren.

Wie Tabelle 2 zeigt, ist dies auch der Fall. Die Zurechnung von PolitikerInnen zur politischen Führungsspitze durch die Bürger ist bemerkenswert eindeutig und im Zeitablauf stabil. Über die Jahre 1996 und 1997 hinweg bildeten – bei insgesamt acht Befragungszeitpunkten – exakt dieselben Personen die Spitzengruppe der zehn meistgenannten PolitikerInnen. Die einzige Ausnahme während dieser Zeit war der vorübergehende Austausch von Joschka Fischer durch Johannes Rau Mitte 1996. Auch die Platzierung der einzelnen Personen innerhalb der Spitzengruppe änderte sich nicht wesentlich: Um mehr als zwei Rangplätze verschob sich lediglich die Platzierung von Gerhard Schröder, der sich 1997 auf Platz zwei hinter Bundeskanzler Kohl vorschob. Auch das Wahljahr 1998 brachte anfangs noch keine Bewegung in die von der Bevölkerung wahrgenommene politische Führungsspitze: Lediglich Rudolf Scharping musste seinen Platz für Edmund Stoiber räumen. Erst nach der Bundestagswahl und der anschließenden Regierungsbildung rückten einige neue Gesichter in die Führungsgruppe vor.

Wichtiger noch als dieses klare Bild der Bevölkerung von der Relevanz der einzelnen Personen ist die Tatsache, dass die zehn meistgenannten PolitikerInnen die gesamte politische Führungsspitze hinreichend repräsentieren, da auf diese Gruppe zwischen 80 und 90 Prozent aller Nennungen entfallen, die auf die Frage nach den wichtigsten PolitikerInnen 1996-1998 überhaupt geäußert wurden.

Tab. 2: Wahrgenommene politische Führungsspitze 1996-1998
(Rangplätze der zehn wichtigsten PolitikerInnen nach der Anzahl der Nennungen)[1)]

	12/95	4/96	8/96	10/96	1/97	4/97	8/97	10/97	1/98	4/98	6/98	10/98	11/98
Kohl	1	1	1	1	1	1	1	1	1	2	2	5	5
Schröder	4	5	3	4	4	2	2	2	2	1	1	1	1
Lafontaine	2	3	4	2	3	4	4	4	3	4	5	2	3
Schäuble	7	8	8	8	6	6	6	5	4	3	3	4	4
Waigel	3	2	2	3	2	3	3	3	5	5	4	-	-
Blüm	5	4	5	5	5	5	5	6	6	6	6	-	-
Kinkel	8	6	7	7	7	7	8	8	7	8	7	10	-
Fischer	9	-	-	9	10	8	9	9	8	7	8	3	2
Süssmuth	6	7	6	6	8	9	7	7	10	10	10	-	-
Scharping	10	10	9	10	9	10	10	10	-	-	-	7	9
Stoiber	-	-	-	-	-	-	-	-	9	9	9	6	6
Gysi	-	-	-	-	-	-	-	-	-	-	-	9	8
Rühe	-	-	-	-	-	-	-	-	-	-	-	8	10
Trittin	-	-	-	-	-	-	-	-	-	-	-	-	7
Rau	-	9	10	-	-	-	-	-	-	-	-	-	-
Anteil[2)]	81	82	78	79	80	85	82	82	85	88	87	82	81

1) Reihenfolge in der Tabelle nach dem in den drei Jahren durchschnittlich erreichten Rangplatz
2) Anteil der 10 wichtigsten PolitikerInnen an der Gesamtzahl aller Nennungen in Prozent
Quelle: eigene Berechnungen (FGW-Politbarometer)

Was hält die Bevölkerung von der politischen Führungsspitze?

Wie in Abschnitt 2 schon aufgezeigt wurde, hat sich die durchschnittliche allgemeine Beurteilung der politischen Führungsspitze durch die BürgerInnen im Laufe der neunziger Jahre verschlechtert (vgl. Abb. 3). Der Tiefpunkt wurde in den Jahren 1996 und vor allem 1997 erreicht, 1998 hat sich die Beurteilung wieder etwas verbessert, wobei allerdings die früheren Werte nicht wieder erreicht wurden. Wenn PolitikerInnenverdrossenheit in wesentlichem Ausmaß existieren würde, müsste sie sich somit vor allem in den genannten Jahren zeigen.

Tabelle 3 verdeutlicht, dass dies nicht der Fall ist. Selbst im Jahre 1997 war nur jeder zwanzigste Befragte der Gruppe der Verdrossenen zuzurechnen, im Jahr davor und vor allem danach war diese Gruppe noch kleiner. Auch ihr Gegenpart – die Begeisterten – bilden nur eine kleine Gruppe. Die überwiegende Mehrheit der

Bevölkerung zählt zu den SkeptikerInnen bzw. den Wohlwollenden, die die politische Führungsspitze zwar mehr oder weniger kritisch und vor allem je nach eigener (partei-)politischer Zuordnung differenziert beurteilen, sie aber weder pauschal verdammen noch bejubeln. Dies gilt sowohl für West- als auch für Ostdeutschland.

Tab. 3: Orientierungstypen 1996-1998
(Angaben in Prozent)

	1996			1997			1998		
	G	W	O	G	W	O	G	W	O
Verdrossene	4	4	5	5	5	4	3	3	4
SkeptikerInnen	44	45	42	48	49	46	41	41	40
Wohlwollende	41	41	41	37	37	38	44	45	43
Begeisterte	6	6	8	6	5	7	8	7	8
k.A.	4	4	5	4	4	5	4	4	5

G = gesamt, W = Westdeutschland, O = Ostdeutschland
Quelle: eigene Berechnungen (FGW-Politbarometer)

Wie Tabelle 4 zeigt, nimmt die Neigung zur Verdrossenheit bzw. Begeisterung mit zunehmendem politischen Interesse deutlich ab. Die politisch Interessierten neigen somit noch weniger als die nicht Interessierten zu einer pauschalisierten Beurteilung der politischen Führungsspitze. Damit zeigt sich auch empirisch der theoretisch plausible Zusammenhang zwischen der allgemeinen kognitiven Voraussetzung der Übernahme einer demokratischen Staatsbürgerrolle in Form des politischen Interesses und der Ausfüllung dieser Rolle in Form differenzierter evaluativer Orientierungen gegenüber dem politischen Führungspersonal.

Tab. 4: Orientierungstypen nach politischem Interesse 1996-1998
(Angaben in Prozent)

	1996			1997			1998		
	gering	mittel	groß	gering	mittel	groß	gering	mittel	groß
Verdrossene	8	4	4	16	5	4	9	3	1
SkeptikerInnen	47	45	48	44	50	54	40	43	47
Wohlwollende	36	44	45	34	39	38	41	47	46
Begeisterte	9	8	4	7	6	4	11	7	5

Gering = gar nicht/kaum interessiert; mittel = etwas interessiert; groß = stark/sehr stark interessiert
Quelle: eigene Berechnungen (FGW-Politbarometer)

Unsere Ergebnisse verdeutlichen auch, dass es keinen großen Sinn macht, den BürgerInnen Pauschalurteile über „die PolitikerInnen" abzuverlangen. Die bisher in Umfragen zur Messung von PolitikerInnenverdrossenheit verwendeten Fragen tun jedoch meist genau dies und erscheinen daher wenig geeignet, die Haltung der Bevölkerung gegenüber ihren politischen Repräsentanten adäquat zu erfassen.

Dass die Bevölkerung selbst in Extremsituationen nicht zur Pauschalisierung ihrer allgemeinen Beurteilung der politischen Führungsspitze neigt, zeigt die Reaktion auf den CDU-Spendenskandal, der 1999/2000 die Republik erschütterte. Statt – wie von vielen Kommentatoren behauptet – die Verfehlungen von einigen Politikern zu generalisieren und in eine allgemeine PolitikerInnenverdrossenheit zu verfallen, hat die Bevölkerung in dieser Zeit durchaus differenziert geurteilt, wie Abbildung 4 verdeutlicht.

Abb.4: Allgemeine Beurteilung einzelner PolitikerInnen Okt. 1998 – Okt. 2000)
(Mittelwerte; Skala von -5 bis +5)

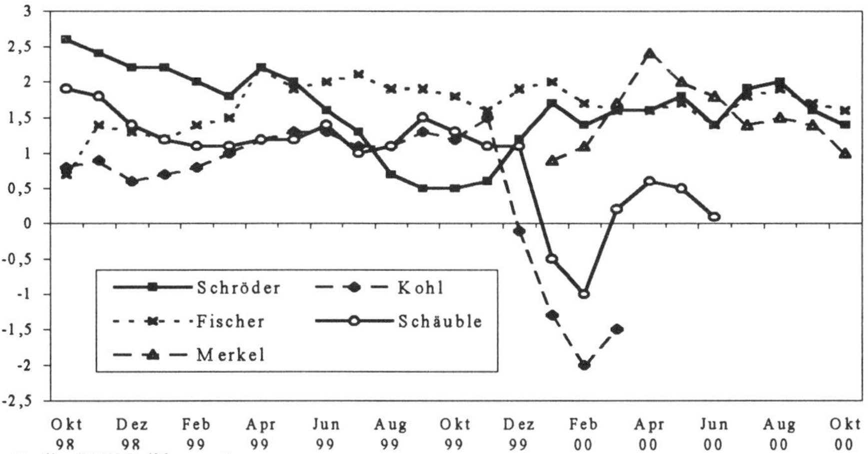

Quelle: FGW-Politbarometer

Die sich schon kurz nach dem Machtwechsel 1998 zeigenden personellen und prozeduralen Probleme[9] auf Regierungs- und Parteiebene (Stöss/Niedermayer 2000) blieben nicht ohne Wirkung auf die Beurteilung des neuen Kanzlers: Gerhard Schröders Popularität nahm daher in den ersten Monaten seiner Regierungszeit stetig ab. Das entschlossene Handeln nach dem Rücktritt Lafontaines brachte einen kurzzeitigen Aufschwung, der jedoch in der Phase des „Sommertheaters" mit dem anhaltenden parteiinternen Streit um die Regierungspolitik in einen rasanten Sturzflug überging. Joschka Fischer wurde zum beliebtesten Politiker, und Alt-

9 Im personellen Bereich spielten die schwierigen Beziehungsstrukturen der Führungs-Troika Gerhard Schröder, Oskar Lafontaine und Rudolf Scharping eine zentrale Rolle, die prozeduralen Probleme zeigten sich in Gestalt von Koordinierungs-, Professionalitäts- und Vermittlungsdefiziten.

kanzler Helmut Kohl konnte zu Schröder aufschließen und ihn ab Mitte 1999 sogar überholen. Dies änderte sich mit dem Bekanntwerden der CDU-Spendenaffäre schlagartig. Helmut Kohls durchschnittliche Beurteilung durch die Bevölkerung verschlechterte sich von November 1999 bis Februar 2000 von +1,5 auf -2,0, ein Absturz, wie es ihn bisher noch nie gegeben hatte, und ab April wurde Kohl von den BürgerInnen nicht mehr zu den zehn wichtigsten Politikern gezählt.

Ein ähnliches, wenn auch nicht ganz so dramatisches Schicksal ereilte Wolfgang Schäuble, während sich Kanzler Schröder zusehends verbesserte. Ab März 2000 erlebte dann Angela Merkel einen kometenhaften Aufstieg, der jedoch schon im Mai wieder sein Ende fand.

Gibt es sozialstrukturelle Unterschiede in der Beurteilung der politischen Führungsspitze?

In einem zweiten Analyseschritt soll nun untersucht werden, ob die Verteilung der verschiedenen Orientierungstypen über alle Bevölkerungsgruppen hinweg in etwa gleich ist oder ob sich deutliche sozialstrukturelle Unterschiede zeigen. Dabei werden wir uns auf diejenigen Variablen beschränken, für die sich aus theoretischen Argumentationslinien im Zusammenhang mit den sozialstrukturellen Bedingungsfaktoren der Ausfüllung einer demokratischen Staatsbürgerrolle klare Verteilungshypothesen in der Weise ableiten lassen, dass bestimmte gesellschaftliche Gruppen aufgrund ihrer größeren generellen „Nähe" zur Politik zu differenzierteren, weniger pauschalisierten Orientierungen gegenüber dem politischen Führungspersonal neigen.

Unterschiedliche Politiknähe sozialstruktureller Gruppen, die sich sowohl in differierenden Orientierungen gegenüber der eigenen politischen Rolle (politisches Interesse, staatsbürgerliches Selbstbewusstsein) als auch in unterschiedlichem politischem Verhalten (kommunikatives Handeln, Wahlbeteiligung und sonstige politische Partizipationsformen) zeigt, wird vor allem im Zusammenhang mit den Variablen Geschlecht, Bildung und Alter diskutiert (Niedermayer 2001). Stark vereinfacht[10] lässt sich dabei sagen, dass – trotz deutlicher Angleichungsprozesse – Männer immer noch eine größere Politiknähe aufweisen als Frauen und höher Gebildete politiknäher sind als Personen mit niedriger Bildung. Schwieriger wird es beim Alter: Bei manchen Orientierungen/Verhaltensweisen sind die Jüngeren politiknäher, bei anderen, z. B. der Wahlbeteiligung, zeigt sich ein kurvilinearer Zusammenhang, wobei die mittleren Altersgruppen politiknäher sind als die Jüngsten und die Ältesten.

Wenn die Hypothese zutrifft, dass politiknähere sozialstrukturelle Gruppen zu weniger pauschalisierten Orientierungen gegenüber dem politischen Führungspersonal neigen, dann müssten somit die Männer und die höher Gebildeten einen ge-

10 Auf notwendige Differenzierungen im Hinblick auf die verschiedenen Orientierungen und Verhaltensweisen kann hier nicht eingegangen werden.

ringeren Anteil sowohl von Verdrossenen als auch von Begeisterten aufweisen als die Frauen und die weniger Gebildeten, während beim Alter eher kein linearer Zusammenhang zu erwarten ist.

Tabelle 5 zeigt die Verteilung der verschiedenen Orientierungstypen nach Geschlecht. Zwischen Männern und Frauen bestehen in Bezug auf den Anteil der Verdrossenen zwar nur geringe Unterschiede, größere jedoch im Anteil der Begeisterten, der bei den Männern deutlich geringer ist als bei den Frauen. Insgesamt ist über den gesamten Untersuchungszeitraum hinweg der Anteil der pauschalisiert Urteilenden bei den Frauen mehr als 1,5 mal so hoch wie bei den Männern.

Deutlicher noch ist der Zusammenhang zwischen der Bildung der Befragten und ihrer Neigung zu pauschalisierter PolitikerInnenbeurteilung (Tab. 6): Im Jahre 1996 zählten 15 Prozent der Befragten mit niedriger Bildung zu den Verdrossenen bzw. Begeisterten, bei den Hochgebildeten betrug der Anteil nur 6 Prozent, in den beiden folgenden Jahren zeigten sich ähnliche Verteilungen.

Tab. 5: Orientierungstypen nach Geschlecht 1996-1998
(Angaben in Prozent)

	1996		1997		1998	
	M	W	M	W	M	W
Verdrossene	4	5	4	5	3	4
SkeptikerInnen	49	44	54	47	45	41
Wohlwollende	42	43	38	40	46	46
Begeisterte	5	9	4	8	6	10

M = männlich, W = weiblich
Quelle: eigene Berechnungen (FGW-Politbarometer)

Tab. 6: Orientierungstypen nach Bildung 1996-1998
(Angaben in Prozent)

	1996			1997			1998		
	niedrig	mittel	hoch	niedrig	mittel	hoch	niedrig	mittel	hoch
Verdrossene	5	4	3	6	5	3	4	3	3
SkeptikerInnen	43	47	52	47	52	54	40	43	48
Wohlwollende	42	43	42	39	39	39	47	46	45
Begeisterte	10	6	3	9	5	4	10	8	5

Niedrig = höchstens Hauptschulabschluss o.ä.; mittel = höchstens Mittelschulabschluss o.ä.; hoch = Abitur o.ä. und weiterführende Ausbildung
Quelle: eigene Berechnungen (FGW-Politbarometer)

Beim Alter lassen sich keine so eindeutigen Aussagen treffen. Ein kurvilinearer Zusammenhang deutet sich in Bezug auf die Gruppe der Begeisterten an, die in allen Untersuchungsjahren bei den jüngsten und den ältesten Altersgruppen die höchsten Werte aufweisen. Dies gilt jedoch nicht für die Verdrossenen. Es ist eher so, dass die Älteren generell zu einer positiveren Beurteilung der politischen Führungsspitze neigen, was sich auch in den hohen Anteilen an Wohlwollenden zeigt (Tab. 7).

Tab. 7: Orientierungstypen nach Alter 1996-1998
(Angaben in Prozent)

	18-20	21-24	25-29	30-34	35-39	40-44	45-49	50-59	60-69	70-
1996										
Verdrossene	5	5	5	5	5	4	5	3	4	4
SkeptikerInnen	39	50	55	55	54	50	50	46	36	33
Wohlwollende	48	40	37	36	38	40	40	44	50	49
Begeisterte	8	4	3	4	3	5	5	7	11	14
1997										
Verdrossene	6	4	6	7	5	5	4	5	3	4
SkeptikerInnen	49	50	57	59	59	56	55	49	41	37
Wohlwollende	39	43	34	31	31	36	37	40	46	48
Begeisterte	7	3	3	3	4	4	4	6	10	12
1998										
Verdrossene	5	4	4	5	4	3	3	2	2	2
SkeptikerInnen	43	45	51	51	49	50	46	40	35	30
Wohlwollende	44	46	41	40	42	43	45	48	52	54
Begeisterte	7	5	4	5	5	5	6	9	11	14

Quelle: eigene Berechnungen (FGW-Politbarometer)

Welche Auswirkungen hat die Haltung zur politischen Führungsspitze auf die Zufriedenheit mit der Demokratie insgesamt?

Zur Beurteilung der politischen Konsequenzen von Veränderungen in den Orientierungen der Bevölkerung gegenüber dem politischen Führungspersonal ist die Frage von großer Bedeutung, ob die PolitikerInnenorientierungen mit den Orientierungen gegenüber der gesamten politischen Ordnung in Beziehung stehen, ob also davon auszugehen ist, dass sich eine schlechtere Bewertung der politischen Entscheidungsträger auch in einem Entzug genereller Systemunterstützung niederschlägt. Wie Tabelle 8 zeigt, ist dies tatsächlich der Fall: Mit zunehmend negativer Beurteilung der politischen Führungsspitze nimmt die Unzufriedenheit mit der

Demokratie[11] deutlich zu. Während weniger als ein Drittel der Begeisterten und gut ein Drittel der Wohlwollenden mit der Demokratie unzufrieden sind, umfasst die Unzufriedenheit schon die Mehrheit der Skeptiker, und bei den Verdrossenen sind mehr als zwei Drittel unzufrieden.

Tab. 8: Demokratiezufriedenheit der Orientierungstypen 1996-1998 (Angaben in Prozent)

	1996				1997				1998			
Mit der Demokratie	V	S	W	B	V	S	W	B	V	S	W	B
Eher unzufrieden	71	50	36	29	67	52	33	30	65	53	34	31
Eher zufrieden	28	47	62	66	29	46	65	66	28	44	64	66
k.A.	2*	3	2	5	4	2	2	4	7	3	2	3

V = Verdrossene, S = SkeptikerInnen, W = Wohlwollende, B = Begeisterte
* Geringe Fallzahlen (n<10)
Quelle: eigene Berechnungen (FGW-Politbarometer)

Fazit

Unsere Analyse hat gezeigt, dass die generelle Beurteilung der politischen Führungsspitze durch die Bevölkerung sich längerfristig eindeutig verschlechtert, was angesichts des deutlichen Zusammenhangs zwischen den Orientierungen gegenüber den politischen Entscheidungsträgern und gegenüber der gesamten politischen Ordnung nicht auf die leichte Schulter genommen werden sollte. Selbst in krisenhaften Zeiten jedoch beurteilen acht bis neun von zehn Deutschen ihre politische Führungsspitze in einer differenzierten Weise, wobei bei der einen Hälfte das Wohlwollen, bei der anderen die Skepsis überwiegt. PolitikerInnenverdrossenheit ist nur bei höchstens jedem Zwanzigsten zu finden, der Anteil an pauschal Begeisterten ist nicht viel höher, und gerade bei den politisch Interessierten werden Pauschalurteile am wenigsten gefällt. Vor diesem Hintergrund erscheint das „Lamentieren“ (Lösche 1995: 149) über eine gravierende generelle PolitikerInnenverdrossenheit der Bevölkerung daher als ungerechtfertigt.

11 Der Fragetext für die Demokratiezufriedenheit lautet: „Was würden Sie allgemein zur Demokratie in Deutschland sagen? Sind Sie damit eher zufrieden oder eher unzufrieden?“

Literatur

Ehrhart, Christof/Sandschneider, Eberhard 1994: Politikverdrossenheit: Kritische Anmerkungen zur Empirie, Wahrnehmung und Interpretation abnehmender politischer Partizipation, in: *Zeitschrift für Parlamentsfragen* 25, S. 441-458

Klein, Markus/Ohr, Dieter 2000: Der Kandidat als Politiker, Mensch und Mann. Ein Instrument zur differenzierten Erfassung von Kandidatenorientierungen und seine Anwendung auf die Analyse des Wählerverhaltens bei der Bundestagswahl 1998, in: *ZA-Information* 46, S. 6-25

Krimmel, Iris 1999: Die Beurteilung von Politikern als ein Aspekt von „Politikverdrossenheit", in: Plasser, Fritz et al. (Hg.): *Wahlen und politische Einstellungen in Deutschland und Österreich*, Frankfurt a. M.: Lang, S. 263-292

Lass, Jürgen 1995: *Vorstellungsbilder über Kanzlerkandidaten*, Wiesbaden: Deutscher Universitäts Verlag

Lösche, Peter 1995: Parteienverdrossenheit ohne Ende? Polemik gegen das Lamentieren deutscher Politiker, Journalisten, Politikwissenschaftler und Staatsrechtler, in: *Zeitschrift für Parlamentsfragen* 26, S. 149-159

Maier, Jürgen 2000a: Die zentralen Dimensionen der Politikverdrossenheit und ihre Bedeutung für die Erklärung von Nichtwahl und ‚Protestwahl' in der Bundesrepublik Deutschland, in: van Deth, Jan/ Rattinger, Hans/Roller, Edeltraud (Hg.): *Die Republik auf dem Weg zur Normalität?*, Opladen: Leske + Budrich, S. 227-249

Maier, Jürgen 2000b: Politikverdrossenheit in der Bundesrepublik Deutschland, Opladen: Leske + Budrich

Niedermayer, Oskar 2001: *Bürger und Politik*, Opladen: Westdeutscher Verlag

Ohr, Dieter 2000: Wird das Wählerverhalten zunehmend personalisierter, oder: Ist jede Wahl anders? Kandidatenorientierungen und Wahlentscheidung in Deutschland von 1961 bis 1998, in: Klein, Markus et al. (Hg.): *50 Jahre Empirische Wahlforschung in Deutschland*, Opladen: Westdeutscher Verlag, S. 272-308

Pickel, Gert/Walz, Dieter (1997): Politikverdrossenheit in Ost- und Westdeutschland: Dimensionen und Ausprägungen, in: *Politische Vierteljahresschrift* 38, S. 27-49

Schedler, Andreas 1993: Die demoskopische Konstruktion von „Politikverdrossenheit", in: *Politische Vierteljahresschrift* 34, S. 414-435

Starke, Frank Christian 1993: *Krise ohne Ende? Parteiendemokratie vor neuen Herausforderungen*, Köln: Bund

Stöss, Richard/Niedermayer, Oskar 2000: Zwischen Anpassung und Profilierung. Die SPD an der Schwelle zum neuen Jahrhundert, in: *Aus Politik und Zeitgeschichte*, B 5, S. 3-11

Thierse, Wolfgang 1993: Politik- und Parteienverdrossenheit: Modeworte behindern berechtigte Kritik. Zur Notwendigeit gesellschaftlicher Reformen, in: *Aus Politik und Zeitgeschichte*, B 31, S. 19-25

Vetter, Angelika/Brettschneider, Frank 1998: „Idealmaße" für Kanzlerkandidaten, in: *ZUMA-Nachrichten* 43, S. 90-115

Walter, Melanie 2000: Die deutschen Politiker in der Sicht der Bevölkerung - Wert-, Macht- oder Funktionselite?, in: Falter, Jürgen/Gabriel, Oscar W./Rattinger, Hans (Hg.): *Wirklich ein Volk? Die politischen Orientierungen von Ost- und Westdeutschen im Vergleich*, Opladen: Leske + Budrich, S. 275-317

Direkte Demokratie und politische Deregulierung Anmerkungen zum rechtspopulistischen Politikstil

Birgit Sauer

Direkte Demokratie als Problem? Einführende Überlegungen

Die bundesdeutsche Nachkriegsgeschichte ist von großer Skepsis gegenüber Formen direkter Demokratie gekennzeichnet. Die Väter und die Mutter des Grundgesetzes kodifizierten direktdemokratische Verfahren nur marginal in der Verfassung, und die bundesrepublikanische Staatsrechtslehre betrieb einen regelrechten „Exorzismus" der direkten Demokratie (Maus 1995: 108f.). Zwar legt Artikel 20 Abs. 2 des Grundgesetzes fest, dass der Souverän die Staatsgewalt in „Wahlen und Abstimmungen" ausüben könne, doch wurden Abstimmungen nicht nur über das politische Personal, sondern über Sachfragen nie ernsthaft in Betracht gezogen. Das Misstrauen gegenüber der „unmittelbaren" Macht des Souveräns wurde mit dem Verweis auf das desaströse Ende der Weimarer Republik legitimiert. Otmar Jung hat allerdings überzeugend nachgewiesen, dass die „plebiszitäre Quarantäne" des Grundgesetzes weniger anti-faschistisch als vielmehr anti-kommunistisch motiviert war (Jung 1994).

Kritiker der direktdemokratischen Abstinenz hoben immer wieder hervor, dass die Mischung aus elitärem Misstrauen gegenüber den StimmbürgerInnen, den NS-Erfahrungen und dem anti-kommunistischen Affekt die autoritäre, unpolitische politische Kultur in Deutschland (vgl. Almond/Verba 1965) bis in die späten sechziger Jahre prolongierte. Eine „civic culture" konnte sich in diesem anti-politischen Kontext nur sehr zögerlich entwickeln. Politische Partizipation blieb in der „Zuschauerdemokratie" (Wassermann 1986) auf rituelle Wahlakte, die so genannte „konventionelle Teilnahme" beschränkt.

Die partizipatorische Revolution der sechziger und siebziger Jahre erweiterte die kognitiven und institutionellen Voraussetzungen politischer Beteiligung: Die neuen sozialen Bewegungen machten „unkonventionelle Partizipationsformen" zum festen Handlungsrepertoire der Bundesrepublik. Sie forderten neben basis- und versammlungsdemokratischen Praktiken jenseits des verfassten politischen Systems die Institutionalisierung von mehr Direktdemokratie, nicht zuletzt um das Entscheidungsmonopol des Parteienstaats wenn nicht zu brechen, so doch zu relativieren. Die Defizite der Repräsentativdemokratie, die „partizipatorischen Lücken", werden als sinkende Wahlbeteiligung und geringer werdendes Vertrauen in politische Institutionen insbesondere seit den achtziger Jahren diskutiert. Ganz offenbar blockierten die institutionellen Settings einen aktiven BürgerInnenstatus. Die Notwendigkeit „institutionelle(r) Innovationen" (Roth 1997: 48) war freilich lange Zeit umstritten.

Erst die Erfolge der DDR-Bürgerbewegungen mit neuen Beteiligungsformen wie Demonstrationen und Runden Tischen führten zu einem „take off“ der Direktdemokratie im vereinigten Deutschland. Direktdemokratische Instrumente auf Landesebene[1] und in den Kommunen – Bürgergutachten, Planungszellen, Mediationsverfahren und Runde Tische – sollen das Engagement der BürgerInnen besser mit den staatlichen Entscheidungsmechanismen verzahnen. Inzwischen gilt Direktdemokratie – u. a. unter Bezug auf Ernst Fraenkel (1991: 156-159) – als selbstverständliche Ergänzung des repräsentativen Formats (vgl. Schieren 1996: 68; Luthardt 1997: 14). Die rot-grüne Bundesregierung hat schließlich die „Bürgergesellschaft“ und das „bürgerschaftliche Engagement“ (Schröder 2002) als eine gesellschaftliche und politische Ressource entdeckt. Und nun scheint das direktdemokratische Nachkriegstabu der Bundesrepublik zu brechen: Direktdemokratische Formen sollen auch auf nationaler Ebene möglich werden (vgl. FAZ vom 15.3.2002).

Die bundesrepublikanische Demokratie-Geschichte zeigt, dass die Gestaltungsform der Demokratie, also auch das Verhältnis von direkten und indirekt-repräsentativen Verfahren, nichts „Starres“, sondern immer Ergebnis von Auseinandersetzung um Organisations- und um Deutungsmacht ist (vgl. Bourdieu 1985; Hall 1982: 107). Demokratie ist also ein politisch umkämpfter „Ort“ (Hall 1982: 107). Dort wird nicht nur um Mehrheiten, sondern um Hegemonie gerungen, d. h. darum, was Teil des „Universums des politischen Diskurses“ ist (Jenson 1989), was also als politisch gilt und was nicht. Diese Auseinandersetzungen finden auch um „das Volk“, um den Demos statt. Wer ist das Volk, wer gehört dazu und wer nicht (z. B. Frauenwahlrecht, Staatsangehörigkeit)? Hegemoniale Demokratiediskurse bestimmen aber auch, wer autorisiert ist, *für* das Volk zu sprechen, und wer es legitimer Weise vertreten kann. Formen der Repräsentation sind mithin nicht nur Ausdruck sozialer Herrschaftsverhältnisse, sie stellen diese auch immer wieder her.

Rechtspopulistische Parteien und „entrepreneurs“ sind ein nicht zu übersehendes Phänomen in Europa, das einher geht mit einem neuen Repräsentationsregime und einem neuen Politikstil. Im Zuge dieser Transformationen des Politischen gilt es folgende Fragen zu stellen: Steigern direktdemokratische Verfahren die Inklusivität von Demokratien, ermöglichen sie die Formulierung und Realisierung einer „res publica“ gegen Macht- und Interessenpolitik einzelner ressourcenstarker Gruppen oder trocknen sie politische Partizipation und deren menschenrechtliche Fundierung aus? Gefährdet das plebiszitäre Demokratiemodell, das zunehmend von rechtspopulistischen Anti-System-Parteien genutzt wird, die traditionelle Parteiendemokratie und deren Standards von Mitsprache, Partizipation, Minderheitenschutz und Machtkontrolle (vgl. Decker 2000: 296)? Besteht also die Gefahr, dass Direktdemokratie zum Instrument der Stimmungspolitik, der „Politik der Gefühle“ (Haslinger 1995) wird?

1 Inzwischen verfügen alle Landesverfassungen in den alten und neuen Bundesländern Deutschlands über direktdemokratische Beteiligungsrechte, in der Regel über die „Trias“ von Volksinitiative, Volksbegehren und Volksentscheid (vgl. Luthardt 1997: 20).

Ich möchte im Folgenden am österreichischen Beispiel die unterschiedlichen Kontexte direktdemokratischer Initiative deutlich machen. „Bedeutungsverschiebungen", d. h. unterschiedliche Politisierungs- und Nutzungsstrategien des politischen Instruments der Direktdemokratie ergeben sich aus veränderten politischen und sozialen Kontexten, in denen die Instrumente angewandt und „politisiert", d. h. mit Bedeutung aufgeladen werden. Direktdemokratie war in der Zweiten österreichischen Republik in unterschiedliche Diskurse eingebunden – in den der neuen sozialen Bewegungen wie in jenen autoritärer, rechtspopulistischer Entpolitisierung. Direktdemokratie im Namen rechtspopulistischer Mobilisierung und im Kontext neoliberaler Deregulierung von Staatlichkeit zielt, so meine These, nicht auf mehr Partizipation und Demokratie, sondern lediglich auf einen neuen Repräsentationsmodus unter Berufung auf „das Volk". Direkte „Volksherrschaft" wird zur bloßen Metapher in der politischen Mobilisierung gegen tradierte Demokratieformen, aber vor allem gegen die Inklusivität von Demokratie und ihre menschenrechtliche Substanz. Direktdemokratische Formen ermöglichen dann keine Anerkennung von Differenz und Pluralität, sondern sie erzwingen Pseudo-Homogenisierung nach innen und Abgrenzung nach außen.

Das österreichische Beispiel soll nun keine Abwehr in der bundesdeutschen Debatte provozieren oder motivieren. Im Gegenteil: Gegen das „Keine Experimente!" gilt es, direktdemokratische Innovationen zu erproben. Direktdemokratie ist weit besser in der Lage als repräsentative Formen dies sind, eine differente und plurale Öffentlichkeit herzustellen sowie politische Institutionen responsiver gegenüber den Forderungen sozialer Akteure zu gestalten (aus Geschlechterperspektive Sauer 2002). Ich möchte im Folgenden argumentieren, dass Direktdemokratie in eine hegemoniale Konstellation eingelassen ist. Damit sie ein Instrument der Partizipation und Deliberation werden kann, bedarf es einer hegemonialen Bewusstheit. Ein naiver Glaube, Direktdemokratie bringe „automatisch" Demokratisierung, unterschätzt die „Umkämpftheit" des politischen Terrains. Nicht zuletzt kommt es auf die Art und Weise der Ausgestaltung von Direktdemokratie an, damit sie zu einem Mittel von mehr demokratischer Partizipation werden kann. Eine Implementierung direktdemokratischer Beteiligungsmuster „von oben" ist vergleichsweise wirkungslos, gar kontraproduktiv für Demokratisierung: Gerade in der Mediendemokratie können direktdemokratische Instrumente leicht zum rechtspopulistischen Instrument mutieren.

Systematik direktdemokratischer Verfahren in Österreich

Österreich hatte in der Zweiten Republik einen anderen Weg als Westdeutschland beschritten. Als Gegenpol zur Sozialpartnerschaft, der österreichischen Variante des Korporatismus, sollten direktdemokratische Formen eine Möglichkeit jenseits des vergleichsweise streng zweipolig organisierten Interessenausgleichs eröffnen. Direktdemokratische Instrumente sind neben Wahlen zu politischen Repräsentativorganen (Nationalrat, Landtage, Gemeinderäte) verfassungsmäßig gesicherte Verfahren, in denen „das Volk" – der Souverän – seine „Herrschaft" ausübt. Direktdemokratische Formen lassen sich systematisieren in solche, die „von oben", d. h. von Organen der repräsentativen Demokratie initiiert werden, und in solche, die „von unten", also von Teilen der Bevölkerung eingeleitet werden können.

Die Zweite Republik kennt zwei Formen von Referenden „von oben", die *Volksabstimmung* und die *Volksbefragung*. Sie sind Instrumente des Nationalrats, um die Meinung der BürgerInnen zu erfahren, aber auch, um sie direkt in Sachentscheidungen einzubeziehen und damit umstrittene Entscheidungen „legitimitätssicher" zu machen. Der Gegenstand von Volksabstimmungen ist ein vom Nationalrat ausgearbeitetes Gesetz, das den Wahlberechtigten vorgelegt wird. Volksabstimmungen stellen ein Gesetz in einer schlichten Ja/Nein-Frage zur Abstimmung, deren Ausgang für den Gesetzgeber bindend ist. In der Geschichte der Zweiten Republik gab es zwei Volksabstimmungen auf nationaler Ebene: eine fakultative über das Atomkraftwerk Zwentendorf bzw. das österreichische Atomprogramm (5.11.1978) und eine obligatorische über den EU-Beitritt Österreichs (5.6.1994). Während die erste gegenhegemonial entschieden wurde, stimmten die BürgerInnen bei der EU-Abstimmung der Regierungsvorlage zu. *Volksbefragungen* sind vor allem Instrumente auf der kommunalen Ebene, aber seit 1989 auch auf Bundesebene möglich.[2] Auch hier werden Ja/Nein-Fragen formuliert bzw. zwei alternative Lösungsvorschläge eines Gesetzes zur Abstimmung gestellt. Da der Ausgang von Volksbefragungen für den Gesetzgeber nicht bindend ist, sind sie eher staatliche Demoskopie denn partizipative Verfahren.

Volksbegehren bzw. *Volksinitiativen* können nun Instrumente der direkten Partizipation „von unten" sein, denn BürgerInnen können politische Themen, die sie für vernachlässigt halten, auf die politische Agenda des Gesetzgebers setzen.[3] Mit 100.000 Unterzeichnungen ist ein Volksbegehren „erfolgreich", d. h. das Parlament ist verpflichtet, sich in einer Debatte mit dem Inhalt des Begehrens auseinander zu setzen. Es muss allerdings keine Gesetzesänderung in die Wege leiten. Nur die drei ersten Volksbegehren der sechziger Jahre waren nicht bloß „formal", sondern auch „inhaltlich" erfolgreich: Der Gesetzgeber entschied hier im Sinne der direktdemokratischen Initiative (vgl. Pelinka 1999: 112). Alle anderen Volksbegehren endeten in einem parlamentarischen Ausschuss.

Mehr Demokratie wagen. Politisierung einer unpolitischen politischen Kultur in den siebziger und achtziger Jahren

Dass Volksabstimmungen und -befragungen in Österreich so selten sind, ist sicher ein Ausweis dafür, wie wenig die Akteure des repräsentativen Systems – Parteien, Fraktionen, Parlament und Sozialpartnerschaft – gewillt sind, ihre Entscheidungen

---

2 Bislang gab es allerdings noch keine Volksbefragung auf Bundesebene.

3 Der Gegenstand eines Volksbegehrens (einer Volksinitiative) muss eine durch Gesetz regelbare Angelegenheit sein.

in Frage stellen oder verändern zu lassen. Die fakultative Volksabstimmung beispielsweise braucht zu ihrer Einleitung die Mehrheit des Nationalrats, der sich dadurch in seiner legislativen Funktion gleichsam selbst „entmachten" würde (ebd.). Die einzige fakultative Volksabstimmung der Zweiten Republik über das AKW Zwentendorf war bei genauerer Betrachtung weniger Ausweis partizipatorischer Verfahren als dafür, dass direktdemokratische Instrumente in das Kalkül von Regierung und Opposition gezogen wurden. Volksabstimmungen kommen vornehmlich dann zur Anwendung, wenn sich die Organe der repräsentativen Demokratie – meist die Opposition, bei Zwentendorf allerdings die Regierung, die zum Ersatzwahlkampf blies – einen Machtgewinn davon erhoffen (ausführlich: Pelinka 1982: 29; Natter 1987: 154).

Dennoch kann die Zwentendorf-Abstimmung 1978 als Initialzündung für eine partizipatorische Mobilisierung in Österreich gesehen werden: Die Ökologiebewegung schaffte es, die Niederlage Bruno Kreiskys und die Absage an Atomkraft auf ihr Gewinnkonto zu verbuchen. In der Folge entstand – verglichen mit anderen westlichen Industrieländern zwar verspätet – eine reiche Kultur sozialer Bewegungen. Der Wunsch nach mehr Beteiligung schlug sich dann in den achtziger Jahren auch in einem deutlichen Anstieg der Volksbegehren nieder.[4] Am Beginn der achtziger Jahre war das Instrument des Volksbegehrens zumindest partiell zu einem leichter zugänglichen Instrument der BürgerInnen gemacht worden: Seit 1981 braucht es nicht mehr 200.000 Stimmen, damit ein Volksbegehren erfolgreich ist, sondern nur noch 100.000 (vgl. Pelinka/Rosenberger 2000: 69ff.).

Die Inanspruchnahme des Instruments des Volksbegehrens durch die Ökologiebewegung der siebziger Jahre und die Initiative gegen den Kraftwerksbau in Hainburg 1984 (vgl. Natter 1987: 155) waren begleitet von einer grundlegenden Kritik am Parteien- und Verbändestaat. Auch die neuen sozialen Bewegungen beriefen sich dabei auf die Stimme „des" Volkes und grenzten dieses von „denen da oben" ab (vgl. ebd.: 157). Direktdemokratie war im Kontext der sozialen Bewegungen mithin ein „Angriff" auf die ausschließenden Verfahren des Parteienstaats und des sozialpartnerschaftlichen Konsenses. Die sozialen Bewegungen als „Anti-System-Bewegungen" kamen zwar von „außerhalb" des politischen Systems, sie suchten aber einen Zugang für ihre Interessen und für ihr Personal zum Institutionengefüge. Mehr Direktdemokratie zielte mithin auf eine Öffnung etablierter Politikbereiche und auf deren Transformation, nicht aber auf deren Zerstörung oder Abschaffung. Volksbegehren im Kontext neuer sozialer Bewegungen konnten durchaus ein Instrument in den Händen von BürgerInnen werden, um verfasste Politik zu kontrollieren und zum Umdenken zu bewegen, sie bildeten ein Korrektiv zur repräsentativen Politikebene und zu den hermetischen Politikstrukturen der Sozialpartnerschaft. Das Zwentendorf-Volksbegehren ließ eine plurale und kontroverse Öffentlichkeit um die Atomkraftfrage entstehen und etablierte Foren der politischen Information und Sozialisation von BürgerInnen. Den neuen sozialen

---

4 Während es in den sechziger Jahren drei und in den Siebzigern ein Volksbegehren gab, stieg die Zahl in den achtziger Jahren auf zehn an.

Bewegungen ist es partiell gelungen, das parteipolitische Deutungsmonopol zu durchbrechen. Durch die Mobilisierung qua Direktdemokratie schuf sich die Ökologiebewegung einen Zugang zum kartellisierten Politikprozess (z. B. die Parteigründung der Grünen).[5]

Allerdings erwies es sich als ein Mythos, dass direktdemokratische Formen die Hegemonie des Parteienstaats bzw. des Korporatismus brechen. Die Mehrzahl der Volksbegehren der achtziger Jahre ging von ParteipolitikerInnen der parlamentarischen Opposition mit dem Ziel aus, die Entscheidungskompetenz der Regierung zu beschneiden. Das Volksbegehren, das eigentlich eine Form der Politisierung von unten sein könnte, entwickelte sich in diesen Jahren vornehmlich zum Instrument „von oben“:[6] nämlich der parlamentarischen Opposition bzw. der politischen Opposition zwischen föderaler und Bundesebene. „Oppositionsmotiv“ war es, die Oppositionsmacht in eine „plebiszitär artikulierte Vetomacht zu verwandeln“ (Pelinka 1982: 30). Direktdemokratische Verfahren sind dann keine inklusiven oder gegenhegemonialen Verfahren, sondern sie privilegieren politisch ressourcenstarke Gruppen und wirken deshalb tendenziell strukturkonservativ.

Mehr Diktatur wagen? Neoliberale Deregulierung und populistische Politisierung in den neunziger Jahren

Direktdemokratische Instrumente wie das Volksbegehren finden in den Neunzigern laut Umfragen große Zustimmung, selbst wenn die Beteiligung gering ist (vgl. Pelinka/Rosenberger 2000: 69). Die zehn Volksbegehren der neunziger Jahre zeigen, wie stark das Instrument während der Großen Koalition zum „Oppositionsinstrument“ geworden ist: Sieben Volksbegehren wurden von VertreterInnen oppositioneller Nationalratsparteien (Grüne und FPÖ) in die Wege geleitet. Erst mit einer Gesetzesänderung 1999 wurde das Instrument dem unmittelbaren Zugriff der parlamentarischen Vertreter und der Oppositionsdynamik entzogen. Seither kann ein bundesweites Volksbegehren nur von Einzelpersonen oder Personengruppen eingeleitet werden – mit einer Unterzeichnung von einem Promille der Gesamtbevölkerung, also etwa 8.100 Wahlberechtigten.

Das Bedürfnis der BürgerInnen nach mehr direkter Demokratie, aber auch die parteipolitische Nutzung solcher Instrumente sind Symptome einer „Krise der Repräsentation“ (Hall 1982: 105). Die Forderung von mehr Direktdemokratie wird in den Neunzigern zum Element eines neuen Politikstils, der auf den Trümmern traditioneller Politikformen entsteht. Die so genannte „lifestyle politics“ (Bennett 1998) politisiert insbesondere Probleme wie Arbeitslosigkeit, Konsum, Nahrung, die den Alltag der BürgerInnen zunehmend problematisch werden lassen. Diese

---

5 Auch Gleichstellungspolitik und Frauenquoten sind Erfolge einer solchen transformatorischen Strategie sozialer Bewegungen.

6 Bis 1999 konnte ein Volksbegehren von Nationalratsabgeordneten (mindestens acht) bzw. Landtagsabgeordneten (zwei mal vier) eingeleitet werden. Drei der zehn Volksbegehren in den achtziger Jahren wurden direkt von Angehörigen des repräsentativen Systems in die Wege geleitet.

„neue“ Politik ließ auf der einen Seite Politikkampagnen zum Instrument von NGOs von Greenpeace bis zu ATTAC werden. Auf der anderen Seite gestaltet neoliberale Deregulierung nicht nur den Alltag „unregulierter“ und unsicherer, sondern auch der politische Raum muss neu reguliert, Demokratie muss neu organisiert werden. Der Kampf um Repräsentation ist unter neoliberalen Vorzeichen neu ausgebrochen.

Seit den achtziger Jahren können Parteien und traditionelle Politik immer weniger auf „soziokulturelle Bestände“, auf traditionelle Milieus zurückgreifen, die ihre Stammwählerschaft ausmachen. Anhänger- bzw. Wählerschaft muss je aktuell immer wieder neu geschaffen werden. Kampagnen sind auch eine Form der Mobilisierung dieser politischen Anhängerschaft durch ein „öffentliches Meinungsklima“ (Greven 1995: 41). Wegen ihrer Kampagnenfähigkeit eignen sich direktdemokratische Verfahren besonders gut für diesen neuen Politikstil. Dies wird unter den Bedingungen der Mediendemokratie verschärft: Macht hat, wer über Fernsehmacht verfügt (vgl. ebd.: 50). Und Kampagnenpolitik ist allemal medienwirksamer als eine Parlamentssitzung. Seit Mitte der neunziger Jahre wird diese Veränderung der politischen Strukturen von einem Rückgang der Demokratiezufriedenheit und dem Institutionenvertrauen vor allem bei den Angehörigen der unteren Bildungsschicht begleitet, die sich vom ökonomischen und gesellschaftlichen Wandel bedroht fühlen (vgl. Ulram 2000: 104, 125ff.).

Der Rechtspopulismus nutzt die „desorganisierte Unzufriedenheit“ (Hall 1982: 111) der so genannten Modernisierungsverlierer und politisiert diesen „confidential gap“ (Ulram 2000: 127) mit dem Versprechen auf mehr Demokratie. Auffallend ist dabei die Nutzung des Instruments Volksbegehren durch die FPÖ, die zwischen 1987 und 1997 sechs der zwölf Volksbegehren initiierte. Auch als Regierungspartei ist sie weiterhin an solchen Initiativen beteiligt. Über die Grenzen Österreichs hinaus erfuhr das Volksbegehren „Veto gegen Temelin“[7], das von FPÖ-Funktionären im Januar 2002 gestartet wurde, Aufmerksamkeit. Am Beispiel des „Temelin“-Volksbegehrens lassen sich zentrale Elemente populistischer Politisierungsmuster deutlich machen. Die Nutzung des direktdemokratischen Instruments Volksbegehren enthält das Versprechen, die Bedürfnisse und vor allem Ängste der BürgerInnen direkt wahrzunehmen und umzusetzen (vgl. Haider 1999). Die FPÖ konstruiert Direktdemokratie als Gegenpol zum repräsentativen System, dem sie aber als Regierungspartei selbst angehört. Nicht zuletzt deshalb gewann sie das Massenblatt „Kronen Zeitung“, das sich selbst als „Stimme des Volkes“ versteht, als aktiven Mobilisator für das Volksbegehren und die „neue“ Demokratiekonzeption. Die Anrufung von mehr bzw. „wirklicher Demokratie“ durch Direktdemokratie ist eine „populistische Kampagne“. Direkte Demokratie heißt also nicht automatisch, dass „das Volk“ seinen Willen bekundet. Vielmehr erlaubt Direktdemokratie dem

7 Das Volksbegehren lautete: „Durch Bundesverfassungsgesetz ist folgendes sicherzustellen: Die bundesverfassungsmäßig zuständigen Organe werden ermächtigt, den Staatsvertrag über den Beitritt Tschechiens zur Europäischen Union abzuschließen, sobald eine völkerrechtlich bindende Erklärung der Republik Tschechien vorliegt, das AKW Temelin auf Dauer stillzulegen, und diese Stilllegung auch tatsächlich erfolgt ist.“

Rechtspopulismus, im Namen „des Volkes" zu sprechen und Direktdemokratie als direkten und unmittelbaren Ausdruck des „Volkswillens" zu deuten.

Eine der zentralen Strategien rechtspopulistischer Neuformatierung des Demokratieterrains ist die Politisierung des Volksbegriffs im Kontext von Direktdemokratie. „Das Volk" wird zur *Metapher* gegen „die da oben", gegen das Politikestablishment, seien es die Parteien, die Gewerkschaften oder die Organisationen der Sozialpartnerschaft. Der „Machtblock" (vgl. Laclau 1980: 34) wird in diesem Diskurs als das vom Volk losgelöste politische System phantasiert und präsentiert. Die FPÖ aber ist auf der anderen Seite der Barrikade „mit" dem Volk (vgl. Haider 1999). Die „Eroberung" von Demokratie wird mit dem Angriff auf bzw. mit der Auflösung des Korporatismus und der Sozialpartnerschaft verbunden. Im Unterschied zur Kritik der neuen sozialen Bewegungen zielt diese Strategie politischer Deregulierung auf *Zerstörung* traditioneller Konfliktaustragungsmuster des österreichischen politischen Systems und nicht auf deren Kontrolle, Öffnung und Demokratisierung. Der Effekt ist eine Entpolitisierung der BürgerInnen, weil soziale Konflikte nicht angegangen, sondern Institutionen der Konfliktaustragung ausgehöhlt werden.

Darüber hinaus wird das „Volk" als ein homogenes Gebilde verstanden, als ein Zielpunkt gewissermaßen, der gegen „das Fremde" abgegrenzt bzw. vor ihm geschützt werden muss. „Volk" wird nicht mehr mit Vorstellungen von Auseinandersetzung, Konflikt und Pluralität verbunden (vgl. Rosenberger 2001: 105ff.). Das Andere, das Fremde, das Nicht-Österreichische – mal als EU, mal als MigrantInnen oder mal als die tschechische Republik – wird dann zur Ursache der neuen Unsicherheit erklärt. Den neoliberalen Verunsicherungsstrategien wird mit der Mobilisierung und Politisierung von neuen Ausschließungsmustern begegnet: Das Temelin-Volksbegehren war ein solches „Ausgrenzungsbegehren" gegenüber Tschechien.

Mit der Nutzung des Instruments Volksbegehren ist zudem eine Politisierung und Mobilisierung im Sinne neoliberaler Politikinhalte verknüpft, die einen direkteren Zugriff auf den menschlichen Alltag ermöglichen soll, ohne dass dieser Alltag freilich Verbesserung erfährt. Sozialstaatliche Deregulierung unter dem Vorzeichen von Effizienz und Eigenverantwortung impliziert einen Zwang zur „Selbstregierung" der BürgerInnen (vgl. Legnaro 2000), allerdings ohne die notwendigen Ressourcen: Bildung, Zeit und Geld werden als Voraussetzungen von Bürgerschaftlichkeit (citizenship) in immer geringerem Ausmaß vom Staat garantiert, sondern zunehmend dem Individuum angelastet, also im schlechten Sinne individualisiert. Staatliche Regulierung als Herstellung von Inklusion und Gleichheit droht, beseitigt zu werden. Diese Art der Selbstregierung bzw. des Selbstmanagements fördert keine emanzipatorischen Impulse und ist keine Voraussetzung dafür, dass BürgerInnen ihre demokratischen Potenziale im politischen Gemeinwesen entfalten können – und wenn sie noch so oft direkt abstimmen. Staatliche Deregulierung, soziale Verunsicherung und Vernachlässigung des Alltags der BürgerInnen sowie der Zwang zur „Selbstregierung" der Menschen ohne intermediäre

Strukturen wie Verbände und Gewerkschaften sind Teile eines neuen Politikstils, in dem Direktdemokratie Gefahr läuft, autoritären Politikstrukturen in die Hände zu arbeiten, also „mehr Diktatur zu wagen".

Der autoritäre Populismus ist eine neue Form der Politisierung von Anti-Staatlichkeit und des Schürens von Ressentiments gegen etablierte Politikstrukturen, aber kein Angebot zur Partizipation. Statt Mitspracherechte der BürgerInnen und statt einer pluralen Öffentlichkeit entstehen „politisierte Nicht-Bürger" (Greven 1999: 205). Das Volk soll also nicht „Herrschaft ausüben", sondern es wird nach herrschaftlichen Mustern geformt, auf neoliberale Politikinhalte eingestimmt und durch direktdemokratische Instrumente pseudo-politisiert. Der direktdemokratische Diskurs, wie er von den neuen sozialen Bewegungen geführt wurde und wird, wird autoritär umgearbeitet und umgedeutet.

Demokratie kann es aber nicht um die „Authentizität" des Volkes gehen. Direktdemokratie kann nur dann ein „Mehr an Demokratie" bringen, wenn „Repräsentation", das Sprechen für eine Gruppe, in ihrer Herrschaftlichkeit kritisiert wird und wenn mehr Differenz bzw. Pluralität und weniger „Sprechen für" möglich ist. Die „partizipatorische Demokratie" ist so etwas wie ein „unrealisiertes Projekt"[8]. Sie bedarf zur Realisierung sozialer Voraussetzungen, also die aktive Ermöglichung von demokratischem Handeln. Die Institutionen und Organisationen der repräsentativen Demokratie sind aufgefordert, die „davongelaufenen Bedürfnisse" der BürgerInnen in diesem Sinne wieder einzufangen. Dazu bedarf es der aktiven Zusammenarbeit mit Akteuren der Zivilgesellschaft. Auch der Gefahr einer populistischen Instrumentalisierung von Direktdemokratie kann nur dann begegnet werden, wenn direktdemokratische Instrumente zu solchen der Zivilgesellschaft gemacht werden.

Literatur

Almond, Gabriel A./Verba, Sidney 1965: *The Civic Culture. Political Attitudes and Democracy in Five Nations*, 2. Auflage, Boston: Little, Brown & Compagny

Bennett, Lance 1998: The UnCivic Culture: Communication, Identity, and the Rise of Lifestyle Politics, in: *PS. Political Science and Politics* 4, S. 741-761

Bourdieu, Pierre 1985: *Sozialer Raum und „Klasse". Leçon sur la Leçon. Zwei Vorlesungen*, Frankfurt a. M.: Suhrkamp

Decker, Frank 2000: *Parteien unter Druck. Der neue Rechtspopulismus in den westlichen Demokratien*, Opladen: Westdeutscher Verlag

Fraenkel, Ernst 1991: Die repräsentative und plebiszitäre Komponente im demokratischen Verfassungsstaat, in: ders.: *Deutschland und die westlichen Demokratien*, erweiterte Ausgabe, Frankfurt a. M.: Suhrkamp, S. 153-203

Greven, Michael Th. 1995: Kampagnenpolitik, in: *Vorgänge* 4, S. 40-54

Greven, Michael Th. 1999: *Die politische Gesellschaft. Kontingenz und Dezision als Probleme des Regierens und der Demokratie*, Opladen: Leske + Budrich

Haider, Jörg 1999: Zur Lage der Republik und zur Situation der FPÖ, in: *www.fpoe.ltklub-ooeat*, (download November 2001)

Hall, Stuart 1982: Popular-demokratischer oder autoritärer Populismus, in: *Argument*, Sonderband 78, S. 104-124

8 So lautet das Motto der 11. Dokumenta in Kassel, 2002.

Haslinger, Josef 1995: *Politik der Gefühle. Ein Essay über Österreich*, überarbeitete Neuausgabe, Frankfurt a. M.: Fischer

Jenson, Jane 1989: Paradigms and Political Discourse: Protective Legislation in France and the United States Before 1919, in: *Canadian Journal of Political Science* 2, S. 235-258

Jung, Otmar 1994: *Grundgesetz und Volksentscheid. Gründe und Reichweite der Entscheidungen des Parlamentarischen Rats gegen Formen direkter Demokratie*, Opladen: Westdeutscher Verlag

Laclau, Ernesto 1980: Zu einer Theorie des Populismus, in: *Das Argument* 109, S. 34-38

Legnaro, Aldo 2000: Subjektivität im Zeitalter ihrer simulativen Reproduzierbarkeit: das Beispiel des Disney-Kontinents, in: Bröckling, Ulrich/Krasmann, Susanne/Lemke, Thomas (Hg.): *Gouvernementalität der Gegenwart. Studien zur Ökonomisierung des Sozialen*, Frankfurt a. M.: Suhrkamp, S. 286-314

Luthardt, Wolfgang 1997: Probleme und Perspektiven direkter Demokratie in Deutschland, in: *Aus Politik und Zeitgeschichte*, B 14, S. 13-22

Maus, Ingeborg 1995: Zur Transformation des Volkssouveränitätsprinzips in der Weimarer Republik, in: Nahamowitz, Peter/Breuer, Stefan (Hg.): *Politik, Verfassung, Gesellschaft*, Baden-Baden: Nomos, S. 107-123

Natter, Bernhard 1987: Die „Bürger" versus die „Mächtigen". Populistischer Protest an den Beispielen Zwentendorf und Hainburg, in: Pelinka, Anton (Hg.): *Populismus in Österreich*, Wien: Junius, S. 151-170

Pelinka, Anton 1982: Das Gespenst des Populismus, in: *Zukunft*, September, S. 29-31

Pelinka, Anton 1999: Direkte Demokratie – mehr als Illusion, aber kein Rezept, in: *SWS-Rundschau* 2, S. 109-119

Pelinka, Anton/Rosenberger, Sieglinde 2000: *Österreichische Politik. Grundlagen – Strukturen – Trends*, Wien: Wiener Universitätsverlag

Rosenberger, Sieglinde 2001: Demokratie und/versus Populismus, in: Markovits, Andrei S./Rosenberger, Sieglinde (Hg.): *Demokratie. Modus und Telos. Beiträge für Anton Pelinka*, Wien: Böhlau, S. 101-116

Roth, Roland 1997: Kapitalismus und Demokratie. Demokratietheoretische Fragen und Perspektiven nach dem Ende des „realexistierenden Sozialismus", in: Schneider-Wilkes, Rainer (Hg.): *Demokratie in Gefahr? Zum Zustand der deutschen Republik*, Münster: Westfälisches Dampfboot, S. 35-53

Sauer, Birgit 2002: Demokratie und Geschlecht. Institutionelle Verhältnisse und Verhinderungen, in: Meyer, Thomas/Weil, Reinhard (Hg.): *Die Bürgergesellschaft. Perspektiven der Bürgerbeteiligung und Bürgerkommunikation*, Bonn: Dietz, S. 116-138

Schieren, Stefan 1996: Plebiszitäre Elemente in der parlamentarischen Demokratie. Einige theoretische Überlegungen zu den Verfahrensproblemen, in: *Staatswissenschaften und Staatspraxis* 7, S. 63-86

Schröder, Gerhard 2002: Die zivile Bürgergesellschaft. Anregungen zu einer Neubestimmung der Aufgaben von Staat und Gesellschaft, in: Meyer, Thomas/Weil, Reinhard (Hg.): *Die Bürgergesellschaft. Perspektiven der Bürgerbeteiligung und Bürgerkommunikation*, Bonn: Dietz, S. 185-194

Ulram, Peter A. 2000: Civic Democracy. Politische Beteiligung und politische Unterstützung, in: Pelinka, Anton et al. (Hg.): *Die Zukunft der österreichischen Demokratie*, Wien: Manz, S. 103-140

Wassermann, Rudolf 1986: *Die Zuschauerdemokratie*, Düsseldorf: Econon Verlag

„Frauen arbeiten mehr und reden weniger darüber ...“ Weibliche Nationalratsabgeordnete und die Medien in Österreich[1]

Wolfgang R. Langenbucher/Gabriele Kypta

Den Traditionen des Faches Publizistik folgend, begann die frauen- bzw. genderorientierte Forschung in den siebziger Jahren mit dem Gegenstand „Journalistin“. Ausgangspunkt war die Tatsache, dass sich sowohl in der wissenschaftlichen Diskussion wie in der Praktikerliteratur seit Jahrzehnten hartnäckig die Überzeugung verbreitete und hielt, der Journalismus sei ein Männerberuf. Und in der Tat war damals die Zahl der Journalistinnen notorisch klein. Das hat sich inzwischen tendenziell geändert. Später kamen Forschungen zum Beruf Public Relations hinzu – interessanterweise mit einem anderen Vorzeichen: Hier ging es eher um die Frage, welche Charakteristika in einem Berufsfeld entstehen, das durch eine Feminisierung bestimmt wird. Selten sind Studien geblieben, die über diesen fachlichen Tellerrand hinausreichen und zum Beispiel diese Perspektive auf die (eigentliche) Kommunikatorforschung anwenden. Wenn man diesen Begriff nicht einfach allgemein als Bezeichnung eines Forschungsfeldes verwendet, sondern ihm einen präzisen Sinn gibt, dann sind ja nicht zuletzt Politiker als Kommunikatoren und Politikerinnen als Kommunikatorinnen von theoretischem wie wissenschaftlichem Interesse.

Politikerinnen befinden sich in einer vielfältig problematischen Lage. Sie treten in Machtbereiche der Männer ein, sie haben ähnliche Arbeitsplatzschwierigkeiten wie die Journalistinnen und wie alle Frauen, die die traditionell ihnen zugewiesenen Bereiche verlassen, und es ist schwer für sie, von den Massenmedien wahrgenommen zu werden. Dieser Eindruck, dass Parlamentarierinnen kaum mediales Echo finden, bezieht sich hier zwar auf die Situation in Österreich, dürfte aber auch in anderen europäischen Ländern zu gewinnen sein.

Wenn Frauen – so lauteten einige Ausgangsthesen der Studie – überhaupt in den Medien dargestellt werden, geschieht das meist durch stereotype Geschlechtsrollendarstellungen. Frauen, insbesondere Politikerinnen, werden nicht über ihre inhaltlichen Positionen dargestellt. Mit qualitativen Interviews sollte versucht werden, die Hintergründe, die zur medialen Nicht-Präsenz von weiblichen Nationalratsabgeordneten führen, aufzudecken. Von einem Nicht-Vorhanden-Sein der Frauen in der Medienberichterstattung kann zwar heute nicht mehr gesprochen werden, andererseits ist nicht wegzudiskutieren, dass Frauen, außer im Fiction-Bereich als Handlungsträgerinnen, im Non-Fiction-Bereich eher nur als Betroffene

1 Der Aufsatz beruht auf einer Studie, die von Gabriele Kypta 1999 als publizistik- und kommunikationswissenschaftliche Diplomarbeit an der Universität Wien unter dem Titel vorgelegt wurde: Politikerinnen und die österreichischen Medien. Einstellungen weiblicher Abgeordneter zum Nationalrat zu ihrer medialen Präsentation.

oder Moderatorinnen präsent sind. Auffallend ist das anhaltende Fehlen von Frauen als Politikerinnen, Expertinnen und Funktionsträgerinnen.

Politikerinnen, Journalistinnen und politische Öffentlichkeit

Warum berichten Journalistinnen nicht über Politikerinnen? Warum haben Politikerinnen nicht bessere Pressekontakte, wenigstens zu den weiblichen Medienleuten? Politik und das Vermitteln politischer Inhalte leben von der medialen Darstellung. Es ist daher für PolitikerInnen besonders wichtig, die öffentliche Meinung für sich zu gewinnen. Die Barrieren im Zugang zur „Öffentlichkeit“ sind hoch, aber essenziell für den politischen Erfolg. Haben Politikerinnen hier mehr Schwierigkeiten im Zugang zu diesem Machtinstrument als ihre männlichen Kollegen?

Elisabeth Klaus hält Öffentlichkeit für einen „sperrigen“ und, auf das Geschlechterverhältnis bezogen, problematischen Begriff. Dennoch definiert sie „Öffentlichkeit“ als jenen gesellschaftlichen Kommunikationsprozess, in dem durch die Thematisierung, Verallgemeinerung und Bewertung von Erfahrungen gesellschaftliche Wirklichkeitskonstruktionen entworfen und verhandelt werden (vgl. Klaus 1994: 99). Sie kritisiert die Trennung des Privaten und Öffentlichen, mit all seinen geschlechtsbezogenen Zuweisungen. Sie sieht das „Gegeneinander der Bereichslogiken“ als für Frauen unlebbar. Die de jure existierenden staatsbürgerlichen Rechte auch bezüglich der Mitgestaltungsmöglichkeiten von Frauen sind in der „Diskurssphäre des Staatsbürgers“ faktisch nicht vorhanden (Klaus 1998: 97). Frauenöffentlichkeiten umfassen all jene Kommunikationsforen und -formen, in denen sich Frauen untereinander und ohne Anwesenheit von Männern am gesellschaftlichen Kommunikationsprozess beteiligen und in denen ihre Erfahrungen eigenständige Relevanz erhalten. Sie konstituieren sich spontan auf der Basis gemeinsamer Erfahrungen und zeichnen sich durch direkte Kommunikation und eine mündliche Erzählweise aus. Sie sind Verständigungsprozesse, die ausgehend vom konkreten Lebensort der Frauen deren soziale Umgebung konstruieren.

Das Informationsgeschäft ist von ökonomischen Faktoren bestimmt. Obwohl es durch die Liberalisierung der Gesetzeslage nun eine größere Anzahl an Medien und damit an dort beschäftigten Frauen gibt, hat sich für sie eigentlich kaum etwas geändert. Frauen werden auch heute noch häufig eingestellt, um ein spezielles Frauenpublikum anzusprechen. So kann auch nicht ohne weiteres erwartet werden, dass die Journalistinnen „automatisch“ häufiger und intensiver über Politikerinnen berichten können oder wollen. Wenig ist darüber bekannt, wie sich diese personellen Gegebenheiten auf die innerredaktionelle Situation und Kommunikation auswirken. Hier aber werden die wichtigen täglichen Entscheidungen für das jeweilige Redaktionsprogramm getroffen. Zu vermuten ist, dass in Redaktionssitzungen eine kommunikative Kultur unter Männern dominiert, die sich als Konkurrenzkampf äußert.

Für politische Parteien sind Public Relations, und hier vor allem Medienarbeit, ein Schlüsselelement, um ihre Ziele in der politischen Öffentlichkeit durchzusetzen. Sind also die Öffentlichkeitsarbeiter daran schuld, dass Frauen keine Medienpräsenz haben? Betrachtet man die geringe Zahl an Frauen in den österreichischen Parteivorständen, denen die PR-Verantwortlichen unterstellt sind, so ist vorstellbar, warum PR für Politikerinnen de facto nicht vorkommt. Nach eigenen Recherchen sind gegenwärtig 40 Frauen und 93 Männer in den Vorständen österreichischer Parlamentsparteien. Kaum verwunderlich, dass von den befragten Politikerinnen immer wieder beklagt wird, dass die Pressebetreuung besser sein könnte und dass immer wieder Männer bevorzugt würden.

Vielfach bestätigt ist, dass durch Verzicht auf journalistische Recherche und die damit verbundene Selbstbeschränkung der journalistischen Leistungen viele Themen vergessen werden. Nicht nur die Public Relations orientieren sich an journalistischen Anforderungen, sondern auch umgekehrt nutzen die JournalistInnen die Leistungen der Öffentlichkeitsarbeit. Das hat zur Folge, dass systematisch Themen aus dem Medienalltag ausgegrenzt werden (vgl. Dorer 1995: 18ff.). Zur Ehrenrettung der JournalistInnen aber darf man wohl festhalten, dass jene Bereiche, die die Öffentlichkeitsarbeiter lieber verschweigen wollen, doch immer durch Recherchen der JournalistInnen aufgedeckt werden.

Die Einführung eines gleichen Wahlrechts für Frauen und Männer hat bis heute in keiner der westlichen Demokratien eine gleichrangige Einbeziehung von Frauen in das öffentliche und politische Leben bewirkt. Obwohl rechtlich niemandem verwehrt werden kann, politische Karriereziele zu verfolgen, sind die politischen Rekrutierungsmuster geschlechtsspezifisch selektiv. Politikerinnen empfinden z. B. das Redeverhalten von Männern als „Pfauenradschlagen“ und kritisieren, dass „sie zuviel heiße Luft“ reden. Da Frauen ihre fachliche Kompetenz üblicherweise viel wichtiger ist als Männern, neigen Parlamentarierinnen häufiger als ihre männlichen Kollegen dazu, die getroffenen Problemlösungen als unzulänglich zu empfinden. Frauen achten mehr auf die Komplexität der Probleme. Auch begünstigen die heute typischen Strukturen und Qualitäten politischer Kommunikation vor allem im Fernsehen die Frauen eher nicht. Es dominiert eine fragwürdige Darstellungskunst. Politische Kommunikation im Fernsehen prämiert das faszinierende Bild, die Aktualität, die extreme Kürze von Beiträgen, den Verzicht auf Nuancen und den Unterhaltungswert einer Sendung. So verhindert die Willensbildung im Parlament und die spezielle Art politischer Kommunikation auf systematische Weise, dass politische Kompetenz honoriert wird (vgl. Landfried 1994: 211ff.).

Diskriminierend ist auch, dass Politikerinnen in den Medien am häufigsten in Hinblick auf ihr äußeres Erscheinungsbild und den Kontext ihrer privaten Lebensentscheidungen wahrgenommen werden.

„Kontakte, Kontakte, Kontakte ...“

Der folgenden Darstellung liegen 23 qualitative, teilstrukturierte, im Durchschnitt halbstündige Interviews von September bis Dezember 1998 zu Grunde. Es wurden 15 weibliche, aktive Abgeordnete zum Nationalrat befragt, sechs Journalistinnen mit dem Arbeitsschwerpunkt Politik und zwei Public Relations-Berater, die auf politische Kommunikationsberatung spezialisiert sind. Die Abgeordneten wurden zu ihrer Medienpräsenz, ihren Pressekontakten, ihrer Medienausbildung und zu ihrer Einstellung gegenüber der Qualität der österreichischen Medienlandschaft befragt. Die Journalistinnen und PR-Berater wurden mit den sie betreffenden Fragen und Standpunkten der Abgeordneten konfrontiert.

Mediale Präsenz

Politikerinnen erfahren nicht dieselbe mediale Präsenz in den Massenmedien wie ihre männlichen Kollegen. 14 der befragten weiblichen Abgeordneten gaben an, dies hänge damit zusammen, dass Frauen keine Spitzenpositionen in der Politik hätten, oft nicht einmal Sprecherinnen seien. Die Politikerinnen meinten, es liege an der mangelnden Anerkennung der Arbeit von Frauen, am eigenen zu geringen Selbstvertrauen und generell an der geringeren Zahl von Frauen in der Politik. Eine Abgeordnete gab an, es liege an der Machtverteilung in den Medien. Wenn Männer bestimmten, welche Beiträge gedruckt werden, dann hätten Frauen eben weniger Chancen, dass ihre Leistungen medialen Widerhall fänden.

Neben der Meinung, es fehlten den Frauen hauptsächlich die Spitzenfunktionen, stellten die Abgeordneten fest, dass es auch an ihrer eigenen Darstellungskraft und an Parteistrukturen liege. Die Abgeordneten der Oppositionsparteien (Grüne, LIF, FPÖ) räumten zwar ein, dass sie stets nach weiblichen Politikerinnen Ausschau hielten, es aber nicht so leicht sei, Frauen für ein aktives Engagement zu gewinnen. Bei den Regierungsparteien (SPÖ, ÖVP), so die Oppositionspolitikerinnen, seien dies ohnehin Lippenbekenntnisse. Weiters sei der gesamtgesellschaftliche Konflikt um die Gleichstellung von Frauen und Männern auch für sie als Politikerinnen zu spüren.

Die Journalistinnen stimmten der Kritik der Politikerinnen überwiegend zu. Ferner liege es an den fehlenden Spitzenpositionen, ebenso an den Themen, die die Frauen bearbeiten. Wobei den Journalistinnen bekannt ist, dass die Frauen oft nicht selbst über ihre Themen entscheiden können. Die befragten Journalistinnen bestätigen auch, dass die Politikerinnen zu wenig selbstbewusst auftreten. Die beiden befragten PR-Berater waren der Meinung, dass es eher an der Qualität der Beiträge, der unattraktiveren Themen- und Selbstdarstellung liege. Die Politikerinnen sollten ihre Rhetorik verbessern, ruhig das eine oder andere „typisch männliche“ Verhalten anwenden, und ihre Redebeiträge sollten sie abwechslungsreicher und interessanter gestalten.

Der Eindruck der Politikerinnen, dass sie von einer männlich dominierten Presse vernachlässigt werden, da auch hier Geschlechtsstereotype gängig seien, wird von den Journalistinnen bestätigt. Sie ergänzten, die männlich besetzten Chefredaktionen wirkten sich auf die Themenwahl und damit auch auf die geringe mediale Frauenpräsenz aus.

Eine Abgeordnete erwähnte einen Aspekt, der selten direkt angesprochen wurde: die so genannte „Freunderlwirtschaft" zwischen PolitikerInnen und JournalistInnen und dass Frauen leichter in den Medien Präsenz finden, wenn sie bereit seien, JournalistInnen „etwas zuzuspielen", persönliche Geschichten, Interna, Tratsch über andere Abgeordnete. Bei abgeschaltetem Band wurde darüber geklagt, dass eine gewisse zwischengeschlechtliche „private Annäherungsbereitschaft" der Medienpräsenz förderlich sei.

Die Politikerinnen kritisierten, dass es für Frauen einen vielfach höheren Arbeitseinsatz gegenüber dem der Männer bedürfe, um in den Medien Gehör zu finden. Dem hielten die Journalistinnen entgegen, dass die Politikerinnen keine attraktiven Themen besetzten und ihre Rhetorik häufig nicht ausreichend sei. Sowohl eine Politikerin als auch zwei Journalistinnen führten ein weiteres Argument an. Politikerinnen blieben von männlichen Redakteuren oft unbeachtet, weil sie als „Emanzen" negativ gesehen werden, bzw. weil die Männer sich davor fürchteten, ihr Weltbild verändern zu müssen, würden sie Frauen als nicht respektable Politikerinnen anerkennen. Deswegen reagierten diese Redakteure mit verächtlichen Kommentaren und zögen Frauen ins Lächerliche. Ein letztes, aber nicht weniger konfliktreiches Thema zwischen Politikerinnen und JournalistInnen ist die Art der Aufbereitung von Informationen. Die meisten Politikerinnen betonen, dass sie lieber ein Thema tiefgreifend, seriös und umfassend aufbereiten, die JournalistInnen aber nur Schlagworte und „Sager" hören wollten und nicht bereit seien, die erhaltenen Informationen rezipientInnengerecht aufzubereiten.

Da alle befragten Nationalratsabgeordneten stets erklärten, die Sachorientierung sei für sie wichtiger als das Zur-Schau-Stellen der eigenen Person, wurde gefragt, ob mediale Präsenz für sie überhaupt wichtig sei. Weiters wurden die Abgeordneten gebeten, persönliche Handlungsalternativen zu nennen, mit denen sie mehr mediale Präsenz erreichen könnten. Die Aspekte Durchsetzung politischer Anliegen, Druck durch die öffentliche Meinung sowie mehr „Gewicht" in den eigenen politischen Gremien wurden zwar von allen genannt, aber unterschiedlich bewertet.

Alle befragten Politikerinnen klagten darüber, dass man ohne Medien in diesem Beruf zwar politisch arbeiten, aber nicht politisch überleben könne. Die meisten Politikerinnen hielten mächtigere Positionen für die Lösung. Verstärkte Anstrengungen in der persönlichen Öffentlichkeitsarbeit hielten sechs Politikerinnen für förderlich. Weitere Politikerinnen waren der Meinung, die Medien hätten dies – scheinbar von den Politikerinnen unbeeinflussbar – allein in der Hand. Eine andere Abgeordnete schlug vor, dass sich die Frauen über die Parteigrenzen zusammenschließen sollten. Dann würden sie mehr mediale Präsenz erreichen. Dieser Ansatz wurde auch von einem der PR-Berater sehr vehement vertreten.

Politische Berichterstattung

Die Qualität der politischen Berichterstattung war einer der massivsten Kritikpunkte der Politikerinnen. Sie sei oberflächlich, subjektiv, zu wenig sachorientiert.

Eine Abgeordnete sah das Hauptproblem in der Medienkonzentration und im politischen Einfluss in den Medienbetrieben. Die Politikerinnen litten weiters an der Schwarz-Weiß-Malerei und dem Prinzip „bad news are good news". Eine andere zeigte sich betroffen vom verzerrten negativen Bild von Politikern, das nur in Einzelfällen stimme. Die Abgeordneten bezeichneten manche JournalistInnen als fachlich zu wenig eingearbeitet in diverse politische Materien. Daraus resultiere, so die Politikerinnen, der Konflikt hinsichtlich der Aufbereitung der Informationen. Die Politikerinnen bestanden darauf, dass es für die Bevölkerung wichtig und notwendig sei, umfassend informiert zu werden, und die Journalistinnen halten dagegen, dass früher mehr Raum für Detailinformation bestand, heute allerdings nur 17 Zeilen Platz oder 20 Sekunden Zeit für eine politische Meldung zur Verfügung stehen. Die Journalistinnen beklagten sich, dass es eine Frage der Zusammenfassung von wichtigen und relevanten Informationen sei, und erwarten dies von den Politikerinnen. Die von den weiblichen Abgeordneten hoch bewertete Sachorientierung dürfe nach Meinung der Journalistinnen nicht auf Kosten der gebotenen Kürze gehen.

Die persönliche Zufriedenheit mit den Medien war gegenüber dem vernichtenden generellen Urteil abgeschwächter. Die meisten weiblichen Nationalratsabgeordneten waren zwar auch mit der medialen Umsetzung ihrer politischen Anliegen unzufrieden, dennoch gab es Abgeordnete, die zumindest teilweise zufrieden waren. Allerdings hänge dies davon ab, wie sie ihre Botschaften formulierten. Die Medienleute bestätigten diese Ansichten der Politikerinnen. Zum Vorwurf der Oberflächlichkeit meinten die Journalistinnen, dass der Druck der Redaktionen und RezipientInnen mit daran schuld sei, dass Themen nur oberflächlich behandelt werden könnten. Die Interviewpartnerinnen waren sich ihres Anteils daran durchaus bewusst.

Die Sensationslust, Entsachlichung und Schnelllebigkeit, die keine Möglichkeit der tiefgreifenden Reflexion erlaubt, wurde von allen befragten Frauen als sehr belastend empfunden. Die befragten Journalistinnen gaben zu bedenken, dass diese Trends durch Boulevardblätter sowie kommerzielles Fernsehen und Radio verstärkt werden.

Männlicher Kommunikationsstil?

Die Sprache und das Kommunikationsverhalten von Politikern wurden von Politikerinnen als effizienter hinsichtlich der Medienpräsenz empfunden. Die weiblichen Nationalratsabgeordneten sahen im Kommunikationsstil ihrer männlichen Kollegen, z. B. Reden im Plenum, bei Interviews oder sonstigen öffentlichen Auftritten, große Unterschiede zum eigenen Verhalten. Fast alle der befragten Politikerinnen waren der Meinung, dass diese spezielle Art der Selbstdarstellung ein Mittel sei, um mediale Aufmerksamkeit zu erregen. Eine Abgeordnete allerdings vertrat die Ansicht, dass der Unterschied nicht so groß sei, dass allerdings geschlechtsstereotype Rollenzuweisungen vorgenommen würden und daraus ein Bild der Ungleichheit entstehe. Einer der PR-Berater schlug den Frauen sogar vor, sich an den Männern ein Beispiel zu nehmen.

Politikerinnen sehen Politiker als aggressiver, dominanter, eitler und selbstbewusster in der Kommunikation. Sie verwendeten aber auch mehr leere Phrasen. Sich selbst und ihre Geschlechtsgenossinnen beurteilten sie als ernsthafter, emotionaler und zurückhaltender. Alle Politikerinnen betonten, dass sie mit „emotionaler" auf gar keinen Fall die Unterstellung zuließen, Frauen seien unsachlicher. Ganz im Gegenteil wiesen sie darauf hin, dass Frauen trotz, oder gerade wegen ihres häufig gefühlsbetonten Zugangs zu politischen Materien viel tiefgreifender und sorgfältiger arbeiteten.

Die Politikerinnen empfinden das Verhalten ihrer Kollegen häufig als nicht zeitökonomisch. Sie argumentierten, Frauen hätten auch noch genug neben ihrer Mandatsausübung zu tun und könnten sich daher nicht mit Stammtisch-Sitzen aufhalten. Freilich gebe es „geheime Stammtischrunden", an denen auch Regierungsmitglieder teilnehmen, und dass dort würden in Wahrheit die Beschlüsse gefasst. Für Frauen sei das oft nicht mitzutragen. Weder diese Art der Entscheidungsfindung noch die Örtlichkeiten seien nach der Ansicht der Frauen geeignet, demokratische Politik zu machen.

Die Journalistinnen teilten auch hier die Auffassungen der Politikerinnen. Die PR-Berater meinten allerdings, keine Unterschiede festzustellen. Die Meinungen der Journalistinnen über Politikerinnen sind somit besser zu beurteilen, als die Politikerinnen dies annehmen. Sie werden von der Mehrzahl der Journalistinnen inhaltlich sehr viel kompetenter beurteilt als männliche Politiker. Die Journalistinnen geben häufig an, lieber mit Politikerinnen zu sprechen und betonen deren Sachorientierung und das – als angenehm empfundene – Fehlen der üblichen Selbstdarstellungsbedürfnisse.

Pressekontakte

Zur Frage nach dem Verhältnis zu JournalistInnen erklärten die Nationalrätinnen, sie hätten wenig Kontakt, doch er sei korrekt bis distanziert. Es kann festgehalten werden, dass jene Politikerinnen, die nach eigener Meinung extrem viel Pressearbeit betreiben, viele und häufige JournalistInnenkontakte haben und über PR-Unterstützung verfügen, auch der Meinung sind, dass sich ihre Arbeit lohne. Jene hingegen, die meinen, persönlich keine Zeit und/oder keine Unterstützung für PR-Arbeit zu haben, leiden auffallend unter dieser Situation. Alle bis auf eine Abgeordnete äußerten den Wunsch nach einem besseren Verhältnis zur Presse.

Es war festzustellen, dass einige Politikerinnen eine Art schicksalhaftes Abwarten bezüglich der Journalistenkontakte pflegen. Wenige werden aktiv, um mit Medien in Kontakt zu treten. Dies könnte mit der negativ bewerteten Eigenschaft der übertriebenen Selbstdarstellung zusammenhängen, die Politikerinnen ihren männlichen Kollegen vorwerfen. Ein weiterer Hinderungsgrund scheint zu sein, dass Frauen nicht in den Verdacht der „Kumpanei“ kommen wollen und daher lieber größere Distanz zu MedienvertreterInnen halten.

Die Kontakthäufigkeit zwischen Politikerinnen und JournalistInnen spiegelt dies wider: Die meisten Politikerinnen treffen selten oder kaum mit MedienvertreterInnen zusammen, drei Abgeordnete gaben „14-tägig“ an und je zwei Politikerinnen meinten, ihre Pressekontakte seien „ein Mal pro Monat“ bzw. „unterschiedlich, unregelmäßig“. Aus den zurückhaltenden Antworten zu diesen beiden Fragen und unter Berücksichtigung der Frage nach der Qualität der politischen Berichterstattung ist ersichtlich, dass das Verhältnis der Politikerinnen zu den Journalistinnen eher schwierig ist.

Da die Angaben der Politikerinnen vage waren, wurden die Fragen nach der Kontakthäufigkeit und nach der Qualität des Verhältnisses auch den Journalistinnen gestellt. Dies ist deswegen aussagekräftig, weil die Befragten ausschließlich innenpolitische Journalistinnen waren. Ihre Antworten waren positiver als jene der Politikerinnen. Es wurde offensichtlich, dass es sich zwischen Politikerinnen und Journalistinnen selten um echte Kommunikationsprobleme handelt. Vielmehr dürfte beiden Gruppen nicht bekannt sein, was die jeweils andere über sie denkt. Das Klima zwischen Politikerinnen und Medienvertreterinnen könnte möglicherweise wesentlich verbessert werden, wenn beide Berufsgruppenvertreterinnen sich bewusst wären, welche Störmechanismen in der wechselseitigen Kommunikation vorhanden sind. Im Zuge der Auswertung konnten folgende offensichtliche Missverständnisse festgestellt werden:

- *Inhaltliche Anerkennung*: Die Qualität der politischen Inhalte von Politikerinnen wird von den Journalistinnen als besser empfunden, als die Politikerinnen meinen.
- *Journalistinnenkontakte*: Die Politikerinnen hätten zwar gerne mehr Kontakt zu Journalistinnen, sie suchen aber solche Zusammenkünfte nicht aktiv.
- *Textlänge*: Die Politikerinnen sind der Meinung, sie müssten in Texten möglichst exakte Sachverhaltsdarstellungen liefern, um die mangelnde Quantität durch noch mehr Qualität auszugleichen.
- *Oberflächlichkeit*: Für Frauen beiderlei Berufe scheint das Schlagwort Oberflächlichkeit eine starke Bedeutung zu haben. Im Grunde haben beide Gruppen das gleiche Problem, nämlich die mangelnde Zeit für die Aufbereitung politischer Inhalte.

Eine letzte Fragestellung in diesem Themenkomplex war, ob die Journalistinnen als Frauen das Gefühl hätten, Politikerinnen besser zu verstehen oder besser über sie berichten zu können. Viele der Journalistinnen beurteilten Gespräche mit Politikerinnen als tiefgreifender, umfassender und befriedigender. Sie verwiesen aber auch auf die weibliche Problematik, dass es schwerer sei, sich distanziert zu verhalten, weil beide, Politikerinnen und Journalistinnen, so häufig in vergleichbaren Arbeitssituationen seien.

In den Gesprächen mit Politikerinnen und Journalistinnen war vor allem ein Punkt auffallend. Die Frauen versuchten, möglichst sachlich zu sein, intensiv zu arbeiten und als Einzelkämpferinnen zu bestehen. Die Seilschaften und Biertischrunden der männlichen Kollegen lehnen sie aus zeitökonomischen Gründen, aber auch deshalb ab, damit man ihnen keine „Freunderlwirtschaft“ nachsagen kann.

Resümee

Die Ausgangsfrage war, ob und warum es Politikerinnen nicht schaffen, in den Medien ebenso selbstverständlich präsent zu sein wie ihre männlichen Kollegen. Es sollte geklärt werden, wo die Probleme zwischen Politikerinnen und MedienvertreterInnen liegen und was nach Meinung der Politikerinnen geändert werden müsste, um mehr mediale Präsenz zu gewährleisten.

Eine zusammenfassende Interpretation des ausgebreiteten Materials ist nicht leicht. Weitgehend offen muss vor allem die Frage bleiben, was Resultat der Geschlechterdifferenzierung ist und was mit den typischen Strukturen der modernen Mediendemokratie zusammenhängt. Dass das derzeitige politische System den Frauen den Weg nach oben schwer macht, ist ein struktureller Sachverhalt. Wie es Politikern in vergleichbarer Position im Umgang mit den Medien geht, wäre erst noch zu untersuchen. Den Politikerinnen jedenfalls erscheinen die männlichen Verhaltensweisen unsachlich und zeitökonomisch nicht akzeptabel.

Die Schwierigkeiten, die die Nationalrätinnen in der Zusammenarbeit mit den Medien sehen, und auch jene der Journalistinnen mit den Politikerinnen sind ähnlicher, als beide Gruppen denken. Die Frauen beider Berufsgruppen leiden unter ähnlichen männerdominierten Strukturen. Der Gedanke liegt nahe: Für beide wäre es sinnvoll und nützlich, große bedeutende Netzwerke zu gründen, Netzwerke, in denen Frauen aus allen Berufen und Hierarchien vertreten sind. Denn genau das von den Frauen als so unsachlich empfundene Gruppendenken würde die Frauen unterstützen. Gegenseitige Hilfe und eine gewisse Zusammenarbeit muss nicht unbedingt in Freunderlwirtschaft abgleiten. Zusammenarbeit, über Parteigrenzen und Redaktionstüren hinaus, wäre eine gute Basis, gemeinsam etwas zu verändern.

Literatur

Dorer, Johanna 1995: Politische Öffentlichkeitsarbeit in Österreich. Eine empirische Untersuchung zur Public Relations politischer Institutionen, in: König, Ilse/Pelinka, Anton (Hg.): *Studienreihe Konfliktforschung* 8, Wien: Braumüller Verlag, S. 16-35

Klaus, Elisabeth 1994: *Geschlechterverhältnis und Politik. Gender Studies. Vom Unterschied der Geschlechter*, Frankfurt a. M.: Suhrkamp

Klaus, Elisabeth 1998: *Kommunikationswissenschaftliche Geschlechterforschung. Zur Bedeutung der Frauen in den Massenmedien und im Journalismus*, Opladen/Wiesbaden: Westdeutscher Verlag

Landfried, Christine 1994: Politik als Beruf heute, in: Leggewie, Claus (Hg.): *Wozu Politikwissenschaft? Über das Neue in der Politik*, Darmstadt: Wissenschaftliche Buchgesellschaft, S. 211-227

Neyer, Gerda 1991: Frauen in der Politik, in: Dachs, Herbert et al.: *Handbuch des politischen Systems Österreichs,* Wien: Manz, S. 296-308

Kirche und Staat
Plädoyer für eine verfassungsrechtliche Trennung

Hans-Joachim Mengel

Der Umgang mit der Problematik des Verhältnisses von Staat und Kirche hängt, wie die Diskussionen und Lösungen in den verschiedenen Ländern zeigen, in großem Maße von der jeweiligen politischen Kultur ab, die sich über lange Zeiträume entwickelt hat. In keiner vergleichbaren Demokratie gibt es eine derart enge institutionalisierte und politische Verzahnung von Kirche und Staat wie in der Bundesrepublik Deutschland. Selbst in von der Religion weitaus stärker geprägten Ländern wie Portugal oder Frankreich ist seit 1910 bzw. 1905 eine strikte Trennung vorgegeben (v. Campenhausen 1962). In den USA ist die verfassungsrechtliche Staatsferne der Religionsgemeinschaften nicht etwa Ausdruck einer Missachtung religiöser Werte, sondern im Gegenteil Garant für die Freiheit der Religionsausübung. Der Supreme Court weist ohne Nachsicht jede auch nur indirekte Vermengung staatlicher und kirchlicher Angelegenheiten als verfassungswidrig zurück.

Auch in Deutschland ist die Forderung nach Trennung von Staat und Kirche keine Idee, die etwa aus einem politisch links einzugrenzenden Spektrum immer wieder einmal diskutiert würde. Schon die Frankfurter Nationalversammlung sprach sich gegen jede Form des Staatskirchentums aus (Lempp 1913). In der liberalen „Christlichen Welt“ erschien 1911 ein „Verfassungsentwurf für die entstaatlichte Kirche in dem entkirchlichten Staat“ von Friedrich Wilhelm Foerster. Aber auch in politisch und kirchlich konservativen Kreisen wurde und wird die Trennung von Staat und Kirche gefordert. Diskutiert wurde, dass die Verzahnung von Staat und Kirche „biblisch nicht zu begründen und praktisch nicht mehr zu brauchen war“ (Zscharnack 1919: 25). Aber bis heute hat sich die Voraussage des Kirchenjuristen Kahl aus dem Jahre 1908, „daß die Trennung sich in irgendeinem Zeitpunkt hier durchsetzen werde“, nicht erfüllt. Für ihn schien diese Trennung „nach dem universalgeschichtlichen Entwicklungsprinzip des Verhältnisses von Staat und Kirche überhaupt gewiß“. Völlig sicher meinte er: „Der Streit des Tages kann nur darum gehen, ob es richtiger sei, durch vorgreifliche Akte der Gesetzgebung, welche nicht ohne Verletzung wohlerworbener Rechte möglich sind, jenen Prozeß künstlich zu beschleunigen, oder seinen Ablauf der Vernunft und Stetigkeit organischer Entwicklung anheimzugeben“ (Kahl 1908).

Knapp hundert Jahre später ist festzustellen, dass des Wartens auf die organische Entwicklung, die zur Trennung führen müsse, genug und die Zeit für eine neue verfassungsrechtliche Regelung als „vorgreiflicher Akt der Gesetzgebung“ gekommen ist. Sicherlich gibt es unter dem Grundgesetz keine Staatskirche. Die Verhältnisse sind jedoch so, dass offenbar auch in Beiträgen zur Lage des Staatskirchenrechts in der Bundesrepublik Deutschland die Notwendigkeit für den Hinweis gesehen wird, dass es zwar eine Zusammenarbeit von Staat und Kirche, „nicht aber eine Vermischung der Angelegenheiten mit der Folge geben (darf), dass der Staat zugleich zur Kirche wird und die Kirche sich staatlicher Kompetenzen bemächtigt“ (Ehlers 2000: 204).

Die Auseinandersetzungen in unseren großen Kirchen um die rechte Lehre oder das rechte Verhalten werden von Zeit zu Zeit der Öffentlichkeit spektakulär sichtbar wie z. B. im Fall Drewermann, wo es um die Freiheit von Wissenschaft und Lehre ging (Lorenz 1976), oder bei der Kündigung homosexueller bzw. geschiedener Kirchendiener in beiden Staatskirchen. Sie spielen sich in öffentlich-rechtlichen Körperschaften ab, die den staatlichen Institutionen eng verbunden sind, aber verfassungsrechtlich einen Blankoscheck für die internen Verfahren ihrer Konfliktregelung erhalten haben. Kann sich eine Demokratie Körperschaften des Öffentlichen Rechts leisten, für sie die Steuern einziehen und ihnen zahlreiche Privilegien gewähren, wenn diese Institutionen sich in der internen Willensbildung und ihrem Hierarchieaufbau nur sehr bedingt an demokratische Verfahrensregeln halten (Weber 1966)?

Diese Frage hätte zuletzt im Prozess der deutschen Wiedervereinigung innerhalb der Verfassungsdiskussion eine größere Rolle spielen können. Wenn die politische Klasse der Bundesrepublik in ihrer Mehrheit nicht den Artikel des Grundgesetzes, der die Schaffung einer gesamtdeutschen Verfassung vorsah, beiseite gedrängt hätte, wäre es angesichts des Verhältnisses von Kirche und Staat in der DDR durchaus möglich gewesen, die Regelung dieses Verhältnisses nicht länger den in das Grundgesetz übernommenen Artikeln der Weimarer Verfassung zu überlassen (Bald/Martin 1997). Die institutionelle Staatsferne der Kirchen in der DDR war wesentliche Voraussetzung für die von ihr geleistete Opposition, wenn auch „gegen die Mächtigen oft wenig auszurichten“ war und es auch „eine freiwillige Loyalität“ gab, wie der DDR-Bürgerrechtler Günter Nooke am 16. Juni 1994 vor dem Brandenburgischen Landtag feststellte (Besier 1995: 11). Die verschiedenen Wege der Kirchen in Ost und West und die damit verbundenen auch institutionellen Konsequenzen führten nach der Wiedervereinigung zu erheblichen Spannungen zwischen den Kirchen in Ost und West, die zum Teil bis heute fortdauern. Zum Beispiel ging auf protestantischer Seite die West-EKD von der Erwartung aus, dass die östlichen Landeskirchen sich wieder in die alten staatskirchlichen Strukturen einfügen würden. Die östlichen Landeskirchen zögerten. An gewissen Stellen empfanden sie die Ausgrenzung, der sie in der ehemaligen DDR unterworfen waren, als heilsame Befreiung aus den Zwängen einer „babylonischen Gefangenschaft“ (Bald/Martin 1997). Besonders sensibel reagierte die Kirche im Osten auf die institutionelle Einführung der Militärseelsorge.

Gewiss war die Kirche auch in der jungen Bundesrepublik nicht, wie es Kurt Schumacher einmal formulierte, eine fünfte Besatzungsmacht, sondern die Kirchen sind anerkannte Kräfte in unserer Gesellschaft. Allerdings sind dies andere Verbände auch, ohne dass sie mit institutionellen Gunstbeweisen und weitgehender rechtlicher Autonomie ausgestattet würden. Selbst eine im Kampf für Humanität,

Freiheit des Individuums und Gerechtigkeit leuchtende Historie, wenn sie denn vorhanden wäre, könnte einen solchen privilegierten Status in der pluralistischen Demokratie nicht legitimieren. Einen Status, den der Bundesgerichtshof so umschreibt: „Die Kirchen sind der staatlichen Hoheitsgewalt grundsätzlich nicht mehr unterworfen.(...) In den so abgegrenzten Hoheitsbereich der Kirchen darf und kann der Staat rechtens nicht eindringen, und insoweit stehen staatliche und kirchliche Hoheitsgewalt gleichgeordnet nebeneinander" (BGHZ 34, 373). Durch die Gleichsetzung staatlicher und kirchlicher Hoheitsgewalt wird der Amtskirche, die über die Jahrhunderte viel Leid über unzählige Menschen gebracht hat, ermöglicht, auch heute noch ihre Dogmen unnachgiebig und hart durchzusetzen. Die Kirchen beschränken sich dabei nicht auf ihren internen Bereich, sondern mischen sich darüber hinaus, ausgestattet mit quasistaatlicher Autorität – die sich aus der Verzahnung von Staat und Kirche zwangsläufig ergibt – ständig in wichtige Fragen der politischen Willensbildung ein. Die Auffassungen etwa der katholischen Amtskirche zur Geburtenkontrolle oder die Verdammung des Kondomgebrauchs, trotz Aids, verursachen weiterhin unendliches Unglück, besonders in der Dritten Welt. Ein Staat, der institutionell so eng mit den Kirchen als Körperschaften Öffentlichen Rechts verbunden ist, trägt ein gerüttelt Maß an Mitverantwortung für die Folgen solcher Politik einer mit ihm so eng verbundenen Institution. Ein pluralistisch-demokratischer Staat, der geistiger Freiheit und Toleranz verpflichtet ist, wird zum Helfershelfer der Perpetuierung ständig zugefügten Leidens. Es kann nicht angehen, dass in Körperschaften Öffentlichen Rechts die Freiheit des Geistes keinen Platz hat, eine eigene Kirchenjustiz Recht spricht – und dies alles finanziert von Kirchensteuern, die der Staat einzieht. Insofern ist die Frage, die auf einem Symposium der Hanns Martin Schleyer-Stiftung gestellt wurde, „welche Bindungen akzeptiert das moderne Bewußtsein", im Bereich Staat-Kirche mehr als überfällig und harrt auch einer politikwissenschaftlichen Analyse und Beantwortung (vgl. Hilterhaus/Zöller 1993).

Neben ihren institutionalisierten Privilegien besitzen die Kirchen beider großen Konfessionen einen unübersehbaren Einfluss politisch-informeller Natur auf den demokratischen Entscheidungsfindungsprozess (Abromeit/Wewer 1989). Mit Unbehagen ist z. B. zu sehen, wie weit sich Kirche in unmittelbare Fragen staatlicher Erziehung einmischt und sich dabei sogar mit Gründen auf die rechtliche und konstitutionelle Ausgestaltung ihrer Position auch in diesem Bereich berufen kann (Brugger/Huster 1998). Die verfassungsrechtliche Privilegierung der Kirchen und ihr institutionalisierter politischer Einfluss werden durch umfangreiche vertragliche Regelungen zwischen Staat und Kirche abgerundet. Als Beispiel sei hier auf die Konkordate zwischen der Römischen Kurie und dem Staat verwiesen. Anknüpfend an die Lateranverträge mit dem faschistischen Italien schloss Rom mit Hitler einen Konkordatsvertrag. Diese Konkordatsfestung bot der Kirche einen gewissen Schutz, „lähmte und isolierte zugleich", wie Klaus Scholder urteilt, aber auch all die, die gegen den Nationalsozialismus zu kämpfen bereit gewesen wären (in: Stegemann 1990). Das hinderte die katholische Kirche nicht, die Privilegien des mit Hitler geschlossenen Paktes vor dem Bundesverfassungsgericht einzuklagen. Der Prozess endete mit einem Kompromiss: grundsätzliche Fortgeltung des Konkordates bei eingeschränkter Wirkung.

Es ist schwer verständlich, dass nie eine breite öffentliche Grundsatzdebatte über das verfassungsrechtliche Verhältnis von Staat und Kirche stattfand. Wie sehr an der Kirche/Staat-Front in der Bundesrepublik Ruhe herrschte und herrscht, wird nicht zuletzt daran deutlich, dass dieses Thema in den Parteiprogrammen der deutschen Nachkriegszeit nur am Rande behandelt wird, meist mit einer Verbeugung an die Kirchen und der Betonung, wie wichtig ihre Aufgaben in Staat und Gesellschaft seien. Diese Ruhe wurde lediglich einmal kurz durch die Thesen „Freie Kirche im freien Staat" des Bundesparteitages der FDP vom 1. Oktober 1974 gestört, in denen es mutig hieß: „Der Status einer Körperschaft des Öffentlichen Rechts ist für religiös und weltanschaulich gebundene Gruppen wie die Kirchen nicht geeignet, da diese ihre Aufgaben nicht aus staatlichem Auftrag herleiten" (vgl. dazu Engelhardt 1975). Ferner enthielten die Thesen die kategorische, auch jetzt wieder vereinzelt aufgegriffene Forderung: „Die bisherige Kirchensteuer ist durch ein kircheneigenes Beitragsystem zu ersetzen." Eine Forderung, die auf geballten Widerstand der Kirchen stößt, zumal weitere 16 Millionen Deutsche als potenzielle Kirchensteuerzahler hinzugekommen sind. Es berührte merkwürdig, dass die Kirchen im Einigungsprozess nicht schnell genug die Übertragung des Kirchensteuersystems auf die ehemalige DDR fordern konnten. Dabei war gerade die relative Staatsferne der Kirchen dort eine Voraussetzung dafür gewesen, dass sie zumindest in Teilen zum Motor der Freiheitsbewegung wurden (Falcke 1991).

Die Schöpfer des Grundgesetzes haben es sich mit der Regelung des Verhältnisses von Staat und Kirche einfach gemacht. Sie übernahmen schlicht die Artikel der Weimarer Verfassung. Diese räumten den Kirchen ein erstaunliches Maß an institutioneller Verflechtung mit dem Staat ein (vgl. Motschmann 1969). Über die Motive der Verfassungsschöpfer von 1949 gibt es mannigfache Interpretationen. Ob die Kirchen damals ein Stück politisch-moralischer Stellvertretung der deutschen Gesellschaft wahrnahmen und deshalb ohne Schwierigkeiten ihre Privilegien in die neue Verfassung herüberretten konnten, muss Spekulation bleiben. Ebenso könnte es sein, dass der Parlamentarische Rat hier einen systemstabilisierenden Effekt anstrebte, etwa in dem Sinne, wie es einmal Helmut Schmidt als Bundeskanzler formulierte: dass die Gesellschaft von den Kirchen eine tragende Funktion für die Vermittlung und das Lebendighalten der Grundwerte und sittlichen Grundhaltungen erwarte. Fest steht, dass die Kirchen zum Zeitpunkt der Schaffung des Grundgesetzes eine außerordentlich starke Position auch im Verhältnis zu den Alliierten hatten. Sie wurden – nach all dem, was man heute über ihre Verquickung auch mit dem Nationalsozialismus, besonders die der katholischen Kirche, weiß – zu Unrecht vom Ausland moralisch und materiell unterstützt und von den Siegermächten derart geachtet und gehört. Sie wurden auch, zu Unrecht, von der Entnazifizierung ausgenommen. Stattdessen dienten sie, häufig die einzigen noch funktionierenden Verwaltungsinstitutionen, vielerorts als „Persilschein"-

Lieferanten, eine Rolle, die sich nahtlos in die massive Unterstützung, wiederum insbesondere der katholischen Kirche, für Naziverbrecher einfügt (vgl. Rehmann 1986).

Das Gewicht der Kirchen bei der damaligen Verfassungsgebung im Bund und in den Ländern wird in Formulierungen deutlich wie „im Bewußtsein der Verantwortung vor Gott" (Präambel des Grundgesetzes) oder „Ehrfurcht vor Gott (...) ist vornehmstes Ziel der Erziehung" (Art. 7 der Verfassung von Nordrhein-Westfalen). Bezüglich der generellen geistigen Grundstimmung der Verfassungsgeber kann davon ausgegangen werden, dass die Annahme einer Allgemeinheit des Gottesglaubens so dominierte, dass man bei der Verfassungsformulierung auf Atheisten keine Rücksicht nehmen zu müssen glaubte. Zudem verkannten die verfassungsgebenden Akteure, dass die Frage der Trennung von Staat und Kirche nichts mit der Religiosität einer Bevölkerung zu tun haben muss. Und man beließ es nicht bei der Formulierung der kirchenfreundlichen Grundhaltung. Den Kirchen musste daran gelegen sein, sich im Wettstreit mit anderen Interessengruppen außer schönen Grundsatzerklärungen konkrete Privilegien verfassungsmäßig verbriefen zu lassen. So geschah es. Insbesondere die Gewährung des Status von öffentlich-rechtlichen Körperschaften und die Kirchensteuereinziehung durch den Staat legen bis heute die Fundamente quasistaatlicher Kirchenmacht. Allerdings scheint der Artikel 140 GG, der die schlichte Übernahme der Weimarer Kirchenprivilegien beinhaltet, trotz der erwähnten religionsfreundlichen Grundstimmung nicht als Ergebnis einer klar bewussten staatskirchenpolitischen Grundsatzentscheidung des Parlamentarischen Rates aufzufassen zu sein. Eher ist er als Verlegenheitslösung verfassungsgebender Parlamentsarbeit einzuordnen. Aus Zeitmangel, Inkompetenz und Zufälligkeit, natürlich auch unter massivem lobbyistischem Druck der betroffenen Kirchen, wurde das Staatskirchenrecht der Weimarer Republik übernommen.

Damals mag das sogar, mit Blick auf die Vergangenheit, ein gewisser Fortschritt gewesen sein. Es kann jedoch nicht als Fundament für eine offene Gesellschaft im 21. Jahrhundert dienen. Daran ändert auch nichts der oft gebrachte Hinweis, die „zukunftsweisende Formulierung" der Weimarer Staatskirchenartikel hätte bereits in der Paulskirchenverfassung von 1848/1849 und in der preußischen Verfassung von 1848/1850 Platz gefunden (vgl. Heckel 2000: 173). An der Erkenntnis führt kein Weg vorbei, dass der Parlamentarische Rat bei einer grundsätzlichen Reflexion des verfassungsrechtlichen Rahmens für das Verhältnis von Staat und Kirche in einem modernen demokratischen Staatswesen versagt hat. Dieses Versäumnis, unter damaligen Umständen verständlich, müsste heute wiedergutgemacht werden. Die Überarbeitung des Grundgesetzes anlässlich der Wiedervereinigung hätte dem Verfassungsausschuss von Bundesrat und Bundestag Gelegenheit geboten, sich der Herausforderung zu stellen, eine Antwort auf das Verhältnis von Staat und Kirche zu finden, die verfassungsrechtlich heutigen demokratietheoretischen Standards genügt. Seit der Verabschiedung der Weimarer Reichsverfassung haben sich in Kirche, Staat und Gesellschaft so viele Veränderungen ergeben, dass es nicht

Geschichtslosigkeit, falscher Modernismus oder gar kirchenfeindliche Bestrebungen sind, die nach einer Überprüfung des bestehenden Verhältnisses fragen lassen.

Veränderung liegt insbesondere auch darin, dass heute Millionen von Bürgern dieses Staates keiner der großen Kirchen angehören, Millionen atheistisch und weitere Millionen in einer anderen, nicht mit dem Staat in dieser Weise verbundenen Glaubensgemeinschaft verwurzelt sind. Angesichts solcher Entwicklung mutet es fast als satirisch gemeint an, wenn einer der führenden deutschen Kirchenrechtler das deutsche Staat-Kirchenverhältnis so preist: „Die Modernität dieses aus dem 19. Jahrhundert stammenden Systems ist seit 1989/1990 bei der Neuordnung der Verfassungsverhältnisse in den neuen Bundesländern nach der Ablösung des atheistischen Weltanschauungssystems wiederum evident geworden. Im Weltmaßstab darf das deutsche Staatskirchenrecht, das aus leidvollen Erfahrungen der Konfessionskriege, des Absolutismus, des Ringens um Einheit, Freiheit, Gleichheit erwuchs und aus dem Kulturkampf und Kirchenkampf seine Lehren zog, als ein besonders gelungenes Stück moderner Verfassungsgebung bezeichnet werden. Vielleicht ist auch in Skandinavien einiges daraus zu lernen." (Martin Heckel auf dem IV. Internationalen Symposium der Vereinigten Evangelisch-Lutherischen Kirche Deutschlands [VELKD] im Mai 1999 in Höör/Schweden, in: Heckel 2000: 173).

Die wissenschaftliche Diskussion leidet sicherlich in ihrer Qualität, wenn die Beteiligten nicht als alleinigen Maßstab für ihre Überlegungen das möglichst objektivierte Streben nach Wahrheit, das hier wohl in der Suche nach der gemeinwohlverträglichsten gesellschaftlichen und verfassungsrechtlichen Lösung besteht, zur Grundlage nehmen. Insofern ist es problematisch, dass z. B. die Politikwissenschaft sich auffallend zurückhält und die Diskussion weitestgehend von Kirchenrechtlern beherrscht wird. Diese haben nicht selten Lehrstühle inne, die von den Kirchen in maßgeblicher, wenn nicht sogar alleiniger Befugnis besetzt werden. Akademische Lehrer, die dennoch den status quo des Verhältnisses von Kirche und Staat in Frage stellen, müssen sich mehr oder minder dezent auf Abhängigkeiten hinweisen lassen und bekommen Kollegenschelte, wie etwa von Bernhard Sutor, Professor mit Lehrstuhl an der Katholischen Universität Eichstätt: „Wir erleben in Fernsehbeiträgen, die dieses Thema genüßlich ausschlachten, dass aus den Quellen der Kirchensteuer bezahlte C4-Professoren gegen Kirchensteuern vehement zu Felde ziehen, wir erleben emotionale Angriffe gegen das Kirchensteuersystem von denen, die gut davon leben (...)" (in: Hilterhaus/Zöller 1993: 178).

Es ist erstaunlich, dass die wenigstens ansatzweise Diskussion, wie man das Verhältnis von Staat und Kirche besser gestalten könnte, erst anlässlich der deutschen Einigung und nicht viel früher aufgekommen ist. Entsprechend groß war das Erschrecken der etablierten Kirchen vor dem „Einbrechen der Vergangenheit in die Gegenwart" (Bald/Martin 1997: 8). Es gab keine Bereitschaft der Kirchen im Westen zu Änderungen. „Sie hatten durchwegs die Tendenz, weder symbolisch noch radikal etwas an der etablierten Kirchenstruktur und -ordnung des Westens zur Disposition zu stellen. Dies galt insbesondere für das verfassungsrechtlich gesicherte Regelwerk der Beziehungen zum Staat, ganz gleichgültig, ob es sich um das Transfernetz zum Militär oder das System der Finanzierung handelt. Was aber im Jahr 1949 oder 1959 strittig geblieben war, gewann nach 1989 wieder Aktualität und bewies sogleich, dass die alten Kontroversen nur oberflächlich abgedrängt worden waren“ (ebd.). Auch die fortschreitende europäische Integration und die damit verbundene Entwicklung zu einer gemeinsamen europäischen Verfassung zwingt dazu, die grundsätzliche Position des Verhältnisses Staat/Kirche neu zu diskutieren. Die Kirchen der Bundesrepublik haben die „Gefahr“ erkannt und versuchen, rechtzeitig auf diesen europäischen Prozess Einfluss zu nehmen, ähnlich wie bei der Erarbeitung des Grundgesetzes. So wurde schon 1996 bei einem kirchlichen Symposium zum Thema Kirche und Staat in Europa in der Evangelischen Akademie Tutzing darauf hingewiesen, dass sich „die Kirchen im europäischen Einigungsprozeß engagieren (müssen), ihn kritisch begleiten, damit die Union keine bloß wirtschaftlich orientierte Gemeinschaft wird“ (Böttcher 1997: 118). Solche Begleitung soll durchaus nicht nur altruistisch auf Wertorientierung zielen: „In der allmählich Gestalt gewinnenden europäischen Rechts- und Verfassungsordnung spielt auch die eigene rechtliche Stellung der Kirchen und Religionsgemeinschaften eine Rolle. Unser nationales Verfassungsrecht gewährt den Kirchen einen großen und gesicherten Raum für ein freies Wirken im Bereich von Seelsorge, Caritas, Diakonie, Erziehung, Bildung und Wissenschaft. Soll dieses Wirken auch in die europäische Dimension hineinwirken, bedarf es der Gewährleistung dieser Freiheit auch und gerade in den Strukturen der Europäischen Union“ (ebd.).

Nichts liegt heute ferner, als die hohen Verdienste kirchlichen Wirkens zu negieren, die religiösen Werte zu missachten, die Kulturleistung der Kirchen gering zu schätzen, trotz der angesprochenen Kritik. Nur gilt dies nicht allein für die institutionell privilegierten Kirchen, sondern muss in einer pluralistisch offenen Gesellschaft für alle anderen Glaubensrichtungen auch gelten (s. a. Böckenförde 1990). Anerkennung und Achtung hat jedoch nicht institutionell privilegierte Verzahnung zur Voraussetzung. Zumindest die katholische Kirche dürfte gegen eine Neudefinition des verfassungsrechtlichen Verhältnisses zwischen Kirche und Staat nichts einzuwenden haben, wenn sie der Pastoralkonstitution „Gaudium et Spes“ treu bleiben will, die das Vatikanische Konzil am 7. Dezember 1965 beschloss. Dort heißt es, die Kirche setze ihre Hoffnung nicht auf Privilegien, die ihr von der staatlichen Autorität angeboten werden. „Sie wird sogar auf die Inanspruchnahme legitim erworbener Rechte immer dann verzichten, wenn feststeht, dass sonst die Lauterkeit ihres Zeugnisses in Frage gestellt ist, oder wenn veränderte Verhältnisse eine andere Regelung erfordern.“ Beides trifft hier zu.

Literatur

Abromeit, Heidrun/Wewer, Göttrik (Hg.) 1989: *Die Kirchen und die Politik. Beiträge zu einem ungeklärten Verhältnis*, Opladen: Westdeutscher Verlag

Bald, Detlef/Martin, Karl (Hg.) 1997: *Aufbruch nach der Wende. Militärseelsorge, Kultursteuer und das Staat-Kirche-Verhältnis*, Baden-Baden: Nomos

Besier, Gerhard 1995: *Der SED-Staat und die Kirche 1969-1990: Die Vision vom „Dritten Weg"*, Berlin/Frankfurt a. M.: Propyläen

Böckenförde, Ernst-Wolfgang 1990: *Religionsfreiheit: Die Kirche in der modernen Welt*, Freiburg: Herder

Böttcher, Hartmut 1997: Kirche und Staat in Europa, in: *Zeitschrift für evangelisches Kirchenrecht* 42, S. 117-182

Brugger, Winfried/Huster, Stefan (Hg.) 1998: *Der Streit um das Kreuz in der Schule. Zur religiös-weltanschaulichen Neutralität des Staates*, Baden-Baden: Nomos

Campenhausen, Axel von 1962: *Staat und Kirche in Frankreich*, Göttingen: Otto Schwartz

Ehlers, Dirk 2000: Die Lage des Staatskirchenrechts in der Bundesrepublik Deutschland, in: *Zeitschrift für evangelisches Kirchenrecht* 45, S. 201-220

Engelhardt, Hanns 1975: Staatskirchenrechtliche Voraussetzungen und Konsequenzen der Hamburger Kirchenthesen der Freien Demokratischen Partei, in: *Juristenzeitung* 30.22, S. 689-692

Falcke, Heino 1991: *Die unvollendete Befreiung. Die Kirchen, die Umwälzung in der DDR und die Vereinigung Deutschlands*, München: Ch. Kaiser

Heckel, Martin 2000: Das Auseinandertreten von Staat und Kirche in Deutschland seit der Mitte des 19. Jahrhunderts, in: *Zeitschrift für evangelisches Kirchenrecht* 45, S. 173-200

Hilterhaus, Friedhelm/Zöller, Michael (Hg.) 1993: *Kirche als Heilsgemeinschaft – Staat als Rechtsgemeinschaft. Welche Bindungen akzeptiert das moderne Bewußtsein?*, Köln: Hanns Martin Schleyer-Stiftung (Bd. 38)

Kahl, Wilhelm 1908: *Aphorismen zur Trennung von Staat und Kirche*, Berlin (Rede zum Antritt des Rektorats der Kgl. Fr.-Wilhelm-Universität)

Lempp, Richard 1913: *Die Frage der Trennung von Kirche und Staat im Frankfurter Parlament*, Tübingen: Mohr

Lorenz, Dieter 1976: *Wissenschaftsfreiheit zwischen Kirche und Staat*, Konstanz: Universitätsverlag

Motschmann, Claus 1969: *Evangelische Kirche und preußischer Staat in den Anfängen der Weimarer Republik*, Lübeck/Hamburg: Matthiesen

Rehmann, Jan 1986: *Kirchen im NS-Staat: Untersuchung zur Interaktion ideologischer Mächte*, Berlin: Argument

Stegemann, Wolfgang (Hg.) 1990: *Kirche und Nationalsozialismus*, Stuttgart: Kohlhammer

Weber, Hermann 1966: *Die Religionsgemeinschaften als Körperschaft des öffentlichen Rechts im System des Grundgesetzes*, Berlin: Duncker & Humblot

Zscharnack, Leopold 1919: *Trennung von Staat und Kirche*, Berlin: Verlag des Evangelischen Bundes

Nationalstaat und politische Steuerung
Entwicklungslinien, Differenzierung, Transformation

Wolfgang Luthardt

Einleitung

Für die wissenschaftliche und die politische Diskussion sind Fragen nach der *Wirklichkeit* und *Wirksamkeit*, der *Differenzierung* und *Begrenzung* organisierter politischer Steuerung in demokratischen Nationalstaaten nach wie vor von erheblicher und zudem das *Selbstverständnis* der relevanten politischen Akteure maßgeblich prägenden Bedeutung. Der moderne Nationalstaat und die dort organisierte Politik definieren sich über eine aktive politische Steuerung komplexer Prozesse im Innern.

Vor diesem Hintergrund beschäftigt sich mein Beitrag mit den folgenden *Fragen*: Wie wird in der deutschen Debatte das Verhältnis von „Staat“ und „politischer Steuerung“ erörtert? Existieren Chancen für eine Stärkung der im Anspruch der staatlich organisierten Politik enthaltenen gestalterischen Elemente? Diese Fragen werden in die folgende *Ausgangsthese* gefasst: Nationale politische Institutionen („Staat“) und politische Steuerung bleiben nach wie vor von erheblicher Bedeutung für die heutige, sowohl nationalstaatliche als auch supranationale Politik. Allerdings verdeutlicht die sowohl intern als auch extern induzierte Veränderung des Nationalstaats eine bedeutsame Entwicklung steuerungspolitischer Formen, ihrer Qualität und ihrer Reichweite.

Begriffsbestimmung und Problemrahmen

Unter *Nationalstaat* verstehe ich ein territorial begrenztes Handlungs- und Entscheidungssystem, welches allein über die Legitimation und Fähigkeit verfügt, kollektiv verbindliche Entscheidungen auch gezielt gegen den Willen der Betroffenen mit Zwangsmaßnahmen und Gewalt durchzusetzen (vgl. u. a. Grimm 1987: 82). Dass diese Bestimmung nur einen, allerdings zentralen Aspekt erfasst, sei hier zwar angemerkt, jedoch nicht weiter ausgeführt. *Politische Steuerung* wird verstanden als bewusste und gezielte, ergebnisorientierte *Einwirkung* in politische und gesellschaftliche Handlungsabläufe (vgl. Scharpf 1999; Mayntz 1996). Politische Steuerung ist mithin strukturell rückgebunden an die Figur des „aktiven Staates“ (Pitschas) oder eines „aktivierenden Staates“. Kurzum: Das Verhältnis von Staat und politischer Steuerung thematisiert „die Frage der Gestaltungsmacht des Staates gegenüber der Gesellschaft und den in ihr herrschenden Interessenlagen sowie die Frage der Unabhängigkeit des Staates von der Gesellschaft und ihren Interessenlagen“ (Jürgens, zit. n. Sandschneider 1995: 106). Aus diesen Bemerkungen ergeben sich folgende Diskussionsperspektiven:

Erstens: Unter den Bedingungen der Weimarer Republik hat Rudolf Hilferding 1924 in einem programmatischen Artikel („Probleme der Zeit“) im theoretischen Organ der damaligen Sozialdemokratie, „Die Gesellschaft“, das Problem so bestimmt: „Das Bedürfnis nach einer umfassenden Staatstheorie ist geweckt. (...) Eine eingehende Funktionslehre des demokratischen Staates tut not, die den Zusammenhang und die Beziehungen zwischen allen bestimmten Faktoren analysiert, und so mit dem Wesentlichen in der Politik das Wesen des Staates klarlegt“ (zit. n. Luthardt 1986: 99).

Zweitens sei hier auf den durchaus in dieser analytischen Perspektive stehenden Beitrag von Wilhelm Hennis (1965) hingewiesen. Nach Werner Jann (1998: 53) geht es in der von Hennis bestimmten, auch heute noch geltenden Problematik um die Frage: „Wie (kann) unter der Herausforderung moderner Staatsaufgaben das Geschäft der Lenkung, Führung und Koordination eines Gemeinwesens besorgt werden“.

Und *drittens* schließlich hat Beate Kohler-Koch (2000) in einem wichtigen Beitrag diese Problematik weiter aufgegriffen und am Beispiel des politischen Systems der Europäischen Union erörtert. „Nationales und europäisches Regieren“ sowie „nationale und europäische politische Steuerung“ sind als ein interdependenter struktur- und funktionslogischer Kontext zu begreifen, dessen Bedeutung gerade im allerdings höchst schwierig zu bestimmenden, sich widersprüchlich entwickelnden, Zusammenhang von „Nationalstaat“, „Europäischer Union“ und „Globalisierung“ näher herauszuarbeiten ist. Gerade der zuletzt angesprochene Aspekt findet erhebliche Aufmerksamkeit in der neueren Diskussion. Denn seit einiger Zeit sehen sich die europäischen Nationalstaaten und ihre zentralen Akteure mit weit reichenden globalen Herausforderungen konfrontiert.

Strukturaspekte moderner Staatlichkeit

Traditionslinien und Traditionsbruch

Wie wird nun in der deutschen Debatte das Verhältnis von „Staat“, „Regierung“ und „politischer Steuerung“ erörtert? Im Rahmen der älteren deutschsprachigen Diskussion dominiert eine Tendenz, dem Staat gegenüber der Gesellschaft und den dort vorhandenen und wirksamen Gruppen und Faktoren überwiegend ordnungspolitische, dem Muster hierarchischer Zuordnung folgende hoheitliche Eingriffs- und insbesondere Ordnungskompetenzen zuzuschreiben. Dieses hierarchische Verständnis beruht in der Tradition *Hegels* auf der Trennung und Gegenüberstellung von „Staat“ und „Gesellschaft“. Der Staat wird nun als *die* politische Form und als *das* Zentrum der *Souveränität* aufgefasst, die Gesellschaft hingegen als „unpolitisch“ verstanden. Die innere Funktionsvoraussetzung der Verbindung von Nationalstaat und Souveränität lässt sich mit M. Rainer Lepsius (1993: 254) so formulieren: „Der Nationalstaat beruhte auf der Vorstellung, ein homogenes Volk müsse geschaffen werden, das dann die Souveränität beanspruchen könne für die Unabhängigkeit nach außen und die Selbstlegitimation seiner Ordnung im Innern". Souveränität wird dabei durch drei zentrale Kriterien bestimmt: Territorium, Staatsvolk, Staatsmacht. Der jeweils näher zu benennende Inhaber der staatlichen Souveränität ist befugt, in bestimmten, als Grenzfall definierten gesellschaftlichen Problemlagen die Machtpotenziale der Staatsmacht zur Lösung des Problemfalls einzusetzen. Die Vorstellung der Gesellschaft als einer „bürgerlichen", wenngleich „unpolitischen", definiert wiederum diese Sphäre weitgehend „liberal" und „offen" für die Formulierung und begrenzte Mobilisierung verschiedener Interessen. Das gesamte, sich in Deutschland vor allem im 19. Jahrhundert etablierende Vereins- und Verbandswesen sowie die „politischen" Parteien haben hier ihren Ort. Man kann also durchaus im Hinblick auf Hegels „bürgerliche Gesellschaft" davon sprechen, dass die Vereine, Verbände, Parteien erstens wesentliche, die Sphäre der Gesellschaft überhaupt erst gestaltende Elemente sind, und zweitens kann man argumentieren, dass in Hegels Vorstellung systematisch das angelegt ist, was heute unter dem Begriff der „Bürgergesellschaft" thematisiert wird (vgl. Dahrendorf 1996: 15).

Allerdings folgt aus dem Prinzip der Trennung von Staat und Gesellschaft eine systematische Begrenzung: Diese beruht in der liberalen Staatstheorie gerade darin, dass bestimmte Sphären dem staatlich-hierarchischen Eingriff entzogen sind bzw. nur in der Form eines Gesetzes und nach der Logik des „ultima ratio-Prinzips" erfolgen dürfen. Carl Schmitt hat (1928/1957: 126, Hervorhebung im Original) das darin zum Ausdruck kommende *rechtsstaatliche Verteilungsprinzip* so zusammengefasst: „Die Freiheitssphäre des Einzelnen wird als etwas vor dem Staat Gegebenes vorausgesetzt, und zwar ist die Freiheit des Einzelnen *prinzipiell unbegrenzt*, während die Befugnis des Staates zu Eingriffen in diese Sphäre *prinzipiell begrenzt* ist". Damit wird der Begriff der (individuellen) *Freiheit* zu einem der (politischen) Schlüsselbegriffe überhaupt. Insbesondere ist es Hans Kelsen (1967) gewesen, der die Problematik des Freiheitsbegriffs und das latente Spannungsverhältnis, welches zum Begriff der Gleichheit existiert, immer wieder in den Mittelpunkt seiner politik- und rechtstheoretischen Erörterungen gestellt hat. Der Rechtsphilosoph Gustav Radbruch hat 1930 diese, im Kaiserreich offenkundig zur Staatsdoktrin erhobene Staat-Gesellschaft-Dichotomie zu Recht als „Lebenslüge des Obrigkeitsstaates" bezeichnet.

In der Weimarer Sozialdemokratie wurde der Problemkreis einer „eingehenden Funktionslehre des demokratischen Staates" (Hilferding) zu einem zentralen Bereich politischen Interesses und wissenschaftlicher Analyse. In analytischer Perspektive ging es in der Systematik Sandschneiders (1994: 23) darum, erstens den politischen „Systembruch" produktiv aufzugreifen und zweitens, konfrontiert mit den empirischen Realitäten, eine Art „Systemwandel" systematisch in diesen „Systembruch" einzubauen. In staatstheoretischer Hinsicht spielte, wie dies in der Debatte immer wieder pointiert von Hermann Heller betont wurde, die Gegenüberstellung von Staat und Gesellschaft als zwei voneinander klar unterscheidbare Regelungs-, Entscheidungs- und Steuerungssysteme eine bedeutsame Rolle (vgl. Böckenförde 1976: 185-220). Dies ist, wenn man sich die politiktheoretischen und programmatisch-konzeptionellen Überlegungen vor Augen hält, keineswegs einer erneuten Mystifikation des Staates als demokratischer Staat geschuldet (vgl. Luthardt 1986). In der Sache beruht diese Auffassung auf der zutreffenden Differenz zwischen „Staat", „politischem System" und „Regierungssystem" sowie der Folgerung, dass sich unter demokratischen Rahmenbedingungen die Aufgaben einer demokratischen Regierung im Subsystem „demokratischer Staat" qualitativ anders darstellen als unter obrigkeitsstaatlichen, autoritären oder totalitären Bedingungen.

Deshalb wurde ebenso konsequent der demokratische Staat als „Selbstorganisation der Gesellschaft" (Hilferding; Heller) rezipiert. Dadurch sollte auf den historisch-kausalen „Ursprung" des Staates als Produkt und Funktion der Gesellschaft verwiesen werden. Insbesondere wurde darauf aufmerksam gemacht, dass die staatliche Organisationsform, ihre internen organisatorischen Differenzierungen und die verschiedenen funktionellen Differenzierungen z. B. als „Nationalstaat", „Machtstaat" oder „Kulturstaat" im Sinne einer systematischen Vernetzung zwischen „Staat" und „Gesellschaft" zu betonen sind. Damit war auf die sich zunehmend differenzierenden Aufgaben des Staates für die Gesellschaft hingewiesen. „Trennung" und „Verschränkung" bzw. „Vernetzung" von Staat und Gesellschaft waren also zentrale theoretische Positionsbestimmungen sozialdemokratischer Politikkonzeptionen der Weimarer Republik.

Kontinuität und Veränderung

Eckpunkte dieses staatstheoretischen Verständnisses besaßen in der Bundesrepublik Deutschland bis in die siebziger Jahre hinein noch Wirksamkeit. Dem „Staat" kam eine wesentliche Bedeutung bei der Bestimmung der wirtschaftlichen und gesellschaftlichen Rahmenbedingungen, der Fähigkeit zur Organisation und zur Formung der Gesellschaft zu (vgl. Böckenförde 1976: 185-220). Deutschland verfügt mithin über eine Tradition der *staatlichen* Organisation von Wirtschaft und Gesellschaft, die angelsächsischen Länder hingegen über die Tradition einer *civil society*, in der individuelle Freiheit und durch Gruppen hergestellte Selbstorganisation als oberste Maxime gelten (vgl. Böckenförde 1991: 366f.).

Differenziert argumentierende Sozial- und Staatswissenschaftler, die staatstheoretisch u. a. in der Tradition von Hermann Heller (Schefold 2000) standen, entwickelten angesichts der nach 1945 notwendig gewordenen Ausdehnung der Staatsaufgaben wichtige Anknüpfungspunkte für die in bestimmten Bereichen notwendige *Überwindung* der klassischen Doktrin einer „Trennung von Staat und Gesellschaft" (vgl. u. a. Ellwein et al. 1987; Grimm 1987: 53-83). Zudem war es die Absicht, zentrale Elemente einer positiven Theorie politischer Steuerung und Regulierung zu entwickeln. Ökonomisch konnten dann Elemente einer aktiven

Wirtschafts-, Struktur- und Beschäftigungspolitik formuliert werden. Damit wurden insgesamt Vorstellungen einer „minimalistischen Staatstheorie“ zurückgewiesen, die Albert O. Hirschman (1989: 357) einmal als „utopian under modern conditions“ bezeichnete. Mit der „europäisch-differenzierten Form“ des Wohlfahrtsstaates musste eine funktionelle Differenzierung der Staatsaufgaben und eine Ausdehnung der Staatsquote am Bruttosozialprodukt einhergehen. Dieser Sachverhalt wird von Michael Th. Greven (1999) dafür herangezogen, um von einer „politischen Gesellschaft“ zu sprechen und so für die analytische Aufhebung der „Trennung“ von Staat und Gesellschaft zu votieren (ebd.: 80).

Entwicklungslinien in der steuerungstheoretischen Diskussion

Existieren nun Chancen für eine Stärkung der im Anspruch der staatlich organisierten Politik enthaltenen gestalterischen Elemente? Im Rahmen der staats- und steuerungstheoretischen Debatte wird zunehmend verdeutlicht, dass die Voraussetzungen und Implikationen der „klassischen“ demokratischen Staatstheorie nach wie vor durch gewisse analytische Restriktionen geprägt sind. Diese bestehen darin, dass die Begriffe „Staat“, „Regierung“, „Steuerung“ durch ein etatistisches (Vor-)Verständnis aufgeladen sind (vgl. Mayntz 1996). Dieses Objektverständnis beinhaltet, dass bei Einsetzung der „richtigen“ Steuerungselemente ein rationales und wünschbares Ergebnis erzielt werde. Die differenzierte Analyse der komplexen politischen und gesellschaftlichen Realität (Wollmann 2001) hat jedoch gezeigt, dass die staatliche Steuerung vielfach leerlief; die entsprechenden Steuerungselemente erwiesen sich verschiedentlich als nicht geeignet. Auch die steuerungsoptimistische „wissenschaftliche Politikberatung“ wurde einem Prozess der „Ernüchterung“ unterworfen. Diese Problematik wird seit einiger Zeit, unter ungleich „kleiner“ dimensionierten Zielvorstellungen, im Rahmen der Debatte über „Staatsmodernisierung und Verwaltungsreform“ erörtert (vgl. u. a. Jann 1998).

Die Zielvorstellung dieser Debatten besteht darin, einerseits am Begriff der „politischen Steuerung“ festzuhalten, andererseits jedoch die Notwendigkeit einer weiteren Differenzierung der steuerungstheoretischen Diskussion konzeptionell zu verfolgen. Die angesprochenen Herausforderungen führen dazu, die Reduktionen des Politikbegriffs erneut differenziert zu bearbeiten. Ausdruck dieser veränderten Politik-, Staats- und Gesellschaftsanalyse sind Bestrebungen der achtziger und neunziger Jahre, die möglichen *Ausgestaltungen*, die unterschiedlichen *Reichweiten* und *Adressaten*, *Politikebenen und -arenen* des Steuerungsbegriffs weiter zu spezifizieren. Claus Offe (1986: 111ff.) hat in diesem Zusammenhang argumentiert, dass angesichts gesteigerter politischer und sozialer Komplexität, der quantitativen Zunahme steuerungspolitischer Aufgaben und der erheblich gewachsenen Interdependenzen zwischen den verschiedenen „Subsystemen“ eine staatliche Entlastung durch eine „Senkung des Steuerungsbedarfs“ herbeizuführen sei. Strategisches Ziel dieser Argumentation ist es, „Selbstbeschränkung“ und gewisse „Wohlfahrtseinbußen“ im Sinne eines Bearbeitungs- und Steuerungsgewinns eines jeden

Subsystems in Kauf zu nehmen. Der Verzicht auf fortwährende Teil-Modernisierung könnte dann „die Modernität und Steuerungsfähigkeit übergreifender gesellschaftlicher Zusammenhänge“ insgesamt erhöhen (ebd.).

Des Weiteren spielen in diesem Zusammenhang Konzepte der „dezentralen Gesellschaftssteuerung“ und der „gesellschaftlichen Selbststeuerung“ eine Rolle. Die „dezentrale Gesellschaftssteuerung“ setzt sich einerseits von den „Illusionen“ der Gesamtsteuerung, andererseits davon ab, dass jedwede Form der Steuerung generell überflüssig geworden sei. Damit einher geht auch die Kritik am „Verschwinden“ politischer Akteure aus dem politischen Systemdenken. Vielmehr lässt sich von bestimmten Formen von „dezentraler“, sachgegenständlich bezogener Steuerung sprechen. Hierher gehören auch die Debatten um Neo-Korporatismus und „Regierungsstabilität“ (Philippe C. Schmitter) sowie um die Netzwerkanalyse, die u. a. nach den Möglichkeiten der Politikbearbeitung und des Regierens in verflochtenen Politiksystemen fragt.

Vom Konzept der dezentralen Kontextsteuerung lässt sich eine Brücke zum Problemkreis „gesellschaftliche Selbststeuerung“ schlagen. Dort wird betont, dass die gesellschaftlichen Kräfte und Gruppen in den verschiedensten Bereichen durchaus in der Lage sind, die „vor Ort“ auftretenden Sachprobleme auf Grund besonderer Informationen, Kenntnisse und Fähigkeiten besser zu lösen als hierarchisch operierende staatliche Verwaltungen. Hier setzt die These vom „aktiven“ bzw. „aktivierenden“ Staat ein, in der eine Kooperation von staatlichen Akteuren und gesellschaftlichen Gruppen angenommen wird.

Differenzierte Analysen verweisen also zunehmend auf den Aspekt der „Kooperation“ und „Verhandlung“, der sowohl zwischen gesellschaftlichen Akteuren als auch zwischen staatlichen bzw. staatlichen und privaten Akteuren in Erscheinung treten kann. Diese Formen der Regulierung fungieren erstens als Mechanismen der Konfliktregulierung, zweitens der Entscheidungsfindung und drittens können sie als bestimmte, die hierarchischen Formen ersetzende, selektive Formen politischer Steuerung in gesellschaftlichen Teilsystemen bzw. Policy-Feldern verstanden werden. Neben den Aspekt der Entscheidungsentlastung staatlicher Akteure tritt der Aspekt einer differenzierteren, zielgenaueren Politikbearbeitung sowie eines besseren Politikergebnisses.

Deutlich wird, dass sich die „Subsysteme“ keineswegs so einfach beeinflussen, geschweige denn gezielt steuern lassen, wie dies in naiven Vorstellungen gelegentlich zum Ausdruck kam. Das ökonomische „Subsystem“ z. B. würde im Kern getroffen und tendenziell zerstört, wenn etwa ökonomische Notwendigkeiten zugunsten ideologisch-politischer Prämissen in das Gegenteil verkehrt würden. Steuerungspolitische Aktivitäten der Politik sind im Hinblick auf die Verbesserung der Standortbedingungen der deutschen Wirtschaft allerdings in eine ganz andere Richtung hin gefragt, wie Stefan Müller und Martin Kornmeier (2001: 11ff.) zeigten. Ihre Analyse der – vielfach unterschätzten – „weichen Standortfaktoren“ wie beispielsweise Rechtssicherheit und Toleranz, Rechtsextremismus oder langwierige Genehmigungsverfahren verweist darauf, dass es gerade um diese Faktoren höchst problematisch bestellt ist. Hier gezielt und entschieden zu reregulieren, ist eine hoch bedeutsame Steuerungsaufgabe staatlicher Politik. Genauso qualitativ bedeutsam ist es jedoch, auf das *zutiefst* bürgerliche Interesse eines „Gleichgewichts von Freiheit und Sicherheit" (Ralf Dahrendorf) aufmerksam zu machen und sich nicht in abstrusen, strukturell gefährlichen Antinomien zu ergehen.

Die „Veränderung von Staatlichkeit" führt ferner innerhalb europäischer Nationalstaaten dazu, dass das Mehrheitsprinzip oder das hierarchische Entscheidungsmuster nur noch begrenzte Anwendung finden. Die Herausbildung von *Verhandlungs- und Mehrebenensystemen* wirft Fragen nach deren Folgen für die politischen Entscheidungsprozesse, die qualitative Veränderung von Steuerungsmechanismen sowie die Demokratieproblematik auf. In diesem Kontext erfolgt eine Re- und Neuinterpretation „politischer Steuerung" unter erheblich veränderten nationalstaatlichen und europäischen Rahmenbedingungen. Dies umfasst die vertiefte Einbeziehung neuer innerstaatlicher, transregionaler und -nationaler staatlicher und privater Akteure und gesellschaftlicher Regime, was als *Governance* debattiert wird (OECD 2001).

Ergebnis

Im vorliegenden Beitrag wurde versucht, zentrale Aspekte und Entwicklungslinien der steuerungstheoretischen Debatte zu erörtern. Die Ausführungen können in die folgenden Punkte gefasst werden:

Erstens bestehen die Anpassungsleistungen moderner Staatlichkeit darin, dass durch reaktive, aber auch antizipierende Handlungen sich verändernde, teilweise neue und erweiterte Gestaltungsoptionen erschlossen werden, die auf eine Stärkung der Handlungskompetenzen und -möglichkeiten staatlich organisierter Akteure hinauslaufen.

Zweitens lassen sich gewichtige und weitreichende Prozesse der *Differenzierung* und der *Transformation politischer Institutionen* und *politischer Steuerung* aufzeigen, die in der Form und Struktur eines sich verändernden Nationalstaats zum Ausdruck kommen.

Drittens lösen die aus der widersprüchlichen Dynamik des europäischen Integrationsprozesses erwachsenen, polyvalenten Prozesse der Veränderbarkeit nationalstaatlicher Entscheidungsmuster und Steuerungsmechanismen keineswegs die politische Form des Nationalstaats und die dort vorhandenen produktiven Kapazitäten der Politikformulierung und Steuerung auf. Nationalstaaten als „mehr oder minder anachronistische Relikte einer vergangenen Zeit" zu betrachten, ist zumindest einseitig (Kocka 1995: 162). Davon zu unterscheiden sind allerdings die hier nur angedeuteten Debatten über eine „Veränderung von Staatlichkeit" im Sinne einer Reduktion nationalstaatlicher Autorität hinsichtlich der Bearbeitung ökonomischer Probleme durch einen sich stärker vernetzenden europäischen Integrationsprozess (Kreile 1999; Kohler-Koch 2000).

Viertens schließlich, als eine Art Perspektive formuliert, bieten sich weitere Überlegungen in Richtung einer sich polyvalent darstellenden „nationalstaatlich-europäischen Souveränität“ an. Die „Parallelität von Staatlichkeit“ (Böckenförde) produziert, so meine These, verschieden legitimierte „Teil-Souveränitäten“, deren spezifische Legitimation aus den unterschiedlichen Politikebenen, Sachthemen, Institutionen und Methoden der Politikbearbeitung resultiert. Diese sowohl input-, throughput- als auch output-legitimierten Einrichtungen, die teilweise miteinander vernetzt und auf unbedingte Kooperation angewiesen sind, teilweise jedoch notwendigerweise autonom voneinander handeln, ersetzen die traditionelle nationalstaatliche Souveränität, ohne diese im Kern aufzuheben. Im Gegenteil: Die Bedeutung der nationalstaatlich strukturierten und legitimierten Akteure und Handlungszusammenhänge nimmt in einem verschachtelten Politiksystem noch zu.

Literatur

Böckenförde, Ernst-Wolfgang 1976: *Staat, Gesellschaft, Freiheit*, Frankfurt a. M.: Suhrkamp

Böckenförde, Ernst-Wolfgang 1991: *Staat, Verfassung, Demokratie*, Frankfurt a. M.: Suhrkamp

Böckenförde, Ernst-Wolfgang 1999: *Staat, Nation, Europa*, Frankfurt a. M.: Suhrkamp

Dahrendorf, Ralf 1996: Die Quadratur des Kreises, in: *Transit 12*, S. 5-28

Ellwein, Thomas et al. (Hg.) 1987: *Jahrbuch zur Staats- und Verwaltungswissenschaft*, Bd. 1, Baden-Baden: Nomos

Greven, Michael Th. 1999: *Politische Gesellschaft*, Opladen: Leske + Budrich

Grimm, Dieter 1987: *Recht und Staat der bürgerlichen Gesellschaft*, Frankfurt a. M.: Suhrkamp

Hennis, Wilhelm 1965: Aufgaben einer modernen Regierungslehre, in: Seibel, Wolfgang et al. (Hg.) 1997: *Demokratische Politik – Analyse und Theorie*, Opladen: Westdeutscher Verlag, S. 167-186

Hirschman, Albert O. 1989: How the Keynesian Revolution was exported from the United States, and other comments, in: Hall, Peter A. (Hg.): *The Political Power of Economic Ideas*, Princeton: Princeton University Press, S. 347-359

Jann, Werner 1998: Neues Steuerungsmodell, in: Bandemer, Stephan et al. (Hg.): *Handbuch zur Verwaltungsreform*, Opladen: Leske + Budrich, S. 70-80

Kelsen, Hans 1967: *Demokratie und Sozialismus*, Wien: Verlag der Wiener Volksbuchhandlung

Kocka, Jürgen 1995: *Vereinigungskrise*, Göttingen: Vandenhoeck & Ruprecht

Kohler-Koch, Beate 2000: Regieren in der Europäischen Union, in: *Aus Politik und Zeitgeschichte* B 6, S. 30-38

Kreile, Michael 1999: Globalisierung und europäische Union, in: Merkel, Wolfgang/Busch, Andreas (Hg.): *Demokratie in Ost und West*, Frankfurt a. M.: Suhrkamp, S. 605-623

Lepsius, M. Rainer 1993: *Demokratie in Deutschland*, Göttingen: Vandenhoeck & Ruprecht

Luthardt, Wolfgang 1986: *Sozialdemokratische Verfassungstheorie in der Weimarer Republik*, Opladen: Westdeutscher Verlag

Mayntz, Renate 1996: Politische Steuerung, in: Beyme, Klaus v./Offe, Claus (Hg.): *Politische Theorien in der Ära der Transformation*, Opladen: Westdeutscher Verlag, S. 148-168

Müller, Stefan/Kornmeier, Martin 2000: Globalisierung als Herausforderung für den Standort Deutschland, in: *Aus Politik und Zeitgeschichte* B 9, S. 6-14

OECD (Hg.) 2001: *Governance im 21. Jahrhundert*, Paris

Offe, Claus 1986: Die Utopie der Null-Option, in: Berger, Johannes (Hg.): *Die Moderne – Kontinuitäten und Zäsuren* (Soziale Welt, Sonderband 4), Göttingen: Vandenhoeck & Ruprecht, S. 97-117

Sandschneider, Eberhard 1994: Systemtheoretische Perspektiven politikwissenschaftlicher Transformationsforschung, in: Merkel, Wolfgang (Hg.): *Systemwechsel 1*, Opladen: Leske + Budrich, S. 23-45

Sandschneider, Eberhard 1995: *Stabilität und Transformation politischer Systeme*, Opladen: Leske + Budrich

Scharpf, Fritz W. 1999: *Interaktionsformen. Akteurszentrierter Institutionalismus in der Politikforschung,* Opladen: Leske + Budrich

Schefold, Dian 2000: Gesellschaftliche und staatliche Demokratietheorie, in: Gusy, Christoph (Hg.): *Demokratisches Denken in der Weimarer Republik,* Baden-Baden: Nomos, S. 256-285

Schmitt, Carl 1928/57: *Verfassungslehre,* Berlin: Duncker & Humblot

Wollmann, Helmut 2001: Politikberatung, in: Nohlen, Dieter (Hg.): *Kleines Lexikon der Politik,* München: Beck, S. 376-380

III.

Transformationen politischer Kultur: Deutschland in Europa

Schließung der Nation
Etatismus und Nationalismus im Deutschland des 19. und 20. Jahrhunderts[1]

Dietmar Schirmer

In der akademischen wie der öffentlichen Wahrnehmung gilt es als ausgemacht, dass die deutsche Variante nationaler Integration durch die Idee ethno-kultureller Homogenität determiniert ist. Diese völkische Tradition hat, dem akzeptierten Narrativ nach, ihre Wurzeln in der Romantik des späten 18. und frühen 19. Jahrhunderts und präludiert also der Gründung eines deutschen Nationalstaates; sie schrieb sich in das Staatsbürgergesetz von 1913 ein, um schließlich in Ungeist und Untat des Nationalsozialismus zu hypertrophieren. Gleichwohl vermochte sie sich hinüberzuretten in die neu gegründete Bundesrepublik, wo sie nicht nur als Medium diente, um die Bürger der DDR und die ethnisch Deutschen in Zentral- und Osteuropa zu inkludieren, sondern auch die exkludierende Behandlung mehrerer Generationen von Arbeitsmigranten strukturierte.

Die breiten Konturen dieses Narrativs sind unbestreitbar. Das Argument, das ich im Folgenden führen möchte, ist allerdings, dass diese Interpretation der Geschichte der Nation in Deutschland unvollständig ist und analytisch wie präskriptiv entscheidende Aspekte aus der historischen wie der aktuellen Betrachtung ausblendet. Ein umfassendes Verständnis der Verhältnisse von Inklusion und Exklusion in Deutschland verlangt, so meine Behauptung, dass wir außer der ethno-kulturellen eine zweite Ressource politischer Integration in Betracht ziehen. Diese Ressource ist, was ich in einer etwas idiosynkratischen Begriffsverwendung Etatismus nennen will – ein Dispositiv, das Mitgliedschaftsrechte nicht auf der Grundlage ethno-kultureller Homogenität noch auf der von Geburtsort oder zeitlich ausgedehntem Aufenthalt erteilt, sondern auf der Basis von Annahmen über Loyalität oder Illoyalität gegenüber dem Staat.

Die Debatte um die Reform der Staatsbürgerschaft, wie sie die frisch gewählte rot-grüne Koalition Anfang 1999 vorschlug, bietet eine ideale Gelegenheit, diese Sorte von Etatismus in seiner natürlichen Umwelt zu beobachten. Das Reformpaket bestand im Wesentlichen aus zwei Teilen. Der erste handelte unmittelbar von Staatsbürgerschaftsreform und sah vor, dass die dritte Generation von Einwanderern die deutsche Staatsbürgerschaft qua Geburt erwerben sollte. Der zweite drehte sich um Fragen der Naturalisierung. Hier sollten einerseits einige Verfahrenshürden abgesenkt und zweitens Doppelstaatsbürgerschaften generell akzeptiert wer-

1 Dieses Essay geht auf einen Beitrag zu den „Myths of Nations"-Vorlesungen an der University of British Columbia in Vancouver, Kanada, im Frühjahr 2000 zurück. Ich danke dem Institute for European Studies und dem Green College der UBC sowie den Teilnehmern meiner Doktorandenseminare „Theory and Practice of Nationalism" am Dept. of Government, Cornell University.

den. Der Naturalisierungsprozess sollte also von der Forderung entkoppelt werden, dass die Antragstellerin ihre ursprüngliche Staatsbürgerschaft aufgebe.

Als allerdings im Frühjahr 1999 die rot-grüne Koalition die hessischen Landtagswahlen und damit ihre Mehrheit im Bundesrat verlor, sah sie sich gezwungen, einen Kompromiss mit CDU/CSU und FDP auszuhandeln. Diese Aufgabe wurde nicht erleichtert durch den Umstand, dass der Wahl eine ungewöhnlich polemisch geführte Kampagne seitens der oppositionellen CDU vorausgegangen war, die sich die Staatsbürgerschaftsreform zum Hauptangriffsziel nahm und dabei unverhohlen an die xenophoben Impulse in Teilen der Wählerschaft appellierte.

Dabei gab es durchaus einen Konsens darüber, dass eine Reform des Staatsbürgerschaftsrechts überfällig sei. Die demographische Situation war eindeutig: 1996 lebten rund 7,3 Mio. Ausländer in Deutschland, nahezu neun Prozent der Wohnbevölkerung. Von diesen mussten selbst konservativsten Schätzungen nach fünf Millionen als dauerhaft Ansässige gelten. Gleichzeitig bewegten sich die Einbürgerungszahlen während der ersten Hälfte der neunziger Jahre um magere 30.000 per anno herum, was bedeutet, dass ein erheblicher Teil der Einwohnerschaft von den politischen Teilhaberechten ausgeschlossen blieb.

Der Kompromiss, der im Sommer 1999 Gesetzeskraft erlangte, wich vom ursprünglichen Vorschlag hauptsächlich in einer Hinsicht ab: Er erlaubt keine doppelten Staatsbürgerschaften. Stattdessen bleibt die Naturalisierung von der Aufgabe der bisherigen Staatsbürgerschaft abhängig, und die Immigrantenkinder der dritten Generation, die von nun an eine vorläufige deutsche Staatsbürgerschaft durch Geburt erwerben würden, unterliegen im Alter von 18 bis 23 Jahren einer Wahlpflicht, durch die sie festlegen müssen, welche Staatsbürgerschaft – die deutsche oder die der Eltern – sie dauerhaft führen wollen.

Dem ethno-kulturellen Narrativ zufolge hätte man erwarten sollen, dass die Hauptkonfliktlinie in der Debatte um das rot-grüne Reformpaket dort verlaufen würde, wo es mit der dominanten ethno-kulturellen Tradition brach, also entlang der Linie von *jus sanguinis* und *jus soli* und der Einführung eines Geburtsrechts auf die deutsche Staatsbürgerschaft für die Kinder nicht-deutscher Eltern. Dem war aber nicht so. Stattdessen eskalierte der Konflikt an der Frage der doppelten Staatsbürgerschaft und an solchen der diplomatischen Vertretung oder der Ableistung von Militärdienstpflichten – Fragen also, die sich auf die Mitgliedschaft im Staat beziehen, nicht in der ethnisch verstandenen Nation. Den Gegnern der rot-grünen Reform ging es augenscheinlich eher um Staatsloyalität als um die ethno-kulturelle Reinheit des Volkes.

Im Folgenden wird die ethno-kulturelle und völkische Tradition des deutschen Nationalismus als bekannt vorausgesetzt. Das Argument vom Etatismus als einer zweiten Ressource politischer Integration verhält sich dazu komplementär. In den folgenden Abschnitten werde ich zunächst der Evolution des preußischen und deutschen Etatismus im späten 18. und frühen 19. Jahrhundert nachgehen. Zweitens wird es darum gehen, wie im Deutschen Reich von 1871 Etatismus und Nationalismus zum ersten Mal zur Kongruenz gezwungen werden, mit der Folge dramatisch restriktiverer Politiken hinsichtlich der Vergabe von Mitgliedschaftsrechten in Staat und Nation. Auf das Verhältnis von Etatismus und Nationalismus in der Weimarer Republik und im Dritten Reich werde ich nur kurz eingehen, bevor ich drittens zum gegenwärtigen Diskurs über nationale Identität und Staatsbürgerschaft zurückkehre.

Die Staatsidee als Integrationsressource

> *„Deutschland? Aber wo liegt es? Ich weiss das Land nicht zu finden,*
> *Wo das gelehrte beginnt, hört das politische auf."*
> *(Goethe/Schiller, Xenien, 1796)*

Die historischen Wurzeln des Etatismus sind eher preußisch als deutsch. Seine Ausformung beginnt mit dem preußischen Allgemeinen Landrecht von 1794 und endet mit der preußischen Verfassung als Ausfluss der angehaltenen Revolution von 1848, schließt also die Reformära von 1807 bis 1819 mit ein. Deutscher Nationalismus und preußischer Etatismus entwickeln sich also ungefähr zeitgleich, aber sie tun es inkongruent – deswegen konnte Goethe das Land nicht finden, das als „gelehrtes" dort begann, wo es als „politisches" endete. Das heißt freilich nicht, dass der deutsche Nationalismus des frühen 19. Jahrhunderts sich in einer staatslosen Umwelt entwickelte. Vielmehr waren die deutschen Staaten im Vergleich zu ihren Nachbarn gut entwickelt und durchaus modern. Allerdings stand ihnen das Konzept der Nation als Integrationsidee nicht zur Verfügung – wie umgekehrt die Nationalbewegung die deutsche Nation ohne den Rückhalt eines deutschen Staates zu mobilisieren suchen musste.

Insbesondere Preußen, der mächtigste der deutschen Staaten, war ein kulturell wie territorial hochgradig kontingentes Gebilde, das Produkt von zwei Jahrhunderten Kriegsführung, Erbfolge und Machtpolitik, das, weil es sich weder auf „natürliche" geographische Grenzen noch auf kulturelle Homogenität stützen konnte, versuchte, seine Untertanen durch die Idee des Staates selbst zu integrieren. Der deutsche Idealismus hatte dafür den Grundstein gelegt, indem er den Staat als Selbstzweck begründete, nicht bloß als Mittel für andere, außerhalb seiner selbst gelegenen Zwecke, seien es das Gemeinwohl oder die Privilegien einzelner Klassen oder Herrscher. Man vergleiche nur das „L'etat c'est moi" des französischen Absolutismus mit der Selbststilisierung Friedrichs II. zum „ersten Diener des Staates", und die Differenz wird offenbar: Dort ist der Staat die unmittelbare Domäne des Monarchen, hier erscheint er als abstrakte Idee, weder identisch mit noch vollständig inkorporierbar durch Monarch, Stand oder Klasse: „Indem er [der Staat] objektiver Geist ist, so hat das Individuum selbst nur Objektivität, Wahrheit und Sittlichkeit, als es ein Glied desselben ist." (Hegel 1821: 215). In der Logik des korporierten Staates wird daraus ohne weiteres eine Affirmation des hierarchischen status quo und der Aufgabe der Freiheit zugunsten von Unterordnung und Gehorsam: „Also bestehet seine (des Menschen, D.S.) Freiheit nicht darin, wie unser

Zeitalter wähnt, daß ihm freigestellt sei, seinen Stand zu überschreiten (...) Der Hauptgebrauch, den er von seiner Freiheit machen kann, und das einzige Mittel sie zu stärken und zu erweitern, ist, daß er sich unterordne, füge, diene, Glied eines größeren oder eines andern Staates werde, – kurz der *Gehorsam.*“ (Müller 1839: 46f.)

Mit dem Staat als abstrakter Idee und transzendentaler Ordnung wird politische Integration zu einem Relativbegriff: Individuen, Stände oder Klassen unterscheiden sich hinsichtlich ihrer Nähe oder Distanz zu jenem unerreichbaren Zentrum, in dem der objektive Geist des Staates west. Sie kreisen um dieses imaginäre Zentrum wie Planeten um die Sonne, die einen in engeren, andere in weiteren Umlaufbahnen, je nachdem, wie viel vom unerreichbaren Geist des Staates sie in der erreichbaren Form von Gesinnung in sich tragen (siehe Kvistad 1998: 48-54; 1999: 27-54). Anders als unter demokratischen Verhältnissen also, wo Mitgliedschaft als *citizenship* buchstabiert wird und alle als Gleiche in ihrem Verhältnis zum Staat definiert werden, finden wir hier ein Modell hierarchischer Integration, in dem zwischen Graden der Mitgliedschaft entsprechend Graden angenommener Loyalität dem Staat gegenüber unterschieden wird. Dabei okkupieren der König sowie die Offiziere und Berufsbeamten als per definitionem Loyale die Sphäre des Staates, der die Sphäre der Gesellschaft, also der einfachen Staatsmitglieder und -untertanen mit ihren zweifelhaften Loyalitäten und subversiven Potenzialen gegenübersteht. Diese Unterscheidung von Staatssphäre und Zivilgesellschaft, die eine den desinteressierten, besitzlosen Beamten vorbehalten, die andere der Ort des stets suspekten Treibens der Partikularismen und Egoismen, ist im preußischen Allgemeinen Landrecht ausgeformt und wird während der Reformära noch verstärkt. In gewisser Weise waren es gerade die Erfolge der Reformzeit, die das Vertrauen des Liberalismus in die Erneuerbarkeit des Staates und damit die „staatsloyale Haltung“ (Wehler 1987: 414; s. a. Vierhaus 1983) der Frühliberalen stabilisierten. Der Hauptstrom des deutschen Liberalismus wies also nicht nur die absolute Souveränität des Monarchen, sondern auch die Volkssouveränität als ein partikularistisches Prinzip zurück. Allein der Souveränität des Staates wurde zugebilligt, sich von Partikularinteressen frei halten zu können und durch seine leitende und strafende Hand die Staatssubjekte zu fähigen und gehorsamen Staatsbürgern zu formen.

Erst der Zyklus aus Revolution und Gegenrevolution von 1848/49 und die preußische Verfassung, die daraus hervorging, etablierte ein gewisses Maß an zivilen und politischen Freiheitsrechten mit Verfassungsrang. Damit wurde immerhin angedeutet, dass die Staatsbürgerschaft ein individuelles – im Unterschied zu einem kollektiv-ständischen – Verhältnis gegenüber dem Staat konstituiere. Die etatistische Integrationslogik war damit allerdings nicht durchbrochen, wurde doch die scharfe Unterscheidung zwischen dem Politikhandeln der prinzipiell loyalen Staatsdiener und der niederen, potenziell illegitimen Domäne politischer Aktivität in Zivilgesellschaft und politischen Parteien beibehalten. So konnte denn auch im Juli 1848, gerade einen Monat, nachdem der Revolutionszyklus begonnen hatte, der preußische Konservative Ludwig von Gerlach in einem Beitrag zur Kreuzzeitungsrundschau den patriarchalen Charakter der preußischen Staatsidee in den schärfsten Kontrast zur Nationalbewegung stellen: „Man bedenkt dabei [bei der Idee der Nation, DS] nicht, daß wie der Vater vor der Familie Quelle und Wurzel der Familie, so die Obrigkeit, der Staat, vor der Nation Quelle und Wurzel der Nation ist. Es ist noch nie eine Nation anders entstanden als aus einer Obrigkeit, aus einem Herrscher, sei er nun Stammesfürst oder Grundherr oder Heerführer. – Es ist daher widersinnig, unmöglich und dem Wesen und Begriff der Nationalität selbst entgegen, die Staaten in Nationalitäten aufzulösen und diese zur Basis neuer Staaten zu machen“ (zit. n. Schoeps 1981: 46).

Noch in der Mitte des 19. Jahrhunderts wollte die etatistische Idee vom nationalen Prinzip also nichts wissen. Sie insistierte auf der historischen und ethischen Priorität des Staates und sah in allen befreiungs- oder einigungsnationalistischen Strömungen nichts als eine gefährliche Verirrung. Für die ethno-kulturell motivierte Entwicklungsbahn „von der Nation zum Staat“ hatte sie weder Raum noch Begriff.

Staat, Nation, Schließung

Das etatistische Integrationsmodell war also bereits im frühen 19. Jahrhundert fest etabliert. Die deutsche Nationalbewegung vollzog, um Miroslav Hrochs Stufenmodell zu applizieren, den Übergang von der Phase nationalistischer Agitation zu der der Massenbewegung in den 1830er und 1840er Jahren (Hroch 1985: 22ff.).[2] Wir können davon ausgehen, dass um die Jahrhundertmitte höheres und niedrigeres Bürgertum mit nationalistischer Agitation in engere Berührung gekommen war und, wenn auch in variierenden Intensitäten, eine nationale Identität für sich entdeckt hatte. Dieser Prozess wurde vor allem durch die Einführung neuer Medien, wie etwa der neuen einbändigen Lexika für den Hausgebrauch, der populären Anthologien, die die Schätze der Nationalliteratur versammelten (siehe Wülfing/Bruns/Parr 1991: 14-17 und 96f.), und selbstverständlich durch das sich ausweitende Zeitungswesen vorangetrieben. Um diese Zeit herum begannen die Gebrüder Grimm mit der Publikation ihres berühmten Deutschen Wörterbuchs, dem wichtigsten Meilenstein in der Geschichte der Standardisierung der deutschen Schriftsprache seit der Bibelübersetzung Martin Luthers und ein Werk, das emphatisch als nationales Monument gedacht war. In der Einleitung zum ersten Band schrieb Jakob Grimm: „Deutsche geliebte landsleute, welches reichs, welches glaubens ihr seiet, tretet ein in die euch allen aufgethane halle eurer angestammten, uralten sprache, lernet und heiliget sie und haltet an ihr, eure volkskraft und dauer hängt in ihr.“ (Grimm/Grimm 1854: LXVII).

2 Das Hambacher Fest (1832) hatte bereits eine Menge von rund 25.000 mobilisiert. Am Vorabend der Revolution von 1848 waren rund 200.000 aktive Mitglieder in nationalistischen Turnvereinen und Sängerbünden organisiert (siehe Düding 1993).

„Welches reichs, welches glaubens ihr seiet ...“ – zur Mitte des Jahrhunderts konnte die ethno-kulturelle Version des deutschen Nationalismus es sich erlauben, erstaunlich inkludierend zu sein: Lerne die Sprache, mache sie dir zu Eigen, und sei ein Teil der Nation – eine Einladung zur Teilhabe, nicht weniger radikal als der politische Integrationsmechanismus, der die frühen Jahre der Französischen Revolution geprägt hatte. Es sind zu diesem Zeitpunkt also beide Integrationsmodi, die rationale Mitgliedschaft im Staat und die „natürliche“ Mitgliedschaft in der Nation, auf ihre Weise überraschend inklusiv – ein Umstand, der sich dramatisch ändern sollte, als ab 1871 die beiden Mitgliedschaftstypen zur Kongruenz gezwungen wurden.

Als Nationalstaat war das Deutsche Reich von 1871 unvollständig.[3] Weder war dieses kleindeutsche Gebilde jenes große Deutschland, das der romantische Nationalismus imaginiert hatte, noch war es ein nationaler Einheitsstaat, und schon gar nicht der Staat einer souveränen Nation; eher schon eine Föderation dynastischer Herrscher unter preußischem Vorsitz, eine funktionale Assoziation zur Förderung wirtschaftlicher und militärischer Machtentfaltung. Die Verfassung des Reichs war emphatisch föderal, die landsmannschaftlichen Identitäten so ausgeprägt, dass sogar das Militär nach landsmannschaftlichen Einheiten gegliedert blieb. So oszillierte das Reich unentschieden zwischen preußischem Etatismus und deutschem Nationalismus und korrumpierte am Ende das etatistische Erbe des Reformstaates ebenso wie die liberale Tradition der Nationalbewegung.

Bismarck selbst war Etatist, ein Nationalist allenfalls aus Opportunitätsgründen. Folglich behandelte sein Reich Angelegenheiten von Inklusion und Exklusion primär unter Gesichtspunkten des etatistischen Rationals von Loyalität und Illoyalität; das nationalistische Rational ethno-kultureller Homogenität war demgegenüber zweitrangig. Dementsprechend zielten die beiden großen Exklusionen der Ära auch auf interne Reichsfeinde, die Katholiken in der Kulturkampfära 1871 bis 1887, wo es vor allem um die Frage kirchlicher Schulen ging, sowie die Sozialdemokratie zur Zeit der Sozialistengesetze, die die Partei von 1878 bis 1890 in die Illegalität abdrängte.

Ab den späten 1880er Jahren allerdings griffen das Reich – und vor allem die preußischen Autoritäten – zusehends zu restriktiven Maßnahmen im Bereich von Immigration und Naturalisierung. Die Zielgruppe waren vor allem polnische Arbeiter, darunter zahlreiche Juden, die in vielen Fällen seit Jahrzehnten innerhalb der preußischen Grenzen gelebt hatten. Die bürokratischen Hürden, denen sich Naturalisierungswillige gegenüber sahen, wurden nahezu unüberwindlich. Es ist um diese Zeit herum, in den letzen Jahren der Kanzlerschaft Bismarcks, dass die etatistische und die ethnisch-nationalistische Traditionslinie zusammengezwungen werden, mit dem Effekt, dass die Politik der Mitgliedschaft erheblich rigider und

3 Man mag sogar argumentieren, dass das Reich zum Zeitpunkt seiner Gründung gar kein Nationalstaat war, sondern sich erst zu wenigstens einer Art Semi-Nationalstaat entwickelte, als in den folgenden Jahrzehnten breitere Gesellschaftsschichten begannen, es als legitimen Ausdruck der Nation zu akzeptieren (siehe Schieder 1961).

enger wurde, als sowohl die Tradition des romantischen Nationalismus als auch dic des preußisch-deutschen Etatismus, jeweils für sich genommen, diktiert hätte.

Die ethno-nationalistische Schließung, die Regierung und konservative Reichstagsmehrheit in den Beratungen des Staatsbürgergesetzes von 1913 favorisierten und durchsetzten, sollte allerdings nicht einfach im Sinne eines Sieges des romantisch-völkischen Nationalismus über die etatistische Tradition verstanden werden. Es handelt sich dabei eher um eine Kombination des völkischen Blutsprinzips mit dem etatistischen Loyalitätsprinzip, wobei das erstere als eine Art Proxy-Variable für das letztere einstand.[4] Das Ganze steht in engem Zusammenhang mit den imperialistischen Ambitionen, die das Wilhelminische Reich zu verfolgen begann. Vor 1913 war die Staatsbürgerschaft einer merkwürdigen Kombination aus *jus sanguinis-* und *jus soli*-Elementen gefolgt: Man erwarb die Staatsbürgerschaft in der Regel qua Abstammung, aber verlor sie im Falle dauerhafter territorialer Abwesenheit – ein negatives *jus soli*-Element also, das Abwesenheit als Nachweis mangelnder Loyalität wertete. Als freilich das Reich „zahlreiche formelle und noch zahlreichere informelle imperialistische Außenposten erworben hatte, wo Deutsche und Nicht-Deutsche deutscher Abstammung eine wichtige Rolle als Agenten deutscher wirtschaftlicher und politischer Interessen spielten" (Mommsen 1996: 130), wurde die Praxis, Abwesenheit vom Reichsterritorium mit dem Entzug der Bürgerschaftsrechte zu bestrafen, dysfunktional.

Es ist in diesem Zusammenhang, dass das Gesetz von 1913 nicht nur die Drohung mit dem Entzug der Mitgliedschaftsrechte in Folge dauerhafter Abwesenheit abschaffte, sondern darüber hinaus das Deutschtum zu etwas machte, was von Generation zu Generation übertragen werden konnte, ohne dass die Reichsbürger je einen Fuß auf das Reichsterritorium zu setzten brauchten. Der reine Geist des *jus sanguinis* im Gesetz von 1913 sollte also am besten als die Anpassung der etatistischen wie der völkisch-nationalen Tradition an einen neuen, imperialen sozio-politischen Kontext interpretiert werden. Die wichtigsten Variablen, die diese neue historische Situation kennzeichneten und auf die das ethnische Reinheitsgebot von 1913 antwortete, sind erstens die ansteigende Arbeitsmigration ins Reich, die als Folge eines slawischen und jüdischen „Drangs nach dem Westen" interpretiert wurde; zweitens der Wunsch, jene ethnisch Deutschen, die seit langem im Osten und Südosten Europas gesiedelt hatten, wenigstens formal ins Reich zu inkorporieren; und drittens die Einsicht, dass die ethnisch Deutschen in Übersee eine wichtige Funktion als Außenposten des Reichs erfüllten und daher keinem Illoyalitätsverdacht ausgesetzt werden sollten. Einmal zur Kongruenz gebracht, organisierten so das ethno-nationale und das etatistische Prinzip die Entkoppelung des Eigen-

4 Der Gedanke, dass blutsmäßige Bindung ein besonderes Loyalitätsverhältnis begründe, hat sich übrigens bis heute gehalten. „Dem Territorialprinzip wurde es auch deshalb vorgezogen, weil es geeigneter erschien, staatliche Eigenart zu wahren. Für den Abstammungsgrundsatz sprach die begründete Vermutung natürlich gewachsener Loyalität zum Staat über das abstammungsbedingte Angehörigkeitsverhältnis zur Familie," heißt es in einem von Prof. Dr. Birkhardt Ziemske aus Erlangen verfassten Beitrag über „Die Staatsangehörigkeit in der Reformdiskussion", auf der Web-Seite des CSU-Kreisverbandes Schwabach (www.csu-schwabach.org/topthemen/ziemske.html).

schaftsraumes „deutsch" von den territorialen Begrenzungen des Reichs. Wenn freilich das Deutschsein, durch Abstammung askribiert, unverlierbar wird, dann muss das Gleiche in umgekehrter Richtung gelten: Der Erwerb des Deutschtums wird nahezu unmöglich.

Das Gesetz von 1913 mit seiner Zusammenführung von etatistischen und ethnonationalen Prinzipien markiert die entscheidende Weichenstellung in der Geschichte der deutschen Staatsangehörigkeit. Wir können es uns daher erlauben, hinsichtlich der Weimarer Republik und des Nazi-Reiches kursorisch zu verfahren und es bei einigen knappen Beobachtungen zu belassen:

- Die Beamten des Wilhelminischen Reiches sind von Historikern oftmals dafür gelobt worden, dass sie, wenngleich widerwillig, die Republikanisierung Deutschlands 1918/19 akzeptierten und sich gegenüber der Reichsregierung im Großen und Ganzen loyal verhielten. Es sollte allerdings vermerkt werden, dass diese Loyalität dem abstrakten Staat und nicht der konkreten republikanischen Ordnung galt. Hagen Schulze (1982: 107) zitiert und paraphrasiert als Beispiel den Baron v. Stein, bekennender Monarchist und leitender Beamter vor wie nach dem Krieg, der offen bekannte, ihm „sei es ‚bitter sauer' geworden ‚Seite an Seite mit Menschen zu arbeiten, die bisher auf der anderen Seite des Grabens gestanden hatten.' Er habe sich aber in dem Bewußtsein überwunden, ‚daß über der Staatsreform etwas Höheres steht: der Staat selbst.'"
- Dieselbe Staatsloyalität wirkte zugunsten des Hitler-Reichs nach der Machtergreifung vom 30. Januar 1933. Systematische Säuberungen des bürokratisch-administrativen Apparats beschränkten sich auf die vergleichsweise kleine Zahl republikanischer Beamter, die in den Jahren der Weimarer Republik ernannt worden waren, sowie auf die Ränge der politischen Beamten. Aus Rücksicht auf den Koalitionspartner wurden die entlassenen Republikaner zunächst nicht durch Nationalsozialisten, sondern durch Klienten der DNVP ersetzt, die demselben Pool entstammten wie die Beamten der Kaiserzeit.
- Es ist ferner bemerkenswert, dass das erste antisemitische Gesetz der NS-Regierung vom April 1933 in der Form eines „Gesetzes zur Wiederherstellung des Berufsbeamtentums" daherkam. Das Gesetz war zweischneidig formuliert in einer Weise, die neuerlich die exkludierenden Effekte der Kombination von etatistischen Loyalitäts- mit ethnisch-rassistischen Prinzipien demonstriert. Es zielte einerseits auf die Exklusion von Juden im Staatsdienst, obgleich auf Reichspräsident Hindenburgs Insistieren hin zunächst eine Ausnahme für jüdische Kriegsveteranen gemacht wurde, und andererseits auf die republikanischen Staatsdiener, die als „Parteibuchbeamte" diffamiert wurden. Das Gesetz verband also das rassistische Rational völkischer Reinheit mit dem etatistischen Rational, demzufolge die Beamtenschaft eine Sphäre außer- und oberhalb von Eigeninteresse und politischem Partikularismus einnehmen solle. Der Umstand, dass Hindenburg in dieser frühen Phase der Nazi-Herrschaft noch in der Lage war, eine Ausnahme für jene jüdischen Beamten durchzusetzen, die ihre Staatsloyalität im Krieg bewiesen hatten, unterstützt nur diese Interpretation.

- Eines der konsistenten Merkmale der NS-Propaganda seit ihren frühesten Jahren war die Identifikation von angeblicher Illoyalität und mangelndem Deutschtum. Für die Nazis waren alle, die sie als Staatsfeinde empfanden – Demokraten, Sozialisten, Kommunisten – Juden, ohne Ansehen ihres Glaubens, wie umgekehrt alle Juden umstandslos zu Bolschewisten, Kommunisten, Verrätern, also Feinden des Staates erklärt wurden. In ganz ähnlicher Weise identifizierte das Reichsbürgergesetz vom 15. September 1935 die beiden Mitgliedschaftsbedingungen, Blut und Loyalität, miteinander. In Paragraph 2, Abschnitt 1 heißt es: „Reichsbürger ist nur der Staatsangehörige deutschen oder artverwandten Blutes, der durch sein Verhalten beweist, dass er gewillt und geeignet ist, in Treue dem deutschen Volk und Reich zu dienen." Die Fusion von loyalitätsgebundener Staatsmitgliedschaft und ethno-kulturell und rassistisch definierter Mitgliedschaft in der Nation war ein Jahrhundert lang in Vorbereitung, hier war sie zu ihrem Ende geführt.

Restauration und Öffnung der etatistisch-ethno-kulturellen Nation

Nach dem Zweiten Weltkrieg und der Formierung zweier ideologisch antagonistischer deutscher Staaten kehrten Nation und Staat zu dem zurück, was in Deutschland ihr Normalzustand war, nämlich Inkongruenz. Die Bundesrepublik, von Bolschewistenangst geschoben und gezogen von den materiellen Belohnungen des Kapitalismus und der Adenauerschen Politik der Westintegration, wurde endlich ein nahezu vollständig westeuropäischer Staat – ohne allerdings den Dualismus von etatistischen und ethno-kulturellen Ein- und Ausgrenzungsmechanismen aufzugeben.

Gegen den Widerstand der Alliierten vermochten Regierung und Parlament des neuen Weststaates eine nahezu vollständige Restauration des alten Beamtentums durchzusetzen (siehe Wunder 1986: 149-167; Frei 1999: 69-99), einschließlich der Verpflichtung zu politischer Zurückhaltung und Verfassungstreue, der Ernennung auf Lebenszeit und des Streikverbots. Der Aspekt der Überwachung politischer Überzeugungen unter den Beamten wurde durch den Radikalenerlass von 1972 dramatisch akzentuiert.

Ebenso wie das etatistische Loyalitätsdispositiv, wurden die ethno-kulturelle Nationsauffassung und das *jus sanguinis* als Grundlage der Staatsbürgerschaft restauriert, mit den folgenden Resultaten: Einerseits wurde nach den imperialistischen und rassistischen Exzessen der Nazi-Ära das ethno-kulturelle Prinzip der Mitgliedschaft qua Abstammung von einem Instrument territorialer Ausdehnung zu einem der territorialen Konzentration umgemünzt – trotz aller Bekenntnisse zur Wiedervereinigung und der zunehmend obstinaten Insistenz auf der Fortexistenz des deutschen Reiches in den Grenzen von 1937. Im Gegensatz zum Wilhelminischen Reich benutzte die Bundesrepublik das *jus sanguinis* nicht dazu, ihre Staatsbürgerschaft über ihre Staatsgrenzen hinaus auszudehnen, sondern umgekehrt dazu, die ethnisch Deutschen, die durch Krieg und Grenzveränderung heimatlos oder zum Gegenstand systemischer Unterdrückung geworden waren, innerhalb ihres Territoriums zu akkommodieren. Daneben diente das *jus sanguinis* wie gehabt als Schutzschild zur Erhaltung der ethnischen Reinheit, sowohl durch Restriktion von Immigration als auch durch hohe Naturalisierungshürden für ausländische Einwohner.

Oberflächlich betrachtet scheint es so, als habe bis 1998 in Bezug auf nationale Identität, Etatismus und Staatsbürgerschaft ostentativer Stillstand geherrscht. Darunter allerdings haben sich administrative Handhabung und politisch-kulturelle Wahrnehmung dieser Angelegenheiten durchaus an sich verändernde sozio-politische Kontexte angepasst. Einerseits ist das ethno-nationale Dispositiv zusehends in Konflikt mit den alltagsweltlichen Erfahrungen in einer immer diverser werdenden Gesellschaft geraten, und andererseits haben wirtschaftliche Globalisierung und europäische Integration zur Entzauberung des Staates beigetragen, in dem sie seine schwindenden regulativen und redistributiven Fähigkeiten augenscheinlich machten. Die administrativen Erleichterungen der Naturalisierung seit den frühen neunziger Jahren, das Institut einer europäischen Staatsbürgerschaft, die deutsche Reform von 1999 und die jüngsten Debatten um die Formulierung einer deutschen Einwanderungspolitik sind Ausdruck einer – wenn auch konfliktgeladenen und reibungsreichen – institutionellen Anpassung an sich verändernde Rahmenbedingungen.

Um zu unserem Ausgangspunkt zurückzukehren: Das Scheitern des ursprünglichen Gesetzespakets zur Reform der Staatsbürgerschaft vom Herbst 1998 kann nicht vollständig mit der Unwilligkeit des konservativen Spektrums erklärt werden, sich endlich vom Dualismus der etatistischen und der ethno-nationalen Tradition zu lösen. Was ebenso zum Scheitern beitrug, war die innere Inkonsistenz des rot-grünen Vorschlags. Dieser forderte einerseits – und zu Recht – dass die Deutschen sich von einem veralteten ethno-kulturellen Integrationsmodus verabschiedeten, und begründete die Akzeptanz doppelter Staatsbürgerschaften gleichzeitig mit ethno-kulturellen Erwägungen: Die Aufgabe der ursprünglichen Staatsbürgerschaft, so wurde argumentiert, komme einer kulturellen Entwurzelung gleich und bedeute daher eine unzumutbare Härte für naturalisierungswillige Immigranten. Diese Position macht freilich nur Sinn, wenn man von einer Identität von kultureller Bindung und Staatszugehörigkeit ausgeht – und gerade diese Identität ist es, die in einer zeitgemäßen Konzeption von Staatsbürgerschaft als *citizenship* keinen Platz hat.

Literatur

Düding, Dieter 1993: Die deutsche Nationalbewegung im 19. Jahrhundert: Ein Porträt ihrer Physiognomie, in: Krüger, Peter (Hg.): *Deutschland, deutscher Staat, deutsche Nation. Historische Erkundungen eines Spannungsverhältnisses*, Marburg: Hitzeroth, S. 71-84

Frei, Norbert 1999: *Vergangenheitspolitik. Die Anfänge der Bundesrepublik und die NS-Vergangenheit*, München: Deutscher Taschenbuchverlag

Grimm, Jacob/Grimm, Wilhelm: *Deutsches Wörterbuch, Erster Band*, Leipzig: Verlag von S. Hirzel

Hegel, Gottfried Wilhelm Friedrich 1821: *Grundlinien der Philosophie des Rechts*. Hg. und mit einer Einleitung von Helmut Reichelt, basierend auf dem Text der 1. Aufl., Frankfurt a. M. et al.: Ullstein, 1972

Hroch, Miroslav 1985: *Social Preconditions of National Revival in Europe: A Comparative Analysis of the Social Composition of Patriotic Groups among Smaller European Nations*, Cambridge: Cambridge University Press

Kvistad, Gregg O. 1998: „Segmented Politics: Xenophobia, Citizenship, and Political Loyalty in Germany," in: Finzsch, Norbert/Schirmer, Dietmar (Hg.): *Identity and Intolerance: Nationalism, Racism, and Xenophobia in Germany and the United States*, Cambridge: Cambridge University Press, S. 43-70

Kvistad, Gregg O. 1999: *The Rise and Demise of German Statism: Loyalty and Political Membership*, New York/Oxford: Berghahn

Mommsen, Wolfgang J. 1996: Nationalität im Zeichen offensiver Weltpolitik. Das Reichs- und Staatsangehörigkeitsgesetz vom 22. Juni 1913, in: Nettling, Manfred/Nolte, Paul (Hg.): *Nation und Gesellschaft in Deutschland. Historische Essays*, München: C.H. Beck Verlag, S. 128-141

Müller, Adam von 1839: Von der Notwendigkeit einer theologischen Grundlage der gesamten Staatswissenschaften und Staatswirtschaft insbesondere (1819), in: ders.: *Gesammelte Schriften. Erster Band*, München: Georg Franz, S. 1-72

Schieder, Theodor 1961: Das deutsche Kaiserreich von 1871 als Nationalstaat, in: *Aus Politik und Zeitgeschichte. Beilage zur Wochenzeitung Das Parlament* 11, 18.1., S. 17-24

Schoeps, Hans-Joachim 1981: *Das andere Preußen. Konservative Gestalten und Probleme im Zeitalter Wilhelm IV.*, Berlin: Haude & Spener.

Schulze, Hagen 1982: *Weimar. Deutschland 1917-1933* (Die Deutschen und ihre Nation, Bd. 4), Berlin: Siedler Verlag.

Vierhaus, Rudolf 1983: Liberalismus, Beamtenstand und konstitutionelles System, in: Schieder, Wolfgang (Hg.): *Liberalismus in der Gesellschaft des deutschen Vormärz*, Göttingen: Vandenhoeck & Ruprecht, S. 39-54

Wehler, Hans-Ulrich 1987: *Von der Reformära bis zur industriellen und politischen „Deutschen Doppelrevolution" 1815–1845/59* (Deutsche Gesellschaftsgeschichte, Bd. 2), München: Verlag C.H. Beck

Wülfing, Wulf/Bruns, Karin/Parr, Rolf 1991: *Historische Mythologie der Deutschen 1789–1918*, München: Wilhelm Fink Verlag

Wunder, Bernd 1986: *Geschichte der Bürokratie in Deutschland*, Frankfurt a. M.: Suhrkamp

Föderation versus Konföderation in Europa
Zur Bedeutung der politischen Sprache der Bundesrepublik Deutschland am Ende des 20. Jahrhunderts

Christa Lang-Pfaff

Welche Grundlagen und Rahmenbedingungen gelten für die politische Sprache Deutschlands, wenn die deutsche Perzeption und Politik zur Organisation des *neuen Europa* am Ende des zwanzigsten Jahrhunderts Gegenstand der Untersuchung sind? Europa, das mit *Gesamteuropa,* dem *ganzen Europa* oder *unserem Kontinent Europa* umschrieben und – nicht nur in Anlehnung an de Gaulle – *vom Atlantik bis zum Ural* gedacht wurde. In der Außen- und Sicherheitspolitik war es auch das *Europa von Vancouver bis Wladiwostok* oder *von Sizilien bis zum Nordkap.* Immer war es Europa, von dessen Kriegen, Mitte und Grenzen die *deutsche Frage,* das *deutsche Problem* ausgingen. Europa widersetzte sich auf allen Seiten jahrzehntelang einer *europäischen Friedensordnung* und thematisierte sie gleichzeitig als notwendigen Entspannungsprozess. Europa interpretierte seine politische *Teilung, Trennung* oder *Spaltung* als zwingende Folgen von *Jalta* oder *Potsdam* (vgl. Hoffmann/Ripper 1984: 304, 316, 118), versuchte sie mit *Realitäten der Nachkriegsordnung* zu rechtfertigen.

In den achtziger Jahren erregte die Bundesrepublik und die europäische Staatenwelt ein Streit um die *offene* oder *geschlossene deutsche Frage*, den der italienische Außenminister Andreotti vom Zaun brach, nachdem Honecker 1984 seinen Besuch in der Bundesrepublik auf Druck Moskaus (Korte 1998: 220) abgesagt hatte. Angesichts des 1985 bevorstehenden Gedenkens an „40 Jahre deutsche Kapitulation“ eskalierte der Meinungsstreit darum, was *bleibende* Realitäten der Nachkriegsordnung sein sollten, und welcher Rang dem ausstehenden Friedensvertrag im Verhältnis zum Deutschlandvertrag, Moskauer Vertrag, Warschauer Vertrag und Grundlagenvertrag mit der DDR zukäme. Andreotti widerrief den Vorwurf des „Pangermanismus“, den er mit seiner Polemik zur bleibenden Realität der zwei deutschen Staaten verknüpft hatte (AdG 1984: 28146). Der *Friedensvertragsvorbehalt* wurde im Februar 1985 als fortgeltende deutsche Rechtsposition im Bericht zur Lage der Nation im geteilten Deutschland festgeschrieben (DBT 1985: 9012B). 1985 war das Jahr, in dem Gorbatschow in der UdSSR an die Macht kam und in dem sich die Repräsentanten von 35 europäischen und nordamerikanischen Staaten zum feierlichen zehnjährigen Jubiläum der „Schlussakte von Helsinki“ der Konferenz über Sicherheit und Zusammenarbeit in Europa (vgl. Die KSZE: 3-33) erneut in Helsinki trafen.

Das frühe KSZE-Europa hatte den „KSZE-Prozess“ geschaffen und ein umstrittenes, doch einzigartiges Dokument „europäischer Staatskunst“ (Genscher 2001: 3f.) über den *Eisernen Vorhang* gestellt. Dieser bezeichnete die waffenstarrende

Grenze zwischen *NATO-Europa* und *Warschauer-Pakt-Europa* und war seit 1945/46 Metapher und Symbol für das besiegte und geteilte Deutschland und Europa. Die Metapher vom Eisernen Vorhang bezog ihre Kraft und Wirkung aus deutschen und britischen Quellen, wurde über Jahrzehnte so sehr Ansatzpunkt für Europarhetorik auf höchster Ebene, dass in der Bundesrepublik etwas entstehen konnte, was ich „europapolitische Opportunitätsrhetorik" nennen und einem später entstehenden Typus, der „europäischen Kooperationsrhetorik", gegenüberstellen werde. Kennzeichnend für Opportunitätsrhetorik ist, dass sie auf höchster Ebene wirksam, dort aber nicht Teil der in Verhandlungssystemen konsensual entwickelten, über *Mechanismen* und *Fahrpläne* verfahrensgebundenen offiziellen *Dialog*-Politiken in festgelegten *Rahmen* wurde. Kern der Kooperationsrhetorik war die Forderung, „Kooperation statt Konfrontation" zwischen den Weltmächten und auf dem *europäischen Kontinent* durch „neue Formen kooperativer Sicherheitspolitik" zu ermöglichen sowie „die Chancen des ‚konstruktiven Parallelismus' zu nutzen, der aus der Existenz von bilateralen Verhandlungen einerseits und multilateralen Verhandlungsforen andererseits erwächst. Es liegt in unserem gemeinsamen Interesse, daß diese parallelen Verhandlungsstränge immer dichter aneinanderrücken" (Genscher 1988: 192).

Für die politische Bedeutung der Metapher vom Eisernen Vorhang ist sinngebend, dass nicht, wie vielfach angenommen, Churchill, vielmehr Goebbels ihr Urheber war. Goebbels hatte sie am 25. Februar 1945 in einem Leitartikel für die Wochenzeitung „Das Reich" verwendet.[1] Am 2. Mai 1945 gab der damalige Reichsfinanzminister Graf Lutz Schwerin von Krosigk in einer Rundfunkansprache bekannt, „daß ihn Großadmiral Dönitz (...) mit der Führung der auswärtigen Angelegenheiten betraut habe. Er sagte wörtlich: ‚Die Welt widerhallt vom Waffenlärm (...) Auf den Straßen des noch unbesetzten Deutschlands zieht ein großer Strom verzweifelten und hungernden Volkes westwärts, verfolgt von Kampfbombern in ihrer Flucht vor einem unbeschreiblichen Terror. Im Osten rückt ein eiserner Vorhang unablässig vorwärts, hinter dem die Welt das vor sich gehende Zerstörungswerk nicht erkennen kann.'" (AdG, 2. Mai 1945: 210A).[2]

Churchill übernahm die Metapher vor der deutschen Kapitulation, obgleich „(v)on *offiziöser englischer Seite* laut Exchange bekanntgegeben (wurde)", dass die Rede Schwerin von Krosigks „den denkbar schlechtesten Eindruck in englischen

1 In dem Leitartikel hieß es: Von den „drei feindlichen Staatsmännern" hätten zwei, Churchill und Roosevelt, leere Gehirne, während der dritte, Stalin, zielgerichtet den gesamten Erdball unter die „Diktatur der Moskauer Internationale" bringen möchte. Zunächst würden die Sowjets, auch nach den Abmachungen (von Jalta), ganz Ost- und Südosteuropa zuzüglich des größten Teiles des deutschen Reiches besetzen. „Vor diesem einschließlich der Sowjetunion riesigen Territorium würde sich sofort ein eiserner Vorhang heruntersenken, hinter dem dann die Massenabschlachtung der Völker (...) begänne. (...) Das übrige Resteuropa würde in chaotische politische und soziale Wirren verfallen, die nur das vorbereitende Stadium der darauf folgenden Bolschewisierung darstellten. Das Leben und der Aufenthalt in diesen Ländern würde zur Hölle werden, was ja auch der Zweck der Uebung wäre" (Goebbels 1945: 1).
S. a. „Goebbels – nicht Churchill", Leserbrief von Ulrich Höver, Bonn, in: *FAZ*, 10.4.1990, 12

2 Ein anderer Leserbrief am gleichen Ort (s. Fußn. 1), von Prof. Dr. Peter Franke aus Saarbrücken, schreibt auf Grund dieser Rede statt Goebbels dem kurzzeitigen Außenminister der letzten NS-Regierung die Urheberschaft der Metapher zu.

Regierungskreisen gemacht habe. Es sei unbegreiflich, daß die deutsche Diplomatie die einfachsten Dinge noch immer nicht begriffen habe und daran festhalte, man könne den Bolschewismus als Schreckgespenst gegenüber Großbritannien und den Vereinigten Staaten verwenden" (ebd.). Er gebrauchte sie – als britischer Premierminister – noch vor dem 7./8. Mai 1945 in einem Telegramm an den Präsidenten der Vereinigten Staaten, Truman, und schrieb sich selbst die Urheberschaft zu: „In jenen Tagen sandte ich Präsident Truman ein Telegramm, in dem ich das Schlagwort vom ‚Eisernen Vorhang' prägte. Von allen Dokumenten, die ich dieser Frage halber geschrieben habe, möchte ich am liebsten nach diesem beurteilt werden" (Churchill 1985: 1079). An Truman schrieb Churchill: „Ein eiserner Vorhang ist vor ihrer (der sowjetischen, C. L.-P.) Front niedergegangen. Was dahinter vorgeht, wissen wir nicht. Es ist kaum zu bezweifeln, daß der gesamte Raum östlich der Linie Lübeck-Triest-Korfu schon binnen kurzem völlig in ihrer Hand sein wird. Zu alldem kommen noch die weiten Gebiete, die die amerikanischen Armeen zwischen Eisenach und der Elbe erobert haben, die aber, wie ich annehmen muß, nach der Räumung durch Ihre Truppen in ein paar Wochen gleichfalls der russischen Machtsphäre einverleibt sein werden. General Eisenhower wird alle nur möglichen Maßnahmen treffen müssen, um eine zweite Massenflucht der Deutschen nach Westen zu verhindern, wenn dieser enorme moskowitische Vormarsch ins Herz Europas erfolgt. Und dann wird der Vorhang von neuem bis auf einen schmalen Spalt, wenn nicht gänzlich niedergehen. Damit werden uns russisch besetzte Gebiete von vielen Hundert Kilometern Tiefe wie ein breites Band von Polen abschneiden" (ebd.: 1080).

Am 5. März 1946 hielt Churchill – inzwischen Oppositionsführer – eine mit Sorgfalt vorbereitete Rede am Westminster College in Fulton, Missouri, die weltbekannt werden sollte (ebd.: 1102-1105). *Eiserner Vorhang* blieb ein viel verwendeter politischer Topos, bis er 1989 in Wien vom sowjetischen Außenminister Schewardnadse als „rostig geworden" bezeichnet (vgl. Genscher 1989a: 302) und von Gorbatschow am 6. Mai 1992 im Westminster College in Fulton, Missouri, im Gedenken an Churchill „geschlossen" wurde (Gorbatschow 1992). Zu Churchills Fulton-Rede heißt es von englischer Seite: „This speech may be regarded as the most important Churchill delivered as Leader of the Opposition (1945-1951). It contains certain phrases –‚the special relationship', ‚the sinews of peace' – which at once entered into general use, and which have survived. But it is the passage on ‚the iron curtain' which attracted immediate international attention, and had incalculable impact upon public opinion in the United States and in Western Europe. Russian historians date the beginning of the Cold War from this speech. In its phraseology, in its intricate drawing together of several themes to an electrifying climax – this speech may be regarded as a technical classic" (in: Churchill 1974: 7285).

War und ist diese Klimax der Grund für die Instrumentalisierung vor allem zweier Reden Churchills aus dem Jahr 1946 durch die Bundesrepublik? In der Rede „The Tragedy of Europe" vom 19. September 1946, die nach dem Ort des Vortrags als „Zürcher Rede“ bekannt ist, widmete Churchill zentrale Passagen einer „Vision“, den zu errichtenden *Vereinigten Staaten von Europa.* Schon seit Ende des 19. Jahrhunderts belebte diese Vorstellung die Debatten zur Zukunft Europas (vgl. Kühnhardt 1993). Nun gab ihr Churchill neue Impulse und lieferte den Deutschen und Westeuropa Stichworte von entscheidender Bedeutung. Die Bundesrepublik wählte seither die Zürcher Rede zum Grundmuster ihrer europapolitischen Sprache, das sie mit der Klimax der Fulton-Rede kombinierte. Stets war der Adressat Westeuropa. Um eine Erklärung dafür zu finden, soll diese Rede in größeren Ausschnitten zitiert werden: „I wish to speak to you today about the tragedy of Europe. This noble continent, comprising on the whole the fairest and the most cultivated regions of the earth, enjoying a temperate and equable climate, is the home of all the great parent races of the western world. It is the fountain of Christian faith and Christian ethics. It is the origin of most of the culture, arts, philosophy and science both of ancient and modern times. If Europe were once united in the sharing of its common inheritance, there will be no limit to the happiness, to the prosperity and glory which its three or four hundred million people would enjoy. Yet it is from Europe that have sprung that series of frightful nationalistic quarrels, originated by the Teutonic nations, which we have seen even in the twentieth century and in our lifetime, wreck the peace and mar the prospects of all mankind. And what is the plight to which Europe has been reduced? (...) Yet all the while there is a remedy which, if it were generally and spontaneously adopted, would as if by a miracle transform the whole scene, and would in a few years make all Europe, or the greater part of it, as free and as happy as Switzerland is to-day. What is this sovereign remedy? It is to re-create the European Family, or as much of it as we can, and provide it with a structure under which it can dwell in peace, in safety and in freedom. We must build a kind of United States of Europe. (...) I am now going to say something that will astonish you. The first step in the recreation of the European family must be a partnership between France and Germany. In this way only can France recover the moral leadership of Europe. There can be no revival of Europe without a spiritually great France and a spiritually great Germany. The structure of the United States of Europe, if well and truly built, will be such as to make the material strength of a single state less important. Small nations will count as much as large ones and gain their honour by their contribution to the common cause. The ancient states and principalities of Germany, freely joint together for mutual convenience in a federal system, might each take their individual place among the United States of Europe. I shall not try to make a detailed programme (...) But I must give you a warning. Time may be short. At present there is a breathing-space. The cannon have ceased firing. The fighting has stopped; but the dangers have not stopped. If we are to form the United States of Europe or whatever name or form it may take, we must begin now“ (Churchill 1974: 7379ff.).

Bedenkt man die enge zeitliche, thematische und politische Verbindung zwischen den deutschen und den britischen Quellen, so dürfte das Hauptmotiv nicht dem Interesse am bilateralen Kontext entspringen, sondern der Suche nach einem politischen, europäisch und rhetorisch wirksamen Gegengewicht zur bedingungslosen Kapitulation. Denn beide Reden Churchills erwiesen sich als hervorragende Anschluss- und Verbindungsstücke zu Europa-Debatten der ersten wie der zweiten Jahrhunderthälfte. Vor allem eigneten sie sich zum Überwinden von Tabuzonen, da der deutsche Ursprung der Metapher *Eiserner Vorhang* und ihr propagandistischer Gebrauch schon vor der deutschen Kapitulation keine beschämende Rolle mehr für die Bundesregierung spielten, nachdem zwei Staatsmänner vom Range Churchills und de Gaulles Deutschland bei aller Schuld so offensichtlich „die Hand reichten", weil ihr Hass auf die Deutschen sich gewandelt hatte. Von der Bundesregierung wie überhaupt seitens der Bundesrepublik wurde dabei die vorgebliche Urheberschaft Churchills nie in Frage gestellt.

Nun genügte die Verkürzung auf eine einzelne prominente britische oder französische Sicht vom künftigen Stellenwert Deutschlands in der *europäischen Familie* (European family) im geteilten Europa. In auffallend ähnlicher Weise hatten beide, de Gaulle und Churchill, ihre innere Wandlung beim Anblick des zerstörten Deutschlands zum Ausdruck gebracht: „Seit Deutschland den Kampf aufgegeben hatte, war mein Haß verflogen" (Churchill 1985: 1088), und: „Im übrigen zweifelte ich kaum daran, daß Deutschland geteilt bleiben würde und daß Sowjetrußland gerade jenes Stück deutscher Erde, von dem der Drang nach Osten, nach dem ‚Lebensraum' ausgegangen war, in sein Ermessen gestellt sehen wollte. So spürte ich inmitten der Ruinen, der Trauer, der Demütigungen, die nun über Deutschland gekommen waren, in mir Mißtrauen und Härte schwinden. Ja, ich glaubte Möglichkeiten der Verständigung zu erkennen, wie sie sich vorher niemals geboten hatten" (de Gaulle 1961: 484).[3] Beide Staatsmänner hatten ihre „Visionen" von Europa „for mutual convenience" mit föderativen Vorstellungen für Deutschland und konföderativen für Europa verbunden und in deren Zentrum die deutsch-französischen Beziehungen, aber auch die moralische Führungsrolle Frankreichs gerückt.

Am 26. Juli 1945, noch während der Potsdamer Konferenz, trat Churchill zurück. Doch erst 1990 trat die Schattenseite seiner von den Deutschen so weidlich genutzten Reden hervor. Nun waren es die Passagen zur deutschen Schuld und notwendigen Bestrafung, wobei nach Churchills Auffassung in Anlehnung an Gladstone am Ende „ein gesegneter Akt des Vergessens" stehen sollte: „We all know that the two world wars through which we have passed arose out of the vain passion of a newly-united Germany to play the dominating part in the world. In this last struggle crimes and massacres have been committed for which there is no parallel (...) and no equal at any time in human history. The guilty must be

3 Im Original: „D'ailleurs, je ne doutais guère qu'elle (la nation allemande, C.L.-P.) dût rester coupée en deux et que la Russie soviétique voulût garder à sa discrétion le morceau des terres germaniques d'où justement étaient parties les impulsions vers ‚l'espace vital'. Ainsi, au milieu des ruines, des deuils, des humilations, qui submergeaient l'Allemagne à son tour, je sentais s'atténuer dans mon esprit la méfiance et la rigueur. Même, je croyais apercevoir des possibilités d'entente que le passé n'avait jamais offertes." (de Gaulle 1973: 242)

punished. Germany must be deprived of the power to rearm and make another aggressive war. But when all this has been done, as it will be done, as it is being done, there must be an end to retribution. There must be what Mr. Gladstone many years ago called ‚a blessed act of oblivion'. We must all turn our backs upon the horrors of the past. We must look to the future" (Churchill 1974: 7380f.). Hatte Churchill in Zürich „a newly-united Germany to play the dominating part in the world" noch im Rückblick auf Bismarck gebrandmarkt, so war diese Frage jetzt gefährlich. Die Opportunitätsrhetorik der Bundesrepublik ließ erkennen, dass sie nicht für den Anlass stand, aus dem sie erfolgte, sondern für den Zweck, die Erinnerung an die bedingungslose Kapitulation – hinter der auch das Trauma von Versailles – stand, abzuschwächen. Das Mittel konsequenter Vereinfachung, Umdeutung und Verkürzung bis hin zur demokratietheoretisch unterlegten Fantasie sollte den souveränitätspolitischen Raum Deutschlands gegenüber Westeuropa schützen.

Bis zum Ende des zwanzigsten Jahrhunderts wurde Churchills Formel von den zu errichtenden Vereinigten Staaten von Europa in der Bundesrepublik zitierend, verweisend und gedenkend in Anspruch genommen. Ein und derselbe Akteur konnte sie innerhalb kurzer Zeit gegensätzlich – also beliebig – verwenden, sei es für eine *europäische Föderation* oder dagegen, sei es zur Befürwortung einer *Konföderation*, zur Ablehnung eines *europäischen Superstaates* oder zur Wünschbarkeit bzw. Fragwürdigkeit von *Vereinigten Staaten von Europa* an sich; sei der Rhetor Bundespräsident oder Bundeskanzler, Außenminister, Staatssekretär, Bundestagsabgeordneter oder Ministerpräsident eines Landes. Mit erstaunlicher Widersprüchlichkeit konnten Repräsentanten der Bundesrepublik Bruchstücke der beiden Reden Churchills in westeuropäischen Hauptstädten zur Geltung bringen.

Sie schöpften eine Sicherheit daraus, dass sie fast ausschließlich Persönlichkeiten zu rhetorischen Vorbildern für das künftige Europa wählten, die im 19. Jahrhundert geboren wurden. Sie entlehnten deren Zitate – von Ausnahmen abgesehen – den zwanziger, dreißiger, vierziger und fünfziger Jahren. Zur Auswahl standen neben Bismarck (1815-1898) Robert Schumann (1886-1963), Winston Churchill (1874-1965), Thomas Mann (1875-1955), Konrad Adenauer (1876-1967), Alcide de Gasperi (1881-1954), Jean Monnet (1888-1979), Charles de Gaulle (1890-1970) und andere. Es war also nicht nur die Sicht Adenauers und seine Interpretation von deutscher Identität als Westeuropäer, die hier über Jahrzehnte fortgeschrieben wurde. Die entlehnte, sinnvariierende Opportunitätsrhetorik erwies sich generell als Schutzschild für deutsche politische Sprache in Europa, für Sprache als Probehandeln im *Europa zweier von Deutschland verursachter Weltkriege*, für Sprache, mit der sich über alle Jubiläen und Gedenktage hinweg das Trauma der bedingungslosen Kapitulation Deutschlands souveränitätspolitisch neutralisieren ließ. Das ist die Substanz dessen, was ich unter europapolitischer Opportunitätsrhetorik und ihrer Anschlussleistung verstehe, die letztlich im Rückwärtsgang über den Zweiten und Ersten Weltkrieg hinweg am Ende des 19. Jahrhunderts bei Bismarck endete.

Diese Zeitspanne enthielt ein breit gefächertes Angebot aller nur denkbaren europäischen Kontroversen zu einem neuen Europa, zu den Vereinigten Staaten von Europa im Kontext der Vereinigten Staaten von Amerika, zu *Mitteleuropa*, zu *Zwischeneuropa* (vgl. Wirsing 1932), zu politischen und natürlichen *Grenzen* (siehe Demandt 1993), zur *Reichweite Europas* insgesamt; zur *Germanisierung Europas* oder *Europäisierung Deutschlands* mittels *großer* oder *kleiner Konföderationen*. Sie schloss die von Coudenhove-Kalergi 1923 ins Leben gerufene *Paneuropa*-Bewegung ein sowie ganz widersprüchliche Konzeptionen von einem *neuen Europa*, denen westeuropäische, deutsche und slawische Identitäten zu Grunde lagen (vgl. Masaryk 1976). Ob *Staatenbund*, *Bundesstaat* oder *Nation Europa*, stets war das „neue Europa" das Ziel.

Ganz anders das Europa der siebziger und achtziger Jahre, das in seiner gefahrvollen Konfrontation zwischen Ost und West für das *Europa vom Atlantik bis zum Ural* mit äußerster Entschlossenheit „Kooperation statt Konfrontation" zu fordern und gleichzeitig als Ausdruck einer neuen West-Ost-Politik umzusetzen begann. Die Parole war dyadisch: „Europa meldet sich in der Weltpolitik zurück" (vgl. Genscher 1986a: 219) und: „Die Bundesrepublik als ein Staat im Herzen Europas wirft ihr ganzes Gewicht in die Waagschale der Zusammenarbeit, der Verständigung und der Abrüstung für ein besseres Europa" (Genscher 1989b: 850). Grundlage dieser umfassenden europäischen Kooperationsrhetorik war die auf der „Harmel-Konzeption" basierende, bündnisübergreifende und systemöffnende Schlussakte von Helsinki, die „historisch ohne Beispiel" und „weit mehr als nur ein e Gebrauchsanweisung für bilaterale und multilaterale Zusammenarbeit oder das unverzichtbare Forum des Menschenrechtsdialogs" sei. Sie lasse „die Umrisse eines ganz neuen großräumigen Stabilitäts- und Gleichgewichts-Systems erkennen, das fast die ganze nördliche Hemisphäre umspannt, dessen Zentrum Europa ist und das beide Großmächte einbindet" (Genscher 1986a: 219).

Die Schlussakte von Helsinki schloss auch den Mittelmeerraum und Teilnehmerstaaten ein, deren „Territorium sich über Europa hinaus erstreckt" (Die KSZE: 3-33). Sie wurde die Kursbestimmung und die „Magna Charta der Kooperation" (vgl. Genscher 1986b: 68), um im *KSZE-Prozess* der achtziger Jahre die beiden Vor- und Nachkriegseuropas des zwanzigsten Jahrhunderts in jenes neue KSZE-Europa umzuwandeln, dessen Rahmen die *deutsche Einheit* sicherheitspolitisch überzeugend und die *Jahrhundert-Hoffnung* auf das *neue friedliche Europa* realistisch werden ließ. Jenes frühe KSZE-Europa steckte „aus politischer Einsicht" den Rahmen und das Ziel ab, um für alle Völker ein „besseres Europa" zu schaffen; durch eine „Koalition der Vernunft" in der deutschen und europäischen „Verantwortungsgemeinschaft", durch Abrüstung, vertrauens- und sicherheitsbildende Maßnahmen im KSZE-Prozess – zwischen den beiden Supermächten, zwischen NATO-Europa, EG-Europa und Gesamteuropa – unter Sicherstellung der Teilnahme der USA und Kanadas als Teil des alten Kontinents Europa im Rahmen des *neuen KSZE-Europa* (vgl. Genscher 1988; 1989).

Im November 1990 folgte dann die Manifestation des neuen KSZE-Europa, das *NATO-Europa* und *Warschauer-Pakt-Europa* zur großen und weitreichenden Abrüstungsanstrengung des „Vertrages über die Reduzierung der konventionellen Streitkräfte in Europa (KSE-Vertrag)" befähigte; das gleichzeitig mit der auch als „Magna Charta der Freiheit" bezeichneten „Charta von Paris für ein neues Europa" und der „Gemeinsamen Erklärung von Zweiundzwanzig Staaten" (NATO- und Warschauer-Pakt-Staaten) der alten Gegnerschaft ein bis dahin nicht vorstellbares Ende setzte. Es gab neue Ziele, Prinzipien, Verfahren und Verpflichtungen vor und stützte sie konzeptionell auf westliche Interpretationen für alte Antagonismen im Europa des Eisernen Vorhangs, des Kalten Krieges und Ost-West-Gegensatzes sowie der gegeneinander gerichteten Doktrinen und Staatenverbindungen, die es gleichzeitig für obsolet erklärte. Der alten Gegnerschaft auf altem *europäischen Boden* wurde der alte politische Wille entzogen. Aus dem alten Gleichgewichtsdenken sollte „mehr als Gleichgewicht" (Genscher 1988: 192) werden.

Dieses neue Europa, das sich mit neuem politischen Willen „zur Wahrung der Menschenrechte und Grundfreiheiten, der Prinzipien der Partnerschaft, der demokratischen Rechtsstaatlichkeit und mit der Wohlstandserwartung durch wirtschaftliche Freiheit und soziale Gerechtigkeit verbundenen Marktwirtschaft" verpflichtete (Charta von Paris), wurde zum Hoffnungsträger für das *neue Mittel-* und *Mittelosteuropa*. Die alte Jahrhundert-Hoffnung schien sich in neuem Denken als demokratisch-rechtsstaatliche zu erfüllen, im Vertrauen auf eine realistische, nicht nur begriffliche und prinzipielle *europäische Perspektive* und *Partnerschaft*. Erst „eingefügt" in Europa wurde die Wiedervereinigung historisch und logisch zwingend, sicherheitspolitisch garantiert und dauerhaft tauglich für gute Nachbarschaft, Zusammenarbeit und Stabilität in Europa. „Das Geniale an der Nachkriegsordnung war, daß sie die Deutschen nicht umstellt, sondern eingefügt hat. Sie bot den Deutschen einen Hort und eine Gemeinschaft, die ihnen die Furcht vor der Einkreisung und den Nachbarn die Furcht vor dem Ausbruch nahm. Die Nachkriegsordnung hat dem ‚Fluch der Geographie' den Stachel gezogen: daß sie nun zerfällt, ist umso mehr ein Grund, die besten Strukturen des alten Systems so in die neue Zeit hinüberzuretten, daß Europa und Deutschland tatsächlich zusammenwachsen können" (Joffe zit. n. Fritsch-Bournazel 1991: 129).

Das *neue Europa von 1990* begründete eine *Wende der europäischen Geschichte*. Es ließ durch *neue Einsichten* Hitlers neues Europa ebenso hinter sich wie das der deutschen und europäischen (Exil-)Parteiführungen und Widerstandsbewegungen (vgl. dazu Lipgens Hg. 1968; Voigt Hg. 1988). Es „trägt der Tatsache Rechnung, daß politische und militärische Sicherheit voneinander nicht zu trennen sind, auch nicht geographisch. Eine geographische Beschränkung hätte die Gefahr des Mißverständnisses mit sich bringen können, daß die Diskussion von Fragen der militärischen Sicherheit etwa grundsätzlich auf Mitteleuropa beschränkt sein müsse, daß es also in diesen Fragen für Mitteleuropa einen Sonderstatus gebe" (Genscher 1975: 12801B).

Im Ergebnis hat sich das *neue Europa* phraseologisch erhalten und über eine Vielzahl gegensätzlicher und gegeneinander gerichteter politischer Systeme hinweg flexibilisiert. Es hat deutscher Opportunitätsrhetorik und Kooperationsrhetorik „vom Atlantik bis zum Ural" gleichermaßen Denkanstöße für die Überwindung der Teilung Deutschlands und Europas gegeben. Inhaltlich hat es sich durch „antagonistische Kooperation" (Link 1988; Niedhart 1989: 155f.) entwickelt und durch eine nie dagewesene rhetorische Operationalisierung in sein Gegenteil verkehrt. Von paneuropäischen, geo- und bündnispolitischen Abhängigkeiten von zwei Weltkriegen, ihren Kriegs- und Friedenszielen sowie ihren Europaideen hat es sich nicht lösen können. Das neue Europa von 1990 stößt trotz der Neukonzipierung der KSZE-Staatenverbindung, die nun als „Partner" ausschließlich demokratische und kooperationswillige Rechtsstaaten umfasst, unablässig an die Anknüpfungspunkte der diversen alten „neuen Europas" wie auch der alten und neuen Bewertungen der *Mittellage Deutschlands in Europa.*

Von dieser „Mittellage" gab es auch für das wiedervereinigte Deutschland „keine Erlösung". Entsprechend stellte sich nach dem „Ende des Europa von Jalta" (Mitterrand 1991a: 563) eine neue Europa-Debatte ein, die neue Fragen der *föderalen* oder *konföderalen* Organisation aufwarf: innerhalb der Europäischen Gemeinschaften und der Europäischen Union sowie außerhalb als „Europäische Konföderation" (s. a. Mitterrand 1991). Vergleichbar der alten Kontroverse um die Realitäten der europäischen Nachkriegsordnung, verlagerte sich der neue Streit auf die *europäischen Realitäten der gesamteuropäischen Friedensordnung*. Aus der Sicht der Bundesrepublik ergänzten sich *westeuropäisch* konzipierte Opportunitätsrhetorik und gesamt*europäisch* (vom Atlantik bis zum Ural) operationalisierte Kooperationsrhetorik. Beide Formen waren Ausdruck der „unbedingten Vertragstreue" und wertegebundenen „neuen deutschen Außenpolitik", zu der sich die Bundesrepublik 1949 und 1990 verpflichtet hatte und heute nach wie vor bekennt (s. a. Genscher 1989; 1989a; 1992). „Kooperation statt Konfrontation" war der „evolutionäre" (vgl. Genscher 1986a: 219) und revolutionäre Weg, der 200 Jahre nach der Französischen Revolution zum *neuen* „besseren Europa" führte.

Literatur

AdG: *Archiv der Gegenwart*, (Sankt Augustin: Siegler), Essen: Zeit-Archive

Bulletin, hg. vom Presse- und Informationsamt der Bundesregierung, Bonn

Churchill, Winston S. 1985: *Der Zweite Weltkrieg. Mit einem Epilog über die Nachkriegsjahre*, Bern: Scherz

Churchill, Winston S. 1974: *His Complete Speeches 1897-1963*, ed. by Robert Rhodes James, Vol. VII: 1943-1949, New York/London: Chelsea House/Bowker

DBT: Deutscher Bundestag: *Protokolle der Verhandlungen*, Bonn

Demandt, Alexander 1993: *Deutschlands Grenzen in der Geschichte*, 3. Aufl., München: Beck

Die KSZ. Konferenz über Sicherheit und Zusammenarbeit in Europa. Seminarmaterial des Gesamtdeutschen Instituts – Bundesanstalt für gesamtdeutsche Aufgaben, Bonn

Fritsch-Bournazel, Renata 1991: *Europa und die deutsche Einheit*, Stuttgart: Bonn aktuell

Gaulle, Charles de 1961: *Memoiren 1942-1946. Die Einheit – Das Heil*, Düsseldorf: Droste

Gaulle, Charles de 1973: *Mémoires de guerre. Le Salut 1944-1946*, Paris: Plon (Livre de Poche Historique)

Genscher, Hans-Dietrich 1975: Erklärung der Bundesregierung zur Konferenz über Sicherheit und Zusammenarbeit in Europa (KSZE) durch den Bundesminister des Auswärtigen in der 183. Sitzung des Deutschen Bundestages am 25. Juli, in: *DBT*

Genscher, Hans-Dietrich 1986: Initiativen und Impulse für Rüstungskontrolle und Abrüstung. Rede vor der Abrüstungskonferenz am 10. Juni im Palais des Nations in Genf, in: *Bulletin* 68, 573-576

Genscher, Hans-Dietrich 1986a: Neue Etappe auf dem Weg in die europäische Zukunft. Rede des Bundesministers des Auswärtigen zur Verleihung der Ehrendoktorwürde der Universität Salamanca in Salamanca, Spanien, am 17. März, in: *Bulletin* 29, S. 217-223

Genscher, Hans-Dietrich 1986b: Langfristige Perspektiven für Frieden und Sicherheit in Europa. Rede des Bundesministers des Auswärtigen bei der Eröffnungssitzung der neunten Runde der Konferenz über vertrauens- und sicherheitsbildende Maßnahmen und Abrüstung in Europa (KVAE) in Stockholm am 28. Januar, in: *Bulletin* 10, S. 68-70

Genscher, Hans-Dietrich 1988: Chancen für neue Formen einer kooperativen Sicherheitspolitik. Rede vor der Genfer Abrüstungskonferenz am 4. Februar, in: *Bulletin* 23, S. 192-196

Genscher, Hans-Dietrich 1989: Chancen für ein Europa neuer Qualität und Werte. Rede des Bundesministers des Auswärtigen beim Außenministertreffen in Wien zur Eröffnung der Verhandlungen über konventionelle Streitkräfte in Europa sowie über Vertrauens- und Sicherheitsbildende Maßnahmen am 7. März, in: *Bulletin* 24, S. 217-220

Genscher, Hans-Dietrich 1989a: Zukunft Europa – Die Dynamik in der Europäischen Gemeinschaft und der Wandel im Osten als Chance für das gesamte Europa, in: *Bulletin* 35, S. 301ff.

Genscher, Hans-Dietrich 1989b: Rede des Bundesaußenministers vor der 44. Generalversammlung der Vereinten Nationen am 27. September in New York, in: *Bulletin* 98, S. 849-853

Genscher, Hans-Dietrich 1992: Rede des deutschen Außenministers vor der Generalversammlung der Vereinten Nationen am 25. September 1991 (gekürzt), in: *Europa-Archiv* 47.9, D345-D351

Genscher, Hans-Dietrich 2000: *Rede bei der Festveranstaltung anlässlich 25 Jahre KSZE-Schlussakte von Helsinki am 19. Juli in Wien*; www.genscher.de/reden/reden8152.html 25.01.02 13:49: 1-4

Genscher, Hans-Dietrich 2001: *Rede von Bundesminister a. D. Hans-Dietrich Genscher anlässlich der Veranstaltung „50 Jahre Auswärtiges Amt der Bundesrepublik Deutschland" im Haus der Geschichte Bonn am 15. März*; www.genscher.de/reden/reden10658.html 10.12.01

Goebbels, Joseph 1945: Das Jahr 2000, in: *Das Reich. Deutsche Wochenzeitung*, Berlin, S. 1f.

Gorbatschow, Michail 1992: *Rede des ehemaligen sowjetischen Präsidenten Mikhail Gorbachev am Westminster College in Fulton, Missouri: „The River of Time and the Imperative of Action", am 6. Mai*; www.westminster-mo.edu/cm/green-lecture/green-lecture-speech/GorbSpeech.htm 17.1.02, 18.00

Hoffmann, Joachim/Ripper Werner 1984: *Die beiden deutschen Staaten und ihre Integration in die Paktsysteme (1949-1955)*, Frankfurt a. M.: Diesterweg

Korte, Karl-Rudolf 1998: *Deutschlandpolitik in Helmut Kohls Kanzlerschaft. Regierungsstil und Entscheidungen 1982-1989*, Stuttgart: Deutsche Verlagsanstalt

Kühnhardt, Ludger 1993: *Europäische Union und föderale Idee. Europapolitik in der Umbruchzeit. Perspektiven und Orientierungen*, München: Beck

Link, Werner 1988: *Der Ost-West-Konflikt. Die Organisation der internationalen Beziehungen im 20. Jahrhundert*, 2. Aufl., Stuttgart/Berlin/Köln: Kohlhammer

Lipgens, Walter (Hg.) 1968: *Europa-Föderationspläne der Widerstandsbewegungen 1940-1945. Eine Dokumentation*, München: Oldenbourg

Masaryk, Tomás Garrigue 1976: *Das Neue Europa. Der slavische Standpunkt.* Autorisierte Übertragung aus dem Tschechischen von Emil Saudek. Neudruck der Ausgabe Berlin 1922, Osnabrück: Zeller

Mitterrand, François 1991: Ansprache des französischen Staatspräsidenten auf der Schlußsitzung der Tagung zur Europäischen Konföderation in Prag am 14. Juni (Auszüge), in: *Europa-Archiv* 46.15-16, S. D390-D394

Mitterrand, François 1991a: Rede des französischen Staatspräsidenten anläßlich seines Staatsbesuchs in Deutschland vor der Berliner Pressekonferenz am 19. September, in: *Europa-Archiv* 46.22, S. D563-D571

Niedhart, Gottfried 1989: *Internationale Beziehungen 1917-1947*, Paderborn: Schöningh

Voigt, Klaus (Hg.) 1988: *Friedenssicherung und europäische Einigung. Ideen des deutschen Exils 1939-1945*, Frankfurt a. M.: Fischer Taschenbuch

Wirsing, Giselher 1932: *Zwischeneuropa und die deutsche Zukunft*, Jena: Diederichs

„No Politics of Propaganda“ Weichenstellungen für einen föderalistisch geprägten Rundfunk im besiegten Deutschland nach 1945

Peter Steinbach

Als sich Ende April 1945, wenige Tage vor der bedingungslosen Kapitulation der deutschen Wehrmacht, aus dem gerade von britischen Truppen eroberten und weitgehend zerstörten Hamburg auf der Frequenz des „Reichssenders Hamburg“ eine Stimme meldete, die nicht mehr der nationalsozialistisch gefärbten „Volksaufklärung“ diente, empfanden das die wenigen Hörer, die es damals im kleinen Sendebereich gab, als unvorstellbar, wenn nicht unglaublich. Sie spürten vielleicht, dass sie auf eine ganz ungewohnte Weise mit einer neuen Form politischer Information durch Nachrichtenübermittlung konfrontiert worden waren. Bis heute gilt die von britischen Soldaten ermöglichte Sendung in der rundfunkhistorischen Zeitgeschichtsschreibung als die Geburtsstunde eines demokratischen Rundfunks in Deutschland.

Der eigentliche rundfunkpolitische Paukenschlag der deutschen Mediengeschichte in der Nachkriegszeit erfolgte allerdings erst ein Jahr später, wiederum unter der Mitwirkung westlicher Alliierter, keineswegs volltönend, in der Grundstimmung vielmehr verhalten. Er kam in Gestalt einer programmatisch-politischen Proklamation: „Auf dem Wege zur Schaffung eines freien, demokratischen und friedliebenden Deutschlands, das wiederum seinen Platz in der Familie der Nationen als geachtetes und sich selbst achtendes Mitglied einnehmen wird, muß das deutsche Rundfunkwesen mit allen Kräften bemüht sein, ohne Kompromisse sich der Förderung der menschlichen Ideale von Wahrheit, Toleranz, Gerechtigkeit, Freiheit und Achtung vor den Rechten der individuellen Persönlichkeit zu widmen“ (Bausch 1980: 72).

Auf dem Weg zur demokratischen Erneuerung Deutschlands wurde dem Rundfunkwesen von den Siegermächten offensichtlich eine wichtige Funktion zugeschrieben. Dies erfolgte nicht voraussetzungslos. In den USA herrschte ein privatwirtschaftlich organisierter Sendebetrieb vor, sehr gewinn- und werbungsorientiert, lokalisiert, überwiegend dezentralisiert, aber grundsätzlich nicht staatlich. In Großbritannien gab es hingegen einen zentralisierten Sender, die BBC, der allerdings erfolgreich durch das Postulat der Meinungs- und Redaktionsfreiheit den exzessiven staatlichen Zugriff verstellen konnte. Die BBC wurde belebt von Programmverantwortlichen, die sich an den Interessen des Hörers orientierten. Ganz anders war natürlich das Senderbild der sowjetischen Seite. Dies schlug aber zunächst nicht durch, zumal der Berliner Rundfunk von allen Siegermächten mit verwaltet wurde. So wirkten sich die Vorstellungen der jeweils anderen Siegermächte und die zeitspezifischen taktischen Überlegungen mehr aus, als wir uns das heute eingestehen wollen.

Hinzu kam der Einfluss derjenigen Kontrolloffiziere und Sprecher, die vielfach nach 1933 aus Deutschland vertrieben worden waren oder emigrieren konnten und in den alliierten Sendern vor 1945 eine Möglichkeit gefunden hatten, weiter „mit dem Gesicht nach Deutschland" den NS-Staat zu bekämpfen. Sie waren keine Techniker, auch keine Ordnungsdenker, sondern Programm-Macher, die Hitler von außen bekämpfen wollten und sich als Verfasser und Sprecher von Sendetexten um die Kommentierung der Entwicklungen bemühten, die der verfemten Musik einen neuen Raum schaffen wollten, nicht aber mit der komplizierten Materie einer Neuordnung des Rundfunkwesens vertraut waren, die sich aus den vor allem von der Reichspost betonten Eigentumsrechten ergab.

Verfassungspolitische Weichenstellungen

Die Prämisse der Rundfunkpolitik der Siegermächte lautete: Nur ein *unabhängiger* Rundfunk sei bei der angestrebten politischen Verwandlung Deutschlands im Wege der Um- und Wiedererziehung (*Re-education*) brauchbar. Die angestrebte „Unabhängigkeit" des für eine nicht absehbare Zeit wichtigsten Kommunikationsmediums der deutschen Zusammenbruchsgesellschaft wurde deutlich definiert: Der Rundfunk dürfe sich nicht den Wünschen oder dem Verlangen einer Partei, einer Glaubensrichtung oder eines Bekenntnisses unterordnen und weder direkt noch indirekt eine Schachfigur der Regierung werden, auch nicht das Werkzeug einer besonderen Gruppe oder dominierenden Persönlichkeit sein, sondern habe „in freier, gleicher, offener und furchtloser Weise dem ganzen Volke zu dienen. Seine Sache sei die Gerechtigkeit und die gemeinsame Sache der Menschheit" (Amerikanischer Entwurf zu einer Erklärung über Rundfunkfreiheit in Deutschland, Mai 1946, zit. n. Bausch 1980: 72).

Die Ausgangslage der zweiten Phase eines demokratischen Rundfunks in Deutschland ist mit diesem anspruchsvollen Zitat deutlich markiert. In den Jahren der Besatzungszeit 1945 bis 1949 und bis weit in die fünfziger Jahre hinein war der Hörfunk das Leitmedium. Er wurde von Landesrundfunkanstalten geprägt, die sich erst 1950 zu einer Arbeitsgemeinschaft zusammengeschlossen hatten und sich sehr lange erfolgreich gegen die Einflussnahme der Bonner Regierung unter Konrad Adenauer bei gleichzeitiger Respektierung gesellschaftlicher Pluralität zur Wehr setzten. Ihre Erfolge bei der Verteidigung des öffentlich-rechtlich verfassten Rundfunkwesens machte die liberaler werdende deutsche Öffentlichkeit ebenso selbstbewusst wie die erfolgreich überstandene Spiegelaffäre: In der Tat hielt sich die bundesdeutsche Gesellschaft ganz im Sinne der von einem Verfassungsrichter wie Gerhard Leibholz immer wieder propagierten Theorie der *civil society* ihren Staat und ihre öffentlich-rechtlichen Medien, die unabhängig sein sollten und nicht selten als „Vierte Gewalt" bezeichnet wurden – eingängig, wenngleich verfassungsrechtlich falsch.

Am Anfang der Nachkriegsentwicklung des Rundfunks steht allerdings nicht die ARD, sondern der von den Siegermächten strukturierte Hörfunk der unmittelbaren Nachkriegszeit. Landesrundfunkanstalten bestimmten die Frühgeschichte der Arbeitsgemeinschaft der Rundfunkanstalten Deutschlands, die nicht nur in der deutschen Rundfunkgeschichte ohne Vorbild war, sondern auch in der internationalen Geschichte des Rundfunks sehr selten, wenn nicht einmalig ist. Die ARD ist ein Beleg dafür, dass ein föderalistisch verfasster Pluralismus kooperativ funktionieren und aus der Vielfalt von Interessen, Voraussetzungen und auch Zielen eine neue Einheit hervorbringen kann. Dieser Erfolg ist dem deutschen Rundfunk in der „Stunde Null", der ersten postdiktatorischen deutschen Transformation, nicht vorauszusagen gewesen.

Vieles überlagerte sich zwischen 1945 und 1955: Spürbar waren die Traditionen der Weimarer Republik und der Wille zur Überwindung der NS-Zeit, aber auch die Nachkriegssituation, die dynamisch sich entwickelnden und gegensätzlich werdenden Interessen der Alliierten im Spannungsfeld der erst deutschen, dann der europäischen und globalen Spaltung, die Differenziertheit der deutschen Interessen, nicht zuletzt die Unüberschaubarkeit der verfassungspolitischen Grundentscheidungen im Spannungsfeld von Siegermächten, neuen Ländern und sich formierender Bundesregierung. Niemand wusste, wie es in und mit Deutschland weitergehen könnte; geteilt, vereinigt, industrialisiert, de-industrialisiert, gelenkt und von außen beherrscht oder unter eigener politischer Verantwortung?

Die sich aus der Niederlage ergebenden Entwicklungen zur ARD waren von den Siegermächten jedenfalls nicht geplant. Sie übernahmen den bei den Endkämpfen zerstörten deutschen Rundfunk, aber sie hatten kein weiterführendes Konzept entwickelt. Zunächst schien vieles auf rundfunkpolitische Kontinuität angelegt. Sicher war nur: *No Politics of Propaganda.* Dies bezogen die angloamerikanischen Alliierten mit Hilfe der deutschen Remigranten, die den Hörfunk prägten, auch auf die eigenen Programme, vor allem aber auf die entstehenden Strukturen deutscher Print- und Nonprint-Medien.

Die rundfunkpolitischen Entwicklungen wurden im Moment der Gründung deutscher Länder 1945/47 zunehmend durch die Interessen der Länderregierungen und der Landtage bestimmt, die zumindest in der amerikanischen und britischen Zone nach den Parteien sehr bald zur wichtigsten politischen Kraft wurden und sich zu tragenden Säulen innerhalb des deutschen Besatzungssystems entwickelten.

Am Anfang waren die Alliierten. Sie ermöglichten die Presse, gestatteten die Gründung der Parteien, schließlich die Länder. Der Presse voraus ging der Hörfunk. Er war von Anbeginn dabei. Die faktische Fortexistenz des Hörfunks in der Hand der drei bzw. vier Siegermächte war die *erste Weichenstellung* eines nicht mehr zentralisierten, sondern den vier Militärverwaltungen übertragenen Rundfunksystems. Nach der Gesamtkapitulation erfolgte die Einrichtung von neuen Sendeanlagen sehr rasch, zunächst, wie in Frankfurt a. M., München und Stuttgart, geradezu als Bestandteil psychologischer Kriegs- und Nachkriegsführung. In der britischen Zone wurde Hamburg zum Mittelpunkt des Nordwestdeutschen Rundfunks (NWDR), unübersehbar zentralistisch organisiert nach dem Vorbild der BBC, allerdings von Anbeginn durch den Willen der Briten geprägt, gesellschaftliche Gruppen zu berücksichtigen. In der britischen Zone gab es mithin einen einzigen Sender, war folglich von föderalistischer Organisation nichts, vom Willen zur freien, unabhängigen, einer der Sache angemessenen Kommunikation hingegen sehr viel zu spüren. Das qualitative Verständnis von Hörfunk orientierte sich an der BBC, ähnelte im Hinblick auf seine Verfasstheit äußerlich hingegen durchaus der angestrebten Zentralisierung der Sendeleitung durch die Sowjetische Militäradministration in Berlin, das man damals sogar noch Reichshauptstadt nannte.

Dort hatte die sowjetische Militäradministration das Haus des Rundfunks übernommen, allerdings in Viermächte-Verantwortung, sendete aus Tegel, dem späteren französischen Sektor, und richtete lediglich in den späteren Landeshauptstädten ihrer SBZ Rudimente von Landesstudios ein, die das Programm des Berliner Rundfunks zu übernehmen hatten. In der SBZ schien man sich trotz der Konzentration der Sowjets auf das Haus des Rundfunks an den Strukturen der amerikanischen und der britischen Zone zu orientieren und sich auf jede denkbare weitere Entwicklung – britisch-zentralistisch oder amerikanisch-länderorientiert – vorzubereiten.

In der britischen Zone existierten Landesstudios in Hannover und Köln, wo die rheinischen Landespolitiker immer beharrlicher ihren Landeshörfunk forderten. Zunächst war die Rheinstadt aber vor allem wichtig als Sitz des British Forces Network (BFN). Im Herbst 1945 sendeten die Franzosen erstmals aus Koblenz, ein halbes Jahr später aus Saarbrücken, wenig später, Ende März 1946, dann aus Baden-Baden. Die sowjetische Einflussnahme auf den Berliner Rundfunk führte den westlichen Alliierten sehr rasch erneut die gefährlichen Konsequenzen eines zentralisierten Rundfunks vor Augen. Sie konnten und wollten das nicht akzeptieren und errichteten deshalb in ihren Berliner Sektoren entweder eigene Sender oder sorgten zumindest, wie die Briten, für die Übernahme der Hörfunkprogramme aus ihrer Besatzungszone.

Politische Wiedererziehung durch Rundfunk

Die Berliner Erfahrungen ließen es geboten erscheinen, für vom Staat unabhängige Sendeanlagen zu sorgen. Dies galt auch im Hinblick auf die allmählich begehrlicher werdende deutsche Landes- und Rundfunkpolitik. Sie verfügten über ein bemerkenswertes Selbstbewusstsein, das die Alliierten beeindrucken konnte. Die Besatzungsmächte hatten zunehmend die Zusammenarbeit mit Deutschen suchen müssen, sowohl in den Kommunen und den Länderverwaltungen wie auch im Rundfunk. Dies machte sie zwar nicht abhängig, aber doch beeinflussbar, um so mehr, als es kein alliiertes oder auch nur westalliiertes Gesamtkonzept für den Rundfunk gab, sondern nur die Überzeugung: ohne Hörfunk keine Besatzungsherrschaft, und das hieß: ohne Rundfunk keine politische „Wiedererziehung“ (*Reeducation*).

Deutlich wurde dies in der Konkurrenz der Besatzungsmächte in Berlin, denn die westlichen Sektorenmächte benutzten den Rundfunk – erst „Drahtfunk" DIAS, später „Rundfunk im amerikanischen Sektor" (RIAS), NWDR und BFN, American Forces Network (AFN) und Radio Française (RF) – als Informationsmittel für die Besiegten. Diese Vielfalt machte aus den Berlinern dann bald besonders gut informierte Besiegte, die 1948 zur Parteinahme im Konflikt der beiden großen Mächte und Blöcke aufgefordert wurden und rasch zu den Deutschen gehörten, die sich am weitesten für Tendenzen der „Verwestlichung" öffneten. Die Institutionalisierung der Berliner Rundfunkvielfalt auch unter den Siegermächten war die *zweite Weichenstellung*.

Überraschend war diese Entscheidung der Alliierten für den Hörfunk nicht, denn seit den zwanziger Jahren hatte er sich zum wichtigsten Medium neben der Presse entwickelt. Überraschend war, wie schnell die Alliierten den Deutschen Einfluss gewährten, trotz der Vorzensur ihrer Manuskripte durch Kontrolloffiziere, einer Zensur, die nur in der britischen Zone nach der Ausstrahlung erfolgen konnte. Damit rückt die *dritte Weichenstellung* in den Blick. Sie war zunächst durch völlig unterschiedliche Vorstellungen auf britischer und amerikanischer Seite gekennzeichnet, denn die Briten zielten auf ein einheitliches Programm in ihrer Zone mit bestenfalls regionalen Fenstern – Hannover und Köln –, während die Amerikaner viel offener waren für die Errichtung eines auf die Länder bezogenen Hörfunks. Die Franzosen waren hingegen unentschieden und hielten sich für beide Trends offen, waren allerdings unter keinen Umständen an einer politischen Zentralisierung interessiert. Unbestritten war lediglich bei allen Siegermächten: Ohne die Beteiligung von Deutschen konnte auf Dauer kein Hörfunk gemacht werden. Dass man die Deutschen beteiligte, komplizierte allerdings die ordnungspolitische Ausgangslage, denn die ehemals führenden Mitarbeiter des Weimarer Rundfunks orientierten sich natürlich an den Erfahrungen aus dieser Zeit.

Das Rundfunkwesen der Weimarer Republik war Reichssache, die Direktion des Rundfunks wurde rasch zentralisiert und zur Sache des Reichsinnenministers, die Technik zur Angelegenheit des Reichspostministers gemacht. Diese Zentralisierung war eine wichtige Voraussetzung der propagandistischen Machtergreifung und Gleichschaltung. Eine der schwierigsten Aufgaben nach 1945 war deshalb die Bewältigung dieses Erbes. Die rundfunkpolitischen Berater der Deutschen wollten nicht über Weimar hinausgehen, sondern zum Weimarer Rundfunksystem zurückkehren. Denn sie hatten nach 1945 sehr bald vergessen, dass die politische Machtkonzentration, welche die Nationalsozialisten nach 1933 im Rundfunk durchgesetzt hatten, eine wichtige Voraussetzung für ihren raschen und wirkungsvollen Griff nach der politischen Gesamtherrschaft war.

Der Anspruch auf zentrale Beeinflussung und Kontrolle verkörperte sich im neuen Reichsministerium für Propaganda und Volksaufklärung. Wie keine andere Diktatur bedienten sich die Nationalsozialisten seitdem des Rundfunks und machten ihn zu ihrem wichtigsten Medium (vgl. Wulf 1966). Rundfunkpolitisch hatte sich bereits vor 1933 der Obrigkeitsstaat durchgesetzt, als der Fiskus die Rundfunkempfangsberechtigungen der Hörer zu einer wichtigen zusätzlichen Einnahmequelle machen wollte. Man zahlte die Gebühren nicht für eine Dienstleistung, sondern für eine Empfangsgenehmigung. Der Äther war kein Reich der Freiheit, sondern eine lukrative Domäne der Reichspost, die den Sendebetrieb übernommen hatte.

Unabhängigkeit des Rundfunks als Fundament der Neuordnung

Funktionieren konnte die Wiedererrichtung eines Sendegeflechtes – von Netz zu sprechen, wäre angesichts der wenigen Sendeeinrichtungen eine Übertreibung – 1945/46 trotz denkbar schlechter Ausgangsbedingungen nur, weil alle Beteiligten auf alliierter und deutscher Seite nicht immer alles taten, was sie wollten oder konnten, mit einigen Ausnahmen allerdings, welche die *vierte Weichenstellung* vorbereiteten. Dazu gehörte die Zurückweisung der Ansprüche der Reichspost auf die Sendeanlagen und die Rundfunkgebühren durch die Alliierten, die Verpflichtung der Journalisten und Redaktionen auf Mindestgrundsätze publizistischer Arbeit, die so genannten „Zehn Gebote", schließlich die Zurückdrängung landespolitischer Begehrlichkeiten gleichsam von Landesrundfunkgesetz zu Landesrundfunkgesetz vor allem in der amerikanischen Zone, deren Länder geradezu normgebend für die anderen westlichen Besatzungszonen wurden.

Vor allem in finanzieller Hinsicht konnten sich die Briten und Amerikaner nur durchsetzen, indem sie die Voraussetzungen einer freien Programmarbeit durch die Gewährung finanzieller Eigenverantwortung und politischer Selbstverwaltung der Landesrundfunkanstalten im Rahmen eines öffentlich-rechtlichen Modells schaffen wollten. Dies war ein ganz neues Ordnungsmodell, dessen organisatorische Durchsetzung leicht vor sich ging, weil die deutschen Länderregierungen und Landtagsabgeordneten hofften, mit dem Landesrundfunk ersehnte Informations- und politische Beeinflussungsmöglichkeiten zu bekommen. Diese Begehrlichkeiten bestärkten allerdings Besatzungsoffiziere, die das neue Medium in Unabhängigkeit von staatlichen und parteipolitischen Beeinflussungen halten wollten und auf die Einbeziehung gesellschaftlicher Gruppen setzten, denen sie, fundamental irrend, unterstellten, gegenüber Parteien eine große Unabhängigkeit behaupten zu können.

Die Landesregierungen wurden durch die konkrete Gesetzgebung kraft alliierter Besatzungsmacht diszipliniert und kanalisiert. Es blieb ihnen nichts anderes übrig als die Akzeptanz der alliierten Vorgaben, denn die Gesetzgebung in den Ländern bedurfte der Zustimmung der Alliierten. Wichtige Gesetzgebungsvorbehalte der Siegermächte konnte auch die Gründung der Bundesrepublik nicht außer Kraft setzen. Diese Reservat-Rechte stellten eine *weitere Weichenstellung* dar, deren Bedeutung sich herausstellte, als Adenauer bereits in der ersten Legislaturperiode ansetzte, einen Regierungsrundfunk einzurichten. Die Alliierten machten ihre Genehmigung von einer gelungenen innergesellschaftlichen und innerinstitutionellen Machtverteilung innerhalb der Sender abhängig. Ihre Gebote publizistischer Arbeit wirkten nach und bewährten sich viele Jahrzehnte. Sie setzten überdies eine institutionelle Differenzierung durch, die durch Intendanz, Verwaltungs- und Rundfunkrat sowie die strikte Beschneidung der politisch festgelegten Sitzanteile zu Lasten der parteipolitischen Kräfte zu charakterisieren ist.

Hier waren die Alliierten unnachgiebig, so sehr sie sich, zumindest zu einem guten Teil, selbst auf eine demonstrative richtungspolitische Zurückhaltung verpflichtet hatten. Diese erodierte in den Folgejahrzehnten allerdings durch ständige Einwirkung von Landesregierungen auf die parteipolitische Einfärbung der Vertreter gesellschaftlicher Interessen im Rundfunkrat. Die Begehrlichkeiten der Bundesregierung auf einen „Staatsfunk", wie man sagte, mobilisierte in den Ländern immer wieder Gegenkräfte, allerdings erodierte deren Widerstandskraft.

Zunächst half die Unterstützung der westlichen Alliierten, die einige Weichenstellungen stabilisieren konnten, dennoch ließ etwa die Bundesregierung nicht nach und erklärte 1955 nach der Unterzeichnung des „Deutschlandvertrages", die Bahn sei frei für eine deutsche Regelung des Rundfunkrechts. Sie verwies auf ihre Gesetzgebungskompetenz in Fernmeldefragen. Dem widersprach der nordrhein-westfälische Ministerpräsident Arnold mit der drastischen Feststellung, der „Rundfunk als Ganzes habe mit den Fernmeldeanlagen etwa so viel zu tun wie eine Sonate mit einer Klavierfabrik". Otto B. Roegele sprach rückblickend geradezu vom „Krieg um das Mikrophon" (vgl. Bausch 1980: 160ff.). Beide Kräfte – die um Adenauer sich gruppierenden zentralen und die in den Landesrundfunkanstalten ihre Basis besitzenden föderalen – tarierten sich nach der Gründung der Bundesrepublik weiterhin aus. Nun erst ging im Hinblick auf die Föderalisierung die Rechnung der Alliierten voll auf, denn Bund und Länder hielten sich in Schach und korrigierten sich gegenseitig.

Föderalisierung des Rundfunks

Weit länger als dreißig Jahre bremsten die föderativen Strukturen die gouvernemental-zentralistischen Tendenzen zur Beeinflussung des Rundfunks durch die Regierung aus. So hatte es keine Folgen, dass es im Zuge der parlamentarischen Verfassungsberatungen nicht gelungen war, die Föderalisierung des Rundfunks im Grundgesetz festzuschreiben. Es wurde dort nur ein allgemeines Bekenntnis zur Freiheit der Berichterstattung im Rundfunk verankert, das sich aus der Presse- und Meinungsfreiheit ableitete und die Amerikaner in Erinnerung an das 1. Amendment ihrer Verfassung und die Briten im Hinblick auf das Misstrauen gegenüber einer Durchstaatlichung der pluralistischen Gesellschaft überzeugte.

Aber man darf nicht nur die Gegenüberstellung von Landesregierungen und Bundesregierung im Blick haben. Denn die innere Freiheit des Rundfunks konnte ebenso durch die finanzielle Begehrlichkeit der Landespolitiker bedrängt und bedroht werden. Die Verfassung der Landesrundfunkanstalten wurde sowohl bei der Etablierung des zentralisierten NWDR als auch in der amerikanischen Besatzungszone geregelt. Dabei griff man auf den „amerikanischen Entwurf zu einer Erklärung über die Rundfunkfreiheit in Deutschland vom Mai 1946" (Bausch

1980: 73) zurück, die „Magna Charta“ eines verantwortlichen, freien Rundfunks, der durch Einbeziehung gesellschaftlich relevanter Gruppen und die Bewahrung der Prinzipien innerinstitutioneller Unabhängigkeit gegenüber Staat und Regierung geprägt war. Dieser Entwurf regelte zum einen den Zugang gesellschaftlich wichtiger Gruppen zum Medium, verpflichtete die Rundfunkmitarbeiter auf die gleichgewichtige Behandlung strittiger Fragen, verbot den Festangestellten parteipolitische Werbung und orientierte „die ganze Berichterstattung auf ein hohes Niveau wahrheitsgetreuer Objektivität an Inhalt, Stil und Wiedergabe“, insbesondere bei den Nachrichtensendungen, die sich auf „freie und unabhängige Nachrichtenagenturen“ oder Quellen stützen sollten, „von denen man annehmen kann, daß sie einen objektiven Standpunkt einnehmen“ (ebd.: Punkt 7).

Auch die Freiheit der Kommentatoren wurde ausdrücklich geschützt: „Demokratisch gesinnten Kommentatoren und Vortragenden“ sei das „Recht zur Kritik an Ungerechtigkeiten, Mißständen und Unzulänglichkeiten bei Persönlichkeiten oder Amtsstellen der öffentlichen Behörden und den Staats- oder der Regierung mit allen verfügbaren Mitteln zu gewährleisten und zu sichern.“ Selbstverständlich war keiner Sendung gestattet, „Vorurteile oder Diskriminierung gegen Einzelpersonen oder Gruppen wegen ihrer Rasse, Religion oder Farbe“ zu befördern oder in „grober Weise“ die „moralischen Gefühle großer Teile der Zuhörerschaft“ zu verletzen (ebd.: Punkt 11).

Diese Prinzipien wurden dann in den frühen fünfziger Jahren von den sich neu bildenden Landesrundfunkanstalten, dem WDR und dem SFB, übernommen, denen andere folgten. Quotendenken war damals kein Faktor, allein die Qualität journalistischer Arbeit galt neben einer praktizierten Pluralität und Toleranz als Kriterium, nicht zuletzt aus zeitgeschichtlicher Erfahrung. Es ist in der Übergangsphase der Jahre 1945 bis 1948 faszinierend zu sehen, wie die Transformation eines diktatorisch geprägten Rundfunks in ein moralisches und kollektives Verbesserungsprogramm gelingt.

Die Grundfragen der bis zur Gründung der Bundesrepublik durchgesetzten Rundfunkordnung berührten

- die langfristigen Absichten der Alliierten, und dies in der Widersprüchlichkeit ihrer jeweils eigenen besatzungspolitischen Interessen,
- die Zielvorstellungen und Begehrlichkeiten der neuen deutschen Landespolitiker, die sich des Rundfunks als Informations- und Beeinflussungsmittel bedienen wollten,
- die Interessen der neuen Apparate selbst, die sich der pluralistischen Strukturen zur Durchsetzung eigener Interessen bedienten
- die versuchte Beeinflussung des Rundfunks durch die sich formierende Regierungsspitze.

Konsolidierung

Wenn man abschließend die rundfunkpolitischen Weichenstellungen der unmittelbaren Nachkriegszeit bewertet, so ist augenfällig, in welchem Umfang Zufälliges zur Grundlage einer neuen deutschen Kommunikationsstruktur geworden war. Es war nicht länger entscheidend, dass große Teile des Deutschen Reichsrundfunks den Siegern zufällig mehr oder minder unversehrt in die Hände gefallen oder teilweise zufällig zerstört worden waren. Zunächst wurde viel improvisiert und ein Programm entwickelt, welches die Interessen der Sieger spiegelte. Wichtiger für die weitere Entwicklung als die überkommenen oder ersetzten Sendeanlagen waren die unterschiedlichen Sendestrukturen, die es in den Siegerstaaten gab und die zum Vorbild für den deutschen Rundfunk wurden. Ebenso wichtig wie die Organisationsmodelle, die jeder der Rundfunkoffiziere vor Augen hatte, waren die Vorstellungen der von den Alliierten um Rat gefragten Deutschen. Sie wurden um Stellungnahmen gebeten, auch mit Gutachten beauftragt, um die verworrenen Eigentumsverhältnisse vor allem der Reichspost zu klären. Zu Wort kamen zum einen diejenigen, die im Weimarer Rundfunkwesen eine wichtige Rolle gespielt hatten und nicht durch Zugeständnisse gegenüber den Nationalsozialisten belastet waren, zum anderen die wenigen Emigranten und Remigranten.

Wenn jemals unmittelbar nach dem Kriege, dann drohte unter dem Einfluss der rückwärtsorientierten deutschen Berater im Rundfunkwesen die Restauration der Weimarer Verhältnisse. Manche der Deutschen, die das Rundfunkwesen in der Weimarer Zeit mit aufgebaut hatten, entwickelten sich zu Interessenvertretern, die von den Alliierten ausgebremst werden mussten. Einigkeit bestand darin, dass die Presse und das Rundfunkwesen rigoros von nationalsozialistischen Einflüssen zu befreien waren. Dies war die Chance der Unbelasteten, der Lizenznehmer, vor allem in der Presse, und betraf nicht den Rundfunk, der aus der Tradition der Weimarer Republik heraus in viel stärkerem Maße als Angelegenheit des Staates gesehen wurde. Die Bedeutung des Rundfunks wurde auch deshalb um so größer, als der Aufbau eines neuen Pressewesens Zeit brauchte.

Das Ergebnis konnte sich sehen lassen und hatte den festen Willen der Beteiligten zur Voraussetzung, das wichtigste Medium der vierziger und fünfziger Jahre nicht mehr als parteilich kontrolliertes Beeinflussungsinstrument zu benutzen, sondern als Informationsmöglichkeit. Ohne Rundfunk keine Information, ohne Information keine Aussicht auf den Wandel der Überzeugungen und Mentalitäten, den sich die Alliierten fest vorgenommen hatten. Sie kamen als Sieger, aber auch als Missionare oder als eine Art von Ärzten, denn sie hielten die Deutschen für therapiebedürftig, für die Opfer ihrer eigenen Geschichte. Darin stimmten Emigranten, die ihre Deutschen kannten, und Angehörige der Militärverwaltungen, die sie kennen lernen sollten, überein. Remigranten und Besatzungsoffiziere verband das Misstrauen gegenüber den Deutschen und der Wille, den Rundfunk als Informations- und Besserungsmittel einzusetzen.

Wohl nur in der neu aufgebauten kommunalen Selbstverwaltung stießen die westlichen Alliierten auf ähnlich selbstbewusste, geradezu knochenharte Kontrahenten wie im Rundfunkwesen, auf Menschen, welche die Bitte um Rat mit dem Einstieg in die Einflussnahme verwechselten und die – zumal wenn sie zu der neuen Regierungselite gehörten – nicht einmal vor Kniffen und Tricks, ja vor einer Demonstration eines frühen neuen Selbstbewusstseins zurückschreckten. Glücklicherweise waren die amerikanischen und britischen Kontrolloffiziere auch nicht ohne Selbstbewusstsein und wichen nicht von ihrer Überzeugung, dass der deutsche Rundfunk nur ohne staatliche und parteipolitische Zwänge existieren und das breite Spektrum gesellschaftlicher Interessen spiegeln sollte. Überwunden war mit der Kapitulation ein zentralisierter Staat, der die Meinungsbildung seit 1933 manipuliert und repressiv kontrolliert und auf diese Weise die Voraussetzungen für eine gesellschaftliche Selbstgleichschaltung, für eine schleichende Homogenisierung von Werten und Überzeugungen geschaffen hatte und den „totalen moralischen Zusammenbruch" erklärte, den Hannah Arendt in der NS-Herrschaft sah.

Dieser Zusammenbruch war für den Künstler George Grosz die Erklärung dessen, was er, der Gefühlsmensch, für eine spezifische Art des geistigen Stoffwechsels hielt. Deutschland? Was war es? Für Grosz vor allem eine „Hochburg der Verstopfung". Dies war gewiss keine überzeugende Analyse, nicht einmal eine Impression, vielleicht sogar eine Geschmacklosigkeit. In der Tat hatte die nationalsozialistische Diktatur den Fluss der Meinungen, die Freiheit der Anschauungen, die öffentliche Diskussion gewaltsam verhindert. Wo der Zustrom freier Meinungen behindert war, musste nach Ansicht von Grosz die „Ausscheidung" des Geistes schlicht „unzulänglich" sein.

Der geistigen Verstopfung wollten die westlichen Alliierten mit den Medien entgegensteuern, die allerdings in einer denkbar freien, den Informationsfluss sichernden Verfassung sein sollten. Und man hatte damit, nach einer gewissen Zeit, einen unbestreitbaren Erfolg. Das wurde spätestens deutlich, als die Gründung eines zentralstaatlich beeinflussten Rundfunks in den späten fünfziger Jahren abgewehrt wurde. Dies war der Erfolg einer selbstbewussten Öffentlichkeit, die sich einen unmittelbaren Zugriff auf öffentliche Debatten verbat.

Die Kommerzialisierung des Rundfunks im Zuge seiner Privatisierung war damals nicht vorstellbar. Die Prinzipien verantwortlicher Rundfunkarbeit sind allerdings nicht überholt, auch wenn sie auf das Jahr 1945 zurückgehen. So gesehen ist der politische Kampf um einen unabhängigen, zugleich aber aufklärenden, nicht nur kommerziellen, sondern auch qualitativ gehaltvollen, Anstöße gebenden und Widerspruch hervorrufenden Rundfunk nicht beendet.

Literatur

Bausch, Hans 1980: *Rundfunkpolitik nach 1945*, 1. Teil (Rundfunk in Deutschland), München: Deutscher Taschenbuch Verlag

Steinbach, Peter 2000: „Demokratie, dein Mund heißt Radio". Remigranten im deutschen Rundfunk der Nachkriegszeit, in: Arbeitskreis selbständiger Kultur-Institute (Hg.): *Rückkehr in die Fremde. Remigranten und Rundfunk in Deutschland 1945 bis 1945*, Berlin: Vistas

Wulf, Joseph (Hg.) 1966: *Presse und Funk im Dritten Reich.* Eine Dokumentation, Reinbek: Rowohlt

Staatsmacht und kritische Autoren in der DDR
Zur Funktionsweise eines autoritären Herrschaftssystems
Angela Borgwardt

Tempi passati? DDR-Forschung nach 1989

Der Zusammenbruch der DDR wurde für die bundesrepublikanische DDR-Forschung zu einer einschneidenden Zäsur. Bis 1989 hatte die wissenschaftliche Analyse mit komplizierten Forschungsbedingungen und eingeschränkten Erkenntnismöglichkeiten zu kämpfen. Als größtes Problem erwies sich der Mangel an unabhängigen, zuverlässigen Quellen und die begrenzte Aussagefähigkeit der offiziell zugänglichen Dokumente des SED-Staates. Durch die Öffnung der Archive in den neunziger Jahren wurden neben den öffentlich stark beachteten Aufzeichnungen der Staatssicherheit auch umfangreiche Akten der Bürokratie zugänglich. Differenzierte Analysen auf der Basis dieses reichhaltigen Materials ermöglichen nun tiefe Einblicke in die Funktionsmechanismen und Wirkungsweisen des Herrschaftssystems und damit ein komplexeres Verständnis der Herrschaftswirklichkeit in der DDR. Die hervorragende Quellenlage prädestiniert die DDR darüber hinaus zum exemplarischen Forschungsfeld, um wissenschaftliche Erkenntnisse über Diktaturen und autoritäre Herrschaftsverhältnisse allgemein zu gewinnen, über deren innere Abläufe noch relativ wenig Detailwissen vorliegt.

Kritische Schriftsteller und autoritäre Staatsmacht im Konflikt

Die Funktionsweise autoritärer politischer Systeme wird in ihren Konflikten sichtbar, wenn Abweichungen von verbindlich gesetzten Normen analysiert werden. Dabei ergeben sich insbesondere wichtige Erkenntnisse über die Unterschiede zu totalitären Diktaturen.[1] Im *autoritären Herrschaftssystem* DDR erhob die Partei- und Staatsführung einen totalen Machtanspruch, den sie in der Herrschaftspraxis aber nicht vollständig umsetzen konnte, sodass Handlungsfreiräume für kritische Akteure entstehen konnten.[2] Vor allem prominente Schriftsteller verfügten durch

---

1 Juan J. Linz (1975) kennzeichnete das „autoritäre politische System" in Abgrenzung zu kompetitiver Demokratie und totalitärer Diktatur als eigenständigen politischen Systemtypus *sui generis*. Als zentrales Merkmal nannte er begrenzte Pluralisierung bei keiner oder nur beschränkter politischer Mobilisierung.

2 Die Charakterisierung der DDR als autoritäres politisches System folgt jener Forschungsrichtung, die davon ausgeht, dass sich die DDR von einer tendenziell totalitären Diktatur in den fünfziger Jahren mit zunehmender Industrialisierung und den damit verbundenen Modernisierungsanforderungen in den sechziger Jahren in ein autoritäres Herrschaftssystem wandelte (Ludz 1968; Sontheimer/Bleek 1979; Rytlewski Hg. 1989). Seitdem zeigte sich in der DDR eine begrenzte Pluralisierung sowie eine schwindende Bindungskraft der Ideologie und geringe politische Mobilisierung. Linz kategorisierte die DDR als „posttotalitäres autoritäres System" im Sinne eines *evolutionären* politischen Systemtypus'. Danach

ihre Fähigkeiten zur künstlerischen Deutung und Sinnstiftung in Verbindung mit einem besonderen Zugang zur Öffentlichkeit über wichtige Potenziale, nonkonform zu handeln, Kritik zu artikulieren und den verbindlichen Deutungen der marxistisch-leninistischen Ideologie eigene Sichtweisen konkurrierend entgegenzusetzen. Die autoritäre Staatsmacht erwartete von den Schriftstellern vor allem Unterstützung für ihre Politik durch Legitimations- und Reputationsgewinne und betrachtete sie keineswegs als gleichberechtigte Partner für Wirklichkeitsinterpretation und Politikdefinition. Durch die öffentliche Artikulation alternativer Deutungen konnten kritische prominente Autoren nicht nur die erwünschte einheitliche Wirklichkeitswahrnehmung destruieren, sondern durch die Nichtanerkennung des Deutungsmonopols grundsätzlich auch den umfassenden Machtanspruch der Partei- und Staatsführung negieren, die dadurch die Durchsetzungskraft ihrer Politik und damit auch die Stabilität ihrer Herrschaft gefährdet sah und mit mehr oder weniger starken Repressionen reagierte. Zwischen dem absoluten Machtanspruch der SED-Führung und den Autonomiebestrebungen kritischer Autoren bestand somit ein *struktureller Grundwiderspruch*, der über konkrete Differenzen zum Ausbruch akuter Konflikte führte. In diesen Konflikten stand das Verhältnis zwischen Literatur und Politik zur Diskussion, der Grad der Unabhängigkeit künstlerischen Arbeitens von staatlichen Vorgaben und das Maß an Artikulationsfreiheit. Die Auseinandersetzungen repräsentieren aber auch als Kristallisationspunkte den grundsätzlichen Konflikt zwischen Recht auf öffentliche Meinungsfreiheit und staatlicher Verordnung einer einzigen Wahrheit als definitive Wirklichkeitsinterpretation.[3]

Herrschaftsanspruch und Herrschaftswirklichkeit

Literaturpolitik

In der historischen Entwicklung der DDR zeigt sich eine wachsende Kluft zwischen dem totalen Kontroll- und Gestaltungsanspruch der Partei- und Staatsführung und der realen Herrschaftspraxis. Die realsozialistische Wirklichkeit

---

hinterlässt die totalitäre Phase eines Staates bestimmte politische, wirtschaftliche und gesellschaftliche Strukturen, die in autoritären Staaten ohne totalitäre Entwicklung nicht anzutreffen sind (Linz 2000: 228).

3 Die Ergebnisse des vorliegenden Aufsatzes basieren auf einer umfangreichen Studie der Autorin über Herrschaft und Selbstbehauptung in einem autoritären politischen System, in der zentrale Konflikte zwischen der Staatsmacht der DDR und den kritischen Autoren Stefan Heym, Christa Wolf und Wolf Biermann analysiert wurden. Die Untersuchung erscheint im Jahr 2002. Im Zentrum steht die Frage, welche Herrschaftstechniken die Partei- und Staatsführung der DDR zur Durchsetzung ihres umfassenden Herrschaftsanspruchs einsetzte und mit welchen Strategien sich kritische Autoren dagegen behaupteten, wenn sie sich als überzeugte Sozialisten in der DDR politisch engagieren, aber nicht der Parteilinie unterordnen wollten. Durch die kombinierte Interpretation von offiziellen Dokumenten des SED-Staates, publizistischen und literarischen Texten sowie internen Materialien des Herrschaftsapparats entsteht ein differenziertes Bild über die *Interaktion* von Staatsmacht und Schriftstellern sowie die Funktionsweise eines autoritären politischen Systems.

entfernte sich immer weiter von der marxistisch-leninistischen Ideologie, die an Legitimationsfunktion und Integrationskraft verlor. Die Hauptursache dieser Diskrepanz kann in der Kombination eines hypertrophen Machtanspruchs mit einer schwachen Legitimationsbasis der SED-Herrschaft verortet werden. Auf dem Gebiet der Literatur zeigte sich diese Entwicklung besonders deutlich. In den sechziger Jahren bildete sich in Absetzung vom verbindlichen Kunstkonzept des Sozialistischen Realismus eine kritische Literaturströmung sozialistischer Schriftsteller heraus (Jäger 1994: 119ff.), die in der DDR zur ‚Ersatzöffentlichkeit' wurde, indem sie kritisch-politische Funktionen einer fehlenden demokratischen Öffentlichkeit übernahm (Groth 1994: 9f.) und Informationen als Kompensation mangelnder Medienvielfalt bot (Grunenberg 1990: 221). Diese kritische Literatur übernahm aber auch eine Vorreiterfunktion für den gesellschaftlichen Wandel (Rossade 1982: 830ff.) und stellte einen öffentlichen Raum zur Artikulation subjektiver Erfahrungen bereit (Bathrick 1983: 53-81). In pragmatischer Anpassung an die reale literarische Entwicklung hielt die Partei- und Staatsführung zwar offiziell an ihrer Literaturideologie fest, verzichtete aber seit den siebziger Jahren zunehmend auf die Durchsetzung positiver Vorgaben und versuchte stattdessen, gemäßigte und literarisch verschlüsselte Kritik international anerkannter DDR-Autoren zu integrieren und für Reputationsgewinne zu nutzen, solange keine direkte, fundamentale Kritik in der Öffentlichkeit geübt wurde. Öffentliche Zurückhaltung in Verbindung mit Loyalitätsbekenntnissen wurde als ausreichend akzeptiert, auch wenn der rituelle Charakter der Konformität häufig offen zu Tage lag. Zunehmend konnten auch Bücher in der DDR erscheinen, die erheblich vom offiziellen Kunstkonzept des Sozialistischen Realismus abwichen. Diese Entwicklung stand im kulturpolitischen Kontext einer machtpolitisch motivierten Umorientierung unter Honeckers Führung und war auch eine Reaktion auf die Erkenntnis der begrenzten staatlichen Steuerbarkeit künstlerischer Prozesse und das Scheitern der offen repressiven Literaturpolitik unter Ulbricht. Mit Blick auf die internationale Öffentlichkeit und einem starken Reputationswunsch setzte das SED-Regime bei der Bekämpfung von Gegnern und Kritikern nun stärker auf verdeckte Repressionen und geheimdienstliche Bekämpfung. Dadurch entstanden erhebliche Handlungsspielräume für die prominenten unter den kritischen Autoren. Öffentliche Personen wie Stefan Heym, Christa Wolf oder Wolf Biermann konnten in Konflikten mit der autoritären Staatsmacht ein beeindruckend breites Spektrum an Strategien zur Selbstbehauptung einsetzen: Neben literarischen Strategien der Tarnung wie Historisierung, ästhetische Chiffrierung oder Generalisierung arbeiteten sie mit Strategien der Vertrauensbildung, des begrenzten Entgegenkommens und des taktischen Rolleneinsatzes, mit legitimations- und öffentlichkeitsbezogenen Strategien oder Strategien der Bündnisbildung und der Provokation.

Die literaturpolitischen Maßnahmen der SED-Führung verfehlten häufig nicht nur den gewünschten Erfolg, sondern führten zu kontraproduktiven Wirkungen und delegitimierenden Effekten. Ein unerwünschtes Buch wurde durch Verbot, bürokratische Hindernisse oder parteikonforme Demontageversuche gerade besonders interessant, weckte die Neugier der Leser und lieferte dem politischen Gegner Argumente im ideologischen Meinungskampf.[4] Während die Werke der kritisch-loyalen Schriftsteller wie Christa Wolf, Jurek Becker und Volker Braun im In- und Ausland mit Interesse erwartet und gelesen wurden, konnte die staatlich geförderte, parteikonforme Literatur eines Erik Neutsch oder Hermann Kant weder in der DDR noch im Ausland ein nennenswertes Publikum erreichen und damit keine funktionierenden Legitimations- und Reputationsleistungen für die SED-Führung erbringen. Nur die (begrenzte) Zulassung von Werken gemäßigt-kritischer Autoren versprach der Partei- und Staatsführung die gewünschten Renommee- und Devisengewinne. Deshalb wurde versucht, international anerkannte Autoren wie Christa Wolf als Zugpferd für kaum vermarktbare, ideologiekonforme DDR-Literatur einzusetzen.[5] Konnten die Westveröffentlichungen kritischer Autoren ohne öffentliches Aufsehen nicht effektiv verhindert werden, sollte die DDR wenigstens finanziell davon profitieren, auch wenn es sich um die künstlerische Produktion eines ‚Staatsfeindes' handelte.[6]

Entgegen der verbreiteten Außenansicht des DDR-Staatsapparats als straff gelenktem, monolithischem Block waren an Zensurentscheidungen, Druckgenehmigungsverfahren und Veröffentlichungsprozessen zahlreiche Akteure beteiligt, die nicht nur als ‚willenlose' Bürokraten funktionierten, sondern die Parteivorschriften bei konkreten Entscheidungen häufig subjektiv auslegten und nach persönlichen Präferenzen und gruppenspezifischen Interessenlagen entschieden.[7] Zur Umgehung von allgemein gehaltenen politisch-ideologischen Normen wurde auch Fachautorität eingesetzt: So konnte ein kritisches Werk durch eine ‚wohlwollende' Interpretation literaturwissenschaftlich abgesichert werden. Für kritische Autoren ergab sich daraus die Chance, dass Verstöße gegen verbindliche Vorschriften ignoriert oder mit freundlicher Umdeutung die Publizierung nonkonformer Literatur gefördert wurde. Dabei konnte es – wie im Fall Christa Wolf – informelle Bündnisse zwischen Schriftstellern, Gutachtern und Zensoren gegen übergeordnete Parteiinstanzen geben. Auch aus der Binnendifferenzierung im bürokratischen Apparat ergaben sich auf Grund von Interessendivergenzen und Koordinationsproblemen zwischen verschiedenen Institutionen, Hierarchieebenen oder Staats- und Partei-

---

4 Wie besonders 1967/68 im Konflikt um die Erzählung *Nachdenken über Christa T.* von Christa Wolf

5 Angesichts zahlreicher Lizenzanfragen ausländischer Verlage beim Mitteldeutschen Verlag für *Nachdenken über Christa T.* entwickelte Bruno Haid, Leiter der zentralen Zensurinstanz ‚Hauptverwaltung Verlage und Buchhandel' im Ministerium für Kultur, die Strategie, bei Lizenzverhandlungen mit Westverlagen dieses Buch nur in einer Paketlösung zusammen mit Büchern anderer DDR-Autoren anzubieten, um es dadurch gewissermaßen zu entschärfen und gleichzeitig zusätzliche Einnahmen zu erwirtschaften (vgl. Bruno Haid, Leiter der Hauptverwaltung Verlage und Buchhandel, an Klaus Gysi, Minister für Kultur, 9.7.1969, in: SAPMO-BA, DR/1/2169b, Bl. 698f.).

6 Die DDR-spezifische „Anstalt zur Wahrung der Aufführungsrechte auf dem Gebiet der Musik" zog die GEMA-Gebühren von im Westen veröffentlichten, aber in der DDR verbotenen Liedern Biermanns ein und zahlte dem Autor anstandslos seinen Anteil aus (Biermann 1997: 237f.). Auf diese Weise konnte der offizielle ‚Staatsfeind' schließlich über eine „staatlich anerkannte Einnahmequelle" von Tantiemen seiner im Westen publizierten Gedichte und Lieder recht gut leben (Biermann 1991: 13).

7 Zur Bedeutung und Einflussnahme von Interessengruppen bei politischen Entscheidungsprozessen in der Sowjetunion vgl. Skilling/Griffiths 1971.

funktionären unerwartete Möglichkeiten für kritische Autoren.[8] Dabei wirkten systemunabhängige, bürokratietypische Probleme einer modernen Industriegesellschaft mit spezifischen Dysfunktionalitäten der realsozialistischen DDR-Bürokratie zusammen.

Bürokratie

Entsprechend der marxistisch-leninistischen Ideologie sollte der Staat im Prozess der ‚revolutionären Umgestaltung' der Gesellschaft immer mehr an Bedeutung verlieren, um schließlich im Kommunismus als Herrschaftsinstrument obsolet geworden zu sein. Entgegen dieser Zielvorstellung weitete sich der Staat im DDR-Realsozialismus aber immer weiter aus und durchdrang in spezifischer Politisierung mit einer großen Bürokratie nahezu alle Bereiche der DDR-Gesellschaft. Der Staat diente der SED-Führung als Ordnungsgarant und zur öffentlichen Demonstration und administrativen Durchsetzung ihres ideologischen Gewaltmonopols (Rytlewski 1996: 477f.). Die Notwendigkeit der Bürokratisierung ergab sich zunächst aus den Funktionsanforderungen einer modernen Industriegesellschaft, die nach Max Weber der bürokratischen Organisationsform bedarf, um ein geordnetes Zusammenleben der Menschen in einer arbeitsteiligen, ausdifferenzierten Gesellschaft zu ermöglichen.[9] Bürokratische Massenverwaltung ist demnach in kapitalistischen und sozialistischen Industriegesellschaften wie der DDR gleichermaßen unverzichtbar und weist ähnliche Funktionsmechanismen auf.[10] Der absolute Machtanspruch der Partei- und Staatsführung mit dem Ziel einer gesamtgesellschaftlichen Steuerung und Kontrolle bot der Bürokratie aber besonders ‚gute' Wachstumsbedingungen, sodass die Bürokratisierung außerordentlich stark

8 Wie im Fall der ‚ungewollten' Genehmigung der Konzertreise Biermanns in die Bundesrepublik im Jahr 1964. Die Tournee des kritischen Liedermachers war im Westen mit Überraschung aufgenommen worden, da Biermanns gespanntes Verhältnis zur Staatsmacht bekannt war. Tatsächlich war die Reisegenehmigung nicht Ausdruck einer toleranteren Haltung, sondern Resultat von Unstimmigkeiten und Koordinationsproblemen in der Kulturbürokratie zwischen Staats- und Parteiebene, dem Minister für Kultur, Hans Bentzien, und dem Leiter der ZK-Abteilung Kultur, Siegfried Wagner. Vgl. Aktennotiz der ZK-Abt. Kultur, 25.11.1964, in: SAPMO-BA, DY 30/IV A2/2.024/70, Bl. 24; Siegfried Wagner, Leiter der ZK-Abt. Kultur, an Kurt Hager, 25.11.1964, in: ebd., Bl. 22; Aktennotiz von Siegfried Wagner, Leiter der ZK-Abt. Kultur, 30.11.1964, in: ebd., Bl. 25-27.

9 Nach Max Weber verkörpert die Bürokratie eine abendländische Errungenschaft: rationale Herrschaft. Bürokratische Massenverwaltung war für ihn die typische, effizienteste und unvermeidliche Organisationsform jeder entwickelten industriellen Gesellschaft, weil sie prinzipiell an technischer Leistungsfähigkeit überlegen sei (Weber 1922). Dies ergebe sich idealtypisch aus Formalisierung, Professionalisierung und Amtshierarchie. Die Rationalität der bürokratischen Organisationsform verortete er zum einen in der abstrakten Regelhaftigkeit der Herrschaftsausübung, die formelle Gleichheit ermöglicht, sowie gut organisiertem Fach- bzw. Dienstwissen, woraus eine hohe Problemlösungskapazität, eine hohes Maß an Zweckmäßigkeit, Berechenbarkeit und Effizienz resultiere.

10 Die Ähnlichkeiten zwischen sozialistischen Bürokratien und „modernen" Bürokratien demokratischer Systeme wurden bereits in den sechziger Jahren am Beispiel der Sowjetunion deutlich (vgl. Meyer 1965). Auf Grund der problematischen Quellenlage konnten die konkreten Funktionsmechanismen und Entscheidungsprozesse in den Bürokratien sowjetsozialistischer Systeme aber nicht rekonstruiert und analysiert werden.

ausgeprägt war. Der Aufbau der DDR-Gesellschaft nach sowjetischem Vorbild sollte eine reibungslose Durchsetzung der politisch-ideologischen Normen sicherstellen: Strukturell durch eine enge Verschränkung von Staats- und Parteiapparat mit einer zentralistisch-hierarchischen Organisation, personell vor allem durch gezielte Kaderpolitik, um die dominante Stellung der (Partei-)Politik im konkreten politischen Prozess zu sichern (vgl. Payer 2001). Die auf Weisungsgebundenheit und Parteidisziplin aufbauende Herrschaftsstruktur konnte aber nicht verhindern, dass der bürokratische Apparat auch in der DDR eine Eigendynamik entwickelte, Verselbstständigungstendenzen gegenüber der SED-Führung zeigte und keineswegs als homogenes Vollzugsorgan zur mechanischen Umsetzung der Parteivorschriften funktionierte.[11] In der DDR überlagerten sich typische Fehlfunktionen von Bürokratien und systemimmanente Zielkonflikte eines autoritären Herrschaftssystems. Die Bürokratie befand sich in einem permanenten Zwiespalt zwischen den Anforderungen bürokratischer Rationalität und dem ideologisch basierten, absoluten Gestaltungswillen der Parteiführung. Der Monopolanspruch auf Macht behinderte die Innovationschancen und damit auch die Problemlösungsfähigkeit des Herrschaftssystems erheblich, da auf die Anforderungen einer sozialistischen Industriegesellschaft nicht flexibel reagiert werden konnte. Unter diesen Bedingungen erwies sich die totale Kontrolle und Steuerung der Gesellschaft ‚von oben' durch einen großen bürokratischen Apparat bei brüchiger Legitimationsgrundlage als nicht funktionsfähig.

Repressionshemmende Wirkung der westlichen Öffentlichkeit

Unabhängig vom politischen Systemwandel sah die Partei- und Staatsführung in der Literatur stets ein wichtiges Potenzial für Herrschaftsstabilisierung durch innen- und außenpolitische Reputationsgewinne. In diesem Kontext spielte die *westliche Öffentlichkeit* – insbesondere in der Bundesrepublik – eine zentrale Rolle. Sie nahm in Konflikten zwischen kritischen, prominenten Autoren und der Staatsmacht eine Schlüsselstellung ein, da sie als beobachtender und mithandelnder Akteur permanent präsent war und als Transmitter in die DDR hineinwirkte. Sie wurde zu einem integralen Bestandteil des Machtkampfes, da sich die Gegner in ihrem Handeln immer auf ein Publikum bezogen, das sie für ihre Interessen einzusetzen versuchten. Die bundesrepublikanische Öffentlichkeit schränkte im Kontext der deutsch-deutschen Systemkonkurrenz und der ideologischen Ost-West-Konfrontation die Handlungsmöglichkeiten der Partei- und Staatsführung erheblich

11 Auch in demokratisch verfassten Staaten tendieren Bürokratien zur Verselbstständigung gegenüber politischer Steuerung und zur Ausbildung eigenständiger Herrschaft. Sie stellen damit einen Machtfaktor dar, der zahlreiche Gefahren birgt: mangelnde demokratische Legitimation und Verlust von politischer Kontrolle, Einflussnahme von Interessengruppen, Entmündigung und Unterdrückung der Bürger, Verwandlung von akkumuliertem Fachwissen in Herrschaftswissen. Dazu Häußermann (1977), der spezifische Funktionsweisen der Bürokratie herausarbeitete, wie den „strukturellen Konservatismus" des Amtsmechanismus. Downs (1966) wies darauf hin, dass Verwaltungsbeamte auch Eigeninteressen verfolgen und in politische Entscheidungsprozesse eingreifen.

ein. So entschied sich die ZK-Abteilung Kultur im Konflikt um Christa Wolfs Erzählung *Nachdenken über Christa T.* trotz starker Vorbehalte schließlich *für* die Veröffentlichung des unbequemen Buches, da die Existenz des Werkes in der west- und ostdeutschen Öffentlichkeit bereits bekannt war und damit ein Publikationsverbot ohne größeres Aufsehen nicht mehr möglich schien.[12] Die schwierige Druckgenehmigungs- und Veröffentlichungsgeschichte dieses Buches zeigt exemplarisch, wie die westdeutsche Öffentlichkeit durch politische Interpretationen in Literaturkritiken den Konfliktverlauf stark beeinflussen konnte.

Wenn sich eine Schriftstellerin wie Christa Wolf an das ‚Vertraulichkeitsgebot' der SED-Führung hielt, ‚innerfamiliäre' Konflikte nicht öffentlich auszutragen, um dem politischen Gegner keine Instrumentalisierungsmöglichkeiten zu bieten, wurden Handlungsfreiräume auf künstlerischem Gebiet wahrscheinlicher. Der Bruch jener Norm war von Sanktionen bedroht, bot dem Zuwiderhandelnden aber durch das Einbeziehen der Öffentlichkeit zugleich Schutz, wie die zahlreichen Konflikte Stefan Heyms mit der Staatsmacht zeigen. Heym setzte unter Ausnutzung des Reputationswunsches der SED-Führung die Öffentlichkeit häufig ganz gezielt zur Durchsetzung seiner Interessen ein, wie z. B. zur Erreichung einer Reisegenehmigung.[13] Auch bei nicht öffentlich ausgetragenen Konflikten wirkte sich die Existenz des anderen deutschen Staates bzw. der westdeutschen Öffentlichkeit im Kontext der deutsch-deutschen Systemkonkurrenz gravierend aus. Spekulationen über die zu erwartenden Reaktionen im In- und Ausland schränkten die Handlungsmöglichkeiten der Bürokratie im Umgang mit einem kritischen Autor oder kritischer Literatur – im Vorfeld, aber auch während des Konfliktverlaufs – entscheidend ein. Bei öffentlichen Konflikten mit prominenten kritischen Autoren musste die SED-Führung in jedem Fall mit negativen Folgen im politisch-ideologischen Meinungskampf rechnen. Bei Verbot eines Buches drohte ein öffentliches Negativimage als Unterdrückungsregime, das auf Grund seiner Legitimationsschwäche keine Kritik ertragen könne. Bei Genehmigung eines kritischen Buches waren zumindest einzelne triumphierende Interpretationen im Westen kaum zu vermeiden, die das literarische Werk als Ausdruck von Widerstandsgeist werteten und damit erneut die Legitimationsbasis der SED-Führung in Frage stellten. Hinzu kam der Eindruck, dass die SED-Führung ihre verbindlich gesetzten Literaturnormen und ihren Herrschaftsanspruch offensichtlich nicht durchsetzen konnte.

Unter der Zielsetzung positiver Außenwirkung schien die Maßnahme eines Verbots bei prominenten Schriftstellern letztlich am meisten kontraproduktiv.

---

12 Hauptverwaltung Verlage und Buchhandel, betr. Christa Wolf: Nachdenken über Christa T., 2.12.1968, in: Drescher 1992: 59. Stattdessen sollten verdeckte Maßnahmen wie Auflagenreduzierung, Verzögerungen bei der Drucklegung und kritische Rezensionen die Wirkung des Buches *unauffällig* schmälern.

13 Um im Jahr 1969 eine Reise zu einem Kunstfestival nach Australien durchzusetzen, informierte er Politbüro-Mitglied Kurt Hager darüber, dass er gegenüber den einladenden Veranstaltern sein Kommen explizit davon abhängig gemacht habe, ob er eine Reiseerlaubnis von den DDR-Behörden erhalte (Stefan Heym an Kurt Hager, in: SAPMO-BA, DY 30/VI A2/2.024/67, Bl. 65). Die SED-Führung musste ihn notgedrungen reisen lassen, wenn sie ihr gewünschtes Bild in der internationalen Öffentlichkeit nicht beschädigen und als Unterdrückungsregime erscheinen wollte (Heym 1988: 775).

Deshalb wurde integrierbare von nicht integrierbarer Kritik geschieden und je nach Ergebnis umgedeutet, ignoriert oder mit Unterdrückungs- und Behinderungsmethoden öffentlich diffamiert, geheim bekämpft oder verboten. Aus strategischen Gründen wurde eine offene Repressionspolitik gegen prominente Kulturschaffende zunehmend vermieden und die geheimdienstliche Bekämpfung intensiviert. Zwar wollte die Parteiführung auch schon unter Ulbricht einem negativen Außenbild entgegenwirken, doch unter Honecker wurde verstärkt eine positive Außenwirkung mit dem Ziel internationaler Anerkennung angestrebt. Mit diesem Interesse manövrierte sich die Staatsmacht in ein strukturelles Handlungsdilemma, das im konkreten Fall von eingeschränkter Handlungssouveränität zu Handlungsunfähigkeit führen konnte, wenn normativer Machtanspruch und positive Außenwirkung unvereinbar waren: Elf Jahre lang konnte Wolf Biermann mit provokativen Liedern offen dem Verbot der Parteiführung trotzen, Christa Wolf setzte sich souverän über das offizielle Literaturkonzept hinweg, und Stefan Heym publizierte seine in der DDR verbotenen Bücher unter Umgehung der staatlichen Zensur ungehindert im Westen. Die in der zweiten Hälfte der siebziger Jahre ergriffenen Straf- und Disziplinierungsmaßnahmen führten zwar zu einer massiven Reduzierung des oppositionellen Potenzials innerhalb der DDR, konnten aber bei den im Lande gebliebenen kritischen und prominenten Schriftstellern längerfristig weder die Westveröffentlichungspraxis noch die Abkehr vom offiziellen Literaturkonzept verhindern. Zudem wirkten die Arbeiten der vielen Schriftsteller und anderen Kunstschaffenden, die die DDR verließen oder verlassen mussten, im Westen und in die DDR hinein. Da die Parteiführung an ihrem absoluten Führungsanspruch festhielt, ihn aber – für alle sichtbar – nicht durchsetzen konnte, entstanden ihr massive Glaubwürdigkeitsverluste.

Andererseits suggerierte die Duldung dieser Erscheinungen eine ‚Milde' des Systems, die dem gewünschten Außenbild der SED-Führung unter Honecker wiederum entgegenkam. Weil internationale Anerkennung für einen DDR-Autor nicht nur an Glaubwürdigkeit und literarisches Talent, sondern auch an ein gewisses Maß von Kritik am SED-Staat gebunden war, konnte die Staatsmacht nur dann von der Reputation der Schriftsteller profitieren, wenn sie solche Kritik in Kauf nahm. Hier lag eine entscheidende Schwäche des autoritären Systems, da die *handlungshemmenden* Momente nicht nur die Durchsetzung der gewünschten Ziele, sondern auch eine offene Repressionspolitik zur Verhinderung gegenteiliger Entwicklungen erschwerten. Ob in der DDR ein literarisches Werk erscheinen konnte, Kritik und nonkonformes Handeln mit harten Sanktionen bestraft oder geduldet wurde, war somit in hohem Maße abhängig von der Abwägung der Staatsmacht, welche politischen Kosten zu erwarten waren. Von entscheidender Bedeutung waren dabei die Person des Autors und die jeweilige innenpolitische und internationale Situation, die die politischen Prioritäten der SED-Führung und ihr Interesse an positiver Außenwirkung maßgeblich beeinflussten, aber auch die politische Linie der sowjetischen Hegemonialmacht.[14] Die Partei- und Staatsführung der DDR erwies sich als schwer berechenbar. Sie griff zu harten Maßnahmen, wenn sie ihre Herrschaft durch außen- oder innenpolitisch beunruhigende Tendenzen unmittelbar gefährdet sah,[15] konnte aber auch dann mit aller Härte reagieren, wenn sie sich ‚sicher' fühlte und ihre Herrschaft für stärker konsolidiert hielt.[16]

Herrschaftsrelevanz kritischer Autoren

In der Frage der Herrschaftsrelevanz kritischer Autoren ergibt sich eine komplexe Wechselwirkung von Selbstbehauptung und Anpassung, in der sich herrschaftsstützende, -schwächende und -verändernde Momente verzahnen. Ohne Zweifel brachten die kritisch-loyalen Schriftsteller wie Stefan Heym und Christa Wolf der Partei- und Staatsführung auch Reputations- und Legitimationsgewinne, indem sie sich öffentlich zum Sozialismus bekannten und bei aller Kritik den DDR-Staat gegenüber der Bundesrepublik als das bessere Gesellschaftsmodell verteidigten. Diese herrschaftsstützenden Faktoren wurden jedoch durch kritische Funktionen konterkariert, die sich aus der Artikulation von Widerspruch und Kritik in einem autoritären Staat und der Rolle der Literatur als ‚Ersatzöffentlichkeit' ergaben. Die stärksten Legitimationsgewinne für die Staatsmacht im In- und Ausland entstanden paradoxerweise gerade aus der Zulassung kritischer Literatur, was jedoch keine Herrschaftsstützung, vielmehr eine partielle *Herrschaftsveränderung* bedeutete. Aus Rücksicht auf das gewünschte ‚liberalere' Außenbild war die SED-Führung zu einer Dämpfung ihres umfassenden Machtanspruchs bereit. Die herrschaftsstützenden Effekte kritischer Literatur bezogen sich nicht auf eine statische Machtkonstellation, sie förderten vielmehr indirekt den *Systemwandel* durch die Aussicht auf Autoritäts- und Reputationssteigerung für die Staatsmacht bei erweiterten Freiräumen für kritische Schriftsteller und Künstler. Damit vertiefte sich das Dilemma, in dem die DDR-Führung stand und an dem sie schließlich scheiterte.

---

14 Im konkreten Fall waren die eingesetzten Repressionen gegen kritische, prominente Schriftsteller beeinflusst vom jeweiligen politisch-historischen Kontext, der Biografie und Prominenz des Autors, der Intensität seiner Kritik, der Stärke des Öffentlichkeitsbezugs und der Tendenz zur Gruppenbildung.

15 Der auf dem 11. ZK-Plenum 1965 eingeleitete ‚kulturelle Kahlschlag' stand im politisch-historischen Kontext kultureller Liberalisierungserscheinungen in den sozialistischen Nachbarländern Osteuropas und einer spürbaren Tendenz zur Gruppenbildung von oppositionellen, kritischen Kräften im Innern des Landes.

16 Das zeigte sich nach einer Zeit außenpolitischer Erfolge bei der Biermann-Ausbürgerung 1976 und den Folgen.

Literatur

Akten der Stiftung Archiv der Parteien und Massenorganisationen der DDR im Bundesarchiv, Berlin (SAPMO-BA): DR/1/2169b (HV Verlage und Buchhandel, Mitteldeutscher Verlag Halle/Leipzig, Druckgenehmigungen 1968), DY 30/VI A2/2.024/67, DY 30/IV A2/2.024/70 (Büro Kurt Hager)

Bathrick, David 1983: Kultur und Öffentlichkeit in der DDR, in: Hohendahl, Peter Uwe/ Herminghouse, Patricia (Hg.): *Literatur der DDR in den siebziger Jahren*, Frankfurt a. M.: Suhrkamp, S. 53-81

Biermann, Wolf 1997: Distribution: Verse auf dem Marktplatz, Siebente Vorlesung, in: ders.: *Wie man Verse macht und Lieder. Eine Poetik in acht Gängen.* Vorlesungen an der Universität Düsseldorf, 2. korr. Aufl. Köln: Kiepenheuer & Witsch

Biermann, Wolf 1991: *Über das Geld und andere Herzensdinge.* Prosaische Versuche über Deutschland, Köln: Kiepenheuer & Witsch

Downs, Anthony 1966: *Inside Bureaucracy*, Boston: Little Brown

Drescher, Angela (Hg.) 1992: *Dokumentation zu Christa Wolf ‚Nachdenken über Christa T.'*, Hamburg/Neuwied/Berlin: Luchterhand Literaturverlag

Groth, Joachim-Rüdiger 1994: *Widersprüche. Literatur und Politik in der DDR 1949-1989. Zusammenhänge, Werke, Dokumente.* Frankfurt a. M./Berlin/New York: Peter Lang

Grunenberg, Antonia 1990: *Der Aufbruch der inneren Mauer. Politik und Kultur in der DDR 1971-1989,* Bremen: Temmen

Häußermann, Hartmut 1977: *Die Politik der Bürokratie. Einführung in die Soziologie der staatlichen Verwaltung*, Frankfurt a. M./New York: Campus

Heym, Stefan 1988: *Nachruf*, München: Bertelsmann

Jäger, Manfred 1994: *Kultur und Politik in der DDR. 1945-1990.* Köln: Edition Deutschland Archiv im Verlag Wissenschaft und Politik

Linz, Juan J. 1975: Totalitarian and Authoritarian Regimes, in: Greenstein, Fred I./Polsby, Nelson W. (Hg.): *Handbook of Political Science*, vol. 3: Macropolitical Theory, Reading/Mass.: Addison-Wesley Publishing, S. 175-412

Linz, Juan J. 2000: *Totalitäre und autoritäre Regime*, hg. v. Reinhard Krämer, Berlin: Berliner Debatte Wissenschaftsverlag

Ludz, Peter Christian 1968: *Parteielite im Wandel. Funktionsaufbau, Sozialstruktur und Ideologie der SED-Führung. Eine empirisch-systematische Untersuchung,* Köln/Opladen: Westdeutscher Verlag

Meyer, Alfred G. 1965: *The Soviet Political System*, New York: Random House

Payer, Margarete 2001: Internationale Kommunikationskulturen. Kulturelle Faktoren: Bürokratie und Korruption. www.payer.de/kommkulturen/kulturen/kultur082.htm, 31.5.2001

Rossade, Werner 1982: *Literatur im Systemwandel. Zur ideologiekritischen Analyse künstlerischer Literatur aus der DDR*, Frankfurt a. M./Bern: Peter Lang

Rytlewski, Ralf (Hg.) 1989: *Politik und Gesellschaft in sozialistischen Ländern. Ergebnisse und Probleme der Sozialistische Länder-Forschung* (= Politische Vierteljahresschrift, Sonderheft 20), Opladen: Westdeutscher Verlag

Rytlewski, Ralf 1996: „Doch der Staat starb nicht ab", in: *Parteiauftrag: Ein neues Deutschland. Bilder, Rituale und Symbole der frühen DDR*, hg. v. Dieter Vorsteher, Deutsches Historisches Museum, München/Berlin, S. 477-481

Skilling, H. Gordon/Griffiths, Franklyn (Hg.) 1971: *Interest Groups in Soviet Politics*, Princeton: Princeton University Press

Sontheimer, Kurt/Bleek, Wilhelm 1979: *Die DDR. Politik – Gesellschaft – Wirtschaft.* 5. erw. und neubearb. Aufl., Hamburg: Hoffmann und Campe

Weber, Max 1922: *Wirtschaft und Gesellschaft. Grundriß der verstehenden Soziologie.* 5. rev. Aufl., Studienausgabe, Tübingen: Mohr 1985

Die Rolle der evangelischen Kirche in der DDR
Eine Rückschau zehn Jahre nach dem Ende des ostdeutschen Protestantismus

Horst Dähn

Wissenschaftliche Forschung zu den evangelischen Kirchen in der DDR gab es, wenn auch geringeren Umfangs, schon vor dem Ende der DDR 1990. Ihre Zunahme seitdem begleitet eine Forschungskontroverse: Ist die Geschichte des DDR-Protestantismus ein Weg zur Anpassung mit Identitätsverlust (Besier 1993; Neubert 1997) oder zu „kritischer Partizipation" bei Wahrung der eigenen Identität (Falcke 1991)? Diese Kontroverse spaltet kirchliche und außerkirchliche Zeitgeschichtsforscher ebenso wie Politikwissenschaftler, Soziologen und Theologen.

Zur Forschungslage vor 1989

In den Jahren der deutschen Zweistaatlichkeit gibt es in der Literatur keine Hinweise auf eine solche Kontroverse. Vornehmlich in den sechziger Jahren legten häufig Pfarrer Untersuchungen vor, die ich mit dem Leipziger Kirchenhistoriker Nowak (1993: 221, Anm. 25) zur Gruppe der „polemischen Literatur" rechnen möchte. Sie beschreibt die evangelische Kirche in der DDR primär als verfolgte Kirche (*ecclesia pressa*). Alle Forschung zu dieser Kirche (mit oder ohne Einschluss der SBZ-Phase 1945 bis 1949) steht vor der Frage: Sind in der Geschichte des DDR-Protestantismus unterschiedliche Phasen je nach der Haltung – Opposition, Distanz, Anpassung, „konkret unterscheidende Mitarbeit" (Falcke 1991) – der Kirchen zum bestehenden System erkennbar, konkret zur Praxis der Machteliten in Partei und Staat in der Religions- und Kirchenpolitik, aber auch in anderen Bereichen kirchlichen Interesses wie Bildung, Erziehung und Jugend? Hier kann auf die Periodisierungsdiskussion nicht näher eingegangen werden (vgl. dazu Winter 1997: 66ff.; Dähn 1993: 19-31). Ich werde im Folgenden die Frage nach den Strategien, Einstellungen und Verhaltensweisen der evangelischen Kirchen im Kontext der These diskutieren, dass die Religions- und Kirchenpolitik von SED und Staat nur als Teil von deren Gesamtpolitik voll zu verstehen ist, und deshalb weitgehend das Periodisierungsschema zugrunde legen, das in der zeitgeschichtlichen DDR-Forschung dominiert (Weber 1999: 5f.; Staritz 1996: 5f.). Kirchen- und politikgeschichtliche Darstellungen stimmen in der Periodisierung zumindest teilweise mit allgemein-historischen Untersuchungen überein (Pollack 1994: 5f.; Goeckel 1995: 5ff.; Gerlach 1999: VII-IX).

Die Kirchen 1949 bis 1961

Als erste Phase der Staat-Kirche-Beziehungen in der DDR mit Blick auf die ostdeutschen Mitgliedskirchen der EKD sind die Jahre 1949 bis 1953 auszumachen. Die kirchenleitenden Gremien und einzelne Persönlichkeiten wie Bischof Dibelius bezogen zu der auf gesellschaftliche Marginalisierung der Kirchen gerichteten Politik der SED eine offensive, konfrontative Position. Partei und Staat initiierten im Bildungs- und Erziehungswesen eine an der sowjetischen Schul- und Hochschulpädagogik orientierte Praxis, die als Vermittlung eines atheistisch-materialistischen Weltbildes Glaubensinhalte, christliche Werte und Normen radikal in Frage stellte. Auch in der Jugendpolitik sollten Partei und Staat das Monopol auf Wertevermittlung haben, was eine ungehinderte Fortführung kirchlicher Jugendarbeit gefährdete (zur Bekämpfung der Jungen Gemeinde vgl. Wentker 1994: 95-127; Koch 2000). Das begann 1949/50, nahm seit 1952 zu und resultierte ab Anfang 1953 in Beschlüssen und Vorgaben der SED an den Staatsapparat (Justiz, Ministerium für Staatssicherheit), an gesellschaftliche Institutionen wie FDJ, DFD, die CDU u. a., die Tätigkeit der als „illegale Organisation" bezeichneten Gemeinschaft junger Christen gänzlich zu unterbinden, gemäß dem Beschluss des Politbüros des ZK der SED vom 27. Januar 1953 (in: Hartwég Hg. 1995, Bd. 1: 88-91; s. a. Goerner 1997: 99).

Die staatliche Kirchenpolitik nahm den Charakter eines Kirchenkampfes an. Sie zielte darauf ab, die Kirche auf den Status einer Kultkirche zu reduzieren, ähnlich dem der Russisch-Orthodoxen Kirche in der Sowjetunion. Dagegen war Widerstand zu leisten, auf massive Verletzungen der verfassungsrechtlich garantierten Religions-, Glaubens- und Gewissensfreiheit (z. B. Ausschluss junger Christen aus höheren Schulen wegen ihrer Zugehörigkeit zur Jungen Gemeinde oder Evangelischen Studentengemeinde[1]), auf Eingriffe in die Rechte der Kirche (Erteilung von Religionsunterricht in der Schule, Beschlagnahme kirchlicher Einrichtungen etc.) aufmerksam zu machen und Abhilfe zu verlangen. In der ersten Junihälfte 1953 gab es sichtbare Korrekturen in der staatlichen Kirchenpolitik, die ihren Niederschlag im gemeinsamen Kommuniqué über das Grundsatzgespräch zwischen führenden Repräsentanten von Staat und Kirche (10. Juni 1953) fanden (dazu Dähn 1982: 47ff.). Sie gingen nicht auf eigene Einsicht der SED-Führung zurück, sondern auf eine Weisung des Ministerrates der UdSSR vom 2. Juni 1953, worin erhebliche Korrekturen auch auf anderen Politikfeldern verlangt wurden. „Mit einem nackten Administrieren in bezug auf die Geistlichen ist Schluß zu machen, und die schädliche Praxis der groben Einmischung der Behörden in die Angelegenheiten der Kirche ist einzustellen", hieß es darin (Stöckigt 1990: 654). Statt der repressiven wurde eine eher moderate Kirchenpolitik empfohlen, die mehr Erfolg verspreche und gleichwohl das Ziel nicht aufgebe, das Absterben von Religion zu

1 Mit der Begründung, dass gleichzeitige Mitgliedschaft in der staatsfeindlichen Jungen Gemeinde und der FDJ nicht möglich sei, wurden nach Angaben des DDR-Ministerpräsidenten Otto Grotewohl insgesamt 712 junge Christen, die sich nicht von der Jungen Gemeinde lossagten, von der Schule verwiesen (Wentker 1994: 114-117).

befördern, indem die einfachen Teilnehmer der Jungen Gemeinde nicht mehr verfolgt, sondern politisch mit ihnen gearbeitet und der reaktionäre Einfluss der Kirche und der Geistlichen mit durchdachter Aufklärungs- und Kulturarbeit bekämpft werden sollte. Als Grundform der antireligiösen Propaganda sei weite Verbreitung wissenschaftlicher und politischer Kenntnisse unter der Bevölkerung anzustreben (ebd.).

Entsprechend stand im Zentrum des Beschlusses „Die Politik der Partei in Kirchenfragen“ vom 14. März 1954 (vgl. Hartwég Hg. 1995, Bd.1: 150-155) einmal die schon seit Ende der vierziger Jahre praktizierte Taktik der Differenzierung kirchlicher Positionsinhaber nach zu isolierenden „reaktionären“ und zu fördernden „fortschrittlichen“ Kräften, zum anderen die Gewinnung der christlichen Bevölkerung für die Außen-, Deutschland- und Gesellschaftspolitik mit dem Ziel, eine staats- und systemloyale Kirche zu schaffen. Der FDJ erteilte die Partei den Auftrag, durch verstärkten „ideologischen Kampf“ die Jugend samt der christlichen für ein Engagement im staatlichen Jugendverband und damit für die Ziele von Partei und Staat zu gewinnen. Ein neues Instrument, die jungen Christen der Kirche zu entfremden und dieser ihre religiöse Sozialisationsfunktion zu nehmen, stellte dann die 1955 eingeführte Jugendweihe dar (Wentker 1995). Die Kirche suchte den Eltern bewusst zu machen, dass Teilnahme an der Jugendweihe wegen des atheistischen Charakters dieses gesellschaftlichen Initiationsritus, der an den Inhalten der Vorbereitungsstunden deutlich wurde, die Konfirmation ausschließt. Sie bemühte sich, die staatlichen Instanzen davon zu überzeugen, dass eine verpflichtende Teilnahme junger Christen an der Jugendweihe (das Freiwilligkeitsprinzip wurde bald aufgegeben) die in der Verfassung der DDR verankerten Grundrechte der Glaubens- und Gewissensfreiheit verletzte (Dähn 1998: 33ff.; Fischer 1998: 44-87). Trotzdem hat die evangelische Kirche den Konflikt zwischen Jugendweihe und Konfirmation schließlich verloren. Die starke Zunahme des prozentualen Anteils der Jugendweiheteilnehmer, gemessen an der Zahl der Kinder, die im jeweiligen Jahr die Schule verließen, von 23,7 auf 80,5 Prozent zwischen 1956 und 1959 bedeutete einen nachhaltigen Einbruch in die volkskirchliche Tradition der Konfirmation (Angaben nach: Informationsdienst 1958: Bl. 168; Zentraler Ausschuß 1959: Bl. 14; s. a. Wentker 1995: 164).

In der zweiten Hälfte der fünfziger Jahre wurden Christen und kirchliche Einrichtungen wieder stärker unterdrückt. Es gab Benachteiligungen christlicher Schüler und Studenten in ihren Bildungschancen, Behinderungen in der Arbeit der Evangelischen Studentengemeinden, Verhaftung kirchlicher Mitarbeiter, Erschwernisse in der Krankenhaus- und Gefängnisseelsorge, Förderung der atheistischen Propaganda. Kritik der Kirche an diesem neuerlichen Konfrontationskurs führte im Sommer 1958 zu intensiven Staat-Kirche-Gesprächen. Es könnte scheinen, als hätte das so genannte Kommuniqué vom 21. Juli 1958 (tatsächlich eine Presseerklärung des Presseamtes beim Ministerpräsidenten der DDR; vgl. Informationsdienst 1958) eine Wende in der Haltung der Kirche zum Staat bedeutet: „Sie (die evangelischen Kirchen, H.D.) respektieren die Entwicklung zum Sozialismus und tragen zum friedlichen Aufbau des Volkslebens bei“ (vgl. Dähn 1982: 74). Muss da mit Neubert (1997: 120) von einem Sieg der SED gesprochen werden, und hat Besier (1993: 285) Recht, das SED-Regime habe der Kirche ohne eigene Gegenleistung eine Loyalitätserklärung abgenötigt? Ich stimme vielmehr dem Berliner Kirchenhistoriker Rudolf Mau (1994: 46) zu: „Die Formulierung brachte unüberhörbar Distanz zum Ausdruck, aber vergewisserte die Gegenseite, dass die Christen nicht ‚gegen‘ das von der SED vorangetriebene Gesellschaftsexperiment seien. Der Ausdruck ‚Respektieren‘ sagte weniger als Billigen, Befürworten oder gar Begrüßen, löste sich aber auch von einem Beargwöhnen, Mißbilligen oder Ablehnen“. Die Kirchen stellten die neue gesellschaftliche Ordnung nicht in Frage, sie nahmen sie an als Ort ihres Wirkens für die Millionen evangelischer Christen in der DDR und blieben frei, auch weiterhin Kritik an den Defiziten staatlicher Kirchenpolitik vorzutragen, was ihnen in dem „Kommuniqué“ auch zugesagt wurde.

In der Forschung besteht Konsens, dass von dem Spitzengespräch, insbesondere von der staatlicherseits bestätigten verfassungsrechtlichen Aussage über Glaubens- und Gewissensfreiheit und staatlichen Schutz ungestörter Religionsausübung (Dähn 1982: 73), keine Impulse für eine dauerhafte Entspannung ausgingen, dass das Staat-Kirche-Verhältnis zwischen 1949/50 und 1953 zunehmend von Konfrontation geprägt und auch im zweiten Jahrfünft sehr konfliktreich war. Dieser Befund rechtfertigt es, die Zäsur in der Geschichte der Staat-Kirche-Beziehungen nicht 1953, sondern 1961 anzusetzen.

Die Kirchen 1961 bis 1971

Das Jahr 1961 war aus innen- wie außenpolitischen Gründen ein Einschnitt in der Geschichte der DDR. Der Mauerbau, die verstärkte Abriegelung der Grenze zwischen beiden deutschen Staaten wie auch die willkürliche Genehmigungspraxis der DDR-Behörden für Ein- und Ausreisen west- und ostdeutscher kirchlicher Amtsträger erschwerten zunehmend eine effiziente Arbeit der leitenden Gremien der rechtlich und organisatorisch noch ungeteilten EKD. Ziel der SED war, die ostdeutschen Mitgliedskirchen durch entsprechenden politischen Druck verbunden mit einer klaren Differenzierungspolitik – Unterstützung des „Thüringer Weges“ von Landesbischof Mitzenheim (Besier 1993a: 189-212), Bekämpfung negativer Kräfte durch den Staats- und Sicherheitsapparat, Förderung systemloyaler Institutionen wie der CDU oder der Arbeitsgruppen „Christliche Kreise der Nationalen Front“ – zur Aufgabe ihrer Gemeinschaft mit der EKD zu bewegen und sie in der DDR-Gesellschaft zu „beheimaten“. Die erhoffte grundsätzliche Systemloyalität der Kirchen mit Verzicht auf Kritik in der politisch-ideologisch besonders sensiblen Bildungs- und Militärpolitik trat nicht ein. Gewiss konnten im Bildungs- und Erziehungswesen immer nur individuelle Lösungsansätze erzielt werden; doch gelang es auf dem Feld der Militärpolitik den kirchlichen Unterhändlern, eine akzeptable Lösung für alle jungen Wehrpflichtigen zu finden, die aus „religiösen

Anschauungen oder aus ähnlichen Gründen" den Dienst mit der Waffe ablehnten. Das war einzigartig im sowjetischen Block. Die Anordnung des Nationalen Verteidigungsrates der DDR vom 7. September 1964 ermöglichte einen Dienst ohne Waffe in den Baueinheiten der NVA (vgl. Dähn 1982: 94; Eisenfeld 1978: 64ff.; Schicketanz 1997; Pollack 1994: 194ff.; Koch/Eschler 1994: 14-20). Die evangelische Kirche hat später mit ihrer Forderung des Einsatzes an zivilen Projekten noch partiell Erfolg gehabt. Ihr Engagement für zivilen Ersatzdienst nach dem Modell eines Sozialen Friedensdienstes blieb indes bis Anfang 1990 erfolglos.

Den DDR-Landeskirchen gelang es auch nicht, an der formalen, rechtlichen Einheit mit den westdeutschen Schwesterkirchen im Rahmen der EKD festzuhalten. In der „Fürstenwalder Erklärung zur Einheit der EKD" der Regionalsynode Ost vom 5. April 1967 bekannten sich die Synodalen zur Einheit der Evangelischen Kirche in Deutschland und zu dem Grundsatz, kirchliche Gemeinschaft nur bei Verharren „in Irrlehre oder Ungehorsam gegen den Herrn der Kirche" aufzukündigen. Aber angesichts des schon eingetretenen Regionalisierungsprozesses erklärten die Synodalen auch: „Wir werden uns gegenseitig so weit freizugeben haben, dass wir unserem Auftrag in dem Teil Deutschlands, in dem wir leben, gerecht werden" (Christoph 1994: 248, 250). Damit war den ostdeutschen Kirchen die Möglichkeit „einer weiteren Verselbständigung" eröffnet (Heck 1996: 214), die Ende der sechziger Jahre notwendig wurde. Auslöser war der anhaltende staatliche Druck auf die Kirchen, ihre Mitgliedschaft in der EKD aufzugeben, und die Gefahr, bei Festhalten an der kirchlichen Einheit in Illegalität zu geraten, da die neue DDR-Verfassung von 1968 die Praxis der Kirchen an die Einhaltung der Bestimmungen von Verfassung und Gesetz band. Nicht zuletzt waren es auch theologische Erwägungen.

Kirche habe ihren Dienst an den Christen (Seelsorge, Diakonie) in der Gesellschaft zu tun, in der diese lebten, und das sei die real existierende sozialistische Ordnung der DDR. Dies begründete die schmerzliche, aber notwendige Entscheidung der evangelischen Kirchen, die rechtliche und organisatorische – nicht aber die geistige – Einheit mit der EKD aufzugeben und 1969 einen die acht Landeskirchen umfassenden „Bund der Evangelischen Kirchen in der DDR" (BEK) zu konstituieren (vgl. Heck 1996: 232-245; Hanke 1999: 231-234). Werner Krusche, dem früheren Bischof der Kirchenprovinz Sachsen, ist zuzustimmen, wenn er auf der letzten Tagung der Synode des BEK im Februar 1991 feststellte, 1969 seien für die Bildung des BKE drei Faktoren genannt worden: Der *Notstand*, dass die Organe der EKD an der Ausübung ihrer Funktionen in der DDR gehindert waren; die *Nötigung*, der durch die neue Verfassung geschaffenen rechtspolitischen Situation Rechnung zu tragen und die *Notwendigkeit,* um der besseren Wahrnehmung des Auftrags der Kirchen willen deren Zusammenarbeit in der DDR zu intensivieren. Der innere *Grund* für die Bildung des Bundes sei geistliche Notwendigkeit, die staatliche Nötigung nur der äußere *Anlass* gewesen (Krusche 1991: 2; s. a. Dähn 1999a: 11). So Krusche bereits in seinem Tätigkeitsbericht auf der Provinzialsynode Sachsen am 15. November 1969 in Halle (in: Henkys 1970: 174-183), entsprechend im Bericht von Bischof Schönherr (1971: 14) auf der Eisenacher Bundessynode, dessen voller Wortlaut – nicht die Formel von der „Kirche im Sozialismus“ (dazu Thumser 1996: 74-215) – kirchlich so interpretiert wird, es sei um eine *Ortsbestimmung* der evangelischen Kirchen im Sozialismus, nicht um deren *Standortbestimmung* gemäß den Wünschen der SED gegangen. Sie habe sich nicht politisch festlegen lassen, sondern von ihrem Zeugnis und Dienst am Evangelium gesprochen (Mau 1994: 153).

Auch Pollacks (1994) differenzierte Analyse des „politischen Selbstverständnisses des Bundes“ geht in die gleiche Richtung. Nicht zustimmen kann ich dagegen Neubert (1997: 175), wenn er jene Ortsbestimmung so beschreibt: „Damit war die Regieanweisung für eine Kirche gegeben, die auf eigene Kosten den Konflikt mit der SED-Gesellschaft scheute.“ Weder kann von einer „Regieanweisung“ gesprochen werden, da Kirchenleitungsberichte immer konstruktiv-kritisch von den Synodalen diskutiert wurden, noch war die Kirche konfliktscheu, wie ihr Verhalten in dem schweren und langwierigen Konflikt um die Verordnung des DDR-Ministerrates „Über die Durchführung von Veranstaltungen“ vom 26. November 1970 zeigte, die die autonomen Handlungsspielräume der Kirche erheblich einengte (vgl. Dähn 1982: 128ff.).

Die Erzielung eines tragfähigen Kompromisses in diesem Konflikt auf dem Wege harter und zugleich ergebnisorientierter Verhandlungen zeigte, dass eine Kirche, die die Machtverhältnisse nicht in Frage stellte, imstande war, gravierende Eingriffe in zentrale Grundrechte abzuwehren. Mit der Anpassung an die gegebenen Verhältnisse büßte sie nicht an Handlungsfähigkeit ein. Wenn in der Literatur der Weg der evangelischen Kirche als „Weg in die Anpassung“ beschrieben wird und damit gemeint ist, dass sie sich in ihrem Handeln an den Zielsetzungen der Herrschenden orientierte, so dass ihre Identität in Frage gestellt war (Besier), kann mit Krusche dagegen eingewandt werden, dass der Begriff der Anpassung in Biologie und Psychologie durchaus nicht negativ besetzt ist, vielmehr eine notwendige Leistung bezeichne, die jede Gattung und jedes Individuum erbringen müsse, um in sich verändernden Situationen das eigene Überleben und die Befriedigung elementarer Bedürfnisse sicherzustellen, indem sie/es sich in die Umweltbedingungen und -beziehungen einordne (vgl. Krusche 1988: 409). Übertragen auf die Kirchen und Christen in der DDR bedeutet Anpassung, dass sie in der Lage waren, auch unter realsozialistischen Rahmenbedingungen ihre Interessen eigenständig zu verfolgen und selbstständig zu entscheiden, wo sie „die erklärten Ziele bejahen können, sich aber auch kritisch abgrenzen werden, wenn dies von den Prämissen des christlichen Glaubens her geboten erscheint“ (ebd.: 407).

Die Kirchen 1971 bis 1985

Nicht nur die Kirchen unterlagen einem Lernprozess, der sie die DDR mit ihrer realsozialistischen Gesellschaftsordnung und ihrer im Kern atheistischen Weltanschauung als Ort ihres Zeugnis- und Dienstauftrages annehmen ließ. Umgekehrt ließ auch die Kirchenpolitik der SED mit Beginn der siebziger Jahre Konturen eines Lernprozesses im Umgang mit der Kirche erkennen (Verner[2]), seit Mitte des Jahrzehnts sogar deutliche Ansätze eines „liberalisierten kirchenpolitischen Kurses" (Pollack; s. a. Heise 1996: 135). Dieser kirchenpolitische Entspannungsprozess begann mit der offiziellen Anerkennung des BEK durch den Staat als legitimer Gesprächs- und Verhandlungspartner am 24. Februar 1971 (vgl. Schönherr 1971)[3] und fand seinen betonten Ausdruck am 6. März 1978 in der Begegnung zwischen den führenden Repräsentanten von Staat und Kirche, dem Staatsratsvorsitzenden Honecker mit seiner Begleitung und Albrecht Schönherr, dem Vorsitzenden des Vorstandes der Konferenz der Evangelischen Kirchenleitungen in der DDR (KKL) des BEK, mit den übrigen Mitgliedern dieses Gremiums (Gespräch 1978).

Honecker bekundete dort Anerkennung des Staates zum Einsatz der Kirche für den Frieden, ihr Engagement in Sachen „humanitäre Hilfe" für die „um ihre Befreiung kämpfende[n] Völker in der Dritten Welt" sowie nicht zuletzt für Gesundheit und Soziales (vgl. die in der kirchlichen Zeitgeschichtsforschung zur DDR kaum beachtete ausführliche kirchliche Niederschrift vom 10. März 1978 über das Spitzengespräch, abgedruckt in: Schröter/Zeddies Hg. 1995: 158). In der wissenschaftlichen Literatur wird der 6. März 1978 wiederum unterschiedlich interpretiert. Besier (1995: 114) betont geringe verändernde Wirkung des „Spitzengesprächs" mit Hinweis auf den Konflikt um die Einführung des Unterrichtsfachs „Wehrerziehung" im gleichen Jahr. Neubert (1997: 311) relativiert das Spitzentreffen zu sehr und wird dem gestiegenen Gewicht der Kirche in der DDR-Gesellschaft nicht gerecht, wenn er die Vereinbarungen zu kirchlichen Bauvorhaben, Kirchensendungen im Fernsehen, zur Unterstützung für das Lutherjahr, kirchlichen Kindergärten und kirchlicher kleiner Landwirtschaft, Seelsorge in Strafanstalten und Altenheimen, zur Altersvorsorge für kirchliche Angestellte und zur Einfuhr von Büchern lediglich als Zugeständnisse auf Gebieten sieht, die in den Vorjahren durch Repressionsmaßnahmen für die Kirche zu Problemen geworden waren, also als Wiederherstellung des status quo ante. Dazu kamen gesellschaftspolitisch nicht gering einzuschätzende Neuregelungen im Sinne der Kirche (s. a. Onnasch 1998: 12-15).

Allerdings muss auch mit Pollack (1994: 295) konzediert werden, dass nicht alle kirchlichen Wünsche – so nach mehr Westliteratur und Druckgenehmigungen für theologische Bücher sowie Liberalisierung des Reiseverkehrs und mehr Informations- und Meinungsfreiheit – erfüllt wurden. Jedoch lag der Wert der Übereinkünfte mehr noch als in Einzelfragen bei einer neuen Position der Kirche in der DDR-

---

2 Das für Sicherheit, Jugend, Sport und Kirchen zuständige Mitglied des SED-Politbüros und Sekretär des ZK sagte in seinem Referat „Vereint auf dem guten Weg des Friedens und Sozialismus" auf der Präsidiumstagung des Hauptvorstandes der CDU (DDR) am 8. Februar 1971 u. a., dass „eine ‚Sozialisierung' der christlichen Lehre (...) es bisher nicht gegeben [hat] und (...) es auch in Zukunft nicht geben" wird (Verner 1978: 37; s. a. Dohle 1988: 98).

3 Die Aufnahme offizieller Beziehungen zwischen BEK und Staat erfolgte mit dem Empfang des Vorstandes des Kirchenbundes mit seinem Vorsitzenden Bischof Schönherr durch den Staatssekretär für Kirchenfragen, Hans Seigewasser (vgl. Pollack 1994: 238f.; Henkys 1988: 336f.).

Gesellschaft insgesamt, bei ihrer offiziellen Anerkennung als eigenständiger gesellschaftlicher Faktor, der nicht länger auszugrenzen und zu bekämpfen, sondern mit dem als loyalem Partner zu verhandeln war (vgl. Pollack, ebd.; Dähn 1993: 15). Zu einer differenzierten Analyse gehört auch die Feststellung, dass es innerhalb der Kirchen, vor allem bei Pfarrern, aber auch bei einzelnen leitenden Amtsträgern Unzufriedenheit mit der Informationspolitik und mit den Ergebnissen des 6. März gab (Neubert 1997: 313; Pollack 1994: 297).

Unbestritten ist in der Forschungsliteratur die These, dass in der Folge des 6. März 1978 die Staat-Kirche-Beziehungen nicht konfliktfrei wurden. Neben fortbestehenden kooperativen Strukturen im Gesundheits- und Sozialwesen waren, wie seit Beginn der fünfziger Jahre, unverändert Beschwernisse auf dem Sektor von Bildung und Erziehung zu konstatieren. Honeckers Versicherung von „Gleichberechtigung und Gleichachtung aller Bürger“ und Zugang aller zu den Bildungsmöglichkeiten (Pressemitteilung: 219) war nicht rechtsverbindlich und kontrastierte mit der Wirklichkeit von Schule und Ausbildung. Gleichwohl bot sie der Kirche eine ständige Legitimationsbasis für Kritik.

Ein Zeichen der Entschlossenheit zu gesellschaftlicher Mitverantwortung setzte die Führung des Kirchenbundes mit ihrer Stellung zur Einführung des obligatorischen Unterrichtsfachs „Sozialistische Wehrerziehung“ in der allgemeinbildenden polytechnischen Oberschule (z. B. Brief Schönherrs an den Staatssekretär für Kirchenfragen, Hans Seigewasser, vom 5. Mai und Gespräch zwischen beiden am 1. Juni 1978). Nicht nur der BEK drückte deutliche Bedenken an den Inhalten dieses Faches und dem Gegensatz zum erklärten Friedensanliegen der DDR aus (vgl. Hartwég Hg. 1995, Bd. 2: 361-368; Schröter/Zeddies Hg. 1995: 176-181), auch an der kirchlichen Basis gab es erhebliche Proteste gegen dessen Einführung und die zunehmenden gesellschaftlichen Militarisierungstendenzen (Neubert 1997: 304ff.). Den Bitten und Forderungen der Kirchenleitung und vieler Mitarbeiter und Gemeinden war zwar kein Erfolg beschieden, immerhin wurde aber eine Konfliktregelung gefunden, die die am Wehrunterricht nicht teilnehmenden Schüler nicht diskriminierte (Noack 1996: 166ff.). „Die Kirche in der DDR hat Widerstand geleistet, wo es von ihrem Auftrag her nötig erschien. Sie hat die Konfrontation nicht gesucht, sondern, soweit es irgend ging, auf Konfliktvermeidung gesetzt“ (Zeddies 1999: 36). Aber sie gab sich nicht zufrieden mit einer prinzipiell ablehnenden Haltung zu den Zielen und den praktischen Folgen der ‚sozialistischen Wehrerziehung‘. Schon im Juli 1978 beschloss die KKL ein Studien- und Aktionsprogramm „Erziehung zum Frieden“, das ein Jahr später seinen Niederschlag in einer ausführlichen Orientierungshilfe und Handreichung des Kirchenbundes und darüber hinaus in dem von der Ad-hoc-Gruppe „Erziehung zu Frieden“ erarbeiteten Rahmenkonzept fand (Zander 1989: 255-258; Pollack 1994: 300f.). Dazu kamen Friedenswerkstätten und Friedensseminare, nicht zuletzt die Ende 1980 auf Anregung von Pfarrer Christoph Wonneberger in Dresden gegründete Initiative „Sozialer Friedensdienst“ als „gleichberechtigte Alternative zu Wehrdienst und

Wehrersatzdienst" mit Schwerpunkt im sozialen Bereich (vgl. Schmid 1998: 196-232; Neubert 1997: 389-395).[4]

Von Bedeutung waren insbesondere auch die seit 1980 stattfindenden Friedensdekaden. Unter den vom BEK für die Friedensdekade 1981 verantworteten Materialien war ein Textildruck mit dem stilisierten Abbild eines Denkmals, das einen Schmied zeigt, der ein Schwert in einen Pflug umschmiedet – gemäß dem alttestamentlichen Bibelwort „Schwerter zu Pflugscharen" (Micha 4,3; vgl. Silomon 1999: 35-190; Schmid 1998: 233-263; Hohmann 1998: 43-190). Die Verwendung dieses Zeichens als Aufnäher auf der Kleidung vieler junger Menschen in Schule, Hochschule, Ausbildungsstätten und auf der Straße wurde zunächst toleriert, aber ab Mitte März 1982 wurde sein Tragen in allen Bildungseinrichtungen verboten, mit der Begründung, eine unabhängige Friedensbewegung beeinträchtige die staatliche und gesellschaftliche Friedenstätigkeit. Dies wertete die Kirche als Ausdruck dafür, dass in Wirklichkeit Frieden gar nicht gewollt werde (Brief 1982: 49; Dähn 1999: 23; Schmid 1998: 251).

Nicht nur in der Friedensarbeit bewies die Kirche eigenständige Praxis (Krusche 1991: 14), sondern auch im Engagement für Gerechtigkeit und Menschenrechte in der Welt, wie die Teilnahme des Kirchenbundes am Anti-Rassismus-Programm des Ökumenischen Rates der Kirchen deutlich machte (Krusche 1998; Dähn 1982: 141-153). Dabei ging es um humanitäre und finanzielle Unterstützung von Organisationen, die den Rassismus bekämpfen, um für unterdrückte ethnische Gruppen wirtschaftliche, soziale und politische Gerechtigkeit zu erringen. Kampf gegen den und Überwindung des Rassismus als Modellfall für umfassende Verwirklichung der allgemeinen Menschenrechte zu definieren (vgl. Schreiben der Konferenz der Evangelischen Kirchenleitungen in der DDR, in: Krusche 1998: 99ff.; s. a. ebd.: 26-29, 86-93; Dähn 1982: 149f.; Dähn 1999: 26f.) macht Sinn, wenn davon ausgegangen wird, dass eine gerechte Sozialordnung nur dann geschaffen werden und Bestand haben kann, wenn den rassisch Unterdrückten außer den klassischen Menschen- und demokratischen Mitbestimmungsrechten wie dem Wahlrecht auch soziale Rechte wie das Recht auf Arbeit, auf Bildung u. a. zuerkannt werden und die Möglichkeit, diese sozialen Rechte auch wahrzunehmen.

---

4 Auch auf dem Feld des äußeren Friedensstiftens war die Kirche vielfältig aktiv. Beispielhaft seien erwähnt die gemeinsame Erklärung von EKD und Kirchenbund anlässlich des 40. Jahrestages des Kriegsbeginns 1939, die von der KKL 1980 beschlossene „Erklärung zur gegenwärtigen weltpolitischen Situation", die Beschlüsse der BEK-Synoden 1982 und 1983 sowie 1986 für ein auf Gerechtigkeit gegründetes System gemeinsamer Sicherheit (Dähn 1983: 44f.; Zander 1989: 266-270, 274); ferner der 1987 gefasste Beschluss „Bekennen in der Friedensfrage", der die Politik der Abschreckung verwarf und mündige Bürger als Voraussetzung für Fortschritte zum Frieden hervorhob (Silomon 1997: 112-115, 134-140, 282). Der BEK beließ es nicht bei Appellen, sondern entwickelte seit 1982 angesichts der seit Ende der siebziger Jahre verschärften Rüstungskonfrontation zwischen Ost und West konkrete Vorschläge, wie das bestehende „System militärischer Friedenssicherung" (Krusche) von einem System politischer Friedenssicherung abgelöst werden könnte (Dähn 1999: 19-21; Pollack 1994: 310f.; Krusche 1991).

Die Kirchen 1985 bis 1989

Wie in ihrem Engagement für das Anti-Rassismus-Programm im Rahmen der erdweiten Ökumene kam auch in ihrer Unterstützung für den KSZE-Prozess auf europäischer Ebene die Position der DDR-Kirchen zum Ausdruck, wonach den allgemeinen – individuellen wie sozialen – Menschenrechten für die Verwirklichung von Frieden und Gerechtigkeit zentrale Bedeutung zukommt.[5] Die DDR-Wirklichkeit jedoch war in der Sicht der Kirchen jahrzehntelang anders geprägt. In der Gesellschaftspolitik der politischen Machteliten spielten die sozialen oder kollektiven Menschenrechte (Recht auf Arbeit, auf Bildung u. a.) eine dominierende Rolle und hatten auch eine hohe gesellschaftliche Akzeptanz, während die praktische Geltungskraft individueller Menschenrechte ständig Defizite aufwies. Neben den Mängeln in der Gewährung von Glaubens- und Gewissensfreiheit benannten BEK und einzelne Landeskirchen vor dem Hintergrund zunehmender ökonomischer Probleme und einer Verweigerungshaltung gegenüber wirtschaftlichen und politischen Reformen, wie sie Gorbatschow Mitte der achtziger Jahre in der Sowjetunion einzuleiten begann, nunmehr deutlicher und öffentlich Defizite in der Wahrnehmung individueller Grundrechte wie Bewegungs- und Meinungsfreiheit und wandten sich gegen Bevormundung und Willkür, besonders auch gegenüber unbequemen Andersdenkenden (Bericht der KKL auf der Tagung des BEK in Dresden im September 1985, in: Konferenz: 1-8).

Das Recht auf gesellschaftliche Teilhabe im Sinne von „konkret unterscheidender Mitarbeit" in Fragen der Friedensverantwortung, der Gerechtigkeit und Bewahrung der Schöpfung oder auch zum NATO-Doppelbeschluss von 1979 als Antwort auf die sowjetische Hochrüstung nahmen auch kirchennahe Friedensgruppen in Anspruch. Sie thematisierten sehr kritisch die vorgebliche Friedenspolitik der SED nach innen und nach außen (Pollack 2000: 77-96; Choi 1999: 38-50; Neubert 1997: passim). Nach dem Scheitern der Genfer Rüstungskontrollverhandlungen über atomare Mittelstreckenraketen (1983) wurde die Friedensarbeit fortgeführt, doch wandten auch Friedensgruppen sich nun anderen Themen wie der Ökologie, der Dritten Welt und ab Mitte der achtziger Jahre verstärkt den Menschenrechten zu (Pollack 1994: 304; ders. 2000: 96-136; Choi 1999: 54-62, 73). Die „sozialethischen Gruppen" (Pollack), ob kirchlich oder nicht kirchlich orientiert (wie die Initiative Frieden und Menschenrechte; vgl. Choi 1999: 73-77), wurden zu einer immer stärkeren Herausforderung für den Staat, aber auch für die Kirchen (Neubert 1997: passim). Für den Staat deshalb, weil diese politisch alternativen Gruppen – für das Ministerium für Staatssicherheit „feindlich-negative Kräfte", wie die Kirchen Objekt von Bespitzelung und Zersetzung durch seine IMs[6] – auf eine

5 Zur Menschenrechtsdebatte im DDR-Protestantismus, an der sich in Auseinandersetzung mit dem realsozialistischen Menschenrechtsverständnis besonders Krusche, Lewek, Zeddies, Stolpe und nicht zuletzt Hans-Joachim Fränkel, Bischof des Görlitzer Kirchengebiets, beteiligten, vgl. Dähn 1982: 144-147.

6 Zur „Bearbeitung" der alternativen Gruppen durch das MfS vgl. Choi 1999: 164-167, zu der der Kirchen Schröter 1996: 191-210 und Schilling 1996: 211-266.

Veränderung der gesellschaftlichen Verhältnisse in der DDR im Sinne einer „Humanisierung der Lebensverhältnisse“ drängten und nicht an der „Abschaffung des Sozialismus, wohl aber an seiner Verbesserung“ arbeiteten (Pollack 1994: 314f.). Für die Kirchen, weil sie, anders als deren Repräsentanten (die gesellschaftliche und politische Defizite auf Synoden und in vertraulichen Gesprächen mit Vertretern des Staates ansprachen, was ihnen von vielen Gruppen und auch aus der Kirche den Vorwurf der „Geheimdiplomatie“ einbrachte), „die direkte soziale Aktion [wählten], durch die sie die Notstände der Gesellschaft, die öffentlich beschwiegen wurden, öffentlich machte[n]“ (Falcke 1991: 28).

An dieser Stelle soll noch einmal, mit Pollack (1994: 315), die Position der Kirche zum Staat und zu den Gruppen wie auch die kirchliche Beurteilung der Interessen der Gruppen gegenüber dem Staat benannt werden: „Die Kirche war daran interessiert, dass es in ihren Beziehungen zum Staat nicht zu Störungen und Belastungen kam, und bemühte sich daher, die Radikalität der gesellschaftskritischen Aktivitäten der Gruppen einzudämmen. Sie mahnte zu Zurückhaltung und Geduld. Gleichzeitig sah sie in den politisch alternativen Gruppen aber auch einen Ausdruck der gesellschaftlich ungelösten Probleme und setzte sich gegenüber den Vertretern des Staates und der Partei dafür ein, deren Anliegen ernst zu nehmen und zu beachten.“

Von Beginn an stellte die Kirche den Gruppen ihre Infrastruktur wie Räume, Vervielfältigungsmöglichkeiten u. a. zur Verfügung, arbeiteten Jugendpfarrer mit den Gruppen (was auch zu Spannungen mit den Kirchengemeinden führte), nahm die Kirche ihre gesellschaftskritischen Anfragen ernst und gab ihnen Mitwirkungsmöglichkeiten bei den Ökumenischen Versammlungen Ende der achtziger Jahre (Schmid 1998: 382-400; Pollack 1994: 350f.; Krusche 1991: 20f. Die zwölf Ergebnistexte der Ökumenischen Versammlungen in: Aktion Sühnezeichen Hg. 1990: 20-179). Die Kirche nahm dabei scharfe Kritik von Partei und Staat wegen ihres Engagements für die Gruppen in Kauf. Werner Jarowinsky, für Fragen der Kirchenpolitik zuständiges Mitglied des Politbüros der SED, brachte die Vorwürfe gegenüber dem BEK-Vorsitzenden und thüringischen Landesbischof Werner Leich im Februar 1988 so zum Ausdruck: „Zu den Ereignissen, die berechtigte Besorgnis hervorrufen, gehören Vorgänge in einigen Berliner Kirchen, die zu einer unzumutbaren, gefährlichen Belastung geworden sind. In Kirchen werden reine politische Agitationsveranstaltungen organisiert, staatsfeindliche Losungen und Aufrufe zum Krawall und zur Konfrontation geduldet. (...) Ist es nicht wirklich an der Zeit, im Interesse und im Namen der Millionen fleißiger Bürger christlichen Glaubens, dass die Kirchenleitungen das Wort nehmen, für die ‚Mehrheit‘ der Christen reden, die in den Tausenden von Kirchen unseres Landes ihre religiösen Bedürfnisse erfüllt sehen und unter dem Dach der Kirche keine gegen ihren Staat gerichtete Propaganda hören wollen“ (Hartwég Hg. 1995, Bd.2: 556f.; s. a. Pollack 1994: 351 und 344ff.)

Die Kirche distanzierte sich nicht von den Gruppen und ihren Zielen, konnte aber nicht alle Aktionsformen gutheißen. Mit den Worten von Bischof Leich:

„Kirche ist für alle da, aber nicht für alles da" (vgl. Pollack 1994: 352, 353 Anm. 406; Krusche 1988: 411ff., 416-419).

In den seit Sommer 1989 nicht mehr aufzuhaltenden ökonomischen und politischen Destabilisierungsprozessen der DDR wuchs der Kirche neben ihrer Vermittlerrolle ungewollt eine neue Rolle zu. Sie nahm zusehends die bislang fehlende Funktion einer politischen Opposition ein. Deutlich wird das im Bericht von Werner Leich und dem Beschluss der BEK-Synode vom 15. bis 19. September 1989 in Eisenach: „Wir brauchen (...) verantwortliche pluralistische Medienpolitik; demokratische Parteienvielfalt; Reisefreiheit für alle Bürger; wirtschaftliche Reformen; (...) Möglichkeit friedlicher Demonstrationen; ein Wahlverfahren, das die Auswahl zwischen Programmen und Personen ermöglicht" (Synode 1989: 59).

Resümee

Die Bilanz zeigt: Neubert und andere vertreten die Position, der „goldene Mittelweg", der von der Evangelischen Kirche versuchte „schmale Weg zwischen Opposition und Opportunismus" (Krusche), war „angesichts der Totalansprüche der SED eine Fiktion, wenn die Kirchen schon um ihres Überlebens willen eigene Interessen wahrnehmen und die Christen sich als Christen und als Subjekte sozialen Handelns ernst nehmen, sich behaupten wollten" (Neubert 1997: 249). Dies ist aber eine Minderheitsposition in der kirchlichen Zeitgeschichtsforschung, der deutschen wie der internationalen. Zu einer kritischen Bilanz gehört freilich auch der Hinweis auf manche Versäumnisse und manches Versagen. Rückblickend fragt Werner Krusche, „ob wir nicht deutlicher, energischer, fordernder hätten reden, ob das, worunter die Menschen leiden und was unsere Gesellschaft kaputtmacht, nicht stärker im Ton der Anklage hätte gesagt werden müssen, ob nicht vieles zu sehr in Watte gepackt war, zu sehr in der Form der Bitte oder der Anfrage, anstatt des Protestes ausgesprochen worden ist, so dass der Staat nach kurzer Verärgerung wieder im Alten fortgefahren ist" (Krusche 1991: 24). Seine Antwort: „Ganz ohne Zweifel haben wir bei unserem Reden die Hörfähigkeit unserer staatlichen Partner, ihr Einsichtsvermögen und ihre Bereitschaft zu Veränderungen bei weitem überschätzt" (ebd.).

Kirchliches Versagen bezieht sich aber auch auf die mangelnde bzw. fehlende Thematisierung bestimmter Sachthemen wie Rechtsetzung, Rechtsprechung und Strafvollzug – Bereiche, zu denen die Kirche nach Krusche „nichts oder viel zu wenig" gesagt hat. Selbstkritisch sei ferner anzumerken, dass die Kirche sich zu dem Thema Wahlen von Ende der fünfziger Jahre bis zu den Kommunalwahlen im Mai 1989 nicht mehr öffentlich geäußert habe. Der letzte Bereich, zu dem Kirche wenig öffentlich verlautbart habe, betrifft die Praxis des MfS, was aber nicht bedeute, dass innerkirchlich die Tätigkeit dieses Sicherheits- und Kontrollapparats nicht zur Sprache gebracht worden und vor Anwerbung gewarnt, auch Hilfe geboten worden sei (ebd.: 26). Und dennoch: Da es der Kirche trotz manchen Disputs in den eigenen Reihen, trotz mancher äußeren Anfechtung gelang, ihren spezifischen

Aufgaben von Seelsorge und Diakonie ebenso gerecht zu werden wie ihrer gesellschaftlichen Mitverantwortung im Sinne des Einsatzes für Frieden, Gerechtigkeit und Bewahrung der Schöpfung, in der eigenen Gesellschaft und in der Ökumene, gilt der Satz von Albrecht Schönherr (1992: 39): „Wir versuchten auf dem schmalen Grat zwischen Opportunismus und Opposition zu gehen." Und auch der Satz von Rudolf Mau (1994: 17): „Eine ‚Anpassung' der Kirche gegenüber dem Totalitätsanspruch der SED hat es nicht gegeben. Auch die positiv formulierten kirchlichen Bezugnahmen auf das Staatsziel ‚Sozialismus' seit den 70er Jahren änderten daran nichts."

Literatur

Aktion Sühnezeichen Friedensdienste (Hg.) 1990: *Ökumenische Versammlung für Gerechtigkeit, Frieden und Bewahrung der Schöpfung. Dresden-Magdeburg-Dresden. Eine Dokumentation*, Berlin

Besier, Gerhard 1993: *Der SED-Staat und die Kirche. Der Weg in die Anpassung*, München: Bertelsmann

Besier, Gerhard 1993a: Aus der Resistenz in die Kooperation. Der „Thüringer Weg" zur „Kirche im Sozialismus", in: Heydemann, Günther/Kettenacker, Lothar (Hg.): *Kirchen in der Diktatur. Drittes Reich und SED-Staat*, Göttingen: Vandenhoeck & Ruprecht, S. 182-212

Besier, Gerhard 1995: *Der SED-Staat und die Kirche 1969-1990. Die Vision vom „Dritten Weg"*, Berlin/ Frankfurt a. M.: Propyläen

Brief 1982: Brief der Landessynode und Anlage. Verabschiedet auf der Tagung der Landessynode der Evangelisch-Lutherischen Landeskirche Sachsens vom 20.-25.3. in Dresden, in: *epd-Dokumentation* 19, S. 49-51

Choi, Sung-Wan 1999: *Von der Dissidenz zur Opposition. Die politisch alternativen Gruppen in der DDR von 1978 bis 1989*, Köln: Wissenschaft und Politik

Christoph, Joachim E. (Hg.) 1994: *Kundgebungen. Worte, Erklärungen und Dokumente der Evangelischen Kirche in Deutschland*, Bd. 2, Hannover: Verlag des Amtsblattes der Evangelischen Kirche in Deutschland

Dähn, Horst 1982: *Konfrontation oder Kooperation? Das Verhältnis von Staat und Kirche in der SBZ/DDR 1945-1980*, Opladen: Westdeutscher Verlag

Dähn, Horst 1983: Die gegenwärtigen Beziehungen zwischen Staat und evangelischer Kirche in der DDR, in: *Politik und Kultur* 10.6, S. 38-52

Dähn, Horst 1993: *Die Rolle der Kirchen in der DDR. Eine erste Bilanz*, München: Olzog

Dähn, Horst 1998: Der Konflikt Konfirmation – Jugendweihe. Kirchliche Handlungsspielräume und ihre Grenzen, in: Dähn, Horst/Gotschlich, Helga (Hg.): *„Und führe uns nicht in Versuchung...". Jugend im Spannungsfeld von Staat und Kirche in der SBZ/DDR 1945 bis 1989*. Berlin: Metropol, S.28-45

Dähn, Horst 1999: Kirchen in kommunistischen Staaten – am Beispiel Polens und der DDR, in: *Jahrbuch für Historische Kommunismusforschung*, S. 225-258

Dähn, Horst 1999a: Der Bund der Evangelischen Kirchen in der DDR – eine kritische Rückbesinnung dreißig Jahre nach seiner Gründung, in: *Schriftenreihe des Instituts für vergleichende Staat-Kirche-Forschung* 9, S. 9-33

Dohle, Horst 1988: *Grundzüge der Kirchenpolitik der SED zwischen 1968 und 1978*. Dissertation B, Masch., Akademie für Gesellschaftswissenschaften beim ZK der SED, Institut für Geschichte der deutschen Arbeiterbewegung, Forschungsbereich Geschichte der Bündnispolitik der SED, Berlin (Ost)

Eisenfeld, Bernd 1978: *Kriegsdienstverweigerung in der DDR – ein Friedensdienst? Genesis, Befragung, Analyse, Dokumente*, Frankfurt a. M.: Haag + Herchen

Falcke, Heino 1991: *Die unvollendete Befreiung. Die Kirchen, die Umwälzung in der DDR und die Vereinigung Deutschlands*, München: Ch. Kaiser

Fischer, Christian 1998: *Wir haben Euer Gelöbnis vernommen. Konfirmation und Jugendweihe im Spannungsfeld*, Leipzig: Evangelische Verlagsanstalt

Gerlach, Stefanie Virginia 1999: *Staat und Kirche in der DDR. War die DDR ein totalitäres System?*, Frankfurt a. M.: Peter Lang

Gespräch des Vorstandes der Konferenz der Evangelischen Kirchenleitungen beim Vorsitzenden des Staatsrates der DDR am 6.3.1978. Schnellinformation des Sekretariats des Kirchenbundes vom 7. März 1978, in: *epd-Dokumentation* 15, S. 6-7

Goeckel, Robert F. 1995: *Die evangelische Kirche und die DDR. Konflikte, Gespräche, Vereinbarungen unter Ulbricht und Honecker*, Leipzig: Evangelische Verlagsanstalt

Goerner, Martin Georg 1997: *Die Kirche als Problem der SED. Strukturen kommunistischer Herrschaftsausübung gegenüber der evangelischen Kirche*, Berlin: Akademie Verlag

Hanke, Christian 1999: *Die Deutschlandpolitik der Evangelischen Kirche in Deutschland von 1945 bis 1990. Eine politikwissenschaftliche Untersuchung unter besonderer Berücksichtigung des kirchlichen Demokratie-, Gesellschafts- und Staatsverständnisses*, Berlin: Duncker & Humblot

Hartwég, Frédéric (Hg.) 1995: *SED und Kirche. Eine Dokumentation ihrer Beziehungen*, Bd. 1: SED 1946-1967, bearb. von Joachim Heise; Bd. 2: SED 1968-1989, bearb. von Horst Dohle, Neukirchen-Vluyn: Neukirchener Verlag des Erziehungsvereins

Heck, Thomas E. 1996: *EKD und Entspannung. Die Evangelische Kirche in Deutschland und ihre Bedeutung für die Neuformulierung der Ost- und Deutschlandpolitik bis 1969*, Frankfurt a. M.: Haag + Herchen

Heise, Joachim 1996: Kirchenpolitik von SED und Staat. Versuch einer Annäherung, in: Kaiser, Gert/Frie, Ewald (Hg.): *Christen, Staat und Gesellschaft in der DDR*, Frankfurt a. M./New York: Campus, S. 126-154

Henkys, Reinhard 1988: Thesen zum Wandel der gesellschaftlichen und politischen Rolle der Kirchen in der DDR in den siebziger und achtziger Jahren, in: Glaeßner, Gert-Joachim (Hg.): *Die DDR in der Ära Honecker. Politik-Kultur-Gesellschaft*, Opladen: Westdeutscher Verlag, S. 332-353

Henkys, Reinhard (Hg.) 1970: *Bund der Evangelischen Kirchen in der DDR. Dokumente zu seiner Entstehung*, Witten/ Frankfurt a. M./Berlin: Eckart

Hohmann, Martin 1998: *Schwerter zu Pflugscharen. Die Friedensarbeit der evangelischen Kirchen in der DDR 1981/1982 – dargestellt an Beispielen aus der Evangelischen Kirche der Kirchenprovinz Sachsen*, Berlin: Berlin Verlag

Informationsdienst, hg. vom ZK der SED, Abt. Agitation und Propaganda, Nr. 22/XI 1958 SAPMO, DY 30/IV 2/14/29

Koch, Christine 2000: *Die Junge Gemeinde der evangelischen Landeskirchen in Sachsen und Thüringen 1945-1953. Dargestellt unter der besonderen Berücksichtigung des Konfliktes zwischen Staat und kirchlicher Jugendarbeit*, Regensburg: S. Roderer

Koch, Uwe/Eschler, Stephan 1994: *Zähne hoch Kopf zusammenbeissen. Dokumente zur Wehrdienstverweigerung in der DDR 1962-1990*, Kückenshagen: Scheunen

Konferenz der Evangelischen Kirchenleitungen in der DDR. Bericht an die Synode des Kirchenbundes, Dresden 20.-24.9.1985, in: *epd-Dokumentation* 43, S. 1-18

Krusche, Günter 1988: Seelsorge zwischen Anpassung und Verweigerung, in: *Wege zum Menschen. Monatsschrift für Arzt und Seelsorger, Erzieher, Psychologen und soziale Berufe* 40, S. 404-419

Krusche, Günter 1998: *„Alle Menschen sind frei und gleich". Die Kirche an der Seite der Unterdrückten. Die Rezeption des Programms zur Bekämpfung des Rassismus in den Kirchen der DDR im Prozess der Auseinandersetzung um die Menschenrechte*, Rothenburg o. d. T.

Krusche, Werner 1991: „Denkt daran, daß im Herrn eure Mühe nicht vergeblich ist" (1.Kor.15, 58 Einheitsübersetzung). Rückblick auf 21 Jahre Weg- und Arbeitsgemeinschaft im Bund, in: *epd-Dokumentation* 14, S. 1-38

Mau, Rudolf 1994: *Eingebunden in den Realsozialismus? Die Evangelische Kirche als Problem der SED*, Göttingen: Vandenhoeck & Ruprecht

Neubert, Ehrhart 1997: *Geschichte der Opposition in der DDR 1949-1989*, Berlin: Ch. Links

Noack, Axel 1996: Weder Helden noch Verräter. Selbstbestimmtes Handeln von Christen und Kirchengemeinden in der DDR, in: Kaiser, Gert/Frie, Ewald (Hg.): *Christen, Staat und Gesellschaft in der DDR*, Frankfurt a. M./New York: Campus, S. 143-175

Nowak, Kurt 1993: Die Evangelischen Kirchen in der DDR als Aufgabe der kirchlichen Zeitgeschichtsschreibung, in: Rendtorff, Trutz (Hg.): *Protestantische Revolution? Kirche und Theologie in der DDR: Ekklesiologische Voraussetzungen, politischer Kontext, theologische und historische Kriterien*, Göttingen: Vandenhoeck & Ruprecht, S. 211-237

Onnasch, Martin 1998: Das Spitzengespräch vom 6. März 1978 – Glücks- oder Sündenfall?, in: *Schriftenreihe des Instituts für vergleichende Staat-Kirche-Forschung* 5, S. 8-21

Pollack, Detlef 1994: *Kirche in der Organisationsgesellschaft. Zum Wandel der gesellschaftlichen Lage der evangelischen Kirchen in der DDR*, Stuttgart: Kohlhammer

Pollack, Detlef 2000: *Politischer Protest. Politisch alternative Gruppen in der DDR*, Opladen: Leske + Budrich

Pressemitteilung des Staatsrates der DDR 1981, in: Sekretariat des Bundes der Evangelischen Kirchen in der DDR (Hg.): *Kirche als Lerngemeinschaft. Dokumente aus der Arbeit des Bundes der Evangelischen Kirchen in der DDR*, Berlin (Ost): Evangelische Verlagsanstalt, S. 218-221

Schicketanz, Peter 1997: Die Einrichtung von Baueinheiten innerhalb der Nationalen Volksarmee der DDR, in: *Kirchliche Zeitgeschichte* 10.1, S. 189-205

Schilling, Walter 1996: Die „Bearbeitung" der Landeskirche Thüringen durch das MfS, in: Vollnhals, Clemens (Hg.): *Die Kirchenpolitik von SED und Staatssicherheit. Eine Zwischenbilanz*, Berlin: Ch. Links, S. 211-266

Schmid, Josef 1998: *Kirchen, Staat und Politik in Dresden zwischen 1975 und 1989*, Köln/Weimar/Wien: Böhlau

Schönherr, Albrecht 1971: Bericht der Konferenz der Evangelischen Kirchenleitungen für die 3. Tagung der I. Synode des Bundes der Evangelischen Kirchen in der DDR, 2.-6.7. in Eisenach, in: *epd-Dokumentation* 34, S. 1-18

Schönherr, Albrecht 1992: *Gratwanderung. Gedanken über den Weg des Bundes der Evangelischen Kirchen in der Deutschen Demokratischen Republik*, Leipzig: Evangelische Verlagsanstalt

Schröter, Ulrich 1996: Die „Bearbeitung" der Landeskirche Berlin-Brandenburg durch das MfS, in: Vollnhals, Clemens (Hg.): *Die Kirchenpolitik von SED und Staatssicherheit. Eine Zwischenbilanz*, Berlin: Ch. Links, S. 191-210

Schröter, Ulrich/Zeddies, Helmut (Hg.) 1995: *Nach-Denken. Zum Weg des Bundes der Evangelischen Kirchen in der DDR*, Frankfurt a. M.: Gemeinschaftswerk der Evangelischen Publizistik

Silomon, Anke 1999: *„Schwerter zu Pflugscharen" und die DDR. Die Friedensarbeit der evangelischen Kirchen in der DDR im Rahmen der Friedensdekaden 1980 bis 1982*, Göttingen: Vandenhoeck & Ruprecht

Silomon, Anke unter Mitwirkung von Ulrich Bayer 1997: *Synode und SED-Staat. Die Synode des Bundes der Evangelischen Kirchen in der DDR in Görlitz vom 18. bis 22. September 1987*, Göttingen: Vandenhoeck & Ruprecht

Staritz, Dietrich 1996: *Geschichte der DDR*, Frankfurt a. M.: Suhrkamp

Stöckigt, Rudolf 1990: Ein Dokument von großer historischer Bedeutung, in: *Beiträge zur Geschichte der Arbeiterbewegung* 32, S. 649-654

Synode des Bundes der Evangelischen Kirchen in der DDR. Beschluß zum Bericht des Vorsitzenden der Konferenz der Evangelischen Kirchenleitungen, Eisenach 15.-19.9.1989, in: *epd-Dokumentation* 43, S. 57-60

Thumser, Wolfgang 1996: *Kirche im Sozialismus. Geschichte, Bedeutung und Funktion einer ekklesiologischen Formel*, Tübingen: Mohr

Verner, Paul 1978: Gemeinsam auf dem guten Weg des Friedens und des Sozialismus, in: Ders./Götting, Gerald: *Christen und Marxisten in gemeinsamer Verantwortung*, Berlin (Ost): Union Verlag, S. 7-46

Weber, Hermann 1999: *Geschichte der DDR*, München: Oldenbourg

Wentker, Hermann 1994: „Kirchenkampf" in der DDR, in: *Politische Vierteljahrshefte für Zeitgeschichte* 42.1, S. 95-127

Wentker, Hermann 1995: Die Einführung der Jugendweihe in der DDR. Hintergründe. Motive und Probleme, in: Mehringer, Hartmut (Hg.): *Von der SBZ zur DDR. Studien zum Herrschaftssystem in der Sowjetischen Besatzungszone und in der Deutschen Demokratischen Republik*, München: Oldenbourg, S. 139-165

Winter, Friedrich 1997: Zeitgeschichtliche Arbeit zur Evangelischen Kirche in SBZ und DDR (1945–1989), in: *Herbergen der Christenheit. Jahrbuch für deutsche Kirchengeschichte*, Bd. 20, S. 26-39

Zander, Helmut 1989: *Die Christen und die Friedensbewegungen in beiden deutschen Staaten. Beiträge zu einem Vergleich für die Jahre 1978–1987*, Berlin: Duncker&Humblot

Zeddies, Helmut 1999: Mal aufgepaßt, mal aufmüpfig, in: *Evangelische Kommentare* 32.1, S. 34-36

Zentraler Ausschuß für Jugendweihe in der Deutschen Demokratischen Republik: An alle Bezirkssekretäre für Jugendweihe, 9. September 1959, in: Sächsisches Hauptstaatsarchiv Dresden (SächsHStA) BT/RdB Dresden Nr. 6436

Berlin nach dem Mauerfall
Eine Zwischenbilanz

Werner Süß

Rückkehr der Hauptstadt. Zwischen Euphorie und Vorbehalten

Als die Grenzzäune zwischen Ungarn und Österreich und dann die deutsche Botschaft in Prag durchlässiger wurden, hielt auch die Mauer in Berlin nicht länger Stand. Die Besetzung des Brandenburger Tors und der Mauer durch die Berliner Bevölkerung kündete weltweit vom Ende der deutschen und europäischen Teilung. Noch einmal war Berlin zu einem Symbolort des Weltgeschehens geworden, noch einmal geriet die Stadt in eine welthistorische Bedeutung. Aber es war nur ein kurzer Moment, ein Freudentaumel mit all der suggestiven Kraft des Außerordentlichen, von der bleibende Bilder herrühren. Nur wenige Jahre später reichte die Symbolkraft Berlins nicht einmal mehr dazu, auch nur im Vorderfeld der sich um die Ausrichtung der Olympischen Spiele bewerbenden Städte zu landen. Die symbolische Bedeutungsaufwertung Berlins auf dem internationalen Parkett war offenbar dem globalen Ost-West-Konflikt der vergangenen Jahrzehnte verhaftet.

In Berlin bzw. der Bundesrepublik hatte der Fall der Mauer bereits den Startschuss für eine heftige Kontroverse um den nationalen Status der Stadt und um die Dimensionierung ihrer Zukunft gegeben. Berlin wurde einem permanenten Definitions- und Deutungsprozess unterworfen, dessen Ende noch nicht absehbar ist. Wohl auf keinem zweiten Feld des deutschen Einigungsprozesses hat es eine derartige Überformung der real ablaufenden Entwicklungen mit Argumenten der symbolischen Politik gegeben, wie auf dem der Perspektivgebung Berlins. Das hat zweifellos mit dem Hauptstadtstreit zu tun, vor allem mit der Wucht der Gegnerschaft, auf die die seit 1949 ein um das andere Mal bekräftigte Hauptstadtrolle Berlins traf. Kompromisslos und völlig unvorbereitet hatte Nordrhein-Westfalen im Zuge der Verhandlungen zur deutschen Einheit die Wiederherstellung Berlins als gesamtdeutsche Hauptstadt zurückgewiesen und damit eine hochgradig polarisierte Debatte in Gang gesetzt. Hinzu kam, dass für die endgültige Klärung der Hauptstadtfrage mehr Debattenzeit zur Verfügung stand, als für den deutschen Vereinigungsprozess zwischen dem Herbst 1989 und dem Herbst 1990. So wurden insbesondere die eher skeptischen Positionen, die auf eine konföderative Lösung aus waren, durch die internationale Dynamik wegverhandelt. Die Skepsis gegenüber dem Projekt der geeinten Nation schlug in die Skepsis gegenüber dem Projekt der Hauptstadt des geeinten Deutschlands um. Berlin wurde von seinen Gegnern zu einem Emblem für eine Nation umgedeutet, die man nicht wollte. Ganz unterschiedliche Argumente wie etwa die Beschwörung einer Rückkehr preußischer Staatsgesinnung, die Stilisierung Berlins zum Symbol deutscher Unheilsgeschichte schlechthin und der Hinweis auf die einstige „Verwestlichung" Deutschlands durch die Verlagerung des politischen Machtzentrums in den Westen, nämlich nach Bonn, strukturierten einen Hauptstadtdiskurs, der einmal mehr die anhaltenden Unsicherheiten des Teilstaats Bundesrepublik mit dem Nationalstaatsthema dokumentierte.

Der Hauptstadtdiskurs war in vielerlei Hinsicht vordergründiger Natur und insbesondere in den historischen Argumentationslinien fragwürdig bis anachronistisch. Angesichts der historischen Zäsur von 1945/49 kann das Preußenargument nur verwundern, zumal es mit einer Gleichsetzung von preußischer Obrigkeitsstaatlichkeit und dem städtischen Berlin arbeitet, die das geschichtlich konstitutive Spannungsverhältnis zwischen Feudalordnung und Stadtgesellschaft unterschlägt. Nicht minder suggestiv gerieten die Beschwörungen der Rückkehr einer zentralistischen Metropole, eine Argumentation, die sich überdies als Vielzweckwaffe eignen sollte. Der Hinweis auf die historische Metropole Berlin ließ ungeahnte Entwicklungsmöglichkeiten der Stadt für die Zukunft assoziieren, so dass es einer Anlagerung der Hauptstadtfunktion für Berlin nicht weiter bedurfte. Die suggestive Frage lautete, ob die Hauptstadt in der so mächtigen Metropole Berlin nicht die Gefahr des Zentralismus beschwöre. Nach der Entscheidung des Juni 1991 wurde die gleiche Argumentationslogik dann gegen Berlin unter dem Stichwort vom Metropolen- oder Weltstadtwahn als Kritik an den notwendigen Modernisierungsprozessen der Stadt gekehrt. So muss die Hauptstadtkontroverse in der Summe wie im Detail der Argumente nicht weiter beunruhigen; ihr instrumenteller Charakter springt ins Auge. Aber sie hat doch bewirkt, dass längst überwunden geglaubte Mythenbildungen grell reaktualisiert wurden und dass die Stadt dadurch über Jahre nach dem Fall der Mauer ins legitimatorische Abseits geriet. Im Nachgang zur Hauptstadtentscheidung wurde es ruhig um Berlin. Während der Bundestagsbeschluss den Beginn der Verlagerung von Parlament und Regierung für 1995 vorsah, wurde mit harten Bandagen hinter verschlossenen Türen weiter um die Modalitäten der Arbeitsteilung zwischen Bonn und Berlin und um den Zeithorizont der schließlichen Verlagerung des politischen Zentrums in den Osten Deutschlands gerungen. Der Hauptstadtstreit wirkte mit Kostenargumenten und administrativen Planspielen bis in die zweite Hälfte der neunziger Jahre nach. Die Hauptstadtfrage war nahezu tabuisiert, und fast klammheimlich vollzog sich dann der Umzug der Verfassungsorgane von Bonn nach Berlin im Sommer/Herbst des Jahres 1999. Das politische Personal aus Regierung, Parlament und Parteien hatte nicht gerade die Werbetrommel für die neue Hauptstadt gerührt. Wäre es nicht zu einem regelrechten Baustellentourismus am Potsdamer Platz und zu den Warteschlangen an der Reichstagskuppel gekommen, so wäre Berlin wohl nahezu unbemerkt im Herbst 1999 zum politischen Zentrum der Deutschen geworden.

Schwieriges Erbe und Modernisierungsschock

Es war nicht nur der breite Affront der Bonn-Lobby gegen Berlin, der der Stadt Schwierigkeiten bereitete, eine aktive Rolle im nationalen Einigungsprozess zu übernehmen, sondern es war darüber hinaus die Vielfalt der Problemlagen, der sich Berlin seit 1989/90 ausgesetzt sah und die die Argumentationen der politischen Symbolik eher verdeckte denn sichtbar machte. Als die Mauer fiel, stand Berlin vor einem schwierigen Erbe – innerhalb weniger Jahrzehnte nach Begründung des Deutschen Reiches wuchs Berlin von einer der vielen deutschen Residenzstädte zu einer der großen Weltmetropolen der damaligen Zeit. Die Stadt wurde Industrie- und Finanzzentrum in Deutschland, zentraler europäischer Verkehrsknotenpunkt, Medienzentrum und Kulturmetropole sowie überragende Wissenschaftsstadt. Nichts vermag die Dynamik der Metropole mehr zu unterstreichen als die Vielzahl der seinerzeit in der Stadt wirkenden Nobelpreisträger. Und Berlin galt als das Zentrum der „Golden Twenties".

Von dieser geschichtlichen Bedeutung blieb fast nichts. Die Stadt erlebte seit 1933 und dann verstärkt noch einmal nach 1945 einen beispiellosen Niedergang. Die Zentren aus Politik, Wirtschaft, Finanzen, Dienstleistungen und Medien verließen Berlin und mit ihnen die gesellschaftlichen Führungsgruppen, das Management, die Forschungs- und Entwicklungsabteilungen und nicht zuletzt auch die hochqualifizierten Sach- und Facharbeiter. Sie alle wanderten in die Ballungsgebiete der Bundesrepublik ab. Städte wie Hamburg, Köln, München, Stuttgart und Frankfurt profitierten von diesem Bedeutungsverlust Berlins.

Die Teilstadt West-Berlin musste künstlich am Leben erhalten werden. Die Wirtschaft entwickelte sich kleinteilig und flach strukturiert. Sie wandelte sich zur verlängerten Werkbank der Bundesrepublik. Arbeitsplätze sowie die Sicherung der Kaufkraft wurden über die Ausdehnung des öffentlichen Sektors, einschließlich der Kultureinrichtungen, kompensiert. Der Haushalt der Stadt war zu annähernd 50 % von der Bundesrepublik Deutschland subventioniert. Diese schlechte Lage wurde dann in den achtziger Jahren nahezu hoffnungslos. Berlin lag weit außerhalb der europäischen Wachstums- und Modernisierungszonen. Die Stadt drohte jeden Gleichklang mit der Gesellschaft zu verlieren, der sie zugehörte.

Ost-Berlin schien dagegen stabiler und saturierter. Es war das politische und gesellschaftliche Zentrum der DDR sowie ein bedeutender Industriestandort der östlichen Sphäre. Mit dem Ende des DDR-Regimes wurde diese Zentralitätsrolle Ost-Berlins von einem Tag auf den anderen obsolet. Die industrielle Basis erwies sich als hoffnungslos überaltert. Es kam – wie auch im politisch-öffentlichen Sektor – zu Massenentlassungen. Hinzu kam der völlig marode Zustand der Gebäude sowie der Kommunikations- und Verkehrsinfrastrukturen. Die östliche Teilstadt musste grundlegend saniert werden. Der Fall der Mauer bedeutete für viele Menschen in Ost-Berlin den sozialen Absturz, der Aufbruchsstimmung des Jahres 1989 folgte für viele keine Perspektive. Dies alles wurde dem Westen, der dominanten westlichen Kultur, angelastet.

Aber auch der Westen der Stadt zog sich zunehmend auf sich selbst zurück. Hier verliefen die Entwicklungen weniger dramatisch als im Ostteil. Doch auch der Westen wurde rasch in den Sog der historischen Änderungen hineingezogen. In kürzester Zeit kam es zum Abbau der Subventionen. Die West-Berliner mussten

8 % Einbußen an Lohn und Gehalt hinnehmen. Dies war für eine Bevölkerung mit einer erheblich nach unten verzerrten Sozialstruktur eine große Belastung. Viele Unternehmen wanderten mit dem Abbau der Subventionen ins Umland ab. Auch im Westteil der Stadt stieg die Arbeitslosigkeit rasch an. Sie ist seit Mitte der neunziger Jahre sogar höher als im Ostteil der Stadt. Es wurde klar, dass West-Berlin bei weitem nicht der Fokus war, von dem eine Modernisierung und Normalisierung der Stadt ausgehen konnte. Jahrzehntelang gewachsenes Selbstverständnis von der Überlegenheit des Westens geriet ins Wanken. Der „Ostalgie" entsprach die „Westalgie".

Mit dem Fall der Mauer war in Berlin nichts mehr wie vorher. Man befand sich unversehens in einer anderen Stadt, ohne umgezogen zu sein. Die Bewohner beider ehemaliger Teilstädte erlebten eine Art „Umwertung der Werte".

Stadt im Umbruch. Zwischen Zukunftserwartung und Verunsicherung

Das geschichtliche Erbe wog schwer. Die Stadt war nicht einfach in einem additiven Sinne zusammenzuführen. Die Rollenzuweisungen der vergangenen Jahrzehnte hatten keine Zukunftsperspektiven mehr. Es ging nicht länger um die ehemals getrennten Teilstädte, sondern um die Definition einer neuen gesamtstädtischen Einheit, um eine umfassende Neupositionierung der Stadt. Dabei zwang der Druck der Verhältnisse gleichermaßen zu schnellem Handeln wie angesichts der Hauptstadtfrage zu umsichtiger Planung, denn es galt vor dem Hintergrund der Standortkonkurrenz mit Bonn, für den Umzug der Verfassungsorgane die entsprechenden Raumkapazitäten und Infrastrukturen auszuweisen. Die schnelle und richtungweisende Entscheidung der Konzerne Daimler-Benz, Sony und ABB für den Potsdamer Platz gab den Startschuss für die strategische Umorientierung des industriell verfassten Berlin zu einer Stadt der Dienstleistungen, zu einer modernen Informations- und Wissensgesellschaft. Bei allem stand die Überwindung der Teilung, die Zusammenführung der Teilstädte und die Modernisierung ihrer Strukturen im Vordergrund. Die Umsetzung dieser generellen strategischen Zielperspektive war indes voller Widersprüche, mit sich zum Teil paralysierenden Wirkungen.

Grundvoraussetzung für den Start in eine neue Zukunft war die Sicher- bzw. Herstellung der institutionellen und politischen Handlungsfähigkeit der Stadt. Die Umsetzung dieses Ziels stürzte Berlin über Jahre in die Selbstbeschäftigung und band Ressourcen und Handlungspotenziale. Der Machtapparat des Regimes in Ost-Berlin musste beseitigt werden. Zugleich wurde eine gesamtstädtische politische und Verwaltungsstruktur aufgebaut. Die politische Führung, das Parlament, die Ministerien, die Parteien, die Verbände und das Kammerwesen wurden restrukturiert. Die Verwaltungen der östlichen Bezirke mussten neu aufgebaut und den westlichen Bezirken angeglichen werden. Universitäten und Krankenhäuser, öffentliche Betriebe und Banken, Opernhäuser und Theater – sie alle wurden in den Sog der Änderungen hineingezogen. Auch der private Sektor begann sich in seinen institutionellen Strukturen auf den gesamtstädtischen Raum auszurichten. Die Bevölkerung im Ostteil der Stadt wurde einer tiefen Verunsicherung ausgesetzt und musste sich den neuen Gegeben- und Gepflogenheiten anpassen. Aber auch die Unternehmen aus den westlichen Stadtteilen gerieten in eine radikal veränderte Lage. Für viele entfiel der Schutzmantel der Subventionen, und sie wurden einem nicht gekannten Konkurrenzdruck ausgesetzt. Eine Vielzahl von Unternehmen wanderte in die Peripherie ab.

Dies waren hochkomplexe und auch hochsensible Prozesse, die den Alltag der Berliner Bevölkerung berührten. Es kam zu Massenentlassungen und Umsetzungen. So manche Behörde musste mehrmals umziehen, Arbeitseinheiten und Arbeitsablaufprozesse wurden neu geschnitten, Mitarbeiter aus dem Osten und aus dem Westen der Stadt wurden zusammengeführt. Die Stadt verfiel in ihren politischen, administrativen, öffentlichen und auch privaten Institutionen einer vorübergehenden Lähmung und schien paralysiert. Doch weil es eben „nur" die private Ebene betraf, eigneten sich die institutionellen Restrukturierungsprozesse und die darin gelegenen Unruhe- und Paralysepotenziale wenig für die öffentliche Bühne und damit für das politische und publizistische Agendasetting. Dass die Stadt die Umbruchsituation durch tiefgreifende Reformprozesse bewältigen musste, war kaum Thema der veröffentlichten Meinung. Insoweit gingen diese Prozesse eher geräuschlos vonstatten und wurden bestenfalls in den von Skepsis geprägten Stimmungslagen der Berliner Bevölkerung sichtbar.

Zwischen Baustelle und Schaustelle

Öffentlichkeitswirksamer und auch weithin sichtbar waren die stadtplanerischen und städtebaulichen Grundentscheidungen. Unter den Leitbildern der „kritischen Rekonstruktion" und der „europäischen Stadt" wurde der Akzent auf die Wiederbelebung der Mitte Berlins gelegt und darauf, dort das politische Machtzentrum einzufügen.

Diese Grundentscheidungen gingen über ihre städtebaulichen Implikationen weit hinaus, denn die Leitbilder orientierten von vornherein auf Großprojekte und damit auf national und global agierende Investoren. Die Mitte Berlins stellte attraktive Lagen zur Verfügung. So konnten die notwendigen Partner von außen gewonnen werden. Die Stadtplanung stellte die Weichen für die angestrebte wirtschaftliche und soziale Erholung Berlins. Die Stadt erlebt seither einen Investitionsboom. Als größte Baustelle in Europa wurde Berlin zur Stadt der Investoren und Entwickler, aber auch zur Stadt der internationalen Architektur. Die Bauprojekte stellten zweifellos eine national wie international ausstrahlende neue Aufmerksamkeitsbühne zur Verfügung.

Die Leitbilder zielten auf den historischen Grundriss der Stadt, auf die noch lesbaren Spuren ihrer Geschichte sowie auf die Zentren der Metropole der Vorkriegszeit. Wie sehr es der Berliner Politik um ein lebendiges, durchmischtes Zentrum ging, lässt sich an der stadtplanerischen Kontroverse zwischen Bonn und Berlin ablesen. Die Bonner wollten zusammenhängende Neubaukomplexe errichten. Dies hätte die politischen Zentren vom Geschehen der Stadt abgekoppelt. Die Berliner setzten dagegen auf die Nutzung vorhandener Altbauten, die im Bereich der Mitte verstreut lagen. Die Berliner Seite setzte sich durch. Die Mitte wurde ambitioniert rekonstruiert und dem Ziel verpflichtet, die räumliche Teilung der Stadt vergessen zu machen, sie ist Fokus des neuen Berlin, Sinnbild der Modernisierung der Stadt.

Die Stadt wurde darüber hinaus in ihrer ganzen Breite und Tiefe grundlegend renoviert und modernisiert. Sie war als ehemals führender Industriestandort in Deutschland bis zum Fall der Mauer von industriellen Strukturen geprägt, die ebenfalls einer qualitativen dienstleistungsorientierten Transformation ausgesetzt wurden. Zu den strategischen Grundentscheidungen der Berliner Stadtpolitik gehört die Nachnutzung und Neudefinition ehemaliger Industriestandorte, Flugplätze, Hafenanlagen, Bahnflächen, Gaswerke und Schlachthöfe für Wohnzwecke und Hochschulen, für Forschung und Medien, für Büronutzung und für viele Aktivitäten der Start-up-Szene.

Von einer Aufbruchdynamik war zunächst wenig zu spüren. Sie schien rhetorischer Natur, ein intellektueller Entwurf und fand eher hinter verschlossenen Türen der Planer statt. Die Berliner selbst waren oft bestenfalls Touristen in ihrer eigenen Stadt. In dieser Lage kam der Symbolik eine nicht unwesentliche Bedeutung zu. Eine Wende brachte zunächst die Verhüllung des Reichstags durch Christo 1995. Der verhüllte Reichstag wurde ein Zuschauermagnet. Christo hatte ein Kunstwerk mit großer ästhetischer Ausstrahlung inszeniert. Das Interesse galt aber ebenso sehr dem Gebäude selbst, dem neuen Parlament der Deutschen. Die Reichstagsverhüllung wurde zum Symbol dafür, dass die neue Zukunft Berlins Konturen annimmt. Aber vielleicht war die Umdeutung der „Baustelle Berlin“ zu einer „Schaustelle“ von noch größerer Bedeutung. Hier wurde das Publikum als Betrachter aktiv mitgenommen. Die Baustellen wurden in Events und Happenings umgedeutet, wovon vor allem die Investoren profitierten. Sie kamen als Fremde, die man als Bauspekulanten ansah. Das Konzept der Schaustelle konnte dieses schlechte Klima zwar entspannen, doch ohne eine durchgreifende Verbesserung der ökonomischen Situation der Stadt zu bewirken.

Metropole ohne Macht

Die Wirtschaft blieb und bleibt das Sorgenkind der Stadt. Die Industriemetropole der Vorkriegszeit gehört endgültig der Vergangenheit an; von den ehemals über eine Million Arbeitsplätzen im industriellen Sektor sind bis Ende der neunziger Jahre noch ca. 170.000 oder 11 % der Beschäftigten verblieben. Die großen Kapazitätsverluste der Nachkriegszeit haben sich nach dem Fall der Mauer noch einmal dramatisch beschleunigt, vor allem der Ostteil der Stadt durchlief einen Prozess der radikalen Deindustrialisierung. Im Städtevergleich hat Berlin damit zwar Anschluss an die Normalität der Bundesrepublik gewonnen, indes sind die Konzernzentralen mit ihren Führungsstäben und Forschungsabteilungen nicht nach

Berlin zurückgekehrt. Die industriellen Innovationskerne blieben im Westen der Bundesrepublik, in Berlin gelang es bestenfalls, das drastisch abgesenkte Niveau der Industriekapazitäten innovativ auszurichten. Dabei stellen traditionelle Schwerpunkte die Grundlage für Neuentwicklungen. So haben die Elektrotechnik und der Maschinenbau vor allem die Umwelt- und die Sicherheitstechnik stimuliert. Aus der Schienenwaggon- und KFZ-Produktion entwickelte sich als ein Schwerpunkt der Berliner Industrie die Verkehrssystemtechnik. Dies sind Beispiele für den Umbau der Berliner Industrie, die in ihrer Produktivitätsentwicklung jedoch erst seit Ende der neunziger Jahre das gesamtdeutsche Niveau erreichte.

Als Hoffnungsträger des wirtschaftlichen Berlin gilt aber zweifellos der Dienstleistungsbereich. Auch hier hat die Stadt eine fundamentale Umorientierung durchgemacht. Vor dem Fall der Mauer waren die öffentlichen Dienstleistungen stark überrepräsentiert, heute sind knapp 500.000 oder gut ein Drittel aller Erwerbstätigen in privaten und unternehmensnahen Dienstleistungen beschäftigt. Der Trend zur Überwindung der Subventionsökonomie und zur Angleichung an die von Dienstleistungsökonomien geprägten innovativen städtischen Zentren des ehemaligen Westens ist unverkennbar.

In einigen strategisch bedeutsamen Bereichen wie den unternehmensnahen Kommunikationsdienstleistungen sowie insbesondere auf den Gebieten der Medienwirtschaft, des Tourismus sowie des Kongress-, Tagungs- und Messewesens weist Berlin seit dem Fall der Mauer erhebliche Entwicklungsdynamiken auf und hat Anschluss an die führenden Plätze in Deutschland gewonnen. Entscheidend für diesen Aufholprozess war die mit der städtebaulichen und funktionalen Reorganisation der Stadt verbundene Modernisierung ihrer kommunikativen und verkehrlichen Infrastrukturen. Wie für den industriellen Sektor gilt jedoch auch für die Dienstleistungen, dass die führende Rolle des Westens nicht angetastet wurde. Frankfurt blieb Finanz-, München Versicherungs- und Hamburg Handelszentrum. Die Headquarter der Dienstleistungsökonomien sind so wenig nach Berlin umgesiedelt wie die der Medienwirtschaft; so weist Berlin zwar die größte Rundfunk- und Pressevielfalt auf, aber die überregionalen Rundfunkanstalten und die überregionale Presse sind an ihren Standorten verblieben. Sie haben sich auf Berlin mit einer allerdings beachtlichen Anzahl an Dependancen bezogen.

Die Entwicklungen bezeugen, wie sehr Berlin davon entfernt ist, eine Zentralitätsrolle in Deutschland einzunehmen. Im Zuge der Nachkriegsentwicklungen hat sich die regionale Verteilung und Streuung der deutschen Führungskräfte, insbesondere der wirtschaftsnahen Kompetenzeliten und ihrer Subeliten, weiter verstärkt. Die Machtelite jenseits der Politik ist nach wie vor in den anderen städtischen Zentren der Bundesrepublik verblieben. Berlin weist eher ein Zentralitätsdefizit auf, es bleibt abhängig von Entscheidungen, die andernorts getroffen werden. Insoweit bleibt die stadtpolitische Zielsetzung der Entwicklung Berlins zu einer auch international ausstrahlenden Dienstleistungsmetropole weiterhin ein Zukunftsprojekt, das den Zeithorizont einer Generation in Anspruch nehmen wird. Aber die Stadt bewegt sich zweifelsfrei in diese Richtung.

Kommunikationskern Berlin

Es wäre sicher eine ökonomische Überdetermination in der Lagebeschreibung Berlins, wollte man die Wirtschaftsentwicklung der Stadt zum Ganzen ihrer Entwicklung und zur Kennzeichnung ihrer Charakteristika hochrechnen. Als Entwicklungsmotor der Neupositionierung Berlins hat sich von vornherein die Hauptstadtfunktion erwiesen. Für das ambitionierte Projekt der Rekonstruktion der Mitte Berlins wären ohne die Erwartung der Präsenz des politischen Machtzentrums kaum die angemessenen Investoren und die von ihnen mobilisierten Mittel zu gewinnen gewesen. Es war klar, dass in Berlin die Politik in das Geflecht einer Großstadt mit all ihren Problemlagen, ihren Impulsen und Möglichkeiten verwoben, dass die Politik Teil des städtischen Ambientes sein würde. Die Standorte von Bundesregierung, Bundestag, Bundespräsidialamt, Bundesrat, des Bundeskanzlers, der Parteien, der Länderdependancen und der Botschaften liegen weiträumig über die Innenstadt verteilt und vermischen sich mit Museen, Opernhäusern, Konzertsälen, Wissenschaftseinrichtungen und Medienrepräsentanzen sowie nicht zuletzt mit Restaurants und Kneipen. Eine Vielzahl großer Unternehmen und Spitzenverbände hat ihre Vertretungen in den Mitte-Arealen, die im Unterschied zum „Raumschiff Bonn“ dem politischen Machtzentrum und der mit ihm verbundenen Lobby ein geräumiges Feld für Aktionsmöglichkeiten bieten.

Als Nachrichtenzentrale der Bundesrepublik und als eines ihrer führenden Kongresszentren sowie als Zentrum der Diplomatie stellt die Stadt einen einzigartigen Resonanzboden für den nationalen und supranationalen Dialog zur Verfügung, der die Politik nunmehr tagtäglich und in räumlicher Unmittelbarkeit erreicht. Zugleich verdichtet sich in Berlin eine Vielzahl gesellschaftlicher Probleme. Durch ihre ehemalige Teilung und ihr östlich geprägtes Umland gehört die Stadt dem östlichen und dem westlichen Kulturkreis gleichermaßen zu. In Berlin kann man dem Problem der unterschiedlichen Geschwindigkeiten in Europa nicht ausweichen. So hat die Stadt durchaus die Chance, sich unter der Federführung der Politik zu einem Kompetenzzentrum des europaweiten Dialogs zu entwickeln. Das intellektuelle Umfeld der Stadt, ihre Universitäten und Wissenschaftseinrichtungen stellen hierzu eine Voraussetzung dar, die zunehmend von den nationalen und internationalen Kompetenzeliten erkannt und genutzt wird. Berlin ist seit der zweiten Hälfte der Neunziger auf dem Wege, sich zu einem Kommunikationskern in Deutschland und in Europa zu entwickeln.

Ursächlich hierfür ist zweifelsfrei die große kulturelle Ausstrahlung der Stadt, die über eine breite Musik- und Museenlandschaft sowie über eine ausgeprägte subkulturelle Szenerie verfügt. Berlin avancierte im Verlauf der neunziger Jahre zu einem Forum und Impulsgeber für den intellektuellen Diskurs, den Zukunftsdialog und für kulturelle Events. Wenn auch die Führungsgruppen jenseits der Politik nicht ihren Wohnsitz in Berlin nahmen, so wurde die Stadt doch zu ihrem zentralen Treffpunkt in Deutschland. Berlin wächst in eine den anderen metropolen Hauptstädten in Europa vergleichbare Rolle hinein.

Auf dem Weg zu einer offenen Stadt?

Der Hauptstadtstreit ist seit dem Umzug des politischen Machtzentrums nach Berlin im Herbst 1998 beendet und damit auch die legitimatorische Defensive, in der sich die Stadt in den Jahren nach dem Fall der Mauer befand. Heute geht es eher um die Bestimmung des Zeitpunkts, wann die übrigen Regierungsstellen, Verbände und Botschaften nach Berlin nachziehen werden. Es ist schon erstaunlich, welch ein fundamentaler Stimmungswandel sich Berlin gegenüber einstellte. Vor allem die Bevölkerung zeigt sich äußerst neugierig, offen und interessiert, die Warteschlangen an der Reichstagskuppel sprechen diesbezüglich eine sehr deutliche Sprache.

Wieweit die kommunikative Rolle Berlins in Deutschland auf die Stadt insgesamt zurückwirkt, sich in sie hineinvermittelt, bleibt mehr als zehn Jahre nach dem Fall der Mauer offen. Die Übergangszeit dieser Jahre führte zu einer Vielzahl anhaltender sozialer Verwerfungen. Auch wenn städtebaulich die Stadt zusammenwächst, sind die tradierten Spaltungen kaum überwunden worden. Die Frage ist, ob das neue Berlin aus Politik und Dienstleistungen weitere Spaltungen provoziert und bestenfalls geeignet ist, dem schwierigen Erbe der Einmauerung und Teilung lediglich Glamouraspekte hinzuzufügen.

In der ehemals getrennten Stadt machten sich Westalgie und Ostalgie breit und führten zu einer relativen Abschottung beider Stadthälften, während den neuen Spielern ein weites Betätigungsfeld eröffnet wurde, das ihnen einen immensen Aktivitätsraum verschaffte. Im Zusammenspiel mit dem städtischen Spitzenmanagement haben Investoren und Entwickler entlang der von der Stadt vorgegebenen Entwicklungsmargen eigene Handlungsnetze aufgebaut. Die baulichen und baulogistischen Leistungen zur Verwirklichung der Großprojekte etwa in den Innenstadtarealen konnten von der Berliner Wirtschaft und ihren Unternehmen kaum realisiert werden. Hier wurden national wie global agierende Unternehmen tätig, die das notwendige Kompetenz- und Kreativitätspotenzial weitgehend aus sich selbst heraus stellten oder aber auf ebenfalls national und supranational agierende Agenturen zurückgriffen. Der Neuaufbau der Stadt wurde zu einem breiten Betätigungsfeld für das aus anderen Wachstums- und Innovationszonen kommende Personal von außen; sie haben Berlin einen sozialen Impuls verliehen, den die Stadt aus sich heraus kaum hätte hervorbringen können. Den Rhythmus diktierten zunehmend die neuen Spieler, die entsprechend den Zeitvorgaben ihrer Projekte und unter erheblichem Erfolgsdruck institutionelle Trägheiten überwinden mussten.

Einen ähnlichen Druck auf die Stadt übte das Projekt der Verlagerung des politischen Machtzentrums auf Berlin aus. Hier waren von Beginn an nicht nur die zentralstaatlichen Organe aus Parlament und Regierung an den Planungsprozessen beteiligt, sondern ebenfalls weitere national und global agierende Unternehmen und Experten. Zunehmend betraten dann mit den Parteien und den Bundesländern, mit den zentralen Verbänden und den Botschaften, mit den Medien und dem Journalismus und den Unternehmensdependancen weitere neue Spieler von außen die

Berliner Bühne, die sie von sich aus zu prägen begannen, die nach Mitwirkung und eigener Gestaltung drängten. So hat sich zwischen die verkrusteten Strukturen der ehemals getrennten Teilstädte ein neues soziales Segment eingelagert, das das ortsansässige Establishment der Stadt herausforderte und das eine umfassende Öffnung Berlins bewirkte. Die Stadt ist spätestens seit Mitte der neunziger Jahre in ihren Sozialstrukturen, in ihrer institutionellen Verfasstheit und in ihrer kommunikativen Kompetenz in den Fluss geraten und befindet sich seither in einem offenen Prozess der Neudefinition ihrer zukünftigen Rolle.

Allerdings ist auch zu sehen, dass diese Entwicklungen nicht ohne soziale Verdrängungsprozesse vonstatten gingen. Um das neue Zentrum herum machen sich zunehmend soziale Probleme von Langzeitarbeitslosigkeit, Kiezverfall, steigender Kriminalität bemerkbar. Auch wenn die Stadt allmählich in ihrer ganzen Breite in die Transformation zu einer modernen Dienstleistungsökonomie hineingezogen wurde, so konnten die neu gewonnenen Arbeitsplätze und der Zuwachs an qualifizierter Arbeit den Arbeitsplatzabbau und die nach unten nivellierte Sozialstruktur bei weitem nicht kompensieren. Die mit dem Fall der Mauer schlagartig einsetzenden Umbruchprozesse halten auch zehn Jahre nach der Vereinigung der Stadt an.

Kultur an der Kante
Zur Kulturpolitik in Ostmecklenburg und Vorpommern

Dieter Schröder

Kulturpolitik als Herausforderung für Mecklenburg-Vorpommern

Nach der Erneuerung des Landes Mecklenburg-Vorpommern im Jahre 1990 bemühte sich der Schweriner Landtag auch um eine Bestimmung von Kultur und Kulturpolitik des Landes (Schröder 2001: 11ff.). Dabei wurde immer wieder die Herausforderung der Kulturpolitik in den ländlichen Räumen angesprochen. Deren Entwicklung soll im Folgenden betrachtet werden. Schon Anfang 1993 wurde im Landtag von Mecklenburg-Vorpommern (folgend häufig abgekürzt: MV) ein Kulturförderprogramm für den ländlichen Raum angemahnt. Das Land habe als kulturelles Erbe 13 Theaterspielstätten, 7 Orchester, 31 Musikschulen, 200 Kulturhäuser, 244 Jugendeinrichtungen, 33 Volkshochschulen, 391 Bibliotheken, ungefähr 1.300 Schlösser und Parks, 43 Mahn- und Gedenkstätten, dazu noch „Filmtheater und so weiter" zu pflegen. Vieles sei schon seit 1918 nicht mehr richtig unterhalten worden, nun könnten nur noch „Schwerpunkte" erhalten werden (Landtag MV, 1. Wahlperiode, Plenarprotokolle: 3999). Die bald darauf verabschiedete Landesverfassung verpflichtet in Artikel 16 Land, Gemeinden und Kreise zum Schutz und zur Förderung von Kultur und Kunst (Gesetz- und Verordnungsblatt 1993: 372).

In einer zweiten kulturpolitischen Debatte des Jahres 1993 wurde die Frage gestellt, ob Mecklenburg-Vorpommern denn „ein Kulturstaat" sei (Landtag MV: 5346). Die Landesregierung betonte sogleich die Bedeutung der Kulturpolitik für die Entwicklung des Landes und mahnte insbesondere die Gemeinden zu mehr Engagement. Was an materiellen Kräften fehle, müsse man durch geistige Kräfte ersetzen, und „knappe Ressourcen" müssten „durch Intelligenz, Kreativität und Initiative aufgewogen werden", forderte die damalige Kultusministerin (ebd.: 5347). Redner der Opposition sprachen von einem gravierenden „Kulturverlust" und einem mangelnden Kulturkonzept (ebd.: 5350). Seitens der Regierungsfraktionen wurde „die Bereitstellung eines ‚Grundbedarfs'" für das Land angekündigt (ebd.). Einer ihrer Redner lobte, seit der Wende seien die Kraftfahrzeuge leiser geworden, daher könne „der Autofahrer nun stereo in guter Klangqualität sein Klavierkonzert" genießen. Statt eines Kinobesuchs könne man jetzt bei vielen Fernsehkanälen aussuchen, und wer „kulturvoll essen" wolle, könne „multikulturell wählen zwischen einem chinesischen oder italienischen Restaurant, zwischen gutbürgerlicher Küche oder serbischen Spezialitäten" (ebd.: 5353). Dass die Debatte mit einem Zwischenruf zum Alkoholismus im Land endete (ebd.: 5359), war nicht ganz unangemessen.

In der Antwort der Landesregierung auf eine Große Anfrage, mit der Anfang 1994 die allgemeine kulturpolitische Diskussion endete, hieß es, dass die durch die Raumordnung festgelegten Zentralen Orte die kulturellen Zentren im Land bilden, dass sie die kulturellen Einrichtungen und Voraussetzungen für kulturelle Veranstaltungen erhalten und weiter ausbauen. Als solche Einrichtungen wurden insbesondere Musikschulen und Bibliotheken mit Bücherbussen genannt. Durch regionale Kulturpflege, z. B. Veranstaltung von Traditions- und Heimatfesten, werde auch der ländliche Raum attraktiver. Ebenso sei es eine Bereicherung, dass viele bildende Künstler „auf dem Dorfe" leben (Landtag MV, Drucksache 1/4308, Antwort zu Frage 11).

Der Raumordnungsbericht 1995 bezeichnete die Kultur als einen „der Schätze des Landes" und erklärte ihre Bewahrung zum Ziel der Landespolitik. In allen Landesteilen sollten in regionaler Ausgewogenheit kulturelle Einrichtungen erhalten und ausgebaut werden. Besondere Sorge gilt den zahlreichen Denkmalen und der Heimatpflege. Die „ländliche Kulturarbeit" wird hervorgehoben (Landtag MV, Drucksache 2/1165: 225ff.). Bei „ländlichem Raum" wird in diesem Bundesland speziell an Ostmecklenburg und Vorpommern gedacht. Historisch ist dieser Landesteil durch eine weit in das 20. Jahrhundert hinein ungebrochene Dominanz von großen Rittergütern geprägt (vgl. Landeszentrale o. J.: 85, 89), die als gemeindefreie Gutsbezirke organisiert waren und deren Herren das politische Leben vor Ort bis in die kleinen Landstädte hinein bestimmten. Nach der Landsiedlungsbewegung in den zwanziger Jahren und der Bodenreform nach 1945 kam es in den fünfziger Jahren mit Einführung der Landwirtschaftlichen Produktionsgenossenschaften sehr schnell wieder zu einer großflächigen Landwirtschaft. An die Stelle der Machtsprüche von Gutsbesitzern traten Entscheidungen von LPG-Vorsitzenden und Direktoren der Volkseigenen Güter; eine Selbstverwaltung der Dörfer durch ihre Einwohner konnte immer nur kurzfristig und schwach Wurzeln schlagen. Erst mit der Kommunalverfassung für das Land Mecklenburg-Vorpommern von 1994 (§175) wurden die letzten (Forst-) Gutsbezirke aufgelöst.

Während der Westen des Landes mit den Städten Rostock, Schwerin und, unmittelbar jenseits der Landesgrenze, Lübeck gewachsene klassische Kulturzentren mit einer relativ starken regionalen Ausstrahlung aufweist, ist das für den Osten, insbesondere Vorpommern, prägende klassische Kulturzentrum – Stettin – mit dem Zweiten Weltkrieg verloren gegangen. Die beiden vorpommerschen Mittelstädte Stralsund und Greifswald haben den Kulturverlust nicht ausgleichen können. Das erneuerte Land stand vor der Aufgabe, in Vorpommern ein neues Kulturzentrum zu schaffen. Es ging 1996 diese Aufgabe an mit Errichtung der Stiftung „Pommersches Landesmuseum" in Greifswald, dem historischen Sitz der pommerschen Landesuniversität und des pommerschen Landesarchivs. Im Jahre 2000 gelangte mit der Gemäldegalerie des Landesmuseums die 1945 nach Westdeutschland verlagerte große Stettiner Gemäldesammlung in die Region zurück.

Die östlichen Landesteile von MV gehören zu den am dünnsten besiedelten Gebieten Deutschlands. Die größten Städte sind hier Neubrandenburg mit knapp

75.000, Stralsund mit 61.000 und Greifswald mit 55.000 Einwohnern. Die Mittel- und Unterzentren der Region bleiben mit ihren Einwohnerzahlen weit unter den Normen der Landesplanung. Entsprechend gering ist die für das Kulturleben wichtige Veranstaltungskraft der Gemeinden. Das ganze Land, insbesondere der östliche Landesteil, verliert immer noch Einwohner. Die Entleerung weiter Landstriche geht in einem Staat vor sich, der mit 230 Einwohnern pro Quadratkilometer einige der am dichtesten besiedelten Gebiete Europas aufweist und dessen Politik daher von den Bedürfnissen der Ballungsräume bestimmt wird. Auch die Lebensentwürfe der Menschen werden von den Angeboten in den Ballungsräumen beeinflusst. Das reizt, nicht erst in der Gegenwart, zur Abwanderung aus den dünner besiedelten ländlichen Räumen.

Kultur kann aber ohne Menschen nicht gedeihen. In MV lässt sich das gut ermessen, wenn man die Flächen aufsucht, auf denen nach alten Reiseführern Parks angelegt waren. Heute sind Sichtachsen und Baumgruppen wie die gesamte gartenkünstlerische Gestaltung der Landschaft von Bäumen und Sträuchern wild überwuchert. Kultur erfordert gestalterische Potenz der Menschen, aber auch die rezipierende Potenz als Fähigkeit, gestalterische Potenzen zu erkennen, und nicht zuletzt die materielle Potenz, die erkannte gestalterische Potenz zur Entfaltung zu bringen und ihre Leistungen zu erhalten. Wo viele Menschen zusammenkommen, ist auf eine Akkumulation gestalterischer Potenzen zu hoffen, dort findet leichter ein Austausch kultureller Leistungen statt und dort mag auch eine Akkumulation der nötigen materiellen Potenzen erwartet werden. Um Akkumulation von Potenzen zu bewirken, bedarf es intensiver Kommunikation. Ein verborgenes Bild mag ein Kunstwerk sein, aber erst durch Kommunikation kann es zum kulturellen Ereignis werden. Ohne Kommunikation findet keine Rezeption von Kunst statt. Ohne Kommunikation sind auch keine materiellen Potenzen für Entfaltung von Kultur zu gewinnen.

Kommunikation ist die Grundlage der vielen Vereinigungen, die sich der Förderung des Ankaufs von Kunstwerken oder der allgemeinen Pflege von Kultureinrichtungen wie Museen und Theater widmen. Auch sie gedeihen in Ballungsräumen besser als anderswo. Es ist daher unstrittig, dass Großstädte die wichtigste Rolle in der Kulturpolitik spielen (Pohlmann 1994: 37; Fuchs 1998: 261). Deshalb ist der Frage nachzugehen, wie in MV Kulturpolitik wirken soll, wo es heute nur eine wirkliche Großstadt, nämlich Rostock mit eben 200.000 Einwohnern, und zwei größere Mittelstädte gibt, Schwerin mit knapp 100.000 und Neubrandenburg mit knapp 75.000 Einwohnern. Greifswald und Stralsund, die von der Landesplanung als „Oberzentren mit Teilfunktion“ eingeordnet werden, können für sich allein die nötige Ausstrahlung nicht bewirken. Träger der großen Kulturinstitutionen an beiden Orten sind daher neben den Städten auf Dauer Bund und Land (vgl. BMI Hg. 1996: 86f.; Presse- und Informationsamt Hg. 2000: 57). Die Kommunikation wird unter den Bedingungen der dünnen Besiedlung zu einem besonderen Problem, so dass nicht ganz zu Unrecht einer der Debattenredner von 1993 die Entwicklung der elektronischen Medien seit 1990 als kulturellen Gewinn für das

Land gepriesen hat. Mit vier Hörfunksendern des öffentlich-rechtlichen Norddeutschen Rundfunks und zwei regionalen Privat-Hörfunksendern sowie allen bundesweit ausgestrahlten Fernsehprogrammen ist das Land auf diesem Felde noch am besten versorgt.

Bereitstellen eines kulturellen Mindestangebots

Als allen verfügbares Mindestangebot – die Ministerin hatte 1993 von Bereitstellen des „Grundbedarfs" gesprochen – werden von der Landesregierung die Erreichbarkeit von Theatern, Museen und Bibliotheken sowie „Ausbildungsmöglichkeiten" wie Musikschulen gesehen. Die Kulturpolitik des Landes orientiert sich an einem klassischen Kulturverständnis. Die zugehörigen Debatten des Schweriner Landtags konzentrieren sich seit 1994 auf die konkrete Entwicklung der Theater und Orchester. Sie erhalten etwa 60 Prozent der Mittel, die das Land für die Kulturförderung einsetzt (Landtag MV, 3. Wahlperiode, Plenarprotokolle: 2492). Im Jahre 1991 gab es im Land insgesamt zwölf Theater, darunter fünf Mehr-Sparten-Theater, alle mit eingebundenen Orchestern unterschiedlicher Größe. Daneben bestanden zwei große selbstständige Orchester. Alle waren nach dem Ende der DDR zunächst öffentlich-rechtlich organisiert, meistens in der Trägerschaft von Kommunen. Im östlichen Landesteil wirkten sieben dieser Theater und ein selbstständiges Orchester für etwa eine Million Menschen (Landtag MV, Drucksache 2/1094: 5).

Heute bestehen im Land insgesamt noch elf Theater. Die Theater der Hansestädte Stralsund und Greifswald wurden fusioniert, die Schweriner Philharmonie in das dortige Staatstheater und die Neubrandenburger Philharmonie in die dortige Theatergesellschaft eingebunden. Vier der Theater werden heute als Mehr-Sparten-Theater betrieben, zwei Theater sind nur noch reine Bespielbühnen. Die Hälfte dieser Institute befindet sich noch in direkter öffentlich-rechtlicher Trägerschaft. Im östlichen Landesteil bestehen heute sechs Theater, darunter zwei Mehr-Sparten-Theater und eine Bespielbühne. Beheimatet ist ein Mehr-Sparten-Theater als fusioniertes Theater Vorpommern in den benachbarten Städten Stralsund und Greifswald, das andere in der Stadt Neubrandenburg und in der Kreisstadt Neustrelitz. Neustrelitz mit knapp 24.000 Einwohnern beherbergt auch die Deutsche Tanzkompanie. Ein Schauspiel mit dem Schwerpunkt Kinder- und Jugendtheater befindet sich in der Kreisstadt Anklam, ein Kammer- und Puppentheater in Neubrandenburg. In Putbus auf Rügen steht noch eine Bespielbühne zur Verfügung. Im Ergebnis der Strukturveränderung wurden im ganzen Land bis 1995 nicht weniger als 588 von 2.275 Stellen bei den Theatern und Orchestern eingespart, im östlichen Landesteil allein 302 von 1.073 Stellen, also proportional etwas mehr. Nur das Bespieltheater Putbus blieb noch in direkter öffentlich-rechtlicher Trägerschaft erhalten (ebd.).

Die Vorpommersche Landesbühne Anklam, die als Reisetheater früher 60 Orte bespielte, betreut heute besonders Ostseebäder auf der Insel Usedom und erreicht eine überdurchschnittliche Auslastung ihres Angebots (Landtag MV, 3. Wahlperiode, Plenarprotokolle: 2491). Am erfolgreichsten ist unter dem Gesichtspunkt der Auslastung die Neubrandenburger Philharmonie; für sie wurde durch den Umbau der dortigen Marienkirche mit Bundesmitteln ein neuer Konzertsaal geschaffen (ebd.). Ergänzt wird das Theaterangebot durch einige freie Bühnen und die vorwiegend im Küstenbereich agierenden durchreisenden Theatertruppen. Im Landesinnern Vorpommerns stehen überhaupt keine Bühnenräume zur Verfügung (vgl. Institut für Human 2000: 175), allenfalls sind dort Solo- und Kammerkonzerte in Hallen und Sälen einiger Hotels und wiederhergestellter Schlösser möglich. Angebote der Theater gibt es im Landesinnern vorwiegend in den Städten, nur der stadtnahe ländliche Raum kann daran partizipieren.

Die Erreichbarkeit der Theater ist also nicht für alle Bewohner gewährleistet. Die Theater haben bei der dünnen Besiedlung ihres Einzugbereichs große Probleme, ihre Säle zu füllen. Das wiederum führt zu ungewöhnlich hohen Betriebskostenzuschüssen je Besucher. Sie lagen im Landesdurchschnitt bei 168 DM und damit bundesweit im Mittelfeld. In Schleswig-Holstein z. B. betrugen sie nur 141 DM (Statist. Bundesamt Hg. 2001: 416). Das Land beteiligte sich seit 1997 konstant mit 70 Mio. DM über den kommunalen Finanzausgleich an den derzeit mit etwa 120 Mio. DM angesetzten Kosten der Theater- und Orchesterfinanzierung (Finanzausgleichgesetz 2000, § 6 Abs. 1 Nr. 5). Eine Erhöhung des Landesbeitrages wird trotz befürchteter Kostensteigerung abgelehnt. Das Land erwartet nach der Neuordnung des Länderfinanzausgleichs und dem Ende des ersten Solidarpakts ab 2005 große Haushaltsprobleme. Um die finanziellen Lasten des Theater- und Konzertangebots besser zu verteilen, hat die Landesregierung den Trägern empfohlen, regionale Verbünde zu bilden und damit auch Umlandgemeinden und -kreise an den Kosten zu beteiligen (Landtag MV, 3. Wahlperiode, Plenarprotokolle: 2490ff.). Im Raum Neubrandenburg/Neustrelitz haben sich bereits die Stadt Neubrandenburg und fünf Landkreise sowie mehrere kreisangehörige Städte in Gesellschaften und Vereinen als Träger des Landestheaters in Neustrelitz und der Neubrandenburger Philharmonie zusammengeschlossen (ebd.: 2496f.; Drucksache 3/1564: 10). Aber Finanzierungsverbünde können fehlende Finanzmittel nicht ersetzen. Entscheidend ist vielmehr, ob durch Synergie-Effekte Finanzmittel freigesetzt werden.

Den hohen Aufwendungen zum Trotz spielen Theater und Orchester für die Kultur im ländlichen Raum nur eine geringe Rolle. In der kulturpolitischen Debatte des Landtags von 1993 wurde daher für den ländlichen Raum vor allem auf Erreichbarkeit von Museen und Bibliotheken verwiesen. Nach Erhebungen des Instituts für Museumskunde und des Statistischen Bundesamtes gab es 1991 in MV 115 Museen. Das Land stand damit unter den deutschen Flächenländern an vorletzter Stelle (Statist. Bundesamt Hg. 1994: 47). Träger der meisten dieser Museen waren Gemeinden. Für 1999 sind in MV 152 Museen erfasst, weitaus die meisten (66 Prozent) davon in ausschließlich öffentlicher Trägerschaft (Museumsverein 2000). Im östlichen Landesteil, wo 1999 über hundert Museen bestanden (Schmied 2000: 43ff.), muss geradezu der Schwerpunkt der Museumslandschaft vermutet werden. Die wichtigsten Museen, wie das Deutsche Meeresmuseum Stralsund, liegen allerdings in den größeren Städten und im Küstenbereich. Aber auch in kleinen Dörfern des Landesinnern lassen sich bemerkenswerte Museen finden, beispielsweise in Ankershagen das Heinrich-Schliemann-Museum oder im Ortsteil Carwitz der Gemeinde Feldberger Seenlandschaft das Hans-Fallada-Haus. Etliche der kleinen Museen sind als Arbeitsbeschaffungsmaßnahmen entstanden und haben eine unsichere Perspektive. Bislang kaum existierende Verbünde zur gemeinsamen Nutzung von Ressourcen und Technik könnten helfen, die Museen stärker zu profilieren, teure Überschneidungen von Sammlungsgebieten zu vermeiden und damit bei knappen Mitteln durch Synergie-Effekte eine qualitative Verbesserung zu erreichen (vgl. Graetsch 1980: 16ff.).

In MV gab es 1991 407 Bibliotheken, aus denen insgesamt 5,6 Mio. Bücher entliehen wurden. Mit jährlich knapp drei Entleihungen je Einwohner lag das Land unter den deutschen Flächenländern im Mittelfeld der Bibliotheksnutzung (Dt. Bibliotheksinstitut Hg. 1992; Statist. Bundesamt Hg. 1994: 136, 138). Bei damals 1.117 Gemeinden im Land hatte etwa jede dritte Gemeinde eine Bibliothek. Dieses Kulturangebot reichte also tief in den ländlichen Raum hinein. Im Jahre 2000 war die Zahl der Bibliotheken in MV auf 223 zurückgegangen (Stadtbibliothek Rostock 2000: 2). Die Zahl der Gemeinden ist inzwischen auf unter 1.000 gesunken. Es gibt nicht einmal mehr in jeder vierten Gemeinde eine Bibliothek. Hauptamtlich besetzte Stellen in den Bibliotheken wurden zugleich zwischen 1991 und 1998 von 538 auf 351 verringert (ebd.). Die Zahl der Entleihungen ist dennoch auf fast 7 Mio. gestiegen. Bei den Entleihungen pro Einwohner ist das Land in das Spitzenfeld aufgerückt (Dt. Bibl.inst. Hg. 1999: 8ff.), auch wenn nur noch gerade die Hälfte der Landkreisbewohner in einer Gemeinde mit Bibliothek lebt. Hinter diesen Veränderungen steht vor allem die für die ländlichen Räume bedeutsame Einführung von Bücherbussen.

Ein weiteres Feld der Kulturpolitik, das in MV besondere Förderung erfährt, bilden die Musikschulen. Nach der Landkreisreform von 1994 besteht in jedem der zwölf heutigen Landkreise und in jeder der sechs kreisfreien Städte mindestens eine Musikschule (Statist. Bundesamt Hg. 2001: 417). Das Angebot erreicht jedoch nicht die weiten Flächen des ländlichen Raums. Festspielen, insbesondere jährlichen sommerlichen Musikfesten, wird in der Kulturpolitik des Landes große Bedeutung beigemessen. 1990 entstanden zwei Festspielorganisationen, der „Musiksommer Mecklenburg-Vorpommern" mit Sitz in der Landeshauptstadt Schwerin und die „Festspiele Mecklenburg-Vorpommern" zunächst mit Sitz in Schleswig-Holstein, heute in Schwerin. Beide sind inzwischen im „Musikland Mecklenburg-Vorpommern" zusammengefügt. Die meisten Veranstaltungsorte der Festspiele liegen inzwischen im östlichen Landesteil und dort vor allem im ländlichen Raum (vgl. Festspiele 2000: 34f.). In der Hansestadt Greifswald findet außerdem seit Jahrzehnten eine Bachwoche statt, auf Usedom ein Musikfestival des Ostseeraums.

In den östlichen Landesteilen leben fast 300 hauptberufliche bildende Künstler, denen über dreißig Galerien oder Ausstellungsräume zur Verfügung stehen (vgl. Institut für Human 2000: 193). Noch größer ist die Zahl der nebenberuflichen Künstler und der Ausstellungsmöglichkeiten, die in Hotels, Restaurants, Kurheimen und Sparkassen geboten werden. Im Ostseebad Ahrenshoop findet seit DDR-Zeiten alljährlich eine Kunstauktion statt, auf der Werke bedeutender Künstler der Moderne, die in der Region gearbeitet haben (wie Lionel Feininger, Max Pechstein oder Gerhard Marcks) zur Versteigerung kommen. Den vielfältigen Angeboten steht jedoch kein großes einheimisches Sammlerpublikum gegenüber. Die Kunstszene, gerade der Kunsthandel, hängt von der Entwicklung des Tourismus ab und ist daher im Küstengebiet des östlichen Landesteils relativ gut vertreten (vgl. Entwicklungsbericht: 209, Übersicht B 15, Tab. 1.3).

Spezifisch ländliche Kulturaktivitäten

Die bisher betrachteten Felder der Kulturpolitik in den ländlichen Räumen Ostmecklenburgs und Vorpommerns folgen weitgehend den klassisch-konservativen Vorstellungen einer städtisch geprägten Hochkultur. Auf dem Lande spielen aber auch andere Bereiche für das Kulturleben eine große Rolle, z. B. Chöre der Kirchengemeinden und Orchester der Freiwilligen Feuerwehr. Laienmusikvereine gestalten viele traditionelle Dorffeste (Schneider 1991: 185ff.). Im Land bestehen über 100 weltliche Chöre, die meisten im östlichen Landesteil, allerdings ist nur etwa einer von 470 Einwohnern in einem solchen Chor aktiv. Im benachbarten Brandenburg findet sich ein Sänger unter 270 und in den nordwestdeutschen Flächenländern einer unter 180 Einwohnern (Statist. Bundesamt Hg. 2001: 420; eigene Berechnungen). Die Zahlen deuten auf ein Defizit hin. Ergänzend sind Volkstanz- und Folkloregruppen zu erwähnen, für Nordvorpommern auch die Tonnenbünde, die eine bäuerliche Tradition pflegen.

Vereinsförderung ist ein vorrangiges Mittel der ländlichen Kulturpolitik. Unerlässliche Voraussetzung für das Wirken dörflicher Vereine ist ein Festplatz und möglichst ein Raum für Proben und Veranstaltungen. Solche Räume fanden sich früher auf dem Lande vor allem in den Gasthäusern, gingen aber schon in den fünfziger Jahren mit der Übernahme von Gasthäusern und Hotels durch den FDGB-Feriendienst für die Nutzung durch die Allgemeinheit verloren. Nach dem Ende der DDR löste sich die Infrastruktur der 1952 auf ministerielle Anweisung verstärkt eröffneten Kulturhäuser und Jugendeinrichtungen schnell auf. Hotels und Gaststätten wurden an Alteigentümer zurückübertragen und oft gänzlich umgebaut; privatwirtschaftlich reorganisierte Produktionsbetriebe, auf dem Lande die Volkseigenen Güter und Produktionsgenossenschaften, gaben ihre Kulturhäuser auf; einige wurden Gaststätten, andere Diskotheken, oder sie wurden völlig anders genutzt und konnten so von örtlichen Kulturgruppen nicht mehr in Anspruch genommen werden. Dadurch gingen auch Bespielbühnen für die Theater verloren. In den folgenden Jahren bemühten sich manche ländlichen Gemeinden, bei der

Sanierung ihrer Schulen zugleich Veranstaltungsräume zu gewinnen. Die Schulentwicklungspläne, die vom Rückgang der Schülerzahlen gerade auf dem Lande bestimmt sind, haben inzwischen jedoch auch einen Rückzug der Schulen aus den Dörfern eingeleitet. Und das Schulsterben geht weiter (vgl. die erhöhten Mindestschülerzahlen für den Erhalt einer Schule am Einzelstandort, in: Anlage 2000: 525). Damit verschwinden nicht nur Veranstaltungs- und Übungsräume, sondern auch die Lehrerinnen und Lehrer, die sich im örtlichen Kulturleben engagieren. In manchen Gemeinden kann in Räume der Kirchengemeinde ausgewichen werden, vielerorts stehen für die Veranstaltungen im Sommer auch Freilichtbühnen zur Verfügung.

Denkmalpflege in den Dörfern

Eine starke Wirkung für die Kultur des Landes und seiner Gemeinden hat die Leistung der Denkmalpflege. In den kulturpolitischen Landtagsdebatten von 1993 war die Rede von etwa 1.300 Schlössern und Parks oder insgesamt 50.000 Baudenkmalen (Landtag MV, 1. Wahlperiode, Plenarprotokolle: 3999, 5348). Die meisten dieser Denkmale standen im östlichen Landesteil (Institut für Human 2000: 200), wo sich einst auch die Masse der Rittergüter befand. Über ihren Erhaltungszustand gibt die Statistik keine Auskunft. Rückschlüsse lässt aber die Tatsache zu, dass im ersten Jahrzehnt nach der Wiedergründung des Landes über 600 Schlösser und Herrenhäuser, also mehr als ein Fünftel des Bestandes, abgeräumt worden sind. Nicht in jedem Fall bauliche oder historische Kleinode, waren Schloss oder Herrenhaus doch fast immer der architektonische Bezugspunkt eines Dorfes. Der Schock der entleerten Mitte führt in vielen Dörfern zu Resignation. Die Landesregierung bietet seit 2000 in einem Programm zur Förderung der Entwicklung ländlicher Räume immerhin Zuwendungen für die Erhaltung des ländlichen Kulturerbes an, darunter auch Zuschüsse von bis zu 5.000 (!) DM für kleinere Baumaßnahmen zur Herrichtung von „regionaltypischen" Bauten für die Zwecke von Vereinen, Museen u. ä. (vgl. Richtlinien 2000: 1147).

Die meisten Schlösser und Herrenhäuser werden heute als Wohnhäuser genutzt, gut hundert als Hotels, bald fünfzig als Museen und für Kulturveranstaltungen. Zur Zeit stehen allerdings allein im östlichen Landesteil etwa 500 Schlösser und Herrenhäuser leer (Institut für Human 2000: 200). Das beeinflusst das Bild von der Kulturpflege in den ländlichen Räumen dieses Landesteils negativ. Gefährdet oder zumindest sanierungsbedürftig sind auch viele der rund 1.000 Dorfkirchen des Landes. Ihre Zahl ist zwar insgesamt kleiner als die der gefährdeten Schlösser und Herrenhäuser, aber die Kirchen sind nicht nur ein prägendes Element der Landschaft, sondern mit ihrer Geschichte und ihrer künstlerischen Substanz oft wertvoller als manches Schloss. Nicht zuletzt sind sie als Versammlungsraum der Gemeinde für kulturelle Veranstaltungen unentbehrlich. Die Lage spitzt sich dadurch zu, dass die Kirchengemeinden immer weniger Mitglieder haben. Die notwendigen Mittel für den Unterhalt der oft gewaltigen Dorfkirchen können die kleinen Gemeinden längst nicht mehr aufbringen. Viele alte Patronatsfamilien haben ihre Bindungen an das Dorf verloren, und die Nachfolgebetriebe haben bisher keine ausreichenden Bindungen an die Kirche entwickelt. Das Land hat bis zum Jahr 2000 insgesamt 122 Mio. DM für die Förderung der Denkmalpflege aufgebracht, der Bund noch einmal 50 Mio. DM. In der mittelfristigen Finanzplanung des Landes sind für diesen Zweck künftig jährlich knapp 6 Mio. Euro vorgesehen (Landtag MV, 3. Wahlperiode, Drucksache Anlage Bd. 1). Die Hauptlast der öffentlichen Förderung tragen die Kommunen. Selbst wenn man den großen Einsatz der Deutschen Stiftung Denkmalschutz hinzunimmt, bei mehreren tausend gefährdeten großen Objekten ist das keine ausreichende Sicherung.

Ein Ruf nach Bürgerengagement

Von den Theatern bis zur Denkmalpflege gewinnt der Beobachter des kulturellen Geschehens in Ostmecklenburg und Vorpommern den Eindruck einer Krise, die im Landesinnern schon jetzt deutliche Spuren kultureller Verödung erkennen lässt, aber ihren Höhepunkt noch keineswegs erreicht hat. Die Theaterfinanzierung wird in den nächsten Jahren noch schwieriger, die Räume für das dörfliche Kulturleben werden enger. Die Landesregierung hat in der Debatte zur Lage der Theater im Mai 2000 deutlich gemacht, dass sie sich nicht noch weiter engagieren kann (Landtag MV, 3. Wahlperiode, Plenarprotokolle: 2490). Auch die Gemeinden stehen vor riesigen Finanzproblemen. Im Landtag wurde zwar schon 1993 zu mehr privater Initiative aufgerufen (z. B. Landtag MV, 1. Wahlperiode, Plenarprotokolle: 4444, 5351), doch gibt es im Osten Deutschlands weit weniger Spitzeneinkommen als im Westen (vgl. Statist. Bundesamt Hg. 2000: 587f.), und nichts rechtfertigt die Erwartung, dass privater Einsatz allein ohne verstärkte öffentliche Förderung die Krise der Kulturpolitik überwinden kann. Es sind zwar an vielen Orten und für fast alle Kultureinrichtungen seit 1990 Fördergesellschaften und -vereine gegründet worden, aber gesucht werden fördernde Mitglieder, sei es beim mitgliederstarken Deutschen Sängerbund oder in den zahlreichen Museumsvereinen. Während in Süd- und Westdeutschland jeder aktive Sänger auf ein bis zwei fördernde Mitglieder seines Chores rechnen kann, blicken in MV 14 Aktive auf einen Förderer (Statist. Bundesamt Hg. 2001: 420; eigene Berechnungen).

Wenn man für die finanzielle Absicherung von Kultureinrichtungen auf ein verbessertes Stiftungsrecht verweist, wird das der Lage in MV nicht gerecht. Fast 50.000 Euro sollen in der Regel mindestens als Grundausstattung einer Stiftung aufgebracht werden. Stattliche Vermögen, aus denen eine solche Summe ohne weiteres entnommen werden kann, mögen im alten Bundesgebiet herangewachsen sein, im Osten herrscht noch das hoch belastete Eigenheim vor. Auf Stiftungen vor Ort kann die Kulturförderung in Ostmecklenburg und Vorpommern gegenwärtig kaum setzen. Vereine können die öffentlichen Haushalte kaum entlasten. Wenn es um größere Investitionen oder sogar Personalkosten geht, sind sie in den meisten

Fällen überfordert. Mancher Verein setzt schon mehr auf öffentliche Fördergelder als auf Beiträge seiner Mitglieder.

In Deutschland tragen Kulturvereine nicht nur zur Finanzierung des Kulturlebens bei, sie sind auch Machtfaktoren in den kulturpolitischen Auseinandersetzungen (vgl. Fuchs 1998: 251). Entsprechend stand die Frage nach der Beteiligung von Kulturvereinen an einem Kulturkonzept des Landes am Anfang der kulturpolitischen Debatte in Schwerin 1991 (vgl. Landtag MV, Drucksache 1/604). Die schwache Entwicklung dieses Elements der Kulturpolitik in MV stört aber den gesamten kulturpolitischen Prozess im Lande. Das lässt zugleich eine Schwäche der Zivilgesellschaft erkennen, die öffentlich bisher nur mit Blick auf die gesellschaftliche Verankerung der politischen Parteien diskutiert worden ist (vgl. Werz 2000: 10).

Die Daten deuten auch auf ein Maß an Nichtidentifikation der Menschen mit der Kultur des Landes, wie es in keinem anderen Bundesland zu beobachten ist. Diese Haltung belastet den gesellschaftlichen Erneuerungsprozess im Land. Gerade die Kulturpolitik braucht Betroffenheit und Einmischung der Bürger, und das erfordert, dass die Bürger die Kultur des Landes als ihre Angelegenheit begreifen, sich also mit dem Land identifizieren. Es muss auch darüber gesprochen werden, dass noch immer erhebliche Teile der in MV bestimmenden gesellschaftlichen Oberschicht nur im Westen „leben“ und sich kulturell über westliche Institutionen definieren. Sie identifizieren sich mit dem Land nicht so, dass dessen kulturelle Schwäche sie persönlich betroffen machen würde. Es fehlt eine kräftige Zivilgesellschaft, die die Kultur des Landes trägt. Diese Zivilgesellschaft zu entwickeln, wird mehr Kraft und Zeit kosten als der Wiederaufbau der Städte und der Ausbau der Straßen nach der Vereinigung. Kulturangebote sind als „weiche Standortfaktoren“ für die Entwicklung des Landes unentbehrlich. Der Staat wird daher in Mecklenburg-Vorpommern mehr für die Kulturförderung tun müssen als andernorts.

Literatur

Anlage zur Schulentwicklungsplanungsverordnung vom 4.10.2000, in: *Gesetz- und Verordnungsblatt*, S. 528

BMI (Hg.) 1996: *5 Jahre Kulturförderung für die neuen Länder. Ein Bericht zur Kulturförderung des Bundesministeriums des Innern*, Bonn: Bundesministerium des Innern

Deutsches Bibliotheksinstitut (Hg.) 1992: *Deutsche Bibliotheksstatistik 1991*, Berlin

Deutsches Bibliotheksinstitut (Hg.) 1999: *Deutsche Bibliotheksstatistik 1998*, Berlin

Entwicklungsbericht Vorpommern, in: *Landtag Mecklenburg-Vorpommern, 3. Wahlperiode, Drucksache 3/1716*

Festspiele Mecklenburg-Vorpommern Musikfeste GmbH (Hg.): *Das Magazin 2000*, Schwerin

Finanzausgleichsgesetz in der Fassung vom 12.1.2000, in: *Gesetz- und Verordnungsblatt*, S. 1

Fuchs, Max 1998: *Kulturpolitik als gesellschaftliche Aufgabe. Eine Einführung in Theorie, Geschichte, Praxis*, Opladen/Wiesbaden: Westdeutscher Verlag

Gesetz- und Verordnungsblatt für Mecklenburg-Vorpommern 1993; 2000, Schwerin: Der Innenminister des Landes Mecklenburg-Vorpommern

Graetsch, Lothar 1980: Der Modellversuch zur Förderung und Verbesserung der kulturellen Infrastruktur Ostfrieslands als Möglichkeit überörtlicher Kulturarbeit im ländlichen Raum, in: Evangelische Akademie Loccum (Hg.): *Kultur und soziale Räume. Rahmenbedingungen der Kulturpolitik*, Loccum, S. 13-27

Institut für Human Resource Development an der Universität Rostock (Hg.) 2000: *Projekt Regionalentwicklung von Vorpommern und Ostmecklenburg. Strukturelle Defizite und Entwicklungspotentiale*, Bd. III, Rostock: Universität, Lehrstuhl für Wirtschaft

Institut für Museumskunde (Hg.) 1999: *Statistische Gesamterhebung an den Museen der Bundesrepublik Deutschland für das Jahr 1998*, Berlin: Staatliche Museen

Landeszentrale für politische Bildung Mecklenburg-Vorpommern (Hg.) o.J. [ca. 1995]: *Historischer und geographischer Atlas von Mecklenburg und Vorpommern*, Bd. 2: *Land im Rückblick*, Schwerin

Landtag Mecklenburg-Vorpommern: *Drucksachen*

Landtag Mecklenburg-Vorpommern: *Plenarprotokolle*, 1., 2., 3. Wahlperiode

Museumsverein Mecklenburg-Vorpommern 2000: Besuchszahlen der Museen 1999, Schwerin

Pohlmann, Markus 1994: *Kulturpolitik in Deutschland. Städtisch organisierte Kultur und Kulturadministration*, München: Minerva

Presse- und Informationsamt der Bundesregierung (Hg.) 2000: *Im Bund mit der Kultur. Neue Aufgaben der Kulturpolitik*, Berlin

Richtlinien für die Gewährung von Zuwendungen für die Förderung der Entwicklung der ländlichen Räume vom 9.8.2000, in: *Amtsblatt für Mecklenburg-Vorpommern*, Schwerin: Der Innenminister des Landes Mecklenburg-Vorpommern, S. 1147

Schmied, Hartmut 2000: *Museen in Mecklenburg-Vorpommern. Analyse der Jahre 1994 bis 1997*, Schwerin: Museumsverband in Mecklenburg-Vorpommern

Schneider, Herbert 1991: *Kommunalpolitik auf dem Lande*, München: Minerva

Schröder, Dieter 2001: Die Hochschule für Musik und Theater Rostock – eine Offenbarung der Kulturpolitik in Mecklenburg-Vorpommern, in: Jochims, Wilfried (Hg.): *Glücksmoment. Zur Einweihung des neuen Hauses der Hochschule für Musik und Theater Rostock*, Rostock: Konrad Reich, S. 11-20, 186f.

Stadtbibliothek Rostock 2000: *Mecklenburg-Vorpommern. Öffentliche Bibliotheken 2000 – Jahresstatistik*, Rostock

Statistisches Bundesamt (Hg.) 1994: *Im Blickpunkt: Kultur in Deutschland. Zahlen und Fakten*, Wiesbaden: Metzler-Poeschel

Statistisches Bundesamt (Hg.): *Statistische Jahrbücher für die Bundesrepublik Deutschland*, Wiesbaden: Metzler-Poeschel

Werz, Nikolaus 2000: Einleitung, in: Werz, Nikolaus/Hennecke, Hans Jörg (Hg.): *Parteien und Politik in Mecklenburg-Vorpommern*, München: Olzog, S. 5-14

Politische Entscheidungskulturen und die Auslagerung von Gestaltungskompetenzen unter besonderer Berücksichtigung von Zentralbanken

Charles Elworthy

Der Grad der Auslagerung von Gestaltungskompetenzen direkt legitimierter Politiker an Gremien und Institutionen ist zwischen Politikfeldern und Ländern sehr unterschiedlich. In diesem Beitrag wird zunächst der Tendenz einer schleichenden Verlagerung solcher Kompetenzen in der Bundesrepublik Deutschland nachgegangen. Danach werden Entscheidungsmechanismen in der Geldpolitik, insbesondere die Tendenzen zur Auslagerung von Kompetenzen an unabhängige Zentralbanken, analysiert. Zuletzt wird eine institutionelle Lösung vorgeschlagen, die die Probleme, die mit solchen Auslagerungen verbunden sind, minimiert.

Schleichende Verlagerung von Entscheidungskompetenzen

Die schleichende faktische Verlagerung von Entscheidungskompetenzen demokratisch legitimierter Institutionen an „Außenstehende“ wie Interessengruppen, etwa im „Bündnis für Arbeit“, oder Fachbeiräte wie den „Ethikrat“ ist ein Phänomen, das demokratietheoretisch gesehen Unbehagen auslösen kann. Da jedoch die zur Entscheidung kompetenzmäßig von der Verfassung dafür bestimmten Organe wie Parlament oder Exekutive sich trotz all der Einflussnahmen das Recht vorbehalten, ihre endgültigen Entscheidungen selbst zu treffen, war das Problem bislang nicht als dramatische Fehlentwicklung einzustufen.

Dabei gibt es gerade in jüngerer Zeit Hinweise auf ein neues Verständnis von Entscheidungsverfahren in der deutschen Bundesregierung. Exekutiventscheidungen sollen hier so definiert werden, dass es sich um Entscheidungen handelt, die dem Kabinett als Ganzes oder den einzelnen MinisterInnen durch die Verfassung und die Geschäftsordnungen zugewiesen sind. Dazu gehört als wichtigste Aufgabe, Gesetzesinitiativen vorzubereiten und zu beschließen und in allen relevanten Politikbereichen die Staatsleitung „zur gesamten Hand“ zu organisieren. In Wahrnehmung dieser Aufgaben steht der Exekutive ein Eigenbereich zu, der natürlich auch seine verfassungsrechtlichen und politischen Grenzen beachten muss. Eine solche Grenze ist, dass eine Aushöhlung der Exekutivkompetenz in ihrer Gesamtheit durch die Verlagerung von Entscheidungskompetenzen an von der Regierung unabhängige Institutionen unzulässig ist.

Welchen Stellenwert haben in einem solchen verfassungsrechtlichen Szenario Gebilde wie das „Bündnis für Arbeit“, der „Ethikrat“, der „Sachverständigenrat zur Begutachtung der gesamtwirtschaftlichen Entwicklung“ und ähnliche institutionalisierte Gremien? Hier verdichtet sich die normale Einflussnahme der vielen

Beiräte bei den Ministerien und der noch zahlreicheren Lobbybüros in der Nähe der Exekutive zu einer neuen Qualität institutionell verankerter Beratung (vgl. Der Spiegel 2001). Bislang hielten sich die Bedenken gegen derartige Beratung in Grenzen, da erstens Beratung unabdingbar ist und zweitens in der Tat die autonome Endentscheidung von Exekutive und Parlament nicht in Frage gestellt wurde. Die neue Qualität der genannten Gremien liegt darin, dass es zunächst als verfassungspolitisch gewollt erscheint, Entscheidungskompetenzen und damit auch Verantwortung von der Exekutive weg in einen breiteren gesellschaftlichen Raum zu verlagern. Damit ist die Verantwortung für grundsätzliche und schwierige Entscheidungen, wie etwa zur Gentechnologie oder zu grundsätzlichen Weichenstellungen im Bereich der Wirtschafts- und Sozialpolitik, zurückverlagert in eben diesen gesellschaftlichen Raum. Dies wird dann bedenklich und bedarf früher oder später einer verfassungsrechtlich einwandfreien Regelung, wenn die Exekutive sich diesen Gremien gegenüber eine Selbstbindung auferlegt. Das heißt, es wird deutlich gesagt, dass Ergebnisse etwa des Ethikrates oder der Verhandlungen des Bündnisses für Arbeit zu zwingenden Bestandteilen der Exekutivpolitik werden. Dass Bundeskanzler Schröder diese Gefahr erkannt hat, zeigen seine wiederholten Äußerungen, dass etwa der Ethikrat nur beratende Funktion habe. Auf der anderen Seite erwarten die beteiligten Akteure in den genannten Gremien, dass die dort gefundenen Antworten auch Auswirkungen auf Regierungsentscheidungen haben.

Entscheidungsauslagerung in der Geldpolitik

Neben diesem Prozess der schleichenden faktischen Verlagerung exekutiver Entscheidungskompetenzen, der sich noch in dynamischer Entwicklung befindet, gibt es die gesetzgeberisch sanktionierte Verlagerung, insbesondere in Fragen der Geldpolitik. Auf diesen Bereich möchte ich mich im Folgenden konzentrieren, da er ein wichtiges Beispiel für eine ausdrücklich gewünschte Begrenzung von politischer Macht darstellt.

Die ersten Zentralbanken in England und den Vereinigten Staaten waren privatwirtschaftliche Institutionen, die durch ihre Glaubwürdigkeit die fiskalischen Probleme ihrer Regierungen lösten. Als Voraussetzung für diese Aufgabenstellung wurde ihnen Unabhängigkeit und als Lohn eine Monopolstellung gegeben (Broz 1997: 207f.; North/Weingast 1996). Nach der großen Depression der dreißiger Jahre dominierte der Keynesianismus makroökonomischer Theorie. In diesem intellektuellen Klima wurden Geld- und Fiskalpolitik als wichtigste Instrumente für die Sicherung von Wohlstand und Beschäftigung angesehen. Da die Regierungen für das Gemeinwohl zuständig waren, erschien es logisch, dass diese Handlungsfelder direkt von der Exekutive gesteuert werden sollten. Dies führte zu zahlreichen Verstaatlichungen von Zentralbanken, der direkten Kontrolle von Geldpolitik durch die Exekutive und einer allgemeinen Tendenz zu zentralistischer makroökonomischer Steuerung. Die zwei großen Ausnahmen nach dem Zweiten Weltkrieg waren das US-amerikanische Federal Reserve System und die danach modellierte

Bank deutscher Länder. In den Vereinigten Staaten und der Bundesrepublik Deutschland gibt es historisch bedingt eine verbreitete Angst vor politisch induzierter Inflation. Deshalb wurden geldpolitische Entscheidungskompetenzen bewusst vom demokratischen diskursiven Entscheidungsprozess ferngehalten und auf unabhängige Institutionen übertragen.

Ab den siebziger Jahren begannen die Zweifel an der Effektivität staatlicher makroökonomischer Steuerung zu wachsen, insbesondere in Bezug auf die Geldpolitik. Friedman (1968, 1977) lieferte die Grundlagen für Monetarismus; Lucas (1972) zeigte die Wichtigkeit von rationellen Erwartungen und die Ineffektivität vieler Interventionen. Nordhaus (1975) entwickelte eine Theorie von politischen Zyklen, und Phelps (1967) zeigte, dass in einer Welt mit rationellen Erwartungen eine „Phillips-Kurve" als Abgleich zwischen Arbeitslosigkeit und Inflation nur ein kurzfristiges Phänomen darstellte. Kydland und Prescott (1977) erläuterten die zeitliche Inkonsistenz optimaler Pläne. Barro und Gordon (1983, 1983a) übertrugen diesen Ansatz auf die Geldpolitik. Rogoff (1985) argumentierte für einen „conservative central banker" und zeigte, dass unabhängige Zentralbanken mit klaren Inflationszielen die Kosten der Inflationsbekämpfung durch Reputationseffekte deutlich zu senken in der Lage waren.

Mit diesen Forschungen gingen zahlreiche empirische Untersuchungen einher, die Fehler der Regierungen nachwiesen und ihnen naiven Keynesianismus vorwarfen. Eine Kernaussage der Forschung war, dass Geldpolitik ein zu verlockendes Werkzeug zur Durchsetzung kurzfristig angelegter politischer Interessen darstellt, um es in den Händen von demokratischen Regierungen zu lassen. Aus diesem Grunde wird die Auslagerung an unabhängige Zentralbanken empfohlen. Der Federal Reserve und die Bundesbank bildeten das prototypische Modell für solche Empfehlungen. Die Hypothese, dass unabhängige Zentralbanken durch ihre hohe Glaubwürdigkeit Inflation und Inflationserwartungen begrenzen können, stand auch im Mittelpunkt von umfangreichen Untersuchungen, die im Ergebnis die Hypothese von der Überlegenheit unabhängiger Zentralbanken hinsichtlich gemeinwohlorientierter Geldpolitik unterstützen (Cukierman 1992, Cukierman et al. 2001). Es gab jedoch auch Untersuchungen, die kein so einfaches und klares Verhältnis zwischen Unabhängigkeit der Zentralbank und Inflationsrate zeigten. Besonders Entwicklungsländer weckten hier Zweifel, was mit dem Unterschied zwischen Verfassungstheorie, Verfassungstext und Verfassungsrealität erklärt werden kann (vgl. Cukierman/Webb 1995: 405f.).

Diese theoretischen und empirischen Ergebnisse brachten verschiedene Regierungen dazu, unabhängige Zentralbanken zu bilden und ihnen Entscheidungskompetenzen in der Geldpolitik zu übertragen. Im Allgemeinen war die Folge eine Reduzierung sowohl von Inflation als auch von Inflationserwartungen. In diesem Zusammenhang wurde befürchtet, dass der Anpassungsprozess hin zu einem Niveau mit niedriger Inflation die Konjunktur negativ beeinflussen könnte, einschließlich der Gefahr von Rezession durch eine strenge Geldpolitik. Hier waren die Reputationseffekte des Bildes vom „konservativen Zentralbanker" wichtig, da die Senkung von Inflationserwartungen in vielen Fällen die Senkung von tatsächlicher Inflation mit geringen konjunkturellen Auswirkungen mit sich brachte (vgl. z. B. Alesina/Summers 1993: 159; Alesina/Gatti 1995).

Aus dem Gesagten lässt sich zunächst schließen, dass eine Auslagerung von Exekutivkompetenzen zumindest für diesen Bereich der Politik ökonomische Gemeinwohlvorteile bietet. Aber ökonomischer Erfolg allein kann noch nicht als Garant für eine optimale institutionelle Entwicklung angesehen werden. In der deutschen Literatur argumentiert insbesondere Vaubel (1996; 1997) in Bezug auf die Deutsche Bundesbank in diese Richtung. Bei mangelnder Kontrolle könnten z. B. die Mitglieder des Zentralbankrates ihre eigenen politischen Präferenzen verfolgen oder auch für ihre persönlichen vorteilhaften Arbeitsbedingungen sorgen.[1] Ähnliche Probleme, etwa fehlende Zurechenbarkeit und Transparenz, stehen im Mittelpunkt nordamerikanischer Untersuchungen (z. B. Shugart/Tollison 1983; Boyes et al. 1988: 189). Natürlich ist Sinn der Unabhängigkeit, dass die Zentralbanken auch eine Politik verfolgen können, die konträr zu den Vorstellungen der jeweiligen Exekutive steht. Allerdings sind die Akteure in solchen unabhängigen Institutionen gut beraten, den Konflikt nie zu weit zu treiben, da bei Überspannung des Zumutbaren die Institution in die gefährliche Lage möglicher Existenzvernichtung geraten kann. Beispiele für solche Konflikte zwischen Zentralbank und Regierung finden sich in der Geschichte der Bundesbank. Adenauer kritisierte 1956 scharf die Zentralbank und setzte sie massiv unter Druck. Nach längerem Streit erreichte er durch das Bundesbankgesetz von 1957, dass die von der SPD geführte Spitze der Notenbank abgelöst und durch einen Zentralbankrat mit CDU-Mehrheit ersetzt wurde. In ähnlicher Weise kritisierte Helmut Schmidt 1974/75 die Bundesbank und stellte zumindest implizit die Unabhängigkeit der Zentralbank zur Disposition. In diesem Fall lenkte die Bundesbank ein und unternahm einen radikalen Kurswechsel zu expansiver monetärer Politik (Berger 1997; Berger/de Haan 1999).

Noch gefährlicher für die Demokratie kann jedoch werden, wenn die Zentralbanken selbst ihre auf fachlicher Kompetenz beruhende Unabhängigkeit und Glaubwürdigkeit aufgeben und ihnen genehmen Regierungen mit ihrer Geldwertpolitik, einem herausragenden Politikinstrument, besonders vor Wahlzeiten unter die Arme greifen bzw. einer ihnen nicht genehmen Regierung in solchen Zeiten Schwierigkeiten machen. Vaubel untermauert solche Präferenzhypothese mit einem politischen Konjunkturzyklus, hervorgerufen durch die Geldpolitik der Bundesbank. Seinen Untersuchungen zufolge steigt die Geldmengenexpansionsrate im Verlauf einer Vorwahlperiode, wenn die jeweilige Exekutive die Mehrheit im

1 Als Beispiel: Der Präsident der Bundesbank kommt in den Genuss des höchsten staatlichen Gehalts in Deutschland. Vaubel zeigt, dass die Bundesbanker ihren „organisational slack“ nutzen, um sich Arbeitskomfort, Ansehen und Macht zu verschaffen; sie wurden dafür vom Bundesrechnungshof kritisiert (Vaubel 1996: 24f.).

Zentralbankrat hinter sich hat. Hat die Opposition dort eine Mehrheit, sinkt diese Rate (Vaubel 1997: 221; Vaubel 1997a: 823).[2]

Kontrolle und Unabhängigkeit

Aus dieser Diskussion wird deutlich, dass es von der ganz konkreten Auslagerungsvariante und Auslagerungsgestaltung und dem damit verbundenen Politikfeld abhängt, ob die Auslagerung in Bezug auf Gemeinwohleffizienz, verbunden mit demokratietheoretischen Grunderfordernissen der Legitimation und Kontrolle, vertretbar ist oder nicht. Diese Frage aus einer generalisierenden Pauschalbeurteilung des Für oder Wider herauszunehmen, macht um so mehr Sinn, als die Komplexität der möglichen Fälle durch die Weiterentwicklung der europäischen Einigung noch zunehmen wird. Das zeigt die Schaffung der Europäischen Zentralbank, die stark an die Struktur der Bundesbank angelehnt ist und die explizit als unabhängig von politischer Kontrolle gegründet wurde (Scheller 2001: 75f.).

Allerdings haben die Gefahr und Versuchung möglichen Machtmissbrauchs, die bei fehlender demokratischer Kontrolle über Zentralbanken im Allgemeinen und die Europäische Zentralbank im Besonderen deren Unabhängigkeit mit sich bringt, verschiedene Reformideen hervorgebracht. Vaubel schlägt als konkrete antizipierende Kontrollmaßnahme vor, dass die Mitglieder des Zentralbankrates eine leistungsbezogene Entlohnung bekommen sollen und dass sie entlassen werden müssen, wenn die Inflations- oder die Deflationsrate über einen längeren Zeitraum eine im Gesetz fixierte Marke übersteigt (Vaubel 1996: 71). Buiter (1999: 184f.) empfiehlt Maßnahmen, die Transparenz und Zurechenbarkeit erhöhen sollen. Auf der Basis von entscheidungstheoretischen Faktoren und mit Blick auf die bevorstehende Ost-Erweiterung der EU empfehlen Baldwin et. al. (2001: 88f.), geldpolitische Entscheidungen des Zentralbankrats an ein Gremium mit sechs bis 30 Mitgliedern zu delegieren. Elgie (1998: 67) spricht sogar von einer „ökonomischen Regierung" als demokratischem Kontrollorgan auf europäischer Ebene.

Um die Eignung solcher und weiterer Reformvorschläge zu prüfen, hilft eine Analyse der Implementationsschwierigkeiten solcher Vorschläge. Eine Transaktionskostenanalyse ist als theoretische Grundlage geeignet, um die relevanten Governanceprobleme zu identifizieren und entsprechende institutionelle Lösungen zu finden. Im Falle der Geldpolitik bilden „principal agent"-Beziehungen und „credible commitment" die wesentlichen Transaktionskosten (Horn 1995: 187f.; Majone 2001: 60f.). Das schwierigste Problem stellt die demokratische Kontrolle von geldpolitischen Entscheidungen dar. Politische Präferenzen in der Wahlbevölkerung müssen zwei „principal agent"-Beziehungen beeinflussen, um in tatsächliche Maßnahmen umgesetzt zu werden. Die erste Beziehung ist die zwischen Wähler und Regierungskoalition, die zweite die zwischen Regierungskoalition und

2 Solches Verhalten hat auch McGregor (1996) für die USA beschrieben. Vaubels Hypothese ist nicht unbestritten (vgl. Lohmann 1997; Berger und Woitek 1997).

ausführenden Organen wie Ministerien oder öffentlich-rechtlichen Institutionen. Sind diese Beziehungen schwach oder nicht vorhanden, wird demokratische Steuerung und Kontrolle entsprechend vermindert.

Ein weiteres Transaktionskostenproblem ist die Verleihung von „credible commitment" (Glaubwürdigkeit) an die Zentralbank, um die gewünschten Reputationseffekte zu erzielen. Es scheint einen klaren Konflikt zwischen dem Bedürfnis nach Glaubwürdigkeit und dem nach effektiver demokratischer Steuerung zu geben. Indem man einer Zentralbank Unabhängigkeit verleiht, um ihre Glaubwürdigkeit zu erhöhen, wird auf der anderen Seite notwendigerweise die politische Kontrolle durch Volksvertreter und Wahlbevölkerung schwächer. Angesichts dieser Probleme liegt eine mögliche Lösung in der Gestaltung klarer Verträge institutioneller Strukturen, die die Transaktionskosten so weit wie möglich minimieren (vgl. Walsh 1995a). Dabei werden Kontrollstrukturen übernommen, welche an die von Aktiengesellschaften angelehnt sind, die dort sehr ähnliche Transaktionskostenprobleme regeln. Die Aktionäre als Eigentümer eines Unternehmens ernennen Vertreter, die einen Aufsichtsrat bilden. Der Aufsichtsrat hat die Aufgabe, die Geschäftsführung auszuwählen, zu kontrollieren und gegebenenfalls zu entlassen. Die Geschäftsführung hat die klare Verantwortung für alle Entscheidungen und ist gegenüber dem Aufsichtsrat rechenschaftspflichtig.

Die neuseeländische Zentralbankreform übernahm ausdrücklich solche Strukturen (vgl. Walsh 1995). Dies geschah in der Hoffnung, dass dadurch die Gefahren fehlender Kontrolle vermieden werden können. Nach diesem Modell ernennt die Regierung ein Kontrollgremium als Aufsichtsrat, den „Reserve Bank Board". Der Finanzminister schließt einen langfristigen Vertrag mit dem Governor der Zentralbank, der klare Zielvorgaben hinsichtlich der Inflationsrate beinhaltet. Daneben gibt es keine anderen Zielvorgaben, die Zielerfüllungskonflikte auslösen könnten. In der Ausführung der Geldpolitik ist der Governor unabhängig. Der Aufsichtsrat hat die Aufgabe, den Governor auszuwählen, hinsichtlich der Einhaltung der vereinbarten Zielvorgaben zu kontrollieren und zu sanktionieren, gegebenenfalls durch Entlassung aus dem Amt. Neben seiner Rechenschaftspflicht gegenüber dem Aufsichtsrat und dem Parlament ist der Governor verpflichtet, Transparenz in der Geldpolitik zu gewährleisten.

Da eine solche Rollenverteilung keine unbegrenzte Auslagerung von Entscheidungskompetenzen vorsieht, sondern eine klare politische Verantwortung für die Inflationszielvorgaben bleibt, erscheint es schwierig, der Versuchung der politischen Akteure zu begegnen, höhere Inflationsraten zu dulden, als es dem Gemeinwohl zuträglich wäre. Die mögliche Lösung liegt in einer Transparenz des Entscheidungsprozesses zur politischen Festlegung des Inflationsziels und in transparenter Folgeevaluierung. Kapitalmärkte werden durch ständige Aktivität der Finanzakteure bestimmt und kontrolliert. Ein höheres Inflationsziel hätte die Konsequenz, dass alle Marktteilnehmer ihre Erwartungen demgemäß ändern würden, was zu einem sofortigen Anstieg des Zinsniveaus und entsprechenden Preissteigerungen in den Produktmärkten führen würde. Kurzfristige politische

Vorteile würden dadurch minimiert. Praktische Erfahrungen in Neuseeland haben gezeigt, dass solche Kontrolle durch Finanzmärkte äußerst effektiv ist (vgl. Richardson 1995: 64f.).

Diese Governancestruktur ist nunmehr seit über einem Jahrzehnt in Neuseeland implementiert, und Untersuchungen haben die Erfolge bestätigt (Svensson 2001). Systeme mit ähnlichen Elementen wie einer unabhängigen Zentralbank und klaren Inflationszielen sind inzwischen in mehreren Ländern eingeführt worden, und internationale Vergleiche haben positive Ergebnisse festgestellt (vgl. Mishkin/ Schmidt-Hebbel 2001). Durch die Trennung der zwei „principal agent"-Elemente und die Bewahrung demokratischer Zielsetzung unter Verzicht auf operationelle Kontrolle werden die Gefahren einer vollständigen Autonomie minimiert. Gleichzeitig bleiben die Vorteile von Transparenz und Glaubwürdigkeit in der Geldpolitik erhalten. Sollte man diesem institutionellen Ansatz für die Europäische Zentralbank folgen, dann sind konkrete Reformvorschläge, z. B. für Transparenz, Zurechenbarkeit, die Größe des Entscheidungsgremiums oder die Befugnisse des Aufsichtrats, im dargelegten Rahmen analysierbar.

Fazit

Die Auslagerung von Entscheidungskompetenzen an von der Regierung unabhängige Institutionen ist von der Entscheidungskultur des jeweiligen Landes und des Sachgebiets abhängig. Wir haben die allgemeine Tendenz einer schleichenden Auslagerung in Deutschland diskutiert, um dann mehr ins Detail der Geldpolitik zu gehen. Traditionell gibt es in der Geldpolitik zwei institutionelle Entscheidungskulturen. Die eine ist die weitgehende Auslagerung an eine unabhängige Zentralbank, wie die deutsche Bundesbank, die andere Kontrolle der Geldpolitik durch die Exekutive, wie in Großbritannien durch die „Bank of England". Beide Strukturen verursachen Probleme fehlender Kontrolle bzw. fehlender Glaubwürdigkeit. Eine institutionelle Lösung kann darin bestehen, dass durch entsprechend gestaltete Regelungen direkte demokratische Steuerung und Kontrolle auf der einen Seite mit einer hohen Glaubwürdigkeit für die operationell unabhängige Zentralbank auf der anderen Seite vereint werden. Durch solches *institutional engineering* ist es möglich, in der Geldpolitik „principal agent"- und „credible commitment"-Transaktionskosten zu minimieren, um eine demokratietheoretisch optimale Entscheidungsstruktur zu gewährleisten.

Literatur

Alesina, Alberto/Gatti, Roberta 1995: Independent Central Banks: Low Inflation at No Cost?, in: *American Economic Review: Papers and Proceedings* 85, S. 196-200

Alesina, Alberto/Summers, Lawrence 1993: Central Bank Independence and Macroeconomic Performance: Some Comparative Evidence, in: *Journal of Money, Credit and Banking* 25.2, S. 151-162

Baldwin, Richard E. et al. 2001: *Nice Try: Should the Treaty of Nice be Ratified?*, London: Center for Economic Policy Research

Barro, Robert J./Gordon, David B. 1983: A Positive Theory of Monetary Policy in a Natural Rate Model, in: *Journal of Political Economy* 91.4, S. 589-610

Barro, Robert J./Gordon, David B. 1983a: Rules, Discretion and Reputation in a Model of Monetary Policy, in: *Journal of Monetary Economics* 12.1, S. 101-121

Berger, Helge 1997: The Bundesbank's path to independence: Evidence from the 1950s, in: *Public Choice* 93.3-4, S. 427-453

Berger, Helge/de Haan, Jakob 1999: A State within the State? An Event Study on the Bundesbank (1948-1973), in: *Scottish Journal of Political Economy* 46.1, S. 17-39

Berger, Helge/Woitek, Ulrich 1997: How Opportunistic are Partisan German Central Bankers: Evidence on the Vaubel Hypothesis, in: *European Journal of Political Economy* 13, S. 807-821

Boyes, William, et al. 1988: The Federal Reserve as a Bureaucracy: An Examination of Expense Preference Behaviour, in: *Journal of Money, Credit and Banking* 20, S. 181-190

Broz, J. Lawrence 1997: *The International Origins of the Federal Reserve System*, Ithaca/N.Y.: Cornell University Press

Buiter, Willem H. 1999: Alice in Euroland, in: *Journal of Common Market Studies* 37.2, S. 181-209

Cukierman, Alex 1992: *Central Bank Strategy, Credibility and Independence: Theory and Evidence*, Cambridge/Mass.: MIT Press

Cukierman, Alex et al. 2001: *Central Bank Reform, Liberalization and Inflation in Transition Economies – An International Perspective*, London: Center for Economic Policy Research

Cukierman, Alex/Webb, Stephen B. 1995: Political Influence on the Central Bank: International Evidence, in: *The World Bank Economic Review* 9.3, S. 397-423

Der Spiegel 2001: Räte-Republik Deutschland, in: *Der Spiegel* 22

Elgie, Robert 1998: Democratic Accountability and Central Bank Independence: Historical and Contemporary, National and European Perspectives, in: *West European Politics* 24.1, S. 217-221

Friedman, Milton 1968: The Role of Monetary Policy, in: *American Economic Review* 58.1, S. 1-17

Friedman, Milton 1977: Nobel Lecture: Inflation and Unemployment, in: *Journal of Political Economy* 85.3, S. 451-472

Horn, Murray J. 1995: *The Political Economy of Public Administration: Institutional Choice in the Public Sector*, Cambridge/New York: Cambridge University Press

Kydland, Finn E./Prescott, Edward C. 1977: Rules Rather than Discretion: The Inconsistency of Optimal Plans, in: *Journal of Political Economy* 85.3, S. 473-492

Lohmann, Susanne 1997: Partisan Control of the Money Supply and Decentralised Appointment Powers, in: *European Journal of Political Economy* 13, S. 225-246

Lucas, Robert E. 1972: Expectations and the Neutrality of Money, in: *Journal of Monetary Economics* 4, S. 103-124

Majone, G. 2001: Nonmajoritarian Institutions and the Limits of Democratic Governance: A political Transaction-Cost Approach, in: *Journal of Institutional and Theoretical Economics* 157.1, S. 57-78

McGregor, Rob Roy 1996: FOMC Voting Behaviour and Electoral Cycles: Partisan Ideology and Partisan Loyalty, in: *Economics and Politics* 8, S. 17-32

Mishkin, Frederic S./Schmidt-Hebbel, Klaus 2001: *One Decade of Inflation Targeting in the World: What Do We Know and What Do We Need to Know?*, Cambridge/Mass.: National Bureau of Economic Research

Nordhaus, William D. 1975: The Political Business Cycle, in: *Review of Economic Studies* 42, S. 169-190

North, Douglass C./Weingast, Barry R. 1996: Constitutions and Commitment: The Evolution of Institutions Governing Public Choice in Seventeenth-Century England, in: Alt, James E./North, Douglass C. (Hg.): *Empirical Studies in Institutional Change*, New York: Cambridge University Press, S. 134-165

Phelps, Edmund S. 1967: Phillips Curves, Expectations of Inflation and Optimal Unemployment over Time, in: *Economica* 34, S. 254-281

Richardson, Ruth 1995: *Making a Difference*, Christchurch: Shoal Bay Press
Rogoff, Kenneth 1985: The Optimal Degree of Commitment to an Intermediate Monetary Target, in: *Quarterly Journal of Economics* 100.4, S. 1169-1189
Scheller, Hanspeter K. 2001: *Die Europäische Zentralbank*, Frankfurt a. M.: Fritz Knapp
Shugart, William F./Tollison, Robert D. 1983: Preliminary Evidence on the Use of Inputs by the Federal Reserve System, in: *American Economic Review* 73, S. 291-304
Svensson, Lars E. O. 2001: *Independent Review of the Operation of Monetary Policy in New Zealand: Report to the Minister of Finance*, Wellington: Ministry of Finance
Vaubel, Roland 1996: Eine Public Choice-Analyse der Deutschen Bundesbank und ihre Implikationen für die Europäische Währungsunion, in: Duwendag, Dieter/Siebke, Jürgen (Hg.): *Europa vor dem Eintritt in die Wirtschafts- und Währungsunion*, Berlin: Duncker & Humblot, S. 23-79
Vaubel, Roland 1997: The Bureaucratic and Partisan Behaviour of Independent Central Banks: German and International Evidence, in: *European Journal of Political Economy* 13.2, S. 201-224
Vaubel, Roland 1997a: Reply to Berger and Woitek, in: *European Journal of Political Economy* 13.5, S. 823-827
Walsh, Carl E. 1995: Is New Zealand Reserve-Bank Act of 1989 an Optimal Central Bank Contract?, in: *Journal of Money, Credit and Banking* 27.4, S. 1179-1191
Walsh, Carl E. 1995a: Optimal Contracts for Central Bankers, in: *American Economic Review* 85.1, S. 150-167

IV.

Politik und Kultur – Globale Perspektiven

„Westliche Demokratie“ und „Asiatische Herausforderungen“? Kritische Anmerkungen zu der Debatte um „asiatische Werte“

Eberhard Sandschneider

Unser Umgang mit Asien ist hochgradig konjunkturell geprägt. Drei Begriffe haben dies in den letzten beiden Jahrzehnten besonders deutlich werden lassen. Nachdem das so genannte „asiatische Wunder“ die Gemüter erhitzt hatte, folgte eine intensive Diskussion um „asiatische Werte“, die, gerade als sie ihren vermeintlichen Höhepunkt erreichte, abrupt durch teils schadenfrohe, teils besorgte Debatten über die Auswirkungen der „asiatischen Krise“ abgelöst wurde. Ein kritischer Rückblick auf diese Debattenstränge lohnt schon deshalb, weil manche akademische und publizistische Aufgeregtheit im Westen heute in einem ganz anderen Licht erscheint. Schlagworte wie „atlantische Gegenwart – pazifische Zukunft“ bereiteten bis hoch in die neunziger Jahre nicht nur Hütern euro-atlantischer Stellung in der Welt Sorge, sie hatten auch einen offensichtlich berechtigten ökonomischen Hintergrund. Es gab wachsende Befürchtungen in Europa, von der Effizienz asiatischer Industriegesellschaften schon mittel- und erst recht langfristig überholt zu werden. Diese Gesellschaften erzielten über viele Jahre durchschnittlich zweistellige Zuwachsraten. Schätzungen der Weltbank für das Jahr 2020 prognostizierten unter den 15 führenden Weltwirtschaftsmächten allein sieben asiatische, darunter die VR China sogar vor den USA auf dem ersten Platz (Krugmann 1994).

Obwohl alle wissen, dass Statistiken in Asien besonders problematisch und nur mit größter Vorsicht zu verwenden sind, liefern die Zahlen doch eine Scheinvergleichbarkeit, die sich je nach Interessenlage prächtig nutzen lässt. Leser im Westen wurden darüber informiert, dass ostasiatische Ökonomien 1960 nur vier Prozent des weltweiten Bruttosozialprodukts (BSP) produzierten, dieser Anteil aber 1991 auf 25 Prozent angestiegen war. Sieben führende asiatische Länder verfügten über 41 Prozent der weltweiten Bankreserven (nach 17 Prozent im Jahre 1980), die Sparrate lag bei durchschnittlich 30 Prozent im Vergleich zu 8 Prozent der G 7-Länder. Der transpazifische Handel der USA war 1993 mit 361 Mrd. Dollar doppelt so hoch wie der transatlantische und hatte sich zwischen 1978 und 1991 vervierfacht. Auch der EU-Handel mit der Region erreichte 1992 mit 249 Mrd. Dollar einen deutlichen Vorsprung vor dem Handel mit den USA, der 209 Mrd. Dollar betrug (Manning/Stern 1994). Solche beeindruckenden Zahlen trafen in Europa und Nordamerika auf eine ganz andere Situation. Hierzulande war längst das euphemistische Wort vom „Nullwachstum“ geprägt, was nichts anderes heißt als Stagnation, im Extremfall sogar Schwund. Dagegen brachen in asiatischen Ländern damals gelegentlich innenpolitische Krisen dann aus, wenn die jährliche Wachstumsrate nur mehr fünf Prozent auszumachen drohte. Vor diesem ökonomischen Hintergrund konnte leicht eine altbekannte Diskussionsstruktur entstehen, die Zweifel an der eigenen Entwicklung mit dem Reiz des Exotischen und vermeintlich viel Erfolgreicheren verbindet. Es fehlte nur ein Auslöser, der sich dann Ende der achtziger Jahre gleich in doppelter Weise fand.

Im Westen war es der weltpolitische Auslöser, der sich mit dem „annus mirabilis" 1989 verbindet und von den Reaktionen auf das Tiananmen-Massaker über den Fall der Berliner Mauer bis zum Zusammenbruch der UdSSR und dem Ende des Ost-West-Konfliktes erstreckt. Diese Ereigniskette führte auch zu einem Prozess der Suche nach neuen Erklärungsmustern für die Strukturen und Ordnung internationaler Politik. Genauer ging es eigentlich wohl um die Suche nach Halt im Abstrakt-Ungewissen, weil man nach den Ereignissen des Jahres 1989 den Halt im Politisch-Konkreten verloren hatte. Während mit Überzeichnungen, die auf Bestsellerplatzierung zielten, manche über das „Ende der Geschichte" nachdachten und andere neue Feindbilder im „Kampf der Kulturen" entstehen sahen, führte die intellektuelle Mischung aus Zukunftsangst, Selbstzweifel und Vergangenheitsbewältigung zu einer Bereitschaft, sich auf grundsätzliche Wertedebatten einzulassen, die Oswald Spengler alle Ehre gemacht hätte.

Diese westliche Konjunktur wurde durch regionale Auslöser in Asien aufgenommen und verstärkt. Mit Hongkong 1997 und Macao 1999 endete formal die Phase europäischer Kolonialherrschaften in Asien. Hinzu kam damals für eine ganze Reihe von Ländern der Region die Erfahrung erfolgreicher nachholender Entwicklung, gepaart mit wachsendem Selbstbewusstsein und ebenfalls wachsenden anti-westlichen Ressentiments. Für autokratische Führer in Asien war es buchstäblich eine „Frage der Ehre", nicht just in dem Augenblick, da die historische Phase des westlichen Kolonialismus zu Ende ging, zum Opfer einer neuen, indirekten Form des Kolonialismus wirksamer westlicher Ideen zu werden. Die Abwehr der modernisierungstheoretisch begründeten Erwartung, dass nach erfolgreicher Wirtschaftsentwicklung und entsprechendem sozialen Wandel auch politische Konsequenzen im Sinne westlich demokratischer Ideale anstehen könnten, schuf eine Gegenreaktion, die in Ermangelung brauchbarer politischer Alternativen auf diffuse Wertemuster Bezug nahm. So entstand die Grundfrage, die alle plagte: Wenn das 20. Jahrhundert das Jahrhundert Europas war, wird das 21. Jahrhundert dann das Jahrhundert Asiens werden? Und würden die grundsätzlichen Werte, die diesem Jahrhundert ihre Prägung gäben, vielleicht – wie auch immer definiert – „asiatische Werte" sein?

Ausgangspunkt der Debatte um asiatische Werte war insofern ein doppeltes Identitätsproblem. Auf europäischer Seite stellte man sich die Frage, ob nach dem Zusammenbruch des Kommunismus und der Durchsetzung marktwirtschaftlich geprägter Wirtschaftsprinzipien nun auch die Durchsetzung politischer Prinzipien, die westlichen Demokratievorstellungen verpflichtet sind, folgen würde. Und auf asiatischer Seite lautete eine ganz ähnlich gelagerte Frage, ob nach der erfolgreichen ökonomischen Entwicklung in Nachahmung Europas jetzt auch ein Systemwandel, erneut in Nachahmung Europas, folgen müsse oder ob politische Systeme entstehen würden, die als Demokratien typischerweise von „asiatischen Werten" geprägt wären. Es kam zu einem akademisch-politischen Diskurs um „asiatische

Herausforderungen“ und „asiatische Werte“, der Konjunktur entfaltete, in einer Tradition, deren intellektuelle Dimensionen von Oswald Spenglers „Niedergang des Abendlandes“ bis zu Paul Kennedys „Aufstieg und Fall großer Nationen“ reichen.

Reagieren kann man auf solche Konjunktur immer zweifach. Man kann sich darauf einlassen und mitdiskutieren oder aber versuchen, die Debatte „gegen den Strich zu bürsten“, um dann vielleicht zu sehen, „was dran ist“. Letzteres soll im Folgenden versucht werden.

Womöglich sollte an dieser Stelle zunächst an das viel zitierte Märchen Paul Krugmanns erinnert werden, das uns vergegenwärtigt, wie wir einst Bedrohung durch die ökonomische Entwicklung in den sozialistischen Ländern Mittel- und Osteuropas wahrgenommen haben. Enorme quantitative Wachstumsraten östlicher Ökonomien beeindruckten den Westen. Wachsende technologische Herausforderungen führten fast zwangsläufig zu einer Infragestellung westlicher Werte. Die Behauptung, autoritär gelenkte Systeme mit geplanter Wirtschaft und einer auf Gemeinschafts- statt Individualinteressen ausgerichteten Gesellschaftsordnung seien langfristig den chaotischen westlichen Systemen überlegen, schien schwer zu widerlegen, und westliche Intellektuelle teilten diese Position bereitwillig und mit heute vergessener oder verschwiegener Begeisterung.

Ob aus europäischer oder aus asiatischer Perspektive, das gemeinsame Problem ist die Wahrnehmung vom Umgang mit einer veränderten Welt. Den westlichen Grundpositionen setzten asiatische Teilnehmer an der Debatte drei Gegenpositionen entgegen:

1. Die so genannte Asianismus-Debatte proklamierte die prinzipielle Inkompatibilität von Werten (vgl. Rüland 1996) und verwies auf vermeintlich offensichtliche Unterschiede in den grundlegenden Verhaltensmustern von Asiaten und Europäern. Asiaten hätten eine positivere Einstellung zu Macht, Autorität und Hierarchien. Ordnung und soziale Harmonie seien ihnen wichtiger als Pluralismus; Menschenrechte könnten folglich nicht universell, sondern nur kultur- und entwicklungsabhängig verstanden werden. Universalistische und instrumentelle Positionen prallten aufeinander; Vertreter des Asianismus wollten individuelle Freiheit nur als Voraussetzung für funktionierende Marktwirtschaften, nicht aber für demokratisierte politische Ordnungen zulassen.

2. Die Ishihara/Mahathir-Debatte, benannt nach ihren beiden zentralen Protagonisten, versuchte, den Spieß umzudrehen und aktiv zur Selbstlegitimation beizutragen, indem zwei politische Führer den entstandenen Diskurs zur politischen Rechtfertigung autokratischer Herrschaftsformen nutzten (Mahathir/Ishihara 1995). Mit einseitigem Blick auf die Schattenseiten westlicher Gesellschaften wurde deren Vorbildcharakter für Asien prinzipiell in Frage gestellt.

3. Lee Kuan Yews Konzept der „well-ordered society“ ergänzte diese kritischen Positionen mit einem Ordnungsmodell, in dem jeder ein Maximum an Freiheit genießen kann, aber nur in einem geordneten Staat, nicht im Zustand von Streit und Anarchie. Nach Lees Auffassung soll auf der kollektiv-politischen Ebene ein

autokratisches System existieren, das auf individueller Ebene bestimmte Freiheits- und Bürgerrechte (insbesondere Eigentumsrechte und Rechtssicherheit) als Voraussetzung für ökonomischen Wohlstand garantiert. Hier präsentiert sich ein von europäischen Wertemustern deutlich unterschiedenes Staatsverständnis: Politisch verhält sich die Herrschaftselite als *Monopolist,* der umfassende Machtansprüche stellt und keine legitime Opposition als Konkurrenz duldet. Gesellschaftspolitisch agiert sie als *Kontrolleur*, der unerwünschte und dem wirtschaftlichen Entwicklungsprozess abträgliche Spannungen kanalisiert und notfalls unterdrückt, während sie sich im Bereich der Wirtschaft als *Katalysator* versteht und die Aufgabe übernimmt, möglichst optimale Rahmenbedingungen für ansonsten nicht staatlich reglementiertes Wirtschaftsverhalten zu entwerfen (Sandschneider 1991).

Im Westen wurden diese asiatischen Positionen ergänzt durch Verbreitung von Allgemeinplätzen im grundsätzlichen Verständnis asiatischer Politik (vgl. Langguth 1996: 329f.). Suche nach Identitäten erfolgt nicht durch Untersuchung im Detail, sondern als Verallgemeinerung und Pauschalierung. Statt um Analyse geht es häufig um Politisierung von Symbolen, auch um Spielen auf der Klaviatur von Vorurteilen. So wird dabei z. B. gern auf Unterschiede politischer Kultur und insbesondere auf die spezifische Rolle von Religionen verwiesen. Während die Frage, was eigentlich „europäische Werte“ seien, mit dem Hinweis auf die „Bestandselemente der jüdisch-mediterran-christlichen Religion“ beantwortet werden konnte (vgl. Mols/Derichs 1995), gehört die Region, über die wir reden, zu den kulturell vielfältigsten der Erde. Was also sind überhaupt asiatische Werte? Die Vielfalt asiatischer Wertemuster wird schon beim einfachen Blick auf den Kontinent sichtbar: Hinduismus (Indien, Nepal, starke Minderheit in Indonesien), Islam (Südwestasien, Indonesien, Bangladesh, Malaysia), Buddhismus (Staatsreligion in Thailand und Bhutan, Mehrheitsreligion in Birma, Laos, Kambodscha, Sri Lanka) und Lamaismus (Tibet, Mongolei) existieren nebeneinander, spielen in unterschiedlichen Ländern jeweils spezifische Rollen und sind alles in Allem zu diffus, um als kulturelle Grundlage ausgeprägter und verlässlich wirkender „asiatischer Werte“ dienen zu können. Auf die drei zentralen Länder Ostasiens bezogen heißt das z. B.: In China finden wir ein Nebeneinander von traditionellem Volksglauben, Daoismus, Buddhismus, Konfuzianismus und Christentum, in Japan ein Nebeneinander von Buddhismus und Shintoismus, in Korea ein Nebeneinander von Buddhismus, Konfuzianismus und Christentum. Ohne dies hier zu vertiefen, sollte einleuchten, dass Pauschalurteile über Asien bei solchen vielfältigen Differenzierungen nur Fehlurteile sein können. Wertediskussionen allein auf Konfuzianismus und die ihm innewohnende Hierarchisierung der Gesellschaft zu beschränken, wie es oft geschieht, ist bestenfalls eine Übersimplifizierung.

Ähnliches gilt aber auch für Pauschalierungen zu Europa – mit dem Unterschied, dass uns hier aus eigener Betroffenheit manches schneller auffällt. Das neue asiatische Selbstbewusstsein und die Kritik an europäischen Werten können sich ebenfalls zu einem Gemisch aus oberflächlichen Betrachtungen verbinden, die einem sinnvollen Austausch von Ideen eher abträglich sind. Insbesondere der

Ministerpräsident Malaysias kommt zu Urteilen über „den Westen“, die einer detaillierten Betrachtung kaum standhalten. Seine vier Hauptkritikpunkte lassen sich wie folgt zusammenfassen (vgl. Mahathir/Ishihara 1995: 77-80):

1. Der Westen sei aggressiv, denn er habe „eine lange Geschichte aggressiver Kriege in einer anhaltenden Kampagne zur Verwestlichung der Welt geführt“. Kein Land des Ostens habe jemals ein anderes angegriffen, um ihm seine Werte zu oktroyieren.

2. Der Westen sei missionarisch, ein Vorwurf, der sich insbesondere gegen das Christentum richtet. Die Europäer hätten Missionare in die Länder des Pazifik geschickt, „um die Menschen zum Christentum zu bekehren und zu zivilisieren. Dies war natürlich lächerlich, weil wir schon Jahrhunderte vor Europa eine fortgeschrittene Zivilisation hatten“. Nie habe ein Europäer sich veranlasst gesehen, zu östlichen Religionen zu konvertieren, wenn er in den Genuss der Früchte östlicher Zivilisation kam.

3. Der Westen sei arrogant; der wichtigste Faktor, der zum Niedergang des westlichen Modernismus beitrage, sei die Arroganz, mit der mächtige Staaten des Westens kleinere und schwächere Nationen zwingen, sich ihrem Willen zu beugen.

4. Der Westen sei dekadent und hedonistisch: „Materialismus, Befriedigung der Sinne und Selbstsucht grassieren. Die Gemeinschaft ist vor dem Individuum und seinen Begehrlichkeiten in den Hintergrund getreten. Die unvermeidliche Konsequenz sind der Zusammenbruch etablierter Institutionen und abnehmender Respekt gegenüber Heirat, familiären Werten und alten Menschen, aber auch gegenüber wichtigen Bräuchen, Konventionen und Traditionen. Sie wurden ersetzt durch ein neues Bündel von Werten, die auf der Ablehnung all dessen beruhen, was sich auf den Glauben an geistige Werte und Gemeinschaftsleben bezieht. Daher sind westliche Gesellschaften durchsetzt von Phänomenen wie allein erziehenden Eltern und der Förderung von Inzest, von Homosexualität, von unverheiratetem Zusammenleben, von unbegrenzter Habgier, von Mißachtung für Mitmenschen und natürlich von der Ablehnung religiöser Lehren und Werte.“

Auch in Asien selbst regt sich gegen solches Pauschalurteil Widerspruch. Der koreanische Politiker Kim Dae Jung stellt (1994) in einer Erwiderung an Lee und Mahathir lapidar fest: „Culture is not necessarily our destiny. Democracy is.“

Als Konsequenz der bisherigen Überlegungen möchte ich – sicherlich nicht ganz ohne die Absicht, selbst zu provozieren – folgende sechs Thesen vertreten:

These 1: Es gibt keine „asiatischen Werte“ an sich, sondern nur pauschalierte und politisierte Wahrnehmungen des Westens, die zwangsläufig Fehlwahrnehmungen sind.

Nehmen wir z. B. das häufige Argument, Menschen in Asien seien im Vergleich zu Europäern weniger individuell und mehr gemeinschaftsorientiert. In der Geschichte politischer Ideen in Europa steht genau diese Frage, das Wechselverhältnis zwischen Individuum und Gesellschaft, im Mittelpunkt einer bis in die Antike zurückreichenden Debatte. Vielleicht wurden in Europa und Asien unterschiedliche Antworten auf dieselbe Frage gefunden, aber auch der Westen ist fähig zur Gemeinschafts- und Identitätsbildung, wie auch jüngere Debatten von Pluralismus über Kommunitarismus bis zu Zivilgesellschaft belegen. Umgekehrt sind die obligaten Hinweise auf den Konfuzianismus in Asien alles in Allem höchst fraglich. Konfuzianismus, heißt es, fördere in der Primärsozialisation paternalistische Macht- und Autoritätsvorstellungen und übertrage die Familie als organisatorisches Prinzip auf den Staat (Rüland 1996: 63f.). Aber Konfuzianismus ist längst nicht in allen asiatischen Gesellschaften Grundlage gesellschaftspolitischer Vorstellungen und war überdies immer eine Ideologie der herrschenden Klasse. Auch in Asien lassen sich nach Untersuchungen Trends beobachten, die von einer Auflösung der Großfamilie bis zum Übergang von traditionellen zu eher modernen Formen der Interessenvermittlung reichen (Medienpolitik; Demonstrationen wie die der koreanischen Gewerkschaften oder Studenten; vgl. ebd.) Die aus Europa bekannten Konsequenzen erfolgreicher ökonomischer Modernisierung sind längst in den fortgeschritteneren Gesellschaften Asiens auch erkennbar. Sie lassen sich in Schlagworte fassen wie Präferenz für Kleinfamilie, Entwicklung neuer Lebensstile – und eben Individualisierung, nicht zuletzt als Folge wachsender Arbeitsmigration.

These 2: Auch Asiaten sind Individuen mit ureigenen persönlichen Bedürfnissen, mit Zielen und Wünschen, mit Hoffnungen und Enttäuschungen etc.

Sie sind allerdings unterschiedlich sozialisiert. Gerade diese Sozialisierungsmuster lösen sich jedoch als Folge von Globalisierung auf. Die Globalisierung von Wissen und Erfahrung trägt maßgeblich dazu bei, dass der Fundus an Einstellungen und Werten zunimmt, die Grenzen von Nationalstaaten und Regionen, aber auch kulturelle Verwerfungslinien überschreiten. Die Verbreitung politischer Ideen und gesellschaftlicher Organisationsmuster wird – wie sich auch in der Geschichte der Entstehung europäischer Werte zeigt – dem Kriterium des mittlerweile globalisierten Wettbewerbs folgen. Für kein Wertesystem wird es hier eine Ausnahme geben, schon gar nicht für die Idee der Menschenrechte und der Demokratie.

These 3: Für die asiatischen Protagonisten der Wertedebatte stehen politische Motive der Identitätssuche und die Legitimierung ihres Unwillens zu politischen Reformen im Vordergrund ihrer Überlegungen.

Mir scheint, dass sich in den erwähnten Äußerungen von Mahathir, Lee Kuan Yew und anderen weniger ein neues asiatisches Selbstbewusstsein als die Ablehnung westlicher Demokratievorstellungen zugunsten östlicher Autokratiekonzepte dokumentiert. Zurecht schreibt Petra Kolonko (1996): „Nicht nur Oppositionelle haben in den asiatischen Ländern daher die asiatische Wertedebatte einiger Regierungen längst als das durchschaut, was sie ist: ein Versuch, undemokratische Herrschaft unter Hinweis auf Kultur und Geschichte zu rechtfertigen. Wenn der malayische Ministerpräsident Mahathir und Singapurs Lee Kuan Yew argumentieren, die Asiaten seien gemeinschaftsorientiert und nicht individualistisch, so fordern sie damit von ihren Bürgern, sich Gemeinschaftsinteressen unterzuordnen, die von den wohlwollenden Herrschern definiert werden."

These 4: Es gibt (zumindest derzeit noch) keinen „Zusammenprall der Zivilisationen". Die eigentliche Herausforderung der Gegenwart besteht nicht in einem kul-

turellen oder religiösen Wertekonflikt mit kriegerischen Konsequenzen, sondern in einer Mischung aus unterschiedlichen Konflikttypen, von denen ökonomische Verteilungskonflikte zunehmend an Bedeutung gewinnen.

Auch nach dem Ende des Ost-West-Konflikts, wie schon in den drei Jahrzehnten zuvor, hat Samuel Huntington es wieder einmal verstanden, sein Talent als Großmeister der Schaffung eingängiger Begriffe zu beweisen. In der Zeitschrift Foreign Affairs 73/1992 angedacht und in Anbetracht der Resonanz zügig als Buch-Verkaufsschlager ausgebreitet, verkündet er nach dem Kampf der Weltanschauungen im Ost-West-Konflikt jetzt den „Kampf der Kulturen“: Angenommene Konflikte zwischen sieben großen Kulturen/Zivilisationen (chinesische, japanische, hinduistische, islamische, westliche, lateinamerikanische und afrikanische) als neues Strukturelement der internationalen Politik. Unverkennbar machen Überschneidungen deutliche Abgrenzungen schwierig, Pauschalierungen erleichtern auch hier die Feindbildungsmuster (the West against the Rest) und empirische Belege (Golfkrieg, Bosnien). Statt Analyse gibt es Horrorgemälde à la Hollywood, die dazu tendieren, die wirklichen Vorgänge samt ihren Urhebern direkt auf den Kopf zu stellen, wie ein Interview Huntingtons, gegeben auf einer der vielen Marketingreisen für sein Buch, im Spiegel (48/1996: 178ff.) gezeigt hat:

„Spiegel: (...) Ein wirtschaftlich und militärisch immer selbstbewußteres China greift beim Streit um die riesigen Ölfelder vor den Küsten seinen Nachbarn Vietnam an. Hanoi bittet Washington um Hilfe, und einer der wenigen in der Region verbliebenen amerikanischen Flugzeugträger-Verbände läuft zum Vergeltungsschlag aus (...)

Huntington: (...) aber Japan untersagt den USA die Benutzung der Stützpunkte in Fernost, erklärt seine Neutralität. Pekings U-Boote fügen unseren Schiffen schwere Schäden zu. Zunächst bleibt in meinem Szenario der Konflikt begrenzt. (...) Nicht unser Krieg, sagt die öffentliche Meinung in der Heimat. Die Schwäche des Westens beginnt Auswirkungen auf die größeren Staaten anderer Kulturkreise zu haben. Indien nutzt die Verwicklung der großen Mächte zu einem Angriff auf den Erzfeind Pakistan aus. In den moslemischen Gesellschaften schwappt eine anti-westliche Flutwelle hoch, die noch verbliebenen gemäßigten arabischen Regierungen werden von Fundamentalisten gestürzt.

Es beginnt ein massiver Angriff auf Israel. Washington hat sich unterdessen verzweifelt bemüht, Rußland in die NATO zu integrieren und die europäischen Verbündeten aufzurütteln: diese bieten zwar diplomatischen und wirtschaftlichen Beistand an, zögern aber, sich militärisch zu engagieren. Japan gibt daraufhin seine Neutralität auf und schlägt sich im Fernen Osten auf die Seite Pekings. (...)

China und sein moslemischer Hauptverbündeter Iran schaffen heimlich Nuklearraketen nach Bosnien und Algerien, um die Europäer einzuschüchtern. Die Serben spielen sich, ganz in ihrer Tradition, als Verteidiger des Christentums auf und marschieren auf eigene Faust in Sarajewo ein, wo sie einen Teil der Raketen erbeuten. Und dann explodiert als Vergeltung dafür die erste Atombombe in Europa – über der französischen Hafenstadt Marseille, abgefeuert von Algerien.“

Tatsächlich wird die internationale Politik zu Beginn des dritten Jahrtausends geprägt durch eine Mischung unterschiedlicher Konflikttypen: Klassische Machtkonflikte, Wirtschaftskonflikte, ökologische Konflikte und Verteilungskonflikte mischen sich mit interkulturellen Konflikten (Zürn/Brozus 1996). Dabei werden tendenziell Konflikte innerhalb der Gesellschaften und transnationale Konflikte eher zunehmen als interkulturelle.

These 5: Es gibt auch kein „Ende der Geschichte". Die Demokratie als Regierungsform, wie sie in westlichen Repräsentativsystemen als Ergebnis eines langen historischen Prozesses entstanden ist, muss sich auch in Zukunft (wie schon in der Phase des Ost-West-Konfliktes) im globalen Vergleich an ihrer Effizienz und Problemlösungsfähigkeit messen lassen.

Im Sommer 1989 schrieb Francis Fukuyama, damals stellvertretender Direktor des Planungsstabes im US-Außenministerium, einen Artikel in der Zeitschrift *The National Interest*, in dem er die, anschließend wie im Fall Huntingtons auf Buchlänge ausgedehnte, These vertrat, dass mit der liberalen Demokratie und ihrem „Sieg" über den Kommunismus die Entwicklung der Organisation menschlichen Zusammenlebens an einem Endpunkt angekommen sei. Das „Ende der Geschichte" sieht er dadurch dokumentiert, dass sich keine bessere Gesellschaftsform mehr realisieren lasse. Mittlerweile hat sich, gerade auch durch die Erfahrungen in den Transformationsgesellschaften Mittel- und Osteuropas, die Erkenntnis durchgesetzt, dass es keinen geschichtsnotwendigen Determinismus hin zur westlichen Demokratie gibt, wenn sich diese Demokratien nicht langfristig als fähig erweisen, interne Problemlösungskapazitäten aufzubringen. Im Vergleich mit kommunistischen Systemen haben sie dieser Herausforderung über fast ein halbes Jahrhundert standgehalten. Sie werden es auch weiterhin – nach innen wie nach außen – tun müssen, wenn sie stabil bleiben wollen. Erste Anzeichen der Degeneration junger Demokratien, im Sinne von Herausbildung defekter Strukturen, legen diesen Schluss nachdrücklich nahe. Das vermeintliche Ende der Geschichte ist wohl eher eine unendliche Geschichte.

Schließlich gilt es mit Blick auf die großen Entwicklungslinien internationaler Politik eine veränderte Rolle von Nationalstaaten als „historische Beschützer der Demokratie" (Langguth 1996: 338) festzustellen. Dabei ist eine gegenläufige Tendenz zu beobachten: Während in Europa ein verbreitetes Bestreben hervortritt, notwendige internationale Kooperation zu institutionalisieren und in wichtigen Bereichen auf supranationaler Ebene zu regeln, gehen in Asien die Uhren noch deutlich anders. Grundlage jeder Form zwischenstaatlicher Kooperation ist hier noch eindeutig nationalstaatliche Souveränität. Die bestehenden Integrationsbemühungen, wie etwa die ASEAN, bleiben intergouvernemental und frei von jeglichen Aspekten teilweiser Souveränitätsabgabe der Nationalstaaten.

These 6: Für Europa gibt es keine spezifisch „asiatische", wohl aber eine globale Herausforderung.

Stehen wir unter Globalisierungsaspekten in der internationalen Politik vor einer Ablösung des Primats der Politik durch ein Primat der Ökonomie? Die Globalisierung von Märkten, Produkten, Dienstleistungen, Kenntnissen und Informationen schreitet unaufhaltsam voran. Im Zeichen der Globalisierung bleibt „Kultur" also vielleicht nur eine Residualkomponente der Analyse?

Zusammenfassend lässt sich feststellen: Die Debatte um „asiatische Werte" ist letztlich nur eine Scheindebatte um unterschiedliche Traditionen zum Zwecke der Instrumentalisierung politischer Symbolik. Als „Wertedebatte" kaschiert, dient sie primär der Politisierung von Identitäten. Thesen, auf die sie sich stützt, beruhen auf bewussten Vereinfachungen oder unbewussten Fehlwahrnehmungen. Sie sind als konjunkturelles Phänomen selbst längst politischer Mythos. Sie sollen Angst machen vor dem Anderen und Identität stiften durch Abgrenzung von dem Anderen. So gesehen ist die „Wertedebatte" nicht nur eine Verständigung mit Asien, sondern auch eine Verständigung mit uns selbst und unserer Wahrnehmung von Politik in Zeiten politischer Umbrüche. Gerade westliche Intellektuelle wären in einer solchen Situation gefordert, nicht auf jeden Diskussionszug begeistert aufzuspringen, der von (Loko)Motiven gezogen wird, deren politische Ziele allzu offensichtlich sind.

Literatur

Kim Dae Jung 1994: Is Culture Destiny? The Myth of Asia's Anti-democratic Values, in: *Foreign Affairs* 73.6, S. 189-194

Kolonko, Petra 1996: Asiens Werte, in: *FAZ*, 9.9.

Krugmann, Paul 1994: The Myth of Asia's Miracle, in: *Foreign Affairs* 73.6, S. 62-78

Langguth, Gerd 1996: Beginnt das „pazifische Jahrhundert"?, in: *Außenpolitik* 4, S. 326-338

Mahathir, Mohamad/Ishihara, Shintaro 1995: *The Voice of Asia. Two Leaders discuss the Coming Century*, Tokyo: Kodansha

Manning, Robert A./Stern, Paula 1994: The Myth of the Pacific Community, in: *Foreign Affairs* 73.6, S. 79-93

Mols, Manfred/Derichs, Claudia 1995: Das Ende der Geschichte oder ein Zusammenstoß der Zivilisationen?, in: *Zeitschrift für Politik* 42.3, S. 225-249

Rüland, Jürgen 1996: Keine Chance für Demokratie in Asien? Anmerkungen zur west-östlichen Wertedebatte, in: *Welttrends* 12, S. 53-80

Sandschneider, Eberhard 1991: Modellfall oder Sonderweg? Strategische Erfolgsfaktoren in den Entwicklungskonzeptionen ostasiatischer Industrieländer, in: Gormsen, Erdmann/Thimm, Andreas (Hg.): *Entwicklungskonzeptionen im Vergleich*, Mainz: Serie Universität

Zürn, Michael/Brozus, Lars 1996: Kulturelle Konfliktlinien. Ersatz für den Kalten Krieg?, in: *Internationale Politik* 12, S. 45-54

Qigong und Politik in China

Ding Ding

Die sozialwissenschaftliche Chinaforschung befasst sich seit den neunziger Jahren mit der gesellschaftlichen Selbstorganisierung im Kontext von politischem Systemwandel. Unterschieden wurde zwischen Organisationen mit westlichen und solchen mit chinesischen traditionellen Werten. Oppositionelle und Menschenrechtsgruppen, autonome Arbeiter- oder Studentengewerkschaften galten als westlich orientierte potenzielle Demokratisierungskräfte, Organisationen traditioneller Orientierung dagegen fanden kaum Beachtung (vgl. He 1997: 4f.; Howell 1998: 73-79; Ochsenburg 2001: 27f.). Diese Sicht vereinfacht Demokratisierung zur kausalen Folge politischer Konkurrenz zwischen autoritärer Herrschafts- und prodemokratischer Gegenelite. Sie übersieht die Komplexität der Selbstorganisierungstendenz der chinesischen Gesellschaft im Transformationsprozess und kann zum Beispiel nicht erklären, warum Meditationsgruppen mit eindeutig traditioneller Wertorientierung wie Falun Gong als größte Herausforderung für das autoritäre Regime gelten können. Ich meine, dass zwischen den Organisationen mit unterschiedlichen Werten keine starre Schranke besteht, weil 1) unter einer Diktatur politische Interessen nicht offen vertreten werden können und deshalb häufig taktisch getarnt werden müssen, und 2) die Grenze zwischen politischen und unpolitischen Organisationen fließend ist. Unpolitische Gruppen können unter Druck oppositionellen Charakter annehmen und im Prozess des Systemwandels eine wichtige Rolle spielen. So die in China relativ neue spirituelle Bewegung. Sie gilt weithin als Randphänomen und wird bisher außer journalistisch kaum zum Thema. Eine Analyse dieser Erscheinung hilft jedoch, den tiefgreifenden Wandel des Verhältnisses zwischen Gesellschaft und Regime in China zu erfassen.

Qigong und spirituelle Bewegung

Die spirituelle Bewegung in China lässt sich nicht erklären, ohne Qigong zu verstehen. Qigong (Qi: übersetzt als Energie, Gong: Kultivierung) ist eine Bezeichnung für meditative Methoden, die durch körperliche Übungen (bestimmte Sitz- und Gehweisen, Atemkontrolle, Konzentration auf ein Objekt oder auf das reine „leere“ Subjekt) mittels leiblich-psychisch-geistiger Harmonisierung auf die Sammlung der geistig-emotionalen Kräfte zielen (Schütz Hg. 1992: 866f.). Qigong wird in China seit mehr als 3000 Jahren schriftlich tradiert. Nach gegenwärtigem Stand ist die Rede von über 2.400 Schulen. Davon sind etwa 500 Schulen bekannt und über 200 öffentlich verbreitet (nach der Teilnahme an der Qigong-Messe 1997; vgl. Jing/Ai 1998: 431ff.). Viele Schulen stehen in engem Zusammenhang mit Religionen, weil sie im Lauf ihrer Entwicklung von Daoismus und Buddhismus absorbiert oder geprägt worden sind (Zhang 1989: 15-18). Nach dem Merkmal Religiosität lassen sie sich in zwei Gruppen unterteilen. Die mit geringer oder ohne religiöse Prägung sind Qigong im eigentlichen Sinn des Wortes. Sie haben zum Ziel, Selbstheilungskräfte zu aktivieren, um Krankheiten vorzubeugen oder zu heilen und Langlebigkeit zu erreichen. Nach ihrer Zielrichtung unterscheiden sie sich kaum von anderen Leibesübungen zur Gesundheitspflege.

Schulen mit religiöser Orientierung beschränken sich darauf nicht. Sie legen Wert auf Spiritualität und wollen durch xiulian (spirituelle Übungen) höheres Bewusstsein erlangen (Oguchi 1973: 358ff.). Buddhistische Schulen zum Beispiel suchen Erleuchtung zwecks Eingehen in das nirvana (den Zustand glückseliger Leere). Manche Schulen speisen sich aus einer Mischung der Lehren beider Religionen. Gleich welcher Orientierung, enthalten sie das eigentliche religiöse Element Ehrfurcht vor dem Heiligen. Sie sind jedoch nicht Religion im engeren Sinn, weil vornehmlich Sache des Individuums (Heiler 1999: 18). Ihr Ziel ist nicht primär gesellschaftliche Veränderung, sondern Veränderung des Einzelnen. Sofern sie auch gesellschaftlichen Wandel anstreben, auf gesamtgesellschaftlicher Ebene agieren, soziale und politische Konfliktbereitschaft aufweisen, können sie als neue religiöse oder spirituelle Bewegung bezeichnet werden.

Von *Qigong* zur spirituellen Bewegung

Ob spirituelle Bewegung in einem diktatorischen Regime bekämpft oder geduldet wird, hängt vom Charakter des Regimes ab. Während totalitäre Regime durch systematische und massive Gewaltanwendung jegliche oppositionelle Bestrebung einschließlich abweichender Meinungen beseitigen wollen, dulden autoritäre Regime Handlungen, die den Bestand und die Lebensfähigkeit des Regimes nicht direkt bedrohen (Linz 2000). Das kommunistische Regime in China hat unterschiedliche Entwicklungsphasen durchlaufen. Während gesellschaftliche Selbstorganisation in der Mao-Ära entschieden verfolgt wurde, konnte sie mit der Aufweichung des Regimes in den achtziger und neunziger Jahren immer mehr Spielraum gewinnen (vgl. Ding 2000: 31f.). Das Entstehen der spirituellen Bewegung ist daher als eine direkte Folge des Regimewandels zu sehen.

Gegenüber religiösen und spirituellen Bewegungen verfolgt das Regime in China von Anfang an eine repressive Politik, bedingt durch seine ideologische, historische und machtpolitische Religionsfeindlichkeit: 1) Entscheidend ist die atheistische und antireligiöse marxistisch-leninistische Ideologie als Leitideologie der Kommunistischen Partei Chinas (KPCh). Marxismus gilt als die einzige „Wissenschaft“, die zur Erkenntnis der „Wahrheit“ befähigt. Sie verwirft alle konkurrierenden Weltanschauungen und mit ihnen die Religionen als unwissenschaftliches falsches Bewusstsein. Als Hauptgrund für die Existenz von Religion gilt Unkenntnis der Gesetze von Natur und Gesellschaft. Auf diesem Ansatz beruht das antireligiöse bzw. atheistische Verständnis von Gewissensfreiheit. Das Regime hält es für seine historische Pflicht, das Bewusstsein des Volkes vom religiösen Spuk zu befreien. 2) Aufgrund der Geschichte Chinas hegt das Regime großes Misstrauen gegenüber Religionen oder religiösen Bewegungen. 3) Um sein Machtmonopol zu sichern, sieht das Regime jede autonome gesellschaftliche Organisation als Bedrohung. Es kommt jedoch auf die jeweilige Parteiführung an, ob man das Endziel der Abschaffung jeglicher Religion im Auge hat und sie mit Zwangsmaßnahmen unterdrückt oder sie duldet und auf natürliche Weise absterben lässt.

Von Mitte der fünfziger bis zu den späten siebziger Jahren zielte das Regime auf umfassende und tiefgreifende politische Durchdringung und Beherrschung der Gesellschaft und des menschlichen Lebens. Spirituelle Bewegung hatte kaum eine Möglichkeit zu existieren. Bis Mitte der sechziger Jahre war zwar erlaubt, Qigong zu üben oder als Ergänzung zur traditionellen chinesischen Medizin zu verwenden, seine spirituelle Seite jedoch wurde als Aberglaube bekämpft. Nur als Technik der Gesundheitspflege verstanden, konnte es auch von führenden Partei- und Regierungsfunktionären wie dem Staatspräsidenten Liu Shaoqi, dem Vizepremier und Außenminister Chen Yi, Marschall Ye Jianying, Vizepremier Wang Renzhong und anderen praktiziert werden (Jin 2001).[1] Während der Kulturrevolution 1966 bis 1976 wurde diese meditative Technik als feudales Überbleibsel verboten. Qigong-Meister wurden wie Klassenfeinde verfolgt und kritisiert. Nur heimlich unter vier Augen konnten die Meditationsmethoden von ihren Anhängern weitergegeben werden.

Mit der „Reform- und Öffnungspolitik" seit Ende der siebziger Jahre lockerte das Regime seine politische Kontrolle. Es verzichtete auf gesellschaftliche Umwälzung und räumte den Bürgern gewisse Freiheiten in privater Sphäre ein. Qigong wurde wegen seiner prophylaktischen und Heilwirkung sofort zum beliebten Massensport. Unter dem damaligen liberalen Führer Hu Yaobang wurde es sogar gefördert. Als Ablenkung der Bevölkerung von den traumatischen Erfahrungen der Kulturrevolution hatte Qigong für die Parteiführung auch eine systemstabilisierende Funktion. Es trug dazu bei, auf individueller Ebene innere Spannungen abzubauen und damit auf kollektiver Ebene das Konfliktpotenzial zu vermindern. 1979 erklärten der damalige Vizepräsident des Nationalen Volkskongresses, Tan Zhenlin, und Vizepremier Fang Yi ihre volle Unterstützung für Qigong-Forschung (Lin 2001).[2] Renommierte Wissenschaftler wie Qian Xuesen, der in den USA ausgebildete Atomphysiker und Vater der chinesischen Atombombe, sahen in Qigong-Forschung einen Weg zur wissenschaftlichen Revolution im 21. Jahrhundert (Lin 2001: 431f.). Forschungsinstitute und Universitäten wie die Akademie für Naturwissenschaften, die Beijing- und die Qinghua Universität arbeiteten mit Qigong-Meistern zusammen, um das Geheimnis der Qi wissenschaftlich zu klären

1 Ein aktiver Förderer war Liu Guizhen. Als revolutionärer Veteran setzte er sich aufgrund seiner eigenen positiven Erfahrungen mit *Qigong* für medizinische Nutzung dieser Methode ein. Unterstützt vom damaligen Gesundheitsministeriums gründete er die erste *Qigong*-Kurklinik im Kurort Beidaihe und praktizierte *Qigong* als Therapietechnik für Funktionäre (Qigong Jingxuan 1982: 25).

2 1979 wurde zum ersten Mal ein Experiment mit dem „Wunderknaben" Tang Yu in der Provinz Sichuan von deren damaligem Parteisekretär Yang Chao unterstützt (*Sichuan Ribao* [Sichuan-Tageszeitung], 11.3.1979).

(Jing/Ai 1998: 498). So war Qigong nicht nur bei den großen Massen beliebt, sondern auch bei den Eliten. Die revolutionären Veteranen galten als Schutzherren für Qigong-Meister. Sie hofften auf Wundermittel für ihre angeschlagene Gesundheit. Bekannte Qigong-Meister mit übermenschlichen Fähigkeiten wie Yan Xin oder Zhang Baosheng standen unter dem Schutz der Sicherheitsbehörden. Auf ihren Tourneen waren sie Gäste von hohen Militärs, Ministern und Gouverneuren (Jing/Ai 1998: 498-508). Selbst Spitzenpolitiker wie Deng Xiaoping oder Chen Yun ließen sich in ihren letzten Lebensjahren von Qigong-Meistern behandeln.[3]

In den achtziger Jahren gab es kaum ein Partei-, Regierungs- oder Militärorgan auf zentraler und regionaler Ebene, das keinen Qigong-Meister zum Vortrag eingeladen hätte. Zu den aktivsten gehörten die Zentrale Parteihochschule des Zentralkomitees der KPCh, eine Kaderschmiede für hohe Partei- und Regierungsfunktionen, und das Ministerium für Öffentliche Sicherheit. Von 1987 bis 1992 wurden allein von der Zhonghua Yangsheng Yizhi Gong (Chinesische Gong für Gesundheitspflege und Weisheitsförderung, Kurzbezeichnung: Zhonggong, ZG) in Beijing über 50 Intensivkurse mit mehr als 2.000 Teilnehmern organisiert. Zu den Veranstaltern gehörten weiter der Oberste Gerichtshof, die Akademie für Naturwissenschaften, die Akademie für Gesellschaftswissenschaften und fast alle Hochschulen (Qigong yu 1992: 41).

Förderung durch die Eliten und offizielle Propagierung brachten Qigong eine rasche Entwicklung. Nach offizieller Einschätzung gab es bis Ende der achtziger Jahre im ganzen Land über 60 Millionen Qigong-Anhänger. Bemerkenswert ist die organisatorische Entwicklung der Qigong-Schulen. Zahlreiche Vereine und Forschungsgesellschaften für Qigong wurden ins Leben gerufen. Als gesellschaftliche Selbstorganisation standen sie jedoch in einem engen Verflechtungsverhältnis zum Staat. Ihre Leitungsfunktionen waren häufig von aktiven oder pensionierten Partei- und Staatsfunktionären besetzt. Die Forschungsgesellschaft für Yan Xin-Qigong z. B. wird von Wang Fang, dem ehemaligen Minister für Öffentliche Sicherheit, als Generalsekretär geleitet. Engagierte Partei- und Regierungsfunktionäre konnten persönlich von der Heilungskraft der Qigong-Meister profitieren. Als Dachorganisation der Qigong-Gruppierungen galt die „Chinesische Qigong-Forschungsgesellschaft“ (Zhongguo Qigong yanjiu hui), die zugleich als staatliches Kontrollorgan fungiert. Diese halboffizielle Organisation förderte aber lange Zeit aktiv die Entwicklung von Qigong. Ihr langjähriger Generalsekretär, der Vizevorsitzende der Wissenschaftlichen Kommission für Staatsverteidigung, General Zhang Zhenhuan, war ein bekannter Anhänger von Qigong. Nach seinem Tod 1992 bekam auf seine Empfehlung Huang Jinbo, ehemaliger Gouverneur der Provinz Qinghai und ebenfalls Qigong-Anhänger, das Amt.

---

3 Auch der gegenwärtige Staatspräsident und Parteichef Jiang Zemin, der für die Unterdrückung der spirituellen Bewegung in China verantwortlich ist, war einmal von der Wirksamkeit des *Qigong* überzeugt, nachdem er während einer Inspektionsreise in der Provinz Hubei im Jahre 1992 von einer Meisterin der ZG behandelt worden war (*Qilin Wenhua* [Qilin-Kultur], Nr. 2, 1993).

Nach der Niederschlagung der städtischen Protestbewegung 1989 wurde neben Repressalien gegen politische Opposition auch die ideologische und politische Kontrolle über andere gesellschaftliche Gruppen straffer. Qigong-Gruppen, die während der achtziger Jahre große finanzielle und personale Ressourcen angesammelt hatten, weckten das Misstrauen der ‚Falken' in der Partei. Einige Qigong-Meister wie Zhang Xiangyu und Wang Liping wurden verhaftet, andere sahen sich gezwungen, ins Ausland zu emigrieren (Zhonggong pohai). Mit der Wirtschaftsliberalisierung im Jahre 1993 gewann die Entwicklung von Qigong jedoch eine neue Dimension. Es entstand eine spirituelle Bewegung, parallel zur Polarisierung der Gesellschaft in Verlierer und Gewinner. Enttäuscht durch die negativen Erfahrungen von Verteilungsungleichheit, politischer Ungerechtigkeit, sozialer Unsicherheit und zerbrechenden menschlichen Beziehungen suchten viele nach einem Ausweg, um sich vom ‚Leiden' zu befreien oder der Sinnleere zu entgehen (vgl. Ding 2000: 154ff.). Qigong-Gemeinschaften, die Wert auf Spiritualität legen, gelten nicht nur als Ort der Heilung physisch und psychisch Kranker, sondern auch als Zuflucht für Menschen, die ein sinnvolles Leben führen wollen. Sie sind wegen ihrer lockeren Organisierungsform und ihrer praktischen Wirkung attraktiver als die etablierten Religionen. So konnten sie als Ersatzreligion eine große Anhängerschaft gewinnen. Im ganzen Land stieg die Zahl der Qigong Praktizierenden in den neunziger Jahren auf mehr als 200 Millionen.[4] Die zahlreichen Gruppen haben kein gemeinsames Ziel. Ihre Lehren und Übungsmethoden sind ganz unterschiedlich. Gemeinsam ist ihnen nur, dass sie Wert auf Spiritualität legen und durch Übung nicht nur sich selber, sondern auch die Welt verändern wollen.

Von spiritueller Bewegung zur Opposition: Die Beispiele Falun Gong und Zhong Gong

Unter den zahlreichen spirituellen Gruppierungen sind Falun Gong (FLG) und Zhong Gong (ZG) die größten. Beide teilen trotz ihrer unterschiedlichen Orientierung dasselbe Schicksal. Sie werden vom Regime als größte Gefahr bekämpft und leisten den hauptsächlichen Widerstand.

Falun Gong

Die FLG wurde erst im Jahre 1992 von Li Hongzhi gegründet. Dessen Lehre, die sein Hauptwerk Zhuan Falun zusammenfasst, beruht auf buddhistischem und daoistischem Denken (Li 1997).[5] Wie bei anderen buddhistischen Schulen geht es darum, Körper und Geist zu kultivieren, um dem Zwang der Inkarnation zu ent-

4 Zuverlässige Zahlen zu den Gruppen und ihren Mitgliedern lassen sich nicht angeben. Falun Gong z. B. hat nach eigener Angabe in China über 60 Millionen und weltweit über 100 Millionen Anhänger. Der chinesischen Regierung zufolge sind es 2,1 Millionen.

5 Zu den Werken von Li Hongzhi siehe www.falundafa.com oder www.falundafa.de

kommen. Die FLG versteht sich nicht als Religion. Die traditionellen Organisationsstrukturen lehnt sie ab; sie hat keinen Tempel, keine Rituale, keine Rangordnung oder Mitgliedschaft. Ihre Anhänger sehen jeden Ort als geeignet für die Kultivierung an. Kern ihrer zahlreichen Netzwerke auf horizontaler Ebene sind erfahrene Praktizierende, die ehrenamtlich die Anhänger zu gemeinsamen Übungen oder Versammlungen rufen. Kultivierung ist eine individuelle Wahl und zielt auf Veränderung des eigenen Ich. Höchstes Gebot sind die Eigenschaften Wahrhaftigkeit, Barmherzigkeit und Nachsicht.

Die meisten Anhänger von FLG haben positive Erfahrungen gemacht, sei es Heilung von Krankheit oder Entwöhnung von Drogen (Shijie Ribao, 1.3.2001). Ihre Verehrung des FLG-Gründers beruht nicht auf Zwang oder Druck, sondern auf Dankbarkeit von Schüler zu Lehrer (siehe Anm. 5; vgl. Schechter 2000). Die FLG verfolgt weder ökonomische noch politische Interessen. Durch ‚Verzicht auf weltliche Bestrebungen' will der FLG-Gründer der Gruppe ihre Reinheit bewahren. Die hierarchische Organisation und die Geldbeschaffung der etablierten religiösen Gruppen kritisiert er als Ursache für den Niedergang der Religionen. Aus demselben Grund erlaubt er seinen Anhängern nicht, an politischen Aktivitäten teilzunehmen (Li 1997a: 84f.). Eine klassische politische Bewegung oder eine Demokratiegruppe ist die FLG nicht.

Zhong Gong

Die ZG wurde im Jahre 1987 von dem Akademiker Zhang Hongbao gegründet. Wie Li Hongzhi gehört Zhang Hongbao zur Generation der Rotgardisten. Er wurde durch die Kulturrevolution vom Anhänger zum Kritiker des Marxismus. Durch Selbststudium verfügt er über umfangreiche Kenntnisse in verschiedenen Disziplinen der Naturwissenschaft, zu Religionen wie Buddhismus, Daoismus und Konfuzianismus sowie zur Lehre des Yi Jing (I Ging), zur traditionellen chinesischen Medizin und Militärstrategie. Nach der Unterdrückung der Protestbewegung am 4. Juni 1989 bekannte er sich zur politischen Demokratie. Auf der Basis der traditionellen Yin und Yang-Lehre entwickelte er xinwu bianzhengfa (Dialektik zwischen Geist und Materie). Geist und Materie stehen ihm zufolge immer in einem Verhältnis der Abhängigkeit voneinander und der Wechselwirkung aufeinander. Mit diesem Ansatz begründete er Ende 1990 seine so genannte *Qi Lin*-Kultur,[6] die Philosophie, Lebenswissenschaft, alternative Medizin, Ästhetik, Erziehungswissenschaft, Betriebswissenschaft (Management), Kultivierungs- (Meditations-) Lehre u. a. einschließt.

Nach Zhang Hongbao besteht die eigentliche Schwäche des Marxismus in seiner Orientierung auf Beseitigung des Privateigentums. Gemäß der Yin Yang-Theorie

---

6 *Qi Lin*: Ein chinesisches Fabelwesen, das Segen bringt, als wundertätiges Einhorn, Symbol insbesondere für gute und gerechte Regierung (vgl. Eberhard 1983: 68ff.; Christie o.J.: 125ff.; Cooper 1986: 146; s. a. Lurker 1985: 153)

stünden beide Eigentumsformen in einem Abhängigkeitsverhältnis, und keine Seite könnte allein existieren. Er plädiert auch für „Gewaltenteilung". 1993 entwickelte er analog der Fünf Elemente-Lehre der chinesischen Naturphilosophie ein Modell der Fünf Gewalten. Er revidiert die klassische Gewaltenteilungslehre von Montesquieu mit ihren drei Gewalten Legislative, Exekutive und Judikative und betrachtet Medien und Religion als zwei weitere wichtige Stabilisierungsfaktoren der Gesellschaft (vgl. Zhonggong pohai). Im Unterschied zur FLG ist die ZG wirtschaftlich und sozial stark engagiert. Ihre Wirtschaftstätigkeit dient nicht nur dazu, der Gemeinschaft ein finanzielles Fundament zu verschaffen, sondern auch dazu, ihr soziales Engagement zu finanzieren. Sie ist nach der „Pyramidenform" aufgebaut und wie ein großes Unternehmen organisiert. Der Gründer und Lehrer ist zugleich Generaldirektor. Ihm folgt eine treue Truppe von Kadern. Zur Integration dienten zwei organisationsinterne Zeitschriften: Jianxun (Kurzinformation) und Jiaoliu (Gedankenaustausch). Organ nach außen war Qilin zazhi huicui (Auslese aus der Qilin-Zeitschrift). Landesweit besaß die ZG 3.000 Unternehmen mit 100.000 Beschäftigten in Firmen für Gesundheitsartikel, Kurkliniken, Ausbildungszentren und Forschungsinstituten. Ihr Gesamtkapital beträgt etwa 100 Mio. Euro.

Politisierung

FLG und ZG zeigten vor ihrem Verbot im Jahre 1999 keine eindeutige politische Intention. Sie waren systemkonform und nicht gegen das Regime eingestellt. In den ersten Jahren nach ihrer Gründung hatten sie ein gutes Verhältnis zum Regime. Insbesondere FLG-Anhänger waren durch politische Passivität gekennzeichnet.[7] Durch das Verbot im Juli 1999 und die anschließende Verfolgung wurden sie gezwungen, sich gegen das Regime zu stellen. Die friedliche Demonstration der FLG mit 10.000 Teilnehmern vor dem Zhongnanhai, dem Wohnviertel der Parteiführung, am 25. April 1999 gilt als direkter Anlass für das Verbot der spirituellen Bewegung. Sie wurde von der Parteiführung als vorgeplante und vom Ausland gesteuerte parteifeindliche Tätigkeit wahrgenommen (Zhongguo 2000: 45f.). Tatsächlich war sie eine spontane Protestaktion aus politischer Naivität. Die FLG-Anhänger vertrauten der Parteiführung und wollten ihr durch die Demonstration „die Wahrheit berichten". Bis zum Verbot bemühten sie sich mit friedlichen Petitionen um offizielle Anerkennung. Selbst danach versuchte der FLG-Gründer, mit der Parteiführung eine Kompromisslösung zu finden (Li 1999). Nach langem Schweigen rief er schließlich Anfang 2000 seine Anhänger zum aktiven Widerstand gegen die ‚bösen Kräfte' auf, nachdem sich die Repressalien verschärft hatten und viele seiner Anhänger bis auf den Tod verfolgt wurden. Seitdem gibt es organisierten Widerstand, den die FLG als gerechten Kampf Gut gegen Böse sieht. Er zielt jedoch nur darauf, mit friedlichen Mitteln die Kultivierungsfreiheit zu erlan-

7 Falun Gong wurde im Jahre 1993 sogar vom Ministerium für Öffentliche Sicherheit ausgezeichnet (*Renmin gongan bao* [Zeitung für Öffentliche Sicherheit des Volkes], 21.9.1993).

gen. Von der Oppositionsbewegung im Exil distanziert sich Falun Gong. Auch wenn sie unpolitisch bleiben will, gilt sie durch ihren unbeugsamen Widerstand als stärkste Opposition gegen das Regime.

Die ZG ist deutlicher politisiert. Schon Anfang der neunziger Jahre misstraute die Parteiführung ihrer raschen Zunahme bei ideologischem Dissens und ließ sie insgeheim von der staatlichen Sicherheit beobachten (Zhonggong pohai). Ihr Gründer Zhang Hongbao musste untertauchen und 1994 ins Exil gehen. Auf einer internen Sitzung des Ministeriums für Öffentliche Sicherheit in Chengdu, Sichuan, am 27. Mai 1998 wurde die ZG als fandong banghui zuzi (reaktionäre Geheimgesellschaft) charakterisiert. Nach dem Verbot der Falun Gong organisierte der ZG-Gründer einen Protest „Aktion 8.99". Zwei Dokumente, die die Repressionspolitik der Führung anprangern und politische Demokratisierung fordern, wurden im August 1999 per Fax, Post oder durch Zustellung im ganzen Land verteilt. Sie erreichten fast gleichzeitig 100.000 Polizeireviere, 2.300 Sicherheitsbehörden der Kreise, 300 Stadtämter für Öffentliche Sicherheit, 31 Provinz-Sicherheitsabteilungen sowie 10.000 Staatsanwaltschaften, Gerichte und Justizbehörden auf zentraler und Provinzebene (Buneng dui) – die umfangreichste Protestaktion in den fünfzig Jahren Herrschaft der KPCh. Die Aktion konnte sich auf ein perfektes Netzwerk mit über 100.000 Verbindungsstellen stützen, ein Beleg für die Mobilisierungskapazität der ZG-Führung. Mit dem Verbot wurden alle 3.000 Einrichtungen der ZG zwangsweise geschlossen. Die 100.000 Beschäftigten verloren ihre Arbeit, über 600 Aktivisten wurden verhaftet. Das ZG-Vermögen wurde vom Staat enteignet, Spargelder in Höhe von 7 Mio. Euro eingefroren.

Im Unterschied zur Falun Gong richtet sich der Widerstand der ZG gegen das Regime. Ihr Gründer Zhang Hongbao hat ein klares politisches Konzept. Er identifiziert sich mit politischer Demokratie und sympathisiert mit der Demokratie- und Menschenrechtsbewegung (Zhang 2001). Beide Gruppen unterscheiden sich auch in der Form ihres Widerstandes. Die FLG sucht durch offenen Protest zu wirken und schätzt Taktik gering. Sie scheut nicht Verfolgung und Tod, weil sie das als Prüfung ansieht. Die ZG dagegen ist durch taktisches Vorgehen gekennzeichnet. Sie gilt als eine organisierte Untergrundbewegung, operiert illegal und wartet günstige Chancen ab. Zhang Hongbao, der als hervorragender Stratege angesehen wird, sieht die beiden Gruppen so: „Falun Gong ist ein Gewitter mit lautem Donner. Zhong Gong ist geräuschlos, aber ihre Blitze wirken nachhaltig" (vgl. Schneppen 2001).

Bedeutung der spirituellen Bewegung

Im Blick auf politische Demokratisierung in China ist die spirituelle Bewegung wegen ihres Mobilisierungspotenzials und ihrer Konfliktbereitschaft als wichtiger Akteur nicht zu unterschätzen. Sie hat sichtbare Auswirkungen auf die politische Kultur Chinas.

In journalistischen Analysen wird die spirituelle Bewegung häufig mit den Bauernrebellionen der chinesischen Geschichte verglichen. Diese Bewegungen unterscheiden sich jedoch nach Zielrichtung und angewendeten Mitteln. Buddhistische Sekten wie „Weißer Lotos" oder die Taiping-Bewegung nutzten Spiritualität als Integrations- und Mobilisierungsmittel, um politische Macht oder Reichtum zu erlangen (Feng/Li 1992: 181f., 185-188, 199-203, 225ff.). Sie waren gewaltige Rebellionen gegen die feudale Dynastie. Falun Gong hingegen verzichtet auf weltliche Ziele. Sie führt ihren Kampf gewaltfrei und friedlich. Ihre erzwungene Politisierung ist situationsbedingt und vorläufig. Im Vergleich dazu hat die Zhong Gong ein großes demokratisches Potenzial. Als organisierte spirituelle Bewegung akzeptiert sie das Ziel der politischen Demokratie und sympathisiert mit der politischen Opposition. Es ist schwer zu sagen, ob sie sich zur politischen Bewegung wandeln wird. Tatsache ist, dass die ZG bereits eine enge Verbündete der politischen Opposition darstellt. Die Entlassung des ZG-Gründers Zhang Hongbao aus amerikanischer Haft auf Guam (er war wegen ‚illegaler Einreise' verhaftet worden) geht auf gemeinsame Bemühungen von ZG und Exilopposition zurück.[8] Sie wird von der Exilopposition als ein Sieg der Demokratiebewegung über das Regime bewertet. Noch am Tag seiner Freilassung erklärte Zhang in einem Offenen Brief volle Unterstützung für die chinesische Demokratiebewegung und damit offenen Kampf gegen das herrschende Regime (Zhang 2001).

Der unbeugsame Widerstand der spirituellen Gruppen vergrößert bereits den Riss innerhalb der herrschenden Elite. Deren so genannte „Schicksalsgemeinschaft", die in den ersten neunziger Jahren durch den Druck westlicher Menschenrechtskritik und des revolutionären Systemwechsels in osteuropäischen Ländern entstand, hat sich angesichts wachsender innenpolitischer Herausforderungen längst aufgelöst. Die Unterdrückung der spirituellen Bewegung findet innerhalb der Partei wenig Beifall. Ihre hohen Kosten und mangelnde Wirksamkeit erzeugen Skepsis gegenüber der Führung, das Ansehen der Hardliner sinkt.[9] Es wird befürchtet, dass die spirituelle Bewegung zu einem Sammelbecken für alle Unzufriedenen wird (vgl. NZZ, 10.2.2001). Die KP-Führung selbst hat die spirituelle Bewegung zu einem politischen Faktor gemacht und sich einen unnötigen Feind verschafft. Ihre Repressionspolitik muss scheitern, mangels wirksamer Mittel gegen einen Gegner, der sich nicht zur Kapitulation zwingen lässt. Das einzige effektive Mittel – physische Beseitigung – hat das Regime schon aufgegeben. Die spirituel-

8 Führende Oppositionelle im Exil wie Wang Bingzhang, Wang Xizhe und Wei Jingsheng setzten sich aktiv für die Freilassung von Zhang Hongbao ein. Im Januar 2001 wurde von Exiloppositionellen die „Internationale Allianz Hilfe für Zhang Hongbao" *(Quanqiu jiuyuan Zhang Hongbao tongmeng)* gegründet. Zur Leiterin wurde Yan Qingxin, eine führende Persönlichkeit der ZG, gewählt (www.zhonggong.hypermart.net/forum/mainpage.pl).

9 Widerstand geht auch vom Militär aus. In einem Wohnheim für pensionierte Offiziere wird das Verbot der Falun Gong ignoriert und die Übung weiter praktiziert (http://minghui.ca/ml/articles/2001/4/6/-9676.html; http://minghui.ca/mh/articles/2001/4/7/9615). Zur Uneinigkeit innerhalb der Parteiführung s. a. Schechter 2000: 47

len Gruppen scheuen keine Verfolgung; sie sehen sie als Prüfung und selbst den Tod als Erlösung. Letztlich kann so das Regime mit seinen Repressalien nur den eigenen Untergang beschleunigen.

Auswirkung auf politische Kultur

Demokratie braucht eine demokratische politische Kultur. Angesichts der gegenwärtigen Entwicklung in China ist fraglich, ob ein Systemwechsel zu stabiler Demokratie führen kann. Sinnkrisen, Werteverfall und Desintegration kennzeichnen heute die chinesische Gesellschaft. Vulgärmaterialismus und Zynismus breiten sich auch in der jüngeren Generation aus. Ursache dafür ist in erster Linie die Diktatur einer durch und durch korrupten Elite. Die Bemühungen der Führung um Rechtsstaatlichkeit zeigen kaum Wirkung. Selbst strenge Sanktionen erreichen nicht, dass die Normen eingehalten werden. Frustration, Resignation und zunehmend auch Aggression sind die Folgen. Beredte Beispiele geben die täglichen Berichte über Kriminalität, Mord und Selbstmord, Brandstiftung, Betrug usw. Auch die Intellektuellen als „Gewissen der Gesellschaft" haben im Rausch der Bereicherung den Sinn für Gerechtigkeit verloren. Ungerechtigkeit gegenüber herrscht allgemeine Gleichgültigkeit.

Das Aufkommen der spirituellen Bewegung in China schafft zwar keinen idealen Typus von demokratischen Bürgern, kann aber zum Wandel individueller Werthaltungen und damit zu gesellschaftlicher Umorientierung beitragen. Spirituelle Bewegung verkörpert ein ganz neues Lebensgefühl und eine neue Ethik. Trotz unterschiedlicher Ursprünge und Wege ist den zahlreichen Gruppen ihr Ganzheitsdenken gemeinsam. Sie streben durch spirituelle Übungen nach Freiheit der inneren Welt. Mit der inneren Freiheit wächst die Verantwortung. Sie wenden sich gegen den moralischen Verfall der Gesellschaft. Gemeinsinn, Gerechtigkeit, Gewaltfreiheit und Naturbewahrung können dafür als Stichworte gelten. Veränderung der Menschen zeitigt bereits Folgen. Selbst manche alten Parteifunktionäre, verhärtet in jahrzehntelanger Revolution und politischen Säuberungen, haben durch Qigong innere Freiheit erlangt. Sie verstehen sich nicht mehr als Kommunisten aus „besonderem Stoff", sondern vor allem als Menschen. Für sie sind nicht mehr Parteirichtlinie oder Anweisungen entscheidend, sondern das eigene Gewissen. Ein Veteran der Revolution beschrieb seine positiven Erfahrungen mit Qigong so: „Kultivierung bringt mir das Lachen zurück!"[10] Hinsichtlich einer Partizipation kann die spirituelle Bewegung für andere Gruppen Vorbild sein. Die friedlichen Proteste der Falun Gong zeigen die Möglichkeiten gewaltlosen Handelns. Trotz grausamer Unterdrückung und Verfolgung bleibt sie unbeugsam und kämpft mit friedlichen Mitteln um Freiheit. In einer zunehmend von der Neigung zu Gewalt geprägten gesellschaftlichen Situation ist es von großer Bedeutung, nach Chancen gewaltfreier Konfliktregulierung zu suchen.

---

10 Interview mit einem pensionierten Parteifunktionär im September 1997

Literatur

Buneng dui renmin shixing zhuanzheng (Keine Diktatur gegen das Volk) und *Nianqing jingguan de yifeng xin* (Brief von einem jungen Polizeioffizier), 25.02.2001, in: Webseite der ZG: htpp://www. zgzg net

Christie, Anthony o.J. [nach 1970]: *Chinesische Mythologie*, Wiesbaden: Vollmer

Cooper, Jean C. 1986: *Illustriertes Lexikon der traditionellen Symbole*, Wiesbaden: Drei Lilien

Ding Ding 2000: *Politische Opposition in China seit 1989*, Frankfurt a. M./Berlin/New York: Peter Lang

Eberhard, Wolfram 1983: *Lexikon chinesischer Symbole*, Köln: Diederichs

Feng Zuozhe/Li Fuhua 1992: *Zhongguo minjian zongjiaoshi* (Geschichte der chinesischen Volksreligion), Taibei

He Baogang 1997: *The Democratic Implications of Civil Society in China*, London/New York: Macmillan

Heiler, Friedrich 1999: *Die Religionen der Menschheit*, Stuttgart: Philipp Reclam jun.

Howell, Jude 1998: An Unholy Trinity? Civil Society, Economic Liberalization and Democratization in Post-Mao China, in: *Government and Opposition*, 33.1, S. 56-80

Jin Shoukang 2001: *Zhongguo qigong shiliao chujuan* (Historische Dokumente der chinesischen Qigong), Teil I; www.Chinaqigong.net/gb/wbz/history.htm

Jing Wei/Ai Ren 1998: *Yan xin qigong de zheli yu xiulian* (Philosophie des Yan Xin-Qigong und Kultivierung), Shenzhen

Li Hongzhi 1997: *Zhuan Falun*, Hongkong-Kowloon: Falun Fofa (dt.: dass., Bad Pyrmont: Ost-West-Verlag 1998)

Li Hongzhi 1997a: Xiulian bushi zhengzhi (Kultivierung ist keine Politik), in: ders.: *Falun Fofa. Jingjin Yaozhi* (Falun Fofa. Essentielles für weitere Fortschritte), Hongkong-Kowloon: Falun Fofa (vgl. dt.: ders.: *Falun Gong*, München: Delphi bei Droemer 1998)

Li Hongzhi 1999: *Wo de yidian shengming* (Eine Erklärung von mir), 22.07.1999, in: Minghui Webseite: www.minghui.org

Lin Hai 2001: *Qigong keyan 20 nian* (Qigong-Forschung in den letzten 20 Jahren); Chinaqigong.net/xueshu/0816.htm

Linz, Juan J. 2000: *Totalitäre und autoritäre Regime*, hg. von Reinhard Krämer, Berlin: Berliner Debatte

Lurker, Manfred (Hg.) 1985: *Wörterbuch der Symbolik*, 3. Aufl., Stuttgart: Kröner

Ochsenburg, Michael 2001: China's Political System: Challenges of the Twenty-First Century, in: *The China Journal*, 45, S. 21-35

Oguchi, Hori 1973: Religionslexikon, Tokio

Qigong jingxuan (Qigong-Auswahl) 1982, Beijing

Qigong yu shengmingkexue (Qigong und Lebenswissenschaft), Monatszeitschrift, Harbin

Schechter, Danny 2000: *Falun Gong's challenge to China. Spiritual practice or "evil cult"?*, New York: Akashic Books

Schneppen, Anne 2001: Ein auf einer abgelegenen Pazifikinsel gefangener Sektenführer im Sog der Weltpolitik, in: *FAZ*, 19. 02.

Schütz, Christian (Hg.) 1992: *Praktisches Lexikon der Spiritualität*, Freiburg/Basel/Wien: Herder

Zhang Hongbao 2001: *Zhi lianheguo renquan dahui qijian zai rineiwa zhongguo minzhu yundong he renquan yundong quanti huodongjia de gongkai xin* (Offener Brief bei Gelegenheit der UNO-Menschenrechtskonferenz in Genf an alle Aktivisten der chinesischen Demokratie- und Menschenrechtsbewegung); www.zgzg.net/indexold.html

Zhang Liutong (Hg.) 1989: *Qigong rumen* (Einführung in Qigong), Beijing

Zhonggong pohai Zhong Gong de jianyao jilu (Kurze Geschichte der Verfolgung von Zhonggong durch die KPCh), in: Zhonggong Luntan (Forum der Zhonggong); zhonggong.hypermart.net/forum/messages/ 49.html

Zhongguo: Shishi yu shuzi (China: Fakten und Zahlen), Beijing 2000

Entwicklungstheorien über den Süden ohne den Süden

Kum'a Ndumbe III.

Entwicklungstheorien haben in der politologischen, soziologischen und ökonomischen Diskussion sowie in anderen Fächern in den letzten Jahren einen neuen Aufschwung erfahren, und man fragt sich, warum. Das Scheitern der Entwicklungspolitik in den Ländern des Südens und vor allem in Afrika war gekennzeichnet durch eine anwachsende und nachhaltige Armut, durch den bekannten, immer steigenden, unbezahlbaren Schuldenberg, der die zukünftigen Generationen dieser Länder lebenslang zu Knechtschaft den Industrieländern des Nordens gegenüber verpflichtet. Dieses Scheitern wird durch die Marginalisierung der Länder des Südens geprägt, die dem neuen Trend der Globalisierung gar nicht standhalten können; durch gewaltsam ausgetragene Konflikte, die jede Bemühung um Entwicklung zunichte machen; durch die Ohnmacht der Entwicklungspolitiker, die immer öfter in der Reduzierung des Haushalts für Entwicklungszusammenarbeit eine Alternative zu finden glauben. Dieses Scheitern ist aber auch durch das Ende von „Entwicklungstheorien" gekennzeichnet, die als Stütze und Orientierung für die Entwicklungspolitik galten. Seit einigen Jahren jedoch bahnt sich die Diskussion um Entwicklung neue Wege, und von der Weltbank bis zu einzelnen nationalen Institutionen bemühen sich Theoretiker aus unterschiedlichen Schulen, neue Theorierahmen zu definieren, um dem Phänomen der Entwicklung näher zu kommen und neue Richtlinien für die Entwicklungspolitik zu zeichnen.

In Deutschland ist eine Sammlung von Beiträgen zu neuen Ansätzen in der Entwicklungstheorie erschienen (Thiel 1999), die den heutigen Diskussionsstand zu diesem Thema reflektieren sollen. 40 Jahre nach Beginn der Entwicklungspolitik gegenüber Afrika möchte ich mich auf die Theoriediskussion konzentrieren und die Frage stellen: Wer gibt den Ton an? Wer setzt den Rahmen für die Theoriediskussion über die Entwicklung der Länder des Südens, am Beispiel der afrikanischen Länder? Wer bestimmt, worüber diskutiert wird, in welche Richtung die Diskussion überhaupt laufen soll? Welches sind die Schwerpunkte, auf die geachtet werden soll? Was ist haupt-, was nebensächlich, was soll für die Umsetzung der Entwicklungspolitik maßgeblich sein und was nicht? Welche Schritte sind wo und wann zu machen? Und mit welchen Partnern, mit welchen Mitteln soll die Umsetzung unternommen werden? Diesen Fragen möchte ich in diesem Beitrag nachgehen.

Bedenkt man, dass die meisten der ärmsten Länder in Afrika zu finden sind, dass große Ausgaben der Weltbank für die Entwicklungspolitik an afrikanische Länder gehen, dass die Mehrheit der Mittel für Entwicklungspolitik der EU und der Bundesrepublik Deutschland Afrika gewidmet ist, so wird verständlich, dass ich mich in meiner Analyse auf den afrikanischen Kontinent konzentriere.

Die Problematik in der Theoriediskussion

Forschungsansätze und die Artikulation der Nord-Süd- (Europa-Afrika-) Beziehungen als Arbeitsgebiet der Forscher hauptsächlich aus dem Norden (Europa)

Eines muss uns immer bewusst sein: Es besteht eine enge Verflechtung zwischen der politischen Zielsetzung in einem Land und der Forschung, d. h. also auch zwischen ihr und der Theoriediskussion. Die Forschung erweist sich als Teilgebiet der Politik eines Landes. Sie soll Antworten auf wesentliche Fragen erbringen und damit die Politiker in ihrer Handlungsfähigkeit essenziell unterstützen.

In den Beziehungen zwischen Europa und Afrika hat die Forschung seit dem Zeitalter der Sklaverei eine beträchtliche Rolle gespielt. Durch die Finanzierung von Reisen auf den Weltmeeren, dann von Forschungsreisen, später durch die Finanzierung von Geographieinstitutionen, von Museen und Ausstellungen, von Afrikagesellschaften, verfestigte sich Europa als Konzept Europas und der Europäer, während Afrika allmählich zum Konzept des gleichen Europas und der Europäer allgemein herabrutschte. Seit dem 14. Jahrhundert, aber vor allem seit dem 19. Jahrhundert öffnet sich Afrika dem europäischen Forscher, manchmal mit Widerstand, manchmal mit allzu großer Gastfreundschaft, ohne selbst eine deutliche europäische Perspektive zu haben, geschweige denn eine Forschung über Europa zu betreiben. So wurden Forschungen zum Sklavenhandel, zur theologischen Begründung der Sklaverei, zu Geographie und Kriegführung, zur Ethnologie der zu beherrschenden und zu bekehrenden Völker, zur Kolonialeroberung und kolonialen Ausbeutung, zur neo-kolonialen Herrschaft und heute zur Globalisierung finanziert und betrieben. Diese Forschungsschwerpunkte bestimmten sich nicht selbst, sondern wurden von den politischen Richtlinien einer bestimmten Epoche zum Zwecke der Erfüllung bestimmter politischer, wirtschaftlicher, militärischer und kultureller Ziele in der Außenpolitik der Kolonialmetropolen und der späteren Industrienationen des Nordens entscheidend beeinflusst, wenn nicht ausdrücklich festgesetzt. Auch als die Kolonialherrschaft von den kolonisierten Völkern Afrikas erschüttert wurde, orientierte sich die Forschung an den Richtlinien und Maßnahmen der Ex-Metropolen und anderer Industrienationen in Afrika. Das bedeutet, dass auch nach der politischen Unabhängigkeit Afrika *Objekt* der Forschung blieb. Die Forschungsfelder erweiterten sich sogar und wurden komplexer, und das Arbeitsgebiet der Forscher aus dem Norden bot neue Tätigkeitsfelder, die über die Entwicklungsforschung hinaus andere Gebiete wie Staatsbildung, Konfliktforschung, globalisierte Ökonomie usw. umfassen. Afrika selbst aber wurde kaum zum *Subjekt* der Forschung, das über Ziel, Inhalt, Methodik, Umsetzung und Anwendung bestimmen würde.

Entwicklung, Entwicklungspolitik und Entwicklungszusammenarbeit als importierte Forschungsgebiete in Afrika nach der Unabhängigkeit und ihr Niederschlag in den Forschungsansätzen im Norden und im Süden

Entwicklungshilfe ist ein Kind des Kalten Krieges und wurde geboren, als der Westblock dem Ostblock den Weg in die Länder der „Dritten Welt" und ganz besonders in die jungen afrikanischen Staaten versperren wollte, während der Ostblock seinerseits erbittert um internationale Anerkennung und die Erweiterung seiner geringen weltweiten Einflusssphären rang. Die Forscher aus den Geberländern begleiteten die neue Art der Beziehungen zwischen den Ex-Kolonialmetropolen oder Industrieländern im Allgemeinen und den Ländern des Südens, insbesondere Afrikas, mit theoretischen Überlegungen zur Entwicklung der jungen Staaten. Nicht die jungen Staaten empfanden das Bedürfnis einer Entwicklungspolitik und bildeten einen Topf zur Entwicklungshilfe, sie stiegen lediglich in eine Politik ein, die für sie vom Norden nach dem formellen Sieg über den Kolonialismus erdacht und umgesetzt wurde. Sie wurden zu Empfängern einer Entwicklungspolitik und -hilfe und mussten allmählich Instrumentarien erfinden, um diese Politik in ihren Ländern umzusetzen. Deshalb erschien die Entwicklungspolitik als Komponente der Außenpolitik in den Beziehungen mit den Geberländern und wurde auch als solche erlebt, und nicht als Hauptpfeiler der Innenpolitik dieser Staaten. So wurden diese Länder auch zu Empfängern von Entwicklungstheorien, die in den Geberländern elaboriert wurden. Sie reagierten lediglich darauf, um sie zu bestätigen, zu erweitern oder - in seltenen Fällen - in Frage zu stellen. Ob von Modernisierung, von nachholender Entwicklung, vom nicht-kapitalistischen Entwicklungsweg, von auto-zentrierter Entwicklung, von exogenem, endogenem oder monetärem Wachstum, von Marktorientierung, von Regimetheorie oder Nachhaltigkeit, von Strukturanpassung, globaler Strukturpolitik oder Globalisierung die Rede war, all diese Ansätze und Theorien entsprangen dem wissenschaftlichen und politischen Diskurs in den Geberländern und Geberinstitutionen, waren höchstens eine Reaktion, mitunter aus dem Süden, meist eine selbst vorgenommene Korrektur des Diskurses durch Forscher aus den Industrienationen und internationalen Finanzinstitutionen. Die Beobachtung zeigt, dass Forscher in den Ländern des Südens und insbesondere in Afrika in die Theoriediskussion über Entwicklung lediglich als Reaktion einstiegen oder als Begleiter des im Norden elaborierten Diskurses zum Thema Entwicklung fungierten.

Der Zusammenhang zwischen politischer Dominanz, wirtschaftlichem Vorsprung und Theoriebildung in den Nord-Süd-Beziehungen

Theoriebildung als Produkt eines gesellschaftlichen Verlangens nach Lösungsansätzen

Welche Themen, welche Forschungsschwerpunkte sind maßgeblich? Wer bestimmt sie, vor allem in den Beziehungen zwischen Nord und Süd, zwischen der Gebergemeinschaft und Afrika? Hier muss nach dem Zusammenhang zwischen politischer Dominanz, wirtschaftlichem Vorsprung und Theoriebildung in den Nord-Süd-Beziehungen gefragt werden. Nicht der Süden, nicht Afrika, sondern der reiche und politisch dominante Norden bestimmt über den Inhalt des Diskurses zur Entwicklung. Dies ist strukturell bedingt, wenn man allein den Stand der Infrastruktur der Forschung in beiden Hemisphären in den Blick nimmt.

In den Ländern des Nordens wird die Forschung an Universitäten, Wissenschaftszentren, spezialisierten Instituten, Stiftungen, gewerkschaftlichen Einrichtungen usw. sowohl mit öffentlichen Mitteln als auch von der Privatindustrie systematisch und meist großzügig als wichtiger Faktor für die Gesamtentwicklung des Landes gefördert, abgesehen von aktuellen Sparmaßnahmen, die mancherorts einer Politik zur Restrukturierung der Forschung entspringen. Theoriebildung entsteht somit als Produkt eines gesellschaftlichen Verlangens nach richtungsweisenden Lösungsansätzen für vergangene, bestehende oder bevorstehende Probleme. Die mit wissenschaftlicher Forschung beauftragten Einrichtungen haben vielfältige Möglichkeiten, eine zumindest in Ansätzen adäquate Antwort auf die der Gesellschaft zu einem bestimmten Zeitpunkt gestellten Fragen zu geben. Deshalb wurde auch seit Ende der fünfziger Jahre die Frage der Entwicklungspolitik, der Entwicklungszusammenarbeit und der Entwicklung schlechthin immer mehr zum Gegenstand der Forschung. Seit einigen Jahren gibt es in Bonn sogar ein Zentrum für Entwicklungsforschung, das sich dieser Aufgabe ausschließlich widmet.

Nimmt man Afrika mit seinen 54 Staaten, so ist festzustellen, dass nach der politischen Unabhängigkeit der sechziger Jahre Universitäten und Forschungsstätten nach europäischem Konzept in Methodik und Inhalt gegründet wurden. Diese Einrichtungen waren jedoch von Anfang an nicht nach dem wissenschaftlichen Erbe der afrikanischen Geschichte und Wissenschaftstradition konzipiert, ihre Wurzeln entstammen nicht den Erfahrungen der Weltanschauung, der Methodologie, des Wissenschaftszwecks in afrikanischen Gesellschaften. Sie wurden nicht nach den Bedürfnissen der eigenen Umgebung organisiert. Diese Einrichtungen folgten dem Modell euro-amerikanischer Universitäten und Forschungseinrichtungen, und ihre Antriebskraft wurde von der im Norden verbreiteten und als universell geltenden Modernisierungstheorie getragen, welche für Afrika nachzuholende Entwicklung proklamierte. Ohne große Mittel gegründet, erwiesen sich diese importierten Einrichtungen 15 bis 20 Jahre später als Institutionen, welche ohne Subventionen aus dem Norden nicht überleben konnten. Viele von ihnen brachen aus unterschiedlichen Gründen buchstäblich zusammen. Sie vermochten in der kurzen Zeit nicht, eigene Modelle zu entwickeln, die den einheimischen Bedürfnissen Rechnung getragen und Fragen der afrikanischen Gesellschaften, die vor Ort gestellt waren und sich als relevant und dringend erwiesen, beantwortet hätten.

Diese Einrichtungen wurden zu pseudo-euro/amerikanischen Universitäten und Forschungseinrichtungen auf afrikanischem Boden, weder wirklich europäisch, amerikanisch, noch afrikanisch. Ihr Blick richtete sich im Wesentlichen nach außen, und der Wissenschaftsdiskurs aus dem Norden bildete ihre Richtlinie für Lehre und Forschung. Der Wissenschaftsdiskurs des Nordens zu Afrika und zur Entwicklung bestimmte den Rahmen der Forschung und Lehre in Afrika. Ein selbstständiger Diskurs zu Afrika und zur Entwicklung Afrikas außerhalb dieses vorgegebenen Rahmens konnte nicht entstehen, zumal der Zufluss der Mittel aus dem Norden die Wissenschaftspolitik maßgeblich beeinflusste. Austauschprogramme mit Partnerinstitutionen im Norden ermöglichten Professoren und Forschern aus dem Norden, ihr Wissen, ihre Ergebnisse und ihre Schwerpunkte durch Forschungs- und Lehraufenthalte in Afrika vor Ort zu verbreiten. Wissenschaftler aus Afrika vermochten durch Stipendienprogramme, hauptsächlich aus dem Norden, Forschungsaufenthalte im Norden wahrzunehmen, ohne jedoch durch Lehre in irgendeiner Weise den dortigen Wissenschaftsdiskurs beeinflussen zu können. Der zu einem Forschungsaufenthalt im Norden eingeladene afrikanische Wissenschaftler muss bemüht sein, sich in den Wissenschaftsdiskurs des Nordens zu integrieren und in dessen Diskussionen einzusteigen, wenn er überhaupt wahrgenommen werden will.

Das Nord-Süd-Gefälle in der wissenschaftlichen Untersuchung

Forscher aus dem Norden forschen über den Norden, über den Süden und über Nord-Süd-Beziehungen. Forscher aus Afrika, die sich kaum auf eine eigene moderne Wissenschaftstradition stützen können und erst seit den sechziger Jahren im Sog der euro-amerikanischen Wissenschaft ihre ersten Schritte machen konnten, reihen sich meist in die Theoriediskussion ihres euro-amerikanischen Professors oder einer dort angesiedelten Denkschule ein, zumal die meisten ihre ersten Schritte in der Forschung durch Abschlussarbeiten in diesem Rahmen und in Ländern des Nordens tun konnten. Das bedeutet nicht, dass sie keine Kritik üben dürfen, denn Kritik gehört zur Wissenschaftstradition. Die Bilanz zeigt jedoch, dass sich der Wissenschaftsdiskurs auch der Forscher aus Afrika in den Sog des Entwicklungsdiskurses aus dem Norden einreihen muss, um wahrgenommen zu werden. In diesem Rahmen spielen Forschungsmittel, Forschungseinrichtungen, Publikationsmöglichkeiten und Rezeption der Publikationen eine bestimmende Rolle.

Forschungsmittel gibt es an den meisten afrikanischen Universitäten und Forschungsstätten so gut wie gar nicht mehr, es sei denn, sie werden durch eine Kooperation mit Ländern des Nordens oder durch internationale Finanzinstitutionen, die eigene Ziele verfolgen, gewährt. Viele Wissenschaftler nutzen Möglichkeiten, ihre Einrichtungen und ihr Land zu verlassen, und suchen im Norden die Eingliederung in eine Wissenschaftseinrichtung, in der sie ihre Fähigkeit einsetzen können. Auch hier müssen sie sich dem gängigen Wissenschaftsdiskurs des Nordens über Afrika anpassen, fungieren als Rohmaterial, Informationsquelle und Vorzeigeschüler für die Verbreitung elaborierter Theorien von etablierten Wissenschaftlern aus Industrienationen. Sie kommen in den seltensten Fällen zu Führungspositionen, die ihnen geistige, materielle und finanzielle Möglichkeiten gewähren würden, eigene, selbstständige Theorien zu entwickeln und zu verbreiten. Afrikanischen Wissenschaftlern in Europa wird sehr deutlich gemacht, dass sie da nicht am richtigen Ort, höchstens als vorübergehende Gäste willkommen sind, und dass sie in der Theoriediskussion zu Afrika, zur Entwicklungspolitik oder zu Beziehungen mit Afrika nur eine Nebenrolle spielen dürfen. Dies wird durch Stellenbesetzung, Arbeitsplatzausstattung und Mittelvergabe in Forschung und Lehre klar festgelegt.

Die Denkschulen

Die afrikanischen Wissenschaftler, ob in Afrika oder in den Ländern des Nordens, können einer Frage nicht entgehen: Welcher Denkschule gehören sie an? Da die meisten ihre Dissertationen, Habilitationen oder andere Forschungsergebnisse unter Leitung oder Supervision eines Wissenschaftlers aus dem Norden zum erfolgreichen Ende gebracht haben, betten sich ihre Arbeiten allgemein in den Diskurs dieser Lehrväter oder -mütter ein und gehören so zu einer bestimmten Denkschule. Nur selten verlassen sie das Flussbett dieser angeeigneten Theorien und entwickeln völlig neue Diskurse vor Ort in Afrika. Ihre Arbeit verkümmert sogar oft, weil sie weder strukturelle noch finanzielle Möglichkeiten haben, ihre Forschungstätigkeit fortzusetzen. Man hätte erwarten können, dass neue Denkschulen an afrikanischen Universitäten und Forschungsstellen entstehen, unabhängig von den äußeren Einflüssen, mit eigenen Theorieansätzen, eigener Methodik, eigenen Vorbildern und eigenen Zielen in der Fragestellung. Es ist bemerkenswert oder befremdend, dass an afrikanischen Universitäten manche Professoren und Wissenschaftler sich damit brüsten, als Vertreter unterschiedlicher euro-amerikanischer Denkschulen den Wissenschaftsstreit in Afrika auszutragen. Sie wissen genau, dass sie nur dadurch anerkannt und überhaupt wahrgenommen werden können. Welche Konsequenz dies für die Entwicklungsproblematik in Afrika hat, ist eine andere Frage.

Die Publikationen

Wo und in welchem Umfang wird publiziert? Wissenschaftsverlage fehlen in den meisten afrikanischen Ländern, selbst einfache Verlage sind eine Seltenheit, spezialisierte Zeitschriften oder Zeitungen mit Wissenschaftsseiten gibt es kaum, Radio- und Fernsehsendungen, welche Wissenschaftsergebnisse der einheimischen Forscher systematisch verbreiten, sind eher Zufälle. Wollen afrikanische Forscher in der Diskussion mitmischen, müssen sie den Weg nach Paris, London, Brüssel, New York usw. wählen, um einen Verleger zu finden oder eine Zeitschrift, die bereit ist, ihre Ergebnisse zu publizieren. Ich will nicht verschweigen, dass es in Dakar, Yaoundé, Kinshasa, Kampala, Nairobi usw. anzuerkennende Bemühungen gibt, diesen Forschern Gehör zu verschaffen. Auch Südafrika nach der Apartheid bietet diesen Forschern seit kurzem neue Möglichkeiten, durch dortige Veröffentlichungsstrukturen in die Wissenschaftsdiskussion einzusteigen. Durch diese einzelnen Bemühungen entsteht langsam ein Diskurs auch zu Fragen der Entwicklung, der sich nicht mehr unbedingt in den Diskurs aus dem Norden einreihen muss und immer mehr an Selbstständigkeit gewinnt.

Der Wissenschaftsdiskurs wird aber maßgeblich durch die Diskussion der Wissenschaftsergebnisse getragen. Aus finanziellen und strukturellen Gründen findet diese Diskussion hauptsächlich in den Ländern des Nordens statt, durch Symposien, Tagungen, wissenschaftliche Vorträge an Universitäten und Forschungsstellen, Runde Tische an verschiedenen Akademien, wissenschaftliche Abende, Rezensionen in Zeitschriften und Zeitungen, Sendungen und Diskussionen im Radio, Dokumentarberichte und Dokumentarfilme im Fernsehen und neuerdings durch die unzähligen Möglichkeiten des Internet. Was in den reichen Ländern des Nordens zur Tradition gehört, fehlt in der weitaus überwiegenden Zahl afrikanischer Länder. Das Internet eröffnet wirklich revolutionäre Wege für die Verbreitung des wissenschaftlichen Diskurses, aber die realen Möglichkeiten in Ländern Afrikas, in denen der Zugang zu einem Telefonanschluss manchmal sogar für Universitätsprofessoren unbezahlbar bleibt, dürfen nicht überschätzt werden. Man kann nur hoffen, dass sich wenigstens kleine Ecken bilden, in denen diese Stimmen durch die elektronischen Medien dennoch Gehör finden können.

Diese strukturellen und finanziellen Möglichkeiten beeinflussen in entscheidendem Maß den Wissenschaftsdiskurs auf internationaler Ebene und bestimmen die inhaltliche Orientierung der nächsten Schritte in einem Forschungsschwerpunkt. In den meisten Fällen geht es bei der inhaltlichen Diskussion um Bestätigung der schon bekannten, also dominierenden Erkenntnisse im Norden durch neue Fallbeispiele. Oder die Diskussion wird um neue Erkenntnisse erweitert, und es kommt auch vor, dass alte Theorien als überholt widerlegt werden. Wenn Forscher aus dem Süden – im besten Fall allerdings – zum Wissenschaftsstreit in den Norden eingeflogen werden, wird stillschweigend vorausgesetzt, dass zu einem Forschungsgegenstand internationaler Wissenschaftskonsens erreicht sei. Im Wesentlichen ergibt sich jedoch, dass der jeweilige Stand der Forschung letztlich die aktuelle Sicht der Forschung aus dem Norden über den Süden generell oder über Afrika eher bestätigt und sich im Norden wie in Afrika als Referenz zu der betreffenden Frage etabliert. Der Diskurs zur Entwicklungstheorie gehorcht diesen Zwängen und vermag nicht, sich daraus zu lösen.

Entwicklungstheorie als Werkzeug der Außenpolitik der Länder des Nordens

Entwicklungstheorie als praktisches Instrument der Außenpolitik des Nordens

Die erwähnte Aufsatzsammlung (Thiel 1999) mit 36 namhaften Autoren gewährte keinem Wissenschaftler aus dem Süden oder gar aus Afrika die Möglichkeit, Stellung zu dieser wichtigen Problematik zu nehmen. Die Aufsätze waren zuvor in „E+Z" veröffentlicht worden und hatten schon damit breite Diskussionswirkung. Das Buch gilt heute in der deutschen Wissenschaftswelt als Referenz und war bereits nach einigen Monaten vergriffen. Man fragt sich, wie es kommen konnte, dass noch im Jahre 2000 Referenzzeitschriften in deutscher Sprache und eine Referenzpublikation in Buchform es nicht als notwendig erachteten, Wissenschaftler aus dem Norden und aus dem Süden zusammenzubringen, um über eine so wichtige Zukunftsfrage zu diskutieren. Die gleiche Frage stellt sich zu einem Buch über die Rolle der Entwicklungszusammenarbeit in gewalttätigen Konflikten (Fahrenhorst 2000), das von der „Society for International Development" in Berlin herausgegeben wurde. Nur deutsche Autoren zu einem brennenden Nord-Süd-Thema. Wenn man dazu bedenkt, dass solche Arbeiten ins Englische und Französische übersetzt werden, um den Stand der Diskussion in Deutschland international bekannt zu machen (wie Mehler/Ribaux 2000), dann ist die Frage nach dem Sinn von Forschung zur Entwicklungspolitik berechtigt. Bedenkt man, dass manche Einrichtungen wie die Stiftung Wissenschaft und Politik eine Beraterfunktion für Regierung und Parlament in den Nord-Süd-Beziehungen wahrzunehmen haben, so erscheint der Wissenschaftsdiskurs über Entwicklungsländer, Entwicklungspolitik, Entwicklungszusammenarbeit und Entwicklung schlechthin erst recht als außenpolitische Komponente eines Landes, das seine Politik in den Ländern des Südens generell oder Afrikas im Besonderen ständig überprüft und nach wissenschaftlichen Erkenntnissen auszurichten versucht. Dies bedeutet nicht, dass Politiker sich in der aktuellen Politik nach diesen Erkenntnissen richten. Sie beeinflussen jedoch auf längere Sicht die Entscheidungen der Politiker in ihrer Außen- und Afrikapolitik.

Entwicklungstheorien aus einer eigendefinierten Wissenschaftspolitik

Es lässt sich folgern, dass auch die neuen Entwicklungstheorien unzulänglich bleiben, wenn es um einen entscheidenden Beitrag zum Ankurbeln der Entwicklung in den Ländern Afrikas geht. Diese Länder müssen zuerst in die Lage versetzt werden, das eigene Schicksal in die Hand zu nehmen, sie müssen die Fähigkeit aufbringen, die Belange des Landes selbst zu bestimmen und die Basis für eine eigene Politik zu schaffen. Nur diese Voraussetzung wird es erlauben, dass eine Wissenschaftspolitik betrieben wird, die auf eigenen Bedürfnissen basiert, auf eigene Wissenschaftstraditionen zurückgreifen kann, Methodik und Inhalte der Forschung und Lehre selbst definiert und die Frage der Entwicklung als zentrale

Frage für die Zukunft des Landes etabliert – oder auch nicht. Entwicklungstheorien, die aus einer solchen endogenen Konstellation entspringen, werden wohl andere Maßstäbe und andere Forschungsschwerpunkte setzen, auf Grund einer afrikanisch verwurzelten Weltanschauung und Ethik neue Wege einschlagen und zwangsläufig neue Erkenntnisse im Bereich der Entwicklungstheorien bringen. Bis dahin ist der Weg noch lang, denn Afrika muss zunächst zu Stabilität finden. Afrika muss sich zuerst mit sich selbst versöhnen; Afrika muss sich mit dem Rest der Welt versöhnen, um wieder zu sich selbst finden zu können. Dies ist sicherlich die erste Stufe zur Neuentwicklung Afrikas.

Das „Millenium African Renaissance Programme", das von 53 Staaten Afrikas im Jahre 2000 angenommen wurde, bietet prinzipiell einen neuen Rahmen für die Forschung und für die Entwicklung von neuen Theorien. Da die afrikanischen Staatschefs und Experten selbst Initiatoren dieses Programms waren und bewusst dem Trend des von außen kommenden und des im eigenen Lande außenorientierten Diskurses über Afrika entgegenzuwirken gedachten, könnte man annehmen, dass sich auch in der Theoriediskussion in den nächsten Jahren etwas bewegen würde. Als der senegalesische Präsident Abdoulaye Wade neben dem „Millenium African Renaissance Programme", geändert in „Millenium Partnership for the African Recovery Programme" (MAP), seinen „OMEGA-Plan" als weitere Alternative anbot, fusionierten beide Programme im Juli 2001 zur „New African Initiative". Diese wurde nach vielen Gesprächen mit Partnern des Nordens im Oktober 2001 zur „New Partnership for Africa's Development" (NEPAD), und nach der Weltbank wollen nun auch die G8-Staaten im Juni 2002 in Kanada Maßnahmen der Kooperation mit dem NEPAD-Programm verkünden. Es wäre zu begrüßen, wenn Forschung und Lehre in Afrika selbst, in den Ländern des Nordens, aber auch des Südens das NEPAD-Programm als Gegenstand fördern und somit helfen, den eindimensionalen Diskurs über Afrika zu überwinden. In diesem Prozess könnten neue hilfreiche, ausgewogene Erkenntnisse und Theorien zu Entwicklungspolitik und Entwicklungszusammenarbeit gewonnen werden, die über Afrika und die Beziehungen zu Afrika hinaus neue Denkanstöße und Verhaltensweisen in der internationalen Zusammenarbeit voranbringen.

Literatur

Fahrenhorst, Brigitte (Hg.) 2000: *Die Rolle der Entwicklungszusammenarbeit in gewalttätigen Konflikten*, Berlin: Society for International Development

Mehler, Andreas/Ribaux, Claude 2000: *Krisenprävention und Konfliktbearbeitung in der Technischen Zusammenarbeit – ein Überblick zur nationalen und internationale Diskussion*, Wiesbaden: Deutsche Gesellschaft für Technische Zusammenarbeit (GTZ)

Thiel, Reinold E. (Hg.) 1999: *Neue Ansätze zur Entwicklungstheorie*, Bonn: Deutsche Stiftung für internationale Entwicklung

Russland zwischen Vergangenheit und Globalisierung

Klaus Segbers

Tradiertes Russlandbild und russländische Wirklichkeit

Die meisten Aussagen über Entwicklungen in der Russländischen Föderation (RF)[1] setzen voraus, dass sich über den Großraum Russland in *statements* etwas Sinnvolles aussagen lässt. Und Akteure in Russland teilen diese Annahme. Jedoch entzieht sich der Raum Russland zunehmend allgemeinen Beurteilungen. Den daraus folgenden Problemen der Konzeption, der Analyse und der Darstellung müssen wir uns stellen; dann sind auch sinnvolle Aussagen möglich. Zur Heterogenität des Raumes und der Menschen darin kommt eine weitere Schwierigkeit. Westliche und vor allem deutsche Diskurse über Russland sind stark mit Stereotypen durchsetzt. Sie durchziehen Schulbücher und Filme, Medien und auch zahlreiche wissenschaftliche Darlegungen. Für manche von uns ist „Russland" etwas sehr Besonderes, gar Einzigartiges. Womöglich kann man sich rational gar nicht annähern, weil das Phänomen so irrational ist, dann muss man es „erspüren". Russland ist immer gefährlich und ineffektiv – diese Dichotomie bleibt, unabhängig davon, ob vom Zarismus, von der UdSSR oder dem nachsowjetischen Russland die Rede ist. Zugleich unterstellen viele, dass in Russland eine mehr oder minder funktionierende staatliche Verwaltung agiert, die beeinflussbar ist. Demzufolge handeln die Regierungsstellen dort zielgerichtet und verfügen über Steuerungspotenziale. Hinzu kommt ein Bedarf nach apokalyptischen Meldungen aus und über Russland, den eine unausgewogene Berichterstattung produziert. Ferner werden wir ständig zur „Hilfe" aufgerufen, und hier wird Deutschland oft eine besondere Rolle und Zuständigkeit zugeschrieben.

All diese Annahmen sind bei genauerer Betrachtung zweifelhaft. Sie werden im Folgenden nicht gemacht. Die hiermit angezeigte Skepsis gegenüber unserem klassischen Russlandbild soll im Folgenden wenigstens teilweise belegt werden. Unterschiedliche Akteure reagieren unterschiedlich auf sowjetisches Erbe und auf Globalisierung. In einem jüngst abgeschlossenen Projekt über „Transformation und Globalisierung" (Segbers 2001) zeigte sich, dass „Russland" eher eine Idee als ein konsistentes Gebilde ist. Es gibt viele Akteure mit eigenen Interessen und Strategien; sie fügen sich nicht in die Vorstellung, Russland sei auch nur annähernd ein einheitlicher Akteur. Und es gibt zu viele Institutionen (Spielregeln)[2] in verschiedenen Zuständen der Wirksamkeit und Verdichtung, als dass wir von einem zielstrebig arbeitsfähigen Staatsgefüge ausgehen könnten.

---

1 Im Russischen ist ‚russisch' (russkij) der Sprache und deren Sprechern vorbehalten. Das Land bzw. die Föderation heißt ‚russländisch' (rossijskij), von ‚Rossija', Russland. Das Grundwort für das Land, Rus', ist nur noch in feierlicher oder poetischer Sprache gebräuchlich.

2 Siehe zum Begriff der Institutionen mit zahlreichen Verweisen: Schulze, http

Welche wichtigen Akteursgruppen gibt es? Was prägt und was treibt sie? Und welche Institutionen, wenn nicht mehr nur und primär die klassisch politischen und formalen, regulieren Interaktionen in Russland? Es ist sinnvoll, von der Annahme auszugehen, dass die gegenwärtigen Prozesse des seit den achtziger Jahren beschleunigt verlaufenden Wandels vor allem von zwei Faktorenbündeln geprägt werden: Einerseits von den Strukturen und Spielregeln aus sowjetischen Zeiten und andererseits von Einflüssen, die dem internationalen Umfeld und dem Globalisierungskontext entstammen. Diese beiden Faktorenbündel haben einen entscheidenden Einfluss auf Akteure und Institutionen in den postsowjetischen Räumen. Sie produzieren Anreize und Handlungsschranken, Gelegenheiten und Risiken. Unterschiedliche Akteure (Individuen und Gruppen) reagieren verschieden auf das Erbe der Vergangenheit und auf die Impulse des gegenwärtigen transnationalen Kontextes. Deshalb verlaufen die politischen, wirtschaftlichen, sozialen und kulturellen Wandlungsprozesse auch so uneinheitlich und widersprüchlich. Sowohl zur sowjetischen Vergangenheit wie zur Globalisierung gibt es umfangreiche Literatur. Für uns geht es jedoch darum, die Einflüsse beider Faktorengruppen auf den aktuellen Wandel, unter dem Aspekt ihrer Bedeutung für nachsowjetische Entwicklungen zu diskutieren.

Das sowjetische Erbe: Kontinuitäten und Brüche

Der nachsowjetische Wandel in den neunziger Jahren ist mannigfach untersucht worden, was die Ursachen des sowjetischen Zusammenbruchs ebenso wie den Verlauf des Wandels, Konzepte ebenso wie reale Veränderungsrichtungen betrifft.[3] In diesem Wandel finden sich Kontinuitäten ebenso wie Brüche. Die großen Brüche sind populär und attraktiv, weil sie weithin sichtbar scheinen und weil sie leicht darstellbar, auch visualisierbar, sind. Aber die Ereignisse, die dafür oft herangezogen werden, deuten nicht unbedingt auf raschen und substanziellen Wandel. Vor allem im Bereich des scheinbar Unpolitischen – der sozialen Beziehungen, Interaktionsformen, kulturellen Kodierungen, dem Verhalten der ökonomischen Agenten – ist häufig eine Koexistenz sowjetischer und nachsowjetischer Regeln zu konstatieren. Im Ergebnis ergibt sich das Bild eines Flickenteppichs, eines komplexen Gewebes oder Netzes von Aktionen und Beziehungen, eine Textur, die sich einfachen und plakativen Annäherungen entzieht. Um diese Mischungen adäquat zu deuten, bedarf es erheblicher Anstrengungen der Politikwissenschaft, unter Rückgriff auf Angebote der Sozial-, Wirtschafts- und Kulturwissenschaften.

3 Für einen Überblick vgl. die Literaturangaben im Arbeitspapier Nr. 1 des Osteuropa-Instituts der Freien Universität Berlin (Arbeitsschwerpunkt Politik und Gesellschaft), elektronische Version: http://userpage.-fu-berlin.de; segbers/index4.html. Siehe auch die Diskussionen und Materialien in: Johnson's Russia List, www.cdi.org/russia/johnson; die Analysen des PONARS Projekts, www.fas.har-vard.edu/@ponars; die Zeitschriften *Europe-Asia Studies, Post-Soviet Affairs, Post-Communist Studies, Russian Review, Slavic Review*

Die laufenden Wandlungsprozesse sind nicht denk- und deutbar ohne Berücksichtigung der spezifischen Integrationsmechanismen (Spielregeln) sowjetischer Institutionen, die das Verhalten der Akteure prägen und einschränken. Die wichtigsten sind (vgl. Segbers 2001: Bd. 2, Kap. 1):

- weiche Budgetschranken: Nicht konkurrenzfähige, verlustbringende Wirtschaftsakteure (vor allem Betriebe) verschwinden zumeist nicht vom Markt;
- die durch Horten und informelle Tauschbeziehungen erzeugte notorische Defizit- oder Mangelwirtschaft;
- der administrative Markt, ein allumfassendes, nach Rollen und Status ausdifferenziertes System, das auf horizontalen und vertikalen Aushandlungs- und Tauschprozessen beruht;
- die „Lebensform der Pendler", die das Horten, Lagern und Verbringen von selbst produzierten oder abgezweigten Gütern umschreibt;
- das System der administrativ-territorialen Gliederung und Aufteilung des gesamten Staatsraumes;
- die Institutionalisierung und Politisierung von Ethnizität;
- die Unterscheidung zwischen offiziellem oder offiziösem Diskurs und Kommunikation in privaten Nischen.

Alle diese Institutionen waren sehr wirkmächtig, viel mehr als die Bausteine der offiziellen sowjetischen Mechanismen. Die finale Krise des sowjetischen Systems wurde zweifellos durch endogene Faktoren produziert. Die Last einer unorganischen, überdehnten Weltmacht, deren interne Mechanismen nicht mehr innovationsfähig waren, konnte nur zu einem Kollaps führen. Die Frage war schon seit den frühen achtziger Jahren nicht ob, sondern wie der Zusammenbruch des sowjetischen Modells geschehen und ob er einigermaßen steuerbar sein würde. Konsistenz und Stabilität der politischen Steuerung beruhten auf der Fähigkeit des politischen Zentrums (Politbüro etc.), Ressourcen zu generieren und zu verteilen. Interessengruppen und Lobbies, die besser positioniert waren als andere, konnten Vorzugsbehandlung und Subventionen aushandeln. Führung und Lobbies waren in endlose Aushandlungsprozesse um immer rarere Ressourcen verwoben. Bei schwindenden Ressourcen und steigenden Anforderungen war dieses Modell nicht mehr lebensfähig. Schon gar nicht konnte es die Innovationsdynamik unterstützen, die in anderen Erdregionen durch die einsetzende Globalisierung freigesetzt wurde.

In der späten Sowjetzeit, während der Perestrojka, ging die strenge, formale politische Kontrolle teils verloren, teils wurde sie gelockert – zugunsten taktischer Überlegungen und Koalitionsbildungen. Absetzbewegungen von wirtschaftlichen Akteuren (Kooperative, Betriebe), politisch-wirtschaftlichen Gruppen (Komsomol) und Unionsrepubliken (im Baltikum und im Transkaukasus) wurden teils legalisiert, teils ignoriert und eher unentschieden bekämpft. Zugunsten kurzfristiger politischer Kalküle wurden ohnehin schwankende, aber tragende Elemente der Konstruktion des sowjetischen politischen Gefüges demontiert, mit den bekannten Wirkungen. Der Verlust an Ressourcen und an Steuerungsinstrumenten führte zur zunehmenden Absetzbewegung von administrativen, regionalen und sektoralen

Eliten. Sie spürten die Schwäche des Zentrums und nutzten sie. Typische Effekte von instabil werdenden „principal agent"-Beziehungen setzten ein: defection und bank run. Die alten Integrationsmechanismen griffen nicht mehr, und heute lassen sie sich natürlich erst recht nicht mehr herstellen. Aber die Regelsysteme, einige formale und vor allem informelle Institutionen, Spielregeln wirken noch immer. Und die Akteure sind teilweise noch in die Strategien und Netzwerke der Sowjetzeit eingeübt.

Der Globalisierungs-Kontext

Globalisierung ist ein Konzept mit vielen Konnotationen und Bedeutungen.[4] Für unseren Zweck fassen wir Globalisierung als globale Beweglichkeit und Interaktion von Kapital- und Kommunikationsflüssen, ermöglicht durch neue Technologien der Datenübermittlung. Diese Daten-, Deutungs-, Waren- und Güterströme verbinden Länder, Gesellschaften, Wirtschaftsakteure und Individuen. Die Bereitschaft dieser Gruppen und ihrer Teile, mit den Strömen umzugehen, und die Fähigkeit, sie zu absorbieren, sind sehr verschieden ausgeprägt. Es wird immer schwieriger, sich von diesen Bewegungen fernzuhalten und nicht erfassen zu lassen. Exit-Optionen, autozentrierte Entwicklungen sind kaum noch realisierbar. Im Folgenden relevante, auch für die frühere Sowjetunion abprüfbare Indikatoren für Globalisierung:

- zunehmend unkontrollierte und anscheinend auch schwierig kontrollierbare Kapitalströme;
- neue Möglichkeiten des Transports und der Übermittlung von Gütern, Dienstleistungen, Menschen, Informationen und Inhalten jeder Art;
- Digitalisierung von Informationen und Kommunikation, teilweise auch von Steuerungsprozessen;
- unterschiedliche Reaktionsformen auf den permanenten Zustrom von parallelen Stimuli, die sich auf Arbeit, Freizeit und Information beziehen;
- die Bildung von „neuen Zentren" und Regelsystemen wie *megacities* und *city regions*, Hauptquartiere von transnationalen Unternehmen (TNCs), Internetanbieter, transnationale Institutionen;
- die sich wandelnde Bedeutung von Raum (vgl. Segbers 2001: Bd. 3) und Zeit.

Globalisierung ist also der zweite wesentliche Faktor, der auf die Prozesse in den nachsowjetischen Räumen einwirkt.

4 Zum Überblick siehe die Literatur auf meiner homepage: http://userpage.fu-berlin.de/segbers, dort bei „courses/ws2000/01/world politics"

Neue Akteursgruppen

Die relative Regulierungsfähigkeit der Nationalstaaten geht zurück. Die politikwissenschaftlichen Instrumente, Konzepte und Ansätze müssen das nachvollziehen. Traditionelle Konzepte wie Souveränität, Territorialität, Grenzen, Innen/Außen verlieren angesichts der heutigen Phänomene an Erklärungskraft (vgl. Fußn. 3, bei „courses/ss2000/millenium"). Während Staaten gewiss noch eine wesentliche Rolle spielen, auch bei der Gestaltung von Rahmenbedingungen und der Regulierung von Strömen, zeigen sich zunehmend andere Akteursgruppen, die „mitspielen". Solche Akteursgruppen sind auch – und mitunter in besonderem Maße – in der früheren Sowjetunion aktiv. Die Schwäche des alten Zentrums hat dies ermöglicht. Derartige Akteure – Individuen, soziale Schichten, Generationskohorten, regionale und sektorale Interessengruppen – haben prinzipiell Optionen hinsichtlich ihrer Haltung zum Globalisierungskontext. Sie können die neuen Optionen annehmen und zu nutzen suchen; sie können auch versuchen, sich zu widersetzen oder zu entziehen; oder sie können Ignoranz simulieren. Jedenfalls gibt es sehr verschiedene Ausstattungen, Potenziale, Haltungen und Strategien, um auf Globalisierung zu reagieren. Und es gibt „Gewinner" und „Verlierer". Entsprechende Optionen des Umgangs gibt es auch hinsichtlich des sowjetischen Erbes. Um diese Haltungen und Strategien zu begreifen, werden neue Instrumente der politischen und sozialen Kartographie benötigt. Die alten Formen des *mapping* von Staaten als Kerneinheiten müssen modifiziert und ergänzt werden, durch neue Formen der Repräsentation politischer Einheiten und Akteure. Zwar gibt es schon seit Jahren Steuerungsmodelle, die akzeptieren und abzubilden suchen, dass neue Akteure und Institutionen an traditionellem Regierungshandeln vorbei wirken, es erodieren und ihm entgegen handeln. Das hat viel zu tun mit der europäischen Integration und den Regelungsformen, die damit verbunden waren – bis hin zu Aushandlungssystemen und Mehrebenenspielen (vgl. Grande/Risse 2000: 245, 253f.). Mit dem sich globalisierenden Umfeld sind weitere Modifikationen unseres politikwissenschaftlichen Werkzeugkastens erforderlich, gemäß der Vielfalt wirkender Akteure und der Verschiedenartigkeit von – formalen wie informellen – Interaktionen. Für unseren Zweck der Deutung nachsowjetischer Politik schlage ich dafür ein Flickenteppich- oder patchwork-Modell vor als adäquates Instrument, um von den notorischen Annahmen über Konsistenz und einheitliche Akteure wegzukommen. Die reale Lage ist viel komplexer.

„Russland" zwischen Vergangenheit und globalisierter Gegenwart

Wie oben beschrieben, lautet die Leitfrage dieses Beitrags, wie nachsowjetische Akteure und Institutionen sich zwischen den beiden Faktorengruppen Vergangenheit und globalisierte Gegenwart positionieren, d. h. wie diese beiden Einflüsse Akteursstrategien und Spielregeln prägen (zu Details siehe Segbers 2001: Bd. 2, Kap. 1). Bei sichtbaren Spuren sowjetischer Institutionen ist die frühere Sowjetunion zunehmend dem Globalisierungskontext ausgesetzt. Einwerbung von Kapital, von Investitionen, Zustrom von Dienstleistungen und Informationen sind erforderlich, um die weitere Entwicklung der Russländischen Föderation, auch ihre angemessene Eingliederung in die Weltwirtschaft sicherzustellen. Ebenso muss Russland Mitglied internationaler Organisationen und Institutionen werden, soweit das noch aussteht: vor allem in der Welthandelsorganisation (WTO).

Die Auswirkungen des globalen Kontextes auf gesellschaftliche Gruppen sind erheblich. Lebensstile, Konsummuster, Kommunikations- und Unterhaltungsformen, all das ist nicht mehr „draußen". Diese Einflüsse können nicht wirksam abgehalten und an der RF vorbei geleitet werden. Die meisten Menschen sind sich ihrer globalen Umgebung bewusst. Bei vielen verändert das die Bezugspunkte für Vergleiche und für die Entwicklung von (Un)Zufriedenheit. Lebensstrategien werden oft auf Erfahrungen und Wahrnehmungen bezogen, die nicht nur mit Russland zu tun haben. Es ist also offensichtlich, dass der globale Kontext die RF auf verschiedene Weise beeinflusst. Das bedeutet jedoch nicht ohne weiteres, dass nur Homogenisierungseffekte stattfinden. Die betroffenen Akteure und Gruppen – regionale und sektorale, Generationen und Ethnien – perzipieren und konvertieren diese Umfeldeinflüsse auf je spezifische Weise, entsprechend ihren Erfahrungen, Interessen und den verfügbaren Ressourcen. Globale Einflüsse werden, wie auch in anderen Ländern, aufgenommen und dabei verarbeitet und teilweise umgeformt. Externe Muster und Ströme werden so anverwandelt, und dies ist es, was vergleichende Studien sinnvoll macht.

Zu drei Fragenkomplexen liegen derweil genauere Aufschlüsse vor: 1) Welche Einstellungen haben relevante russländische Akteure zur Globalisierung? 2) Welche Interessen haben sie an öffentlichen Gütern? 3) Welche Zeithorizonte haben wichtige Akteursgruppen? Dabei gehen wir von der Beobachtung aus, dass nachsowjetische Räume, in denen diese Akteure agieren, durch schwache formale Institutionen gekennzeichnet sind. Das bedingt spezifische Präferenzen und Formen der Nutzenmehrung:

- das Streben nach Zugang zu und der Kontrolle und Mobilisierung von Ressourcen aller Art;
- das Ausnutzen von Positionen auf dem administrativen Markt der UdSSR von Staatsnestern, alten Netzwerken und von Preisdifferenzialen;
- *rent seeking* als Aneignungsstrategie, so lange es möglich und profitabler ist als Wettbewerb;
- Legalisierung von auf welche Weise auch immer akkumulierten Ressourcen.

Die meisten dieser Akteure waren in (alte) Netzwerke eingebettet. In den neunziger Jahren verfolgten sie ihre ressourcenbezogenen Strategien in einer Umgebung, in der es keinen Schiedsrichter in Form eines durchsetzungsfähigen Staates gab. Der russische Staat war schwach, und er beteiligte sich über bürokratische Gruppen an den skizzierten Aneignungs- und Aushandlungs-Strategien. Erst gegen Ende der neunziger Jahren waren Tendenzen zu verzeichnen, die erwarten ließen, dass sich ein neues Äquilibrium herausbildet, das von wachsendem Interesse zahlreicher

Akteure an Konsolidierung und Stabilisierung zeugte (vgl. Solnick 1999). Schauen wir uns nun einige Ergebnisse der Umfragen und Studien[5] an, die uns noch sowjetische patchworks erklären sollen. Ein wesentlicher Fragenkomplex galt, wie erwähnt, den Einstellungen relevanter Akteursgruppen zu den Möglichkeiten und Begrenzungen, die Globalisierung bietet. Hier interessiert vor allem, ob die Gruppen eine aktive, akkommodierende Einstellung haben oder ob sie sich zurückhaltend bzw. resistent verhalten und protektionistische Optionen verfolgen. Es zeigt sich, dass – nach den inter- und transnationalen Akteuren mit Interessen in Russland – vor allem die Energieexporteure (Öl- und Gasgesellschaften) sowie die konkurrenzfähigen Anbieter von Waffen und Metallen, ferner die leistungsfähigen Regionaladministrationen eine eher offene, positive Grundeinstellung zum globalen Umfeld haben. Die Umfragen für die Bezugsjahre 1999 und 2004 (Prognose) zeigen ansonsten leichte Differenzen, vor allem hinsichtlich der Erwartung an die Offenheit der wirtschaftsbezogenen Blöcke der Regierung. Als herausragende Globalisierungszauderer wurden vor allem die Oligarchen und die kommerziellen Banken genannt, zudem die Automobilhersteller und der landwirtschaftliche Sektor. Diese Gruppen werden für westliche Kontaktstrategien wenig in Betracht kommen.

Die zweite Fragengruppe betrifft die Einstellungen relevanter Akteursgruppen zu öffentlichen und privaten Gütern. Das ist wichtig, da in diesen Bereichen in den neunziger Jahren eine starke Verschiebung weg von der Bereitstellung öffentlicher Güter stattgefunden hat. Dies ging einher mit der generell endemischen Regellosigkeit, zumindest im Bereich formaler Institutionen. In der UdSSR gab es keine harten Budgetschranken, und in den neunziger Jahren waren ebenfalls weiche Schranken vorherrschend. Eigentumsrechte waren in der Sowjetunion zumindest informell geregelt. Mit der Perestrojka und den dann einsetzenden wilden Zugriffsversuchen und den verschiedenen Privatisierungs- und Aneignungsstrategien wurden sie zu einem der zentralen Konfliktfelder. Sicherheit wurde in sowjetischen Zeiten teils vom Staat, teils von anderen, aber weitgehend bekannten Instanzen zu bestimmten Konditionen angeboten. Nach 1987 war Sicherheit ein Objekt der Aushandlung zwischen den je beteiligten Gruppen und musste von den Interessenten im Wesentlichen als „Versicherungssystem" finanziert werden. Auf Staatsfunktionen war kein Verlass mehr.

Vor dem Hintergrund der Frage, ob relevante Akteursgruppen zunehmend wieder Interesse an stabilen Regelungssystemen entwickeln – ob also, mit Mancur Olson (2000), herumziehende Banditen allmählich in fest stationierte Banditen konvertiert werden –, ist die Frage nach dem Interesse an öffentlichen bzw. privaten Gütern von erheblichem Interesse. Bei der Auswertung der Expertenumfragen zeigte sich, dass in der ersten Hälfte der neunziger Jahre die Bereitschaft, harte

5 Im Rahmen des Projektes wurden Akteurs- und Institutionenanalysen in Auftrag gegeben. Außerdem wurde eine Expertenumfrage in zwei Umläufen durchgeführt (Details der Umfrage in: Segbers 2001, Bd. 1, Kap. 1). Die Antworten der Experten rangieren auf einer Skala von 0 (wenig ausgeprägt) bis 5 (stark ausgeprägt).

Budgetschranken – und damit auch das Verschwinden ineffektiver Betriebe vom Markt – zu akzeptieren, sehr gering war. Für 1999 und (prospektiv) 2004 stieg jedoch die Neigung, diese Marktregel hinzunehmen. Eine ähnliche Entwicklung ist bei der Akzeptanz von klar fixierten Eigentumsrechten zu registrieren. Das durchschnittliche Interesse der relevanten Akteursgruppen (aggregierte Daten) an klar definierten und durchsetzbaren Eigentumsrechten steigt in den neunziger Jahren deutlich an – von 1999 auf 2004 um 0.7 Punkte (bei Budgetschranken um 0.3 Punkte).

Schließlich bleibt die äußerst wichtige Frage nach den Zeithorizonten. Die Zeitkalküle und -erwartungen von Akteuren sagen einiges über die Chancen, stabile Institutionen zu entwickeln. Zeithorizonte reflektieren und definieren Akteursstrategien. Üblicherweise wird eine positive Korrelation zwischen kurzen Zeithorizonten und *roving bandit*-Verhalten angenommen. Das heißt auch: Je länger die Zeithorizonte, desto wahrscheinlicher wird, dass die Akteure kooperationsbereit und -fähig sind und dass sie Stabilitätsperspektiven innerhalb eines gegebenen Kontextes entwickeln (Olson 2000: Kap. 2). Die im Rahmen des erwähnten Projekts durchgeführten Umfragen legen deutlich nahe, dass Zeithorizonte in Russland länger wurden und werden. Die Resultate der beiden 1999 und 2000 organisierten Umfragen sind darin überraschend ähnlich.

Kurze, auch extrem kurze Zeithorizonte waren charakteristisch für die frühen neunziger Jahre. Sie spiegelten die hohe Unsicherheit, die mit politischen und sozialen Konflikten der Jahre 1991 und 1993 verbunden waren. Erst 1999 war eine Verminderung sehr kurzer Horizonte erkennbar, und dies dürfte sich fortsetzen. Entsprechend wächst die mittelfristige Zeitperspektive (zwischen einem und vier Jahren) an. Dieser Zeithorizont entspricht den üblichen Wahlzyklen in vielen Ländern und bestimmt deshalb den Handlungsrahmen der meisten Politiker, die von diesen Wahlzyklen abhängen. Lange Zeitkalküle über vier Jahre hinaus – bei Politikern eher selten anzutreffen – nehmen bei den russischen Akteursgruppen ebenfalls deutlich zu. Bis 2004 sollen sie, so die Schätzungen, die Kurzfristkalküle überholen. Diese Tendenz zeigt an, dass die Voraussetzungen für einen verlässlicheren institutionellen Rahmen besser werden.

Zusammengefasst zeigen die Ergebnisse der Expertenbefragungen zwei Tendenzen. Zum einen unterscheiden sich die Einstellungen relevanter Gruppierungen gegenüber ihrem Potenzial, Spielregeln zu beeinflussen, gegenüber Globalisierung und öffentlichen Gütern teilweise erheblich. Das gilt auch für staatliche Akteursgruppen, womit die Ausgangsskepsis gegenüber Konsistenzannahmen über „russische Politik" bekräftigt wird. Der Befund reflektiert die unterschiedlichen Anpassungspotenziale und Ressourcenausstattungen der Gruppen. Zum Zweiten gibt es einige wichtige, vielen Gruppen gemeinsame Trends. Generell ist der Einfluss sowjetischer Institutionen rückläufig, teilweise erheblich. Die befragten Experten erwarten, dass sich diese Tendenz weiter fortsetzt und verstärkt. Der Befund, dass weiche Budgetschranken vorherrschten und Eigentumsrechte ungewiss seien, schwächt sich ab. Dies korreliert mit der zunehmenden Offenheit des Landes gegenüber dem globalen Kontext, und es entspricht dem Längerwerden der Zeithorizonte. Das sind gute Nachrichten für alle, die an einem stabileren Raum Russland interessiert sind. Ein weiterer Befund besteht darin, dass es eine wachsende Gruppe von russischen „Globalisierern“ gibt. Nach Leslie Sklair (2001: 17, 22 und passim) sind es vor allem vier Gruppen, die als Akteure Globalisierung voranbringen: Manager transnationaler Konzerne als korporatistische Fraktion; global orientierte Bürokraten und Politiker als staatliche Fraktion; global orientierte Berufsgruppen als technische Fraktion; Kaufleute und Massenmedien als Verbraucherfraktion.

Alle diese Gruppen sind in Russland auf dem Vormarsch. Dies lässt sich nicht genau quantifizieren, aber es lässt sich feststellen, dass alle diese Gruppen in Russland a) existieren und b) wachsen. Es versteht sich, dass es andere Gruppen gibt, die keine „Globalisierer“ sind und es auf absehbare Zeit auch nicht werden. Beide Lager existieren und koexistieren in Russland. Was immer Vorbehalte und Einwände im Detail sein mögen, russische Akteure sind zunehmend, positiv wie negativ, in weltweite Trends integriert – oder von ihnen ausgeschlossen. Die Spielregeln zwischen diesen Gruppen werden noch deutlich, aber immer weniger von der sowjetischen Vergangenheit geprägt. Diesem Ergebnis entspricht ein dritter Befund. Es ist charakteristisch für nachsowjetischen Wandel, dass signifikante Veränderungen stattfinden, die nur zum Teil organisiert und „von oben“ gesteuert sind. Das zeigt, dass der laufende Wandel, der ja keineswegs nur Nebenaspekte betrifft, vereinbar ist mit schwachen Institutionen wie auch mit schwachen oder gar scheiternden Staaten. Aus objektiven Gründen – schwierige und komplexe Entwicklungen bei Staatsetablierungen und *nation building*, allgemeine Schwäche vor allem formaler Institutionen, anhaltende Schatten der Vergangenheit und mitunter gegensätzliche Signale oder Anreize aus der externen Umgebung – können die politisch scheinbar führenden Eliten den Wandel nicht wirklich und wirksam steuern und kontrollieren. Es gibt keinen Wandel by design (vgl. Stark/Bruszt 1998: 80-83). An diesem Punkt ist die in jüngerer Zeit in der Politikwissenschaft entfachte Debatte über Steuerungsverfahren (governance) fruchtbar auch für nachsowjetische Räume.

(Mit Genehmigung des Verfassers und der Landeszentrale für politische Bildung Baden-Württemberg leicht gekürzt und in den Formalien dem vorliegenden Sammelband angepasst aus: Der Bürger im Staat, Stuttgart, 51 (2001) 2-3, S. 155-159)

Literatur

Grande, Edgar/Risse, Thomas 2000: Bridging the Gap. Konzeptionelle Anforderungen an die politikwissenschaftliche Analyse von Globalisierungsprozessen, in: *Zeitschrift für Internationale Beziehungen* 7.2, S. 235-266

Olson, Mancur 2000: *Power and Prosperity*, New York: Basic Books

Schulze, Holger: Neo-Institutionalismus. Ein analytisches Instrumentarium zur Erklärung gesellschaftlicher Transformationsprozesse, in: *Arbeitspapiere des Osteuropa-Instituts der Freien Universität Berlin, Arbeitsbereich Politik und Gesellschaft,* http://userpage.fu-berlin.de/segbers/wp/wp.htm

Segbers, Klaus 2001: *Explaining post-Soviet Patchworks*, 3 Bände, Aldershot: Ahgate

Sklair, Leslie 2001: *The Transnational Capitalist Class*, Oxford: Blackwell

Solnick, Stephen 1999: Russia's „Transition" Is Democracy Delayed Democracy Denied?, in: *Social Research* 66.3, auch: www.columbia edu/~sls27/Content/CV/SLS-SR-Ebsco.htm

Stark, David/Bruszt, László 1998: *Postsocialist Pathways*, Cambridge et al.: Cambridge University Press

Über Grenzen: Kate Campbell, Tish Hinojosa und Johnny Cash – Spuren des Politischen in der nordamerikanischen Countrymusic

Dietmar Schiller

Fade-In: Nashville, Country Music City, USA – And the winner is ...

Nashville, 4. Oktober 2000. Die Live-Übertragung der Verleihung der *34th Annual CMA Awards* im *Grand Ole Opry House* hat es zum wiederholten Male an den Tag gebracht: Als Inbegriff totaler Kommerzialisierung ist „New Country Music" nichts weiter als eine Sparte populärer Musik, der es neben Entertainment vor allem um Umsatzsteigerung geht. Mit einem Etikett versehen ist „New Country" weiß, konservativ und männlich dominiert.

Die African Americans Nashvilles, immerhin eine starke Gruppe innerhalb der urbanen Community (Unterberger 1999: 113), bekommen allenfalls die Rolle von Statisten zugewiesen: Zu Beginn in Form eines Gospelchors und zwischendurch, bei dem Auftritt von Zeremonienmeister und Country-Superstar Vince Gill, wird der farbige Bassist seiner sonst weißen Band ins Rampenlicht gerückt. Und neben dem bereits verstorbenen Faron Young wird Charley Pride, bislang einziger schwarzer Country-Superstar, in die Country Music Hall of Fame aufgenommen. Eine Ehre, die bisher nur 73 SängerInnen vor ihm erfuhren.

Im Unterschied dazu sind Frauen an diesem Abend überdurchschnittlich präsent. Erwartungsgemäß werden Faith Hill für „Breathe", Lee Ann Womack für „I hope you dance" und die „Dixie Chicks" als Entertainer of the Year ausgezeichnet. Ihre Lieder handeln von Liebe, Herz, Schmerz und unterscheiden sich somit nicht von denen ihrer männlichen Kollegen. Herz, Schmerz und ... No Politics!

Ansonsten vollzog sich die Preisverleihungszeremonie in ähnlicher Form, wie sie seit Jahren in der Musik- oder Filmindustrie zelebriert wird: Ein Präsentator kündigt die Laudatoren an, die die Nominierten und PreisträgerInnen vorstellen. Die wiederum bedanken sich beim Publikum und garnieren die Show mit ihren Songs für das Fernsehpublikum und für sich: Es wird applaudiert und gejubelt – Stars und Sternchen unter sich!

Track 1: In the Country of Country

Nicholas Dawidoff kommt am Ende seines musikalischen Ausflugs „In the Country of Country. A Journey to the Roots of American Music" (1997: 309) zu der Feststellung, Mainstream Country sei ein Mittelklasse-Disneyland. Gemeinhin wird die amerikanische Countrymusic als trivial bezeichnet. Trotz Anreicherung durch afroamerikanische Stilelemente und einer Auffächerung in zahlreiche Sub-Genres

(Alternative Country, Americana, Neo-Folk) bleibt „sie mehrheitlich eine Musik der konservativen weißen Unterschichten des Südens, Mittelwestens und Westens" (Palmié/Ostendorf 1992: 737). Wenn Politik überhaupt thematisiert wird, fokussiert sie auf einen kaum reflektierten *red-neck*-Patriotismus, der sich in einem nationalen Pathos zwischen *Ranch* und *Country Dance Hall* entlädt und überkommene gesellschaftliche Werte nicht in Frage stellt. Dass dieses Bild *so* nie stimmte und auch dieses Genre US-amerikanischer Popularmusik immer VertreterInnen hervorgebracht hat, die über anderes singen, darüber will dieser Beitrag erzählen. Johnny Cash, Tish Hinojosa und Kate Campbell gehören zweifelsohne dazu. Also satteln wir die Pferde oder besteigen den Zug, um uns auf eine ganz besondere musikalische Reise zu begeben.

Um Kriterien zur politikwissenschaftlichen Analyse der Bedeutung des Politischen in der Countrymusic zu erhalten, schlage ich zwei gegensätzliche, aber miteinander verwobene Fragestellungen vor:

- Wird durch den Mainstream der pop-orientierten Countrymusic, pejorativ auch als Hot Country bezeichnet, die Aufrechterhaltung konservativer Grundhaltungen manifestiert, die in den Randbereichen sogar latent rassistisch sind?
- Inwiefern tragen wiederum liberale Strömungen innerhalb der Countrymusic zu einer Infragestellung und Relativierung dieses konservativen Wertekonglomerats bei, indem Todesstrafe, illegale Einwanderung und Rassismus problematisiert, beschrieben und kritisiert werden?

Zweifelsohne konserviert das Gros der Countrymusic ein Konglomerat an konservativen Wertvorstellungen. Aber Countrymusic bleibt dann unzureichend interpretiert, wenn sie nur mit Plattitüden und Vorurteilen beschrieben wird, deren Ursprünge, Bandbreite, Nebenstränge und Verzweigungen mit anderen Musikstilen jedoch weitgehend unberücksichtigt bleiben (vgl. Wolff 2000: vii). Doch trotz aller Differenzierungsversuche bleibt sie mehrheitlich eine Musik der Weißen, und zwar in Hinsicht auf die Interpreten, das Publikum und die Themen. Historisch betrachtet verschmolzen allerdings in der zweiten Hälfte des 19. Jahrhunderts und in der ersten Hälfte des 20. Jahrhunderts vor allem im Süden der USA schwarze und weiße Folkmusik: Die *worksongs* der *Negroes* mit den *Traditionals* der anglosächsischen Einwanderer, die *Spirituals* der Weißen mit dem *Blues* der Schwarzen. In den zehner und zwanziger Jahren traten sogar gemischte Bands auf, deren Repertoire durch gegenseitige Einflüsse gekennzeichnet war. Auf diese Facette machte 1994 das Album „Rhythm, Country and Blues" aufmerksam, auf dem gemischte Duos sowohl Songs der weißen *Countrymusic* als auch des schwarzen *Rhythm and Blues* interpretieren.

In diesem Zusammenhang soll abermals Charley Pride (geb. 1938) genannt werden, der als einziger African American zu einem Superstar der Countrymusic der siebziger und achtziger Jahre wurde. Auf seiner ersten Single wird er nicht abgebildet, „since the label was afraid that radio programmers would be reluctant to lend support to a Black country singer" (Vinopal 1997: 376). Seit 1945 konnten immerhin 32 African Americans Singles in den Country-Charts platzieren. Laut einer kürzlich durchgeführten Umfrage hören zwischen 17 und 24 % der schwarzen Bevölkerung Countrymusic (Wolff 2000: 527). Darüber hinaus gibt es eine Vereinigung schwarzer Country-Musiker, *The Black Music Association* (ebd.), die die Interessen der schwarzen Musiker in einer von weißen dominierten Musikbranche vertreten.

Dass diese Institutionalisierung unabdingbar ist, zeigt das tragische Karriereende von DeFord Bailey. Bailey, 1899 in Carthage (Smith County, Tennessee) geboren, war nicht nur der erste schwarze Musiker in der *Grand Ole Opry*[1], sondern deren erster Solostar. Obwohl latenter Rassismus beim jähen Ende von DeFord Baileys Karriere sicherlich nicht von der Hand zu weisen ist (vgl. Larkin 1998: 24), differenziert Charles K. Wolfe (2001: 180) dieses Geschehnis und weist auf den Stilwandel im Zeitalter von Bob Wills, Gene Autry und Benny Goodman hin. Bailey war passé. Er hatte der *Opry* nie verziehen. Bis auf gelegentliche Auftritte hatte er sich vollkommen aus dem professionellen Musik-Business zurückgezogen und spielte nur noch für seine Familie und Freunde (vgl. ebd.).

Dass das Paradigma „Rassismus und Countrymusic" bis heute sowohl Musiker als auch Kritiker beschäftigt, zeigt ein Disput zwischen Singer/Songwriter Will und Grant Alden, Mitherausgeber des Musikmagazins „No Depression", in der Rubrik „Hello Stranger" (No. 20, March-April 1999: 2). Alden nimmt eine kritische Äußerung von Oldham in „Time Out" (1998) zum Anlass, in der er „No Depression" als rassistisch bezeichnete, und erwidert, dass „No Depression" sich als branchenkritisches Magazin des so genannten *alternative country* „politically correct" verhalte. Insofern trifft die fraglos berechtigte Kritik Oldhams die falsche Adresse, denn rassistische und chauvinistische Äußerungen wird man in „No Depression" nicht finden. Vielmehr berücksichtigt das Magazin vernachlässigte Themen, Interpreten und musikalische Strömungen, jenseits von Kommerz und Mainstream.

Countrymusic, verstanden als eine Form der Popularmusik, trug und trägt als Wesenselement einen Eklektizismus in sich, der verschiedene Strömungen traditioneller Musik vereint. Sie hat immer schon Grenzen überschritten – musikalisch, geografisch und ethnisch. Dies ist der Ausgangspunkt der drei biografischen Skizzen von Kate Campbell, Tish Hinojosa und Johnny Cash.

Track 2: Kate Campbell. Aufrechterhaltung von Grenzen: Segregation und Rassismus

Als Tochter eines Baptistenpredigers in Sledge (Mississippi) war Kate Campbells Kindheit und Jugend stark durch die Bürgerrechtsbewegung der sechziger Jahre geprägt. Schon früh wird sie mit Rassismus und Gewalt konfrontiert. Diese Erfahrungen lassen sie nicht mehr los: Sie studiert *Southern History*. Dadurch konnte sie

1 Die *Grand Ole Opry* ist die Institution, mit der man die Geburt der modernen Countrymusic verbindet. Seit 1925 wurden im Radio die Hillbilly-orientierten *Barn Dance Shows* ausgestrahlt, ein Programm, das seit 1927 nur noch *The Grand Ole Opry* hieß (vgl. u. a. Unterberger 1999: 98f.; Wolff 2000: 18f.).

jene Gabe entwickeln, die besonderen Lebensumstände des Südens in ihren Songs zu beschreiben, zu reflektieren und zu kritisieren. In einem Interview im Jahr 1997 bekannte sie sich zu den Musikstilen des Südens und erklärte, warum sie es für wichtig hält, sich vor allem mit den Themen „land, race, religion" zu beschäftigen (vgl. u. a. Goodman 1999: 53).

Auf bislang fünf Alben hat sich Campbell kontinuierlich mit dem Thema Rassismus befasst. Zu nennen sind vor allem *A Cotton Field Away* (Songs from the Levee 1995), *Crazy in Alabama* (Visions of Plenty 1998), *Look Away* (Rosaryville 1999) und *Bear it Away* (Wandering Strange 2000). In diesen Songs verbindet sie differenzierte Sozialkritik mit einer klaren politischen Positionierung. Dabei schöpft sie aus dem enormen Fundus persönlicher Eindrücke, die sie mit zeithistorischen Ereignissen zu spannungsgeladenen *short stories* verdichtet.

A Cotton Field Away stellt Campbell lakonisch folgenden Hinweis voran: „In 1968, my second grade class held a mock presidential election and George Wallace won. That same year Martin Luther King Jr. was assassinated in Memphis." Um die emotionale Nähe zu diesen beiden Personen der Zeitgeschichte zu unterstreichen, wird jeweils ein O-Ton aus Reden von George C. Wallace und Martin Luther King für bzw. gegen Segregation dem Song vorangestellt. Durch dieses dramaturgische Mittel wird die damalige Polarisierung der US-amerikanischen Gesellschaft gegenwärtig (vgl. Berg 1998: 155-159). Dann setzt die Musik ein, die allmählich den Beifallssturm der Rede Martin Luther Kings übertönt.

Der Song beschreibt auf durchaus naive Art zunächst die (nicht) in Erfüllung gehenden Hoffnungen eines weißen und eines schwarzen Kindes in der Zeit der Rassentrennung, um dann aus dem eigenen Erleben jene Situation zu beschreiben, die den Beginn der Überwindung der Segregation bedeutet: Beide besuchen auf Gerichtsanordnung dieselbe Schule, und die weiße Campbell erkennt „You were a lot like me". Trotz einer veränderten Politik durch J. F. Kennedy und L. B. Johnson, die den *African Americans* die gleichen Bürgerrechte wie den Weißen zusicherten und eine Überwindung der Rassentrennung propagierten, blieb im Süden der USA die Rassendiskriminierung faktisch bestehen: „But still we stand a cotton field away."

In *Crazy in Alabama* präzisiert sie diesen Konflikt, indem sie über einen Vorfall aus ihrer unmittelbaren Nachbarschaft berichtet – alltäglicher, institutionalisierter Rassismus, prägnant und sensibel im Kontext der politischen Situation der sechziger Jahre beschrieben. Auch auf ihren beiden letzten Alben „Rosaryville" und „Wandering Strange" thematisiert sie den gewalttätigen Rassismus ihrer Jugend. *Look Away* besteht nur aus Gesang und Klavierbegleitung. Dadurch kommt der bilderreiche Text und die darin eingefangene Tragik und Hoffnungslosigkeit gut zur Geltung. Campbell beschreibt sehr detailliert die Eindrücke, die sie bei einem vermutlich vom Ku-Klux-Klan verübten Brandanschlag auf ein Haus empfindet. Zeit und Ort werden nicht genannt – somit steht dieses Ereignis für den alltäglichen Rassismus, der aus der Sicht eines Kindes beschrieben wird.

Bear it away ist hingegen einem konkreten historischen Ereignis gewidmet. Der Song, verfasst als eloquente Elegie, widmet sich dem Bombenattentat in der *Birmingham's Sixteenth Baptist church* 1963, durch das vier schwarze Mädchen ermordet wurden (vgl. www.nauticom.net.user/lippert/KateCampbell/signature.htm). Damals galt dieser Gewaltakt als Symbol weißer Opposition des US-amerikanischen Südens, die sich explizit gegen die Bürgerrechtsbewegung richtete.

Track 3: Tish Hinojosa. Grenzüberschreitung durch Immigration

Im Gegensatz zu Campbell ist die 1955 in San Antonio (Texas) geborene Tish Hinojosa vor einem anderen kulturellen und politischen Hintergrund aufgewachsen. Als Jüngste von 13 Kindern mexikanischer Immigranten wurde sie musikalisch sowohl durch mexikanische Volksmusik als auch durch die weiße Country- und Popmusik beeinflusst. Ihr Markenzeichen sind demzufolge bilinguale Songs (vgl. u. a. Goodman 1999: 158f.).

Neben ihrem Engagement für die United Farmworkers of America ist sie Sprecherin des National Women's Political Caucus und der National Latino Children's Agenda. Zudem arbeitet sie für die National Association of Bilingual Education. Obwohl ihr aktuelles Album *Sign of Truth* (2000) weniger sozialkritisch ist, bleibt ihre politische Grundhaltung dennoch erhalten (vgl. www.mundotish.com).

Immigration wird zum Schlüsselthema ihrer ersten Alben: Die *Border Trilogy* (1. *Joaquin*, 2. *West Side of Town*, 3. *Donde Voy*) auf „Homeland" (1989) und *Something in the Rain* auf ihrem 1992 veröffentlichten Album, das den programmatischen Titel „Culture Swing" trägt. In Form von drei Kurzgeschichten erzählt die *Border Trilogy* Hoffnungen, Wünsche und Enttäuschungen mexikanischer Immigranten in den USA: Träume zerplatzen, wieder kommt an der Südgrenze zur USA ein illegal Eingewanderter, ein „deportee", zu Tode.

Im Gegensatz zu dem eher fiktiven *Joaquin* trägt *West Side of Town* eindeutig autobiografische Züge: Es ist die Geschichte ihrer Eltern Felipe und Maria, der in Armut verbrachten Kindheit, der Glaube an und die Hoffnung auf eine bessere Zeit. Das die *Border Trilogy* abschließende *Donde Voy (Where I go)* führt die Thematik von *Joaquin* fort, indem es die Zerrissenheit einer Immigrierten zwischen dem Leben diesseits und jenseits der Grenze beschreibt: Während die Arbeit in den USA das tägliche Auskommen sichert, lebt der Partner weiterhin in Mexiko – die Einsamkeit, die Sehnsucht einerseits, die Furcht andererseits, bei den täglichen Grenzübertritten von der Patrouille entdeckt zu werden.

In Weiterführung der *Border Trilogy* erzählt *Something in the Rain* aus der Sicht eines mexikanischen Jungen die gesundheitsschädliche Verwendung von Pestiziden, unter denen seine Familie als unterprivilegierte und rechtlose Farmarbeiter leidet. Diesem Song stellt sie folgende Widmung voran, die eine konkrete politische Forderung einschließt: „Dedicated to the spirit of the tireless workers in all the organizations which advocate migrant health, education and job opportunities, and to Cesar Chavez, a living american hero, and the United Farmworkers of

America. Please don't buy grapes. Take a stand for human dignity and pesticide control at our tables."

Die Ausbeutung illegaler Einwanderer in den USA wurde Anfang der sechziger Jahre bereits von Woody Guthrie und Martin Hoffman in dem Song *Deportee (Plane Wreck at Los Gatos)* thematisiert, das 1998 auf dem von Nanci Griffith veröffentlichten Album „Other Voices, Too (A Trip back To Bountiful)" in einer formidablen Version neu eingespielt wurde. Tish Hinojosa hat nicht nur die spanische Übersetzung beigesteuert, sondern auch ihre wunderbar kraftvoll-melancholische Stimme, die dem Klagelied einen Hauch von Tragik und Authentizität verleiht.

Fraglos spitzt Guthries *Deportee* das Dilemma mexikanischer Immigranten zu: namenlos, rechtlos, mittellos, ohne Hoffnung auf Änderung, dem Schicksal ausgeliefert. Auch das von Ry Cooder, James Dickinson und John Hiatt für den Film „The Border" geschriebene *Across the Borderline* (1979) hat dieses Sujet aufgegriffen. Der Film von Tony Richardson handelt von einem US-amerikanischen Grenzpolizisten, der mit korrupten Kollegen, die auch vor Mord nicht zurückschrecken, und den Problemen der illegalen mexikanischen Einwanderer konfrontiert wird. In der mit Action und Sensibilität inszenierten sozialkritischen Milieustudie schlägt sich der Held auf die Seite der Unterlegenen. Auch Bruce Springsteen hat mit *Across the Border* (1995) auf dem Album „The Ghost of Tom Joad" die Zerrissenheit illegal eingewanderter Mexikaner aufgegriffen. Beide zwischen Hoffnung, Traum und Verzweiflung oszillierenden Balladen schildern durch die Kraft der Poesie eindringlich den Verlust von Heimat und die Problemlagen immigrierter Minderheiten.

Track 4: Johnny Cash
Integration der Ausgegrenzten – die Gefängniskonzerte

Johnny Cash, 1932 in Kingsland (Arkansas) geboren, wuchs in einer Farm-Siedlung namens Dyess auf, die von der Roosevelt-Regierung während der Depression errichtet wurde (vielfältige Hinweise zu seiner Biografie finden sich in Cash/Carr 1997; www.johnnycash.com). 1955 machte er seine erste Aufnahme für das *Sun*-Label von Sam Phillips, jenem legendären Produzenten, der auch Elvis Presley zum Durchbruch verhalf. Bereits 1956 bestritt er sein Gefängniskonzert in Huntsville (Texas). Seitdem erlebte Cash Höhen und Tiefen. Nachdem er in den achtziger Jahren zusehends in Vergessenheit geriet, erfuhr er in der ersten Hälfte der neunziger Jahre mit seinem Album „American Recordings" (1994) ein fulminantes Comeback. Das von Rick Rubin (Beastie Boys, Run DMC) produzierte Werk besticht durch seine Einfachheit: Die nur mit Akustikgitarre begleiteten Lieder erzählen Geschichten über Gott, Liebe und Tod und untermauern seinen Status als „Ikone Amerikas". Die Alben „Unchained" (1996) und „Solitary Man. American III" (2000) komplettieren das als „American Trilogy" titulierte Spätwerk Cashs.

Filmemacher Quentin Tarantino (*Pulp Fiction*) charakterisierte im Beiheft zur Triplett-CD „Murder“ (2000), einer thematisch handverlesenen und digital neu abgemischten Zusammenstellung seines Œuvres, einige Songs von Cash als „poems to the criminal mentality“. Diese Affinität zu den Gesetzesbrechern und Gescheiterten, den Ausgestoßenen der Gesellschaft spiegelt sich auf unvergleichliche Weise in seinen beiden Ende der sechziger Jahre live eingespielten Gefängniskonzerten wider: „... At Folsom Prison“ (1968) und „... At San Quentin“ (1969). „S' good to be with you.“ – Während seine Begleitband *The Tennessee Three* gedämpft den Beat für das erste Stück vorgibt, plaudert er entspannt mit den Insassen: „I'm glad to see you again.“ So beginnt *Johnny Cash at San Quentin*. Wie sein Vorgängerkonzert zählt das *San Quentin*-Album nicht nur zu den Cash-Platten, denen man ohne wenn und aber das Prädikat „herausragend“ ausstellen kann, sondern auch zu den am meisten verkauften Konzertmitschnitten der Pop-Geschichte überhaupt. Beide Auftritte haben von Beginn an eine derart spannungsgeladene Atmosphäre, in der das Understatement Cashs und die Erwartungshaltung der Inhaftierten kurzzeitig zu einer Art Schicksalsgemeinschaft verschmelzen: Die Mitschnitte sind authentische Zeitdokumente für den Versuch, die Ausgegrenzten symbolisch zu integrieren. Bob Johnston (1998: 68), Produzent beider Alben, schildert in einem Interview mit Wolfgang Döbeling seine Erinnerungen an das Konzert in *Folsom Prison,* das bereits zu Beginn Gefahr lief, außer Kontrolle zu geraten: „Eine verdammt prekäre Situation, aber diese ungeheure Spannung übertrug sich, wenn auch nur in Spuren, auf die Platten und macht sie erst zu dem, was sie sind: Dokumente eines einzigartigen, aufregenden Rapports, einem Austausch von Solidarität zwischen Künstler und Publikum.“

Das letzte Stück des Albums, allerdings nicht des Konzerts, „*Greystone Chapel*“, ist von Glen Sherley, einem Insassen, der Cash diesen gospel-angehauchten Song hatte zukommen lassen. Im *Booklet* zur Neuauflage des Albums ist ein Foto jenes Moments festgehalten, in dem Cash Sherley vorstellt: Cash auf der Bühne, leicht hinunter gebeugt, reicht Sherley seine Hand; Sherley, der sich bereits von seinem Sitzplatz erhoben hatte, streckt ihm seine Hand entgegen. Abgesehen von dieser persönlichen Begegnung symbolisiert diese Geste nicht nur die gegenseitige Anerkennung, sondern die Würde, die Cash seinem Publikum zuteil werden lässt.

Auch beim *San Quentin*-Konzert interpretiert Cash den Text eines anonymen Häftlings, den er tags zuvor erhalten hatte. Obwohl „*I don't know where I'm bound*“ an die Gefühlswallungen von „*Greystone Chapel*“ nicht ganz heranreicht, zeigt die Zustimmung am Ende des Songs, dass Cash den Nerv seines Publikums getroffen hat. Diesen traf er auch, als er das eigens für diesen Auftritt geschriebene *San Quentin* spielt: Er kündigt den Song mit den Worten an: „Anyway. I tried to put myself in your place, and I believe this is a way, that I would feel about San Quentin“. Bei fast allen Textzeilen brüllen die Insassen ihre aufgestaute Wut heraus: Gefühlsausbrüche, die Momente einer wiedergefundenen Selbstachtung und Würde widerspiegeln. Ein aus dem Konzert in San Quentin entstandener

Dokumentarfilm (*Johnny Cash in San Quentin*, 1974) thematisiert auf eindringliche Weise den menschenverachtenden Alltag in US-amerikanischen Zuchthäusern.

1995 ist Cash auf dem Soundtrack zu „Dead Man Walking" mit einem eigens komponierten Song (*In Your Mind*) vertreten. „Dead Man Walking" kritisiert auf eindringliche Weise die Todesstrafe im US-amerikanischen Strafsystem. Tim Robbins, verantwortlich für „Dead Man Walking" und Cash-Fan, führte im Zuge der Veröffentlichung von „Solitary Man. American III" Anfang 2001 ein längeres Interview mit dem Sänger, das unter dem Titel „Columbia Radio Hour" in einer limitierten Auflage dem Album beigelegt wurde. Gefragt zu dem Song „*The Mercy Seat*" (Nick Cave), der aus Sicht eines zum Tode Verurteilten die letzten Stunden, Minuten, Sekunden seines Lebens beschreibt, kommentiert er, dass er froh ist, wenn solche Leute, die auch Kinder umgebracht haben, nicht mehr frei herumlaufen. Obwohl er die Todesstrafe als Mittel der Vergeltung ablehnt, äußert er: „I'm not sure"!

Cash und Politik: eine lange Geschichte in vielen Facetten, mit vielen Brüchen und Widersprüchen. 1964 nimmt er das Album *Bitter Tears. Ballads of the American Indian* auf, das der Ausrottung und Vertreibung der indigenen Bevölkerung Nordamerikas gewidmet ist. Er spielte in den sechziger Jahren mit Bob Dylan zusammen und unterstützte ihn auf seiner Platte „Nashville Skyline" (1969), die ihm ein breites Publikum jenseits der Protestbewegung erschloss.

Geradezu diametral hierzu ist sein Engagement *für* den Vietnamkrieg. Er unterstützte die Politik der Nixon-Regierung und gab im Zuge der Truppenbetreuung Konzerte in Saigon. Allerdings äußert er sich nach den US-amerikanischen Präsidentschaftswahlen 1996, dass er sich wünschte, die USA würden sich aus den regionalen Kriegen heraushalten und damit aufhören, diese anzuzetteln (vgl. Hoskyns 1996: 59).

Fade-Out: Across the Borderline. Zum Stellenwert von Sozialkritik und Politik in der nordamerikanischen Countrymusic

Zu Beginn des Beitrags wurde die Fragestellung formuliert, ob gesellschaftspolitische Themen wie Rassismus, Immigration und Todesstrafe von Interpreten der nordamerikanischen Countrymusic aufgegriffen werden und somit ein Gegengewicht zu dem ansonsten vorherrschenden konservativen Wertekonglomerat dieser Musikrichtung darstellen. Diese hypothetische Frage muss eindeutig bejaht werden.

Die Balladen von Kate Campbell und Tish Hinojosa sowie die Gefängniskonzerte von Johnny Cash haben Spuren des Politischen in der nordamerikanischen Countrymusic sichtbar gemacht; eine durchaus beachtenswerte Minderheit von MusikerInnen nutzt sozialkritische Texte als Mittel politischer Kommentierung. Obwohl die gewählten Beispiele fraglos Ausnahmen sind, verdeutlichen sie, dass politische Themen verarbeitet werden. Dies geschieht vorwiegend in Form personifizierter Sozialkritik, indem gesellschaftspolitische Missstände beschrieben werden. Allerdings erwachsen daraus keine Handlungsoptionen. Wird Politik in der Countrymusic thematisiert, überwiegt eine Mischung aus sich an der Realität orientierenden fiktiven *short stories*, die durch autobiografische Erinnerungen ergänzt werden. Beispiele hierfür sind unter anderem Armut (Dolly Parton, *Coat of Many Colors* 1971), Gewalt gegen Frauen (Faith Hill, *A Man's Home is his Castle* 1995*)*, am Vietnamkrieg Gescheiterte (Emmylou Harris, *Red Dirt Girl* 2000) und sozial Ausgegrenzte (Mary Chapin Carpenter, *John Doe No. 24,* 1995).

Mary Chapin Carpenter und Emmylou Harris nehmen im Hinblick auf politisches Engagement Vorreiterrollen ein. So hat Mary Chapin Carpenter nicht nur eine Reihe sozialkritischer Songs (u. a. *Stones in the Road* 1995) verfasst, die die Brücke zwischen persönlichen Erfahrungen und politischen Ereignissen schlagen. Sie engagiert sich auch auf vielfältige Art, so gegen die soziale Diskriminierung von HIV-Infizierten, in umweltpolitischen Projekten und dem *Pro-Choice-Movement* (Wolff 2000: 520). Auch hat sie 1999 und 2000 an den *Concerts for a Landmine Free World* teilgenommen, die von Emmylou Harris für die *Vietnam Veterans of America Foundation* organisiert wurden und in komprimierter Form Anfang April 2001 als Konzertzusammenschnitt erschienen sind.

In den *Liner Notes* zu seinem 1996er Album „Unchained" schreibt Johnny Cash, was er unter Countrymusic versteht: „I love songs about horses, railroads, land, judgement day, family, hard times, whisky, courtship, marriage, adultery, separation, murder, war, prison, rambling, damnation, home, salvation, death, pride, humour, piety, rebellion, patriotism, larcency, determination, tragedy, rowdiness, heartbreak and love. And Mother. And God."
Politik und Countrymusic. Betrachtet man die vielfältigen sozialkritischen und gesellschaftspolitischen Bezüge durch die Brille der „Cultural Studies", entfaltet sich ein spannender politikwissenschaftlicher Bereich, in dem bislang vernachlässigte Facetten der nordamerikanischen politischen Kultur analysiert werden können. *An' you're still just across that borderline.*

Literatur

Berg, Manfred 1998: Die Innere Entwicklung: Vom Zweiten Weltkrieg bis zur Watergate-Krise 1974, in: Adams, Willi Paul/Lösche, Peter unter Mitarbeit von Anja Ostermann (Hg.): *Länderbericht USA*, Bonn: Bundeszentrale für Politische Bildung, S. 144-168

Cash, Johnny (with Patrick Carr) 1997: *Cash. The Autobiography,* San Francisco: Harper Collins

Dawidoff, Nicholas 1997: *In the Country of Country. A Journey to the Roots of American Music,* New York: Vintage

Döbeling, Wolfgang 1998: The Tape's Rolling. Produzentenlegende Bob Johnston erinnert sich, in: *Rolling Stone* 4, S. 64-71

Goodman, David 1999: *Modern Twang. An Alternative Country Music Guide & Directory,* Nashville: Dowling Press

Hoskyns, Barney 1996: Nowhere Man. Mit Johnny Cash auf dem Highway ins Niemandsland, in: *Rolling Stone* 12, S. 57-59

Larkin, Colin 1998: *The Virgin Encyclopedia of Country Music,* London: Virgin Books

Morton, David C. /Wolfe, Charles K. 1992: *DeFord Bailey – A Black Star in Early Country Music,* University of Tennessee Press

Palmié, Stephen/Ostendorf, Berndt 1992: Country and western Music, in: Adams, William Paul et al. (Hg.): *Länderbericht USA II. Gesellschaft. Außenpolitik. Kultur – Religion – Erziehung*, Bonn: Bundeszentrale für Politische Bildung, S. 737-740
Unterberger, Richie 1999: Music USA. *The Rough Guide. A Coast-To-Coast Tour of American Music: the Artists, the Venues, the Stories, and the Essential Recordings*, London: The Penguin Group
Vinopal, David 1997: Charley Pride, in: Erlewine, Michael/Bogdanov, Vladimir/Woodstra, Chris/Erlewine, Stephen Thomas: *All Music Guide to Country*, San Francisco: Miller Freeman Books, 375-376
Wolfe, Charles K. 2001: *Classic Country. Legends of Country Music*, New York/London: Routledge
Wolff, Kurt 2000: *Country Music. The Rough Guide*, London: The Penguin Group

Globale Perspektiven politischer Kulturen

Dirk Berg-Schlosser

Zur internationalen Situation

Das Umbruchjahr 1989/90 bedeutete für das internationale System das Ende des „Kalten Krieges" zwischen den beiden nuklearen Supermächten USA und Sowjetunion. Die Vereinigten Staaten sind heute der einzige global (in letzter Konsequenz militärisch) handlungsfähige Hegemon. Es zeichnen sich aber auch neue, „multipolare" Konstellationen der bisherigen Staatenwelt ab (Rosenau 1990). In vielen Ländern kam es zu einer „Welle" von Demokratisierung, die insbesondere in Osteuropa und der ehemaligen Sowjetunion zu massiven ökonomischen und sozialen Transformationen führte, aber auch darüber hinaus in Asien, Afrika und anderen Regionen deutliche Spuren hinterließ (Huntington 1991; Sørensen 1993). Gleichzeitig vollzogen und beschleunigten sich auch in der „Wirtschafts-" und „Gesellschaftswelt" (dazu und zu Theorien über deren Dynamik vgl. Czempiel 1991) deutliche Veränderungen. Die *global players* der multinationalen Konzerne und des Finanzkapitals stellen sich zunehmend weltweit auf. Die internationalen Handels-, Finanz- und Kommunikationsströme intensivieren sich in bisher ungekanntem Ausmaß.

Das Scheitern des „real existierenden" Sozialismus mit seiner Zentralverwaltungswirtschaft hat eine Abkehr von allzu autoritär-dirigistischen Wirtschaftsformen und protektionistischen Praktiken auch in bisher abgeschotteten Gesellschaften wie in China oder Indien bewirkt. International geforderte oder auferlegte „Strukturanpassungsprogramme" des Internationalen Währungsfonds und der Weltbank tragen das Ihre dazu bei (Tetzlaff 1996). Zugleich werden die weltweiten ökologischen Risiken dieser Veränderungen verstärkt wahrgenommen. Stichworte wie „Ozonloch", „Treibhauseffekt", Verschwinden der Regenwälder, zunehmende Desertifikation u. ä. kennzeichnen diese Zusammenhänge (Meadows 1992; v. Weizsäcker 1992). Und auch die Reaktionen darauf von in neuem Maßstab transnational agierenden „Nichtregierungsorganisationen" (NGOs) wie Greenpeace u. a. sind nicht ausgeblieben. Am augenfälligsten vollziehen sich solche Globalisierungsprozesse derzeit im Bereich der internationalen Telekommunikation, insbesondere des Internet. Immer weitere Bevölkerungskreise nicht nur in den bisherigen Industriestaaten und ihren „Eliten" werden erfasst. Die internationale oder nationale Kontrolle solcher Informationsflüsse ist kaum möglich. Auch in dieser Hinsicht eröffnet sich eine „neue Welt" (Beck 1997).

Diese Entwicklungen bieten neue Chancen, aber auch große Risiken. Für die betroffenen Individuen und Gruppen ergeben sich wichtige Umstellungen, auch Zerstörungen ihrer bisherigen Lebenswelten. Gewohnte Tätigkeiten und Arbeitsplätze verschwinden oder sind gefährdet, Siedlungsräume und Wohngebiete werden beeinträchtigt, innerstaatliche und internationale Migration nimmt zu. Kontakte mit Angehörigen anderer Kulturen verunsichern bisher relativ festgefügte Vorstellungen, lösen zum Teil neue Ängste aus und können im Extremfall zu gewalttätigen Auseinandersetzungen, zu ethnischen Konflikten, Staatsverfall oder gar einem „Zusammenprall der Zivilisationen“ führen.

Solche Perspektiven haben ein vielfältiges sozialwissenschaftliches und publizistisches Echo, aber auch zahlreiche populärwissenschaftliche und zum Teil spekulative Reaktionen ausgelöst. Diese reichen von der Diagnose „Ende der Geschichte“ in einem teleologischen Sinne (Fukuyama 1992) und einer weitgehenden „postmodernen“ Homogenisierung der Denk- und Lebensweisen (z. B. Inglehart 1997) bis zum prognostizierten „Kampf der Kulturen“ (Huntington 1996). Hier soll solchen positiv gemeinten oder warnend verstandenen pauschalen Spekulationen nicht weiter Vorschub geleistet werden. Dazu haben sachkundige Kommentatoren und Kritiker schon Wichtiges gesagt (vgl. z. B. Council on Foreign Relations 1996; Menzel 1998). Vielmehr sollen einige der vorgebrachten Thesen im Lichte bisheriger Erkenntnisse der Politischen Kultur-Forschung auf ihren Realitätsgehalt überprüft und für noch überschaubar erscheinende Zeiträume beleuchtet werden. Dafür werden zunächst noch einmal kurz einige analytische Aspekte der Politischen Kultur-Forschung dargestellt. Von solchem Modell ausgehend werden die Formen kultureller Interaktionen auf unterschiedlichen Ebenen behandelt. Hieraus ergeben sich auch Perspektiven für künftiges, mehr oder minder friedliches Zusammenleben.

Einflussfaktoren und Aggregierungsebenen politischer Kulturen

„Politische Kultur“ ist ein einflussreiches, nicht unumstrittenes, aber mittlerweile weitgehend akzeptiertes Konzept der Politikwissenschaft (vgl. Almond 1987; Berg-Schlosser/Rytlewski 1993; Kaase 1983, 1994). Im weitesten Sinne umfasst es die „subjektive Dimension“ der gesellschaftlichen Grundlagen von Politik. Diese wird geprägt von charakteristischen individuellen Sozialisationserfahrungen in Familie, Freundeskreisen, Schule, der Arbeitswelt usw., aber auch von kollektiven historischen Erfahrungen wie einschneidenden politischen oder ökonomischen Krisen, Kriegen, Systemtranformationen u. ä., die zum Teil über Generationen hinweg ihre Spuren in Denk- und Verhaltensweisen hinterlassen. In diesem Sinne ist Politische Kultur ein „Makro“-Konzept zur Kennzeichnung sozialer Aggregate, das seine Basis aber auf der „Mikro“-Ebene der Wahrnehmungen und Aktionen von Individuen hat und in einem konkreten historischen Kontext steht.

Dieses Konzept lässt sich einbetten in das von James Coleman (1990) u. a. entwickelte allgemeinere Modell sozialwissenschaftlicher Erklärungen. Es verknüpft die unterschiedlichen Analyseebenen und zeitlichen Abläufe in anschaulicher Weise (siehe Schaubild). Ausgangspunkt ist ein konkreter historischer Kontext (also die „Makro“-Ebene, links oben) wie z. B. die Umbruchsituation in vielen Staaten 1989/90. Dieser wird aber zunächst auf der „Mikro“-Ebene der betroffenen

Individuen (unten Mitte) wahrgenommen und handlungswirksam. Unterschiedliche Organisations- und Aggregationsformen der Akteure (auf der „Meso"-Ebene der rechten Seite) führen dann zum „makro"-sozialen Explanandum, also z. B. zu Hypothesen und Theorien über die zukünftige kulturelle Gestalt der Weltgesellschaft etwa im Huntingtonschen oder Inglehartschen Sinne.

Schaubild

Verknüpfung der Analyseebenen:

Nach Coleman (1990: 9) und Esser (1993: 98)

Dieses Modell lässt sich verfeinern über jeweilige Logiken der „Situation" des gegebenen Makro-Kontextes, der „Selektion" bestimmter Wahrnehmungen und Handlungsoptionen auf der Mikro-Ebene und der „Aggregation" im Meso- und wieder im Makro-Bereich. Es lässt sich auch über mehrere aggregierte abgestufte Ebenen (z. B. im regionalen, nationalen und internationalen Kontext) hinweg erweitern und auf sequenzielle Folgen im Zeitablauf beziehen (vgl. Esser 1993). Entgegen allzu simplistischen, lediglich auf die individuelle materielle Nutzenmaximierung bezogenen Handlungsannahmen der ‚rational choice'-Theoretiker bezieht aber z. B. Esser, in Anlehnung an Lindenberg (1985), ein breites Spektrum von Verhaltenseinflüssen und Handlungsmöglichkeiten auf der Mikro-Ebene ein. Im Gegensatz zum bloßen „homo oeconomicus" oder auch „homo sociologicus" (Dahrendorf 1961) spricht er vom „Resourceful, Restricted, Expecting, Evaluating, Maximizing Man" (RREEMM). Im Sinne der Politischen Kultur-Forschung fließen also mögliche historische Vorbedingungen der Makro-Ebene, aber auch konkrete Ressourcen und Restriktionen der Individuen und ihre jeweiligen Erwartungen und Wertungen mit ein.

An dieser Stelle kann auf denkbare weitere sozialanthropologische oder psychologische Verfeinerungen eines solchen Modells nicht eingegangen werden (vgl. z. B. Furnham/Heaven 1999). Es ermöglicht aber eine präzise Verortung der hier zu diskutierenden Thesen und der sich aus ihnen ergebenden Perspektiven. Ein Aspekt, der für die weitere kulturelle Debatte von zentraler Bedeutung ist, muss aber noch hervorgehoben werden. Menschen sind keine Einzelwesen, sondern gehören immer auch bestimmten Gruppen und Verbänden an, die von der Familie über den Freundeskreis, die Gemeinde, Region, Nation usw. reichen können und mit denen man sich in konkreten Situationen identifiziert. Insofern kann wahrscheinlich auch von einem elementaren sozialen Grundbedürfnis gesprochen werden, so dass das „RREEMM“-Modell zumindest noch um ein I („identifying“) erweitert werden müsste. Hieraus erwachsen dann auch solidarische und nicht immer nur den unmittelbaren Eigennutz maximierende Verhaltensweisen. Dies spiegelt sich auf der „Meso“-Ebene der jeweiligen Aggregierung solcher Einstellungen und Verhaltensweisen und der sich jeweils aus ihnen auf unterschiedlichen Ebenen ergebenden kulturellen Identitäten wider.

Huntingtons „Kampf der Kulturen“

Ihren spektakulärsten und medienwirksamsten Ausdruck im Hinblick auf die globale Ebene hat die Politische Kultur-Forschung in Huntingtons (1993; 1996) „Kampf der Kulturen“ gefunden. Gegenüber vorwiegend politisch-ökonomischen (vgl. z. B. Hopkins/Wallerstein 1982) oder am allgemeinen Sicherheitsdilemma von Staaten orientierten Betrachtungsweisen der internationalen Politik (Waltz 1979) stellt er die These auf, dass in erster Linie *kulturelle* Zusammengehörigkeit die Konfliktlinien des neuen Zeitalters prägen wird: „Unter dem Druck der Modernisierung erlebt globale Politik heute eine Neugestaltung entlang kultureller Kampflinien. Völker und Länder mit ähnlicher Kultur rücken zusammen. Politische Orientierungen, die durch Ideologie und das Verhältnis der Supermächte definiert waren, machen Orientierungen Platz, die durch Kultur und Zivilisation definiert werden. Politische Grenzen werden in zunehmendem Maße neu gezogen, um mit kulturellen, ethnischen, religiösen und zivilisationsbedingten Grenzen zusammenzufallen. An die Stelle von Blöcken wie in der Zeit des Kalten Krieges treten kulturelle Gemeinschaften, und die Bruchlinien zwischen Zivilisationen sind heute die zentralen Konfliktlinien globaler Politik geworden.

Während des Kalten Krieges konnte ein Land bündnisfrei sein, was viele Länder waren, oder es konnte, wie einige Länder, die Seiten des Bündnisses wechseln. Die Führer eines Landes konnten diese Entscheidungen aufgrund ihrer perzipierten Sicherheitsinteressen, ihrer Einschätzung des Gleichgewichts der Macht und ihrer ideologischen Präferenzen treffen. In der neuen Welt ist statt dessen kulturelle Identität der zentrale Faktor, der über Zusammenschlüsse und Feindbilder eines Landes entscheidet. Während ein Land im Kalten Krieg die Bündnisfestlegung vermeiden konnte, kann es nicht keine Identität haben. Die Frage ‚Auf welcher

Seite stehst du?' ist ersetzt worden durch die viel elementarere Frage ,Wer bist du?' Jeder Staat muß diese Frage beantworten. Diese Antwort, seine kulturelle Identität, definiert seinen Platz in der Weltpolitik, seine Freunde und seine Feinde.

Die neunziger Jahre unseres Jahrhunderts haben die Eruption einer globalen Identitätskrise erlebt. Fast überall, wohin man sieht, fragen die Menschen: ,Wer sind wir?' (...) Diese Fragen sind zentral nicht nur für die Völker, die einen neuen Nationalstaat herbeizuzwingen suchen, wie im früheren Jugoslawien, sondern auch für viele andere. Mitte der neunziger Jahre gehörten zu den Ländern, in denen Fragen der nationalen Identität aktiv diskutiert wurden, unter anderem Algerien, China, Deutschland, Großbritannien, Indien, Iran, Japan, Kanada, Marokko, Mexiko, Rußland, Südafrika, Syrien, Tunesien, die Türkei, die Ukraine und die USA. Identitätsprobleme sind natürlich besonders virulent in den zahlreichen gespaltenen Ländern, die nennenswerte Gruppen von Menschen einer anderen Zivilisation aufweisen" (Huntington 1996a: 193f.).

Weltweit unterscheidet Huntington acht bzw. neun Kulturkreise, den sinischen (China), den japanischen, den hinduistischen (Indien), den islamischen (Nordafrika, Naher Osten und islamische Länder Zentral- und Südostasiens), den westlichen (Nordamerika, West- und Mitteleuropa, Australien, Neuseeland), den lateinamerikanischen (Mittel- und Südamerika, Karibik), den christlich-orthodoxen (Russland und Südosteuropa), den buddhistischen (Teile Zentral- und Südostasiens) und den afrikanischen (die nicht islamisch beeinflussten Regionen südlich der Sahara) (Huntington 1996a: 57ff. und 30f.). Beim afrikanischen, aber auch beim lateinamerikanischen ist er sich über die Eigenständigkeit nicht ganz im Klaren.

Auf dieser Basis, die im Wesentlichen durch die jeweiligen religiösen Traditionen und Einflüsse bestimmt wird, sieht Huntington zwei Arten von Konflikten sich entwickeln: „Bruchlinienkonflikte" an den Rändern benachbarter Kulturen, wobei er insbesondere auf die „blutigen Grenzen des Islam" verweist, und „Kernstaatenkonflikte" zwischen Kulturkreisen als solchen mit den jeweils dominierenden Führungsmächten. Bei Letzteren sieht er vor allem die Möglichkeit eines Zusammenpralls zwischen China und dem Westen mit seiner Führungsmacht USA. Im Extremfall drohe sogar eine Konstellation des „West against the rest" (Huntington 1996a: Kap. 8-11). Diese Thesen belegt er mit zahlreichen historischen und zeitgenössischen Beispielen. In der politischen Konsequenz geht es ihm – aus einem konservativen, im Wesentlichen auf die machtpolitischen Interessen der USA ausgerichteten und auf die globale Sphäre bezogenen Blickwinkel – um die Stärkung des Zusammenhalts des Westens und der religiös-moralischen Grundlagen seiner Kultur, auch um eine weitgehende Akzeptanz der Werte anderer Kulturen und entsprechende Enthaltsamkeit z. B. bei Menschenrechtsfragen sowie, wenn möglich, eine auf dieser kulturellen Verschiedenheit basierende neue internationale Weltordnung (ebd.: Kap. 12).

Seine Thesen haben teilweise Zustimmung, aber auch heftige Kritik gefunden (vgl. Tibi 1995; im deutschen Sprachraum am fundiertesten Müller 1998). Die Kritiker weisen vor allem auf die starke Zuspitzung seiner Thesen, zahlreiche historische und empirische Schwächen (z. B. bei der unterstellten Homogenität und politischen Aktionsfähigkeit seiner Kulturkreise), die Ausblendung wichtiger anderer (z. B. ökonomischer und geostrategischer) Faktoren, die Unterschätzung kulturübergreifender „zivilgesellschaftlicher" Kontakte, Organisationsformen und Kooperationen sowie eine deutliche US-amerikanisch konservative Prägung hin.

Ich kann darauf hier nicht näher eingehen, möchte aber aus Sicht der allgemeinen Politischen Kultur-Forschung die Zuordnung und Stichhaltigkeit einiger Elemente der Huntingtonschen Argumentation überprüfen, um daraus Konsequenzen für – im Wesentlichen andere – globale Perspektiven abzuleiten. Ich stimme Huntington zu, wenn er Kultur als ein „Tiefenelement" menschlichen Seins begreift (ähnlich z. B. Galtung 1994). Kultur bezieht sich zwar auf eine von jedem Individuum immer wieder neu zu erwerbende Eigenschaft, ist aber eingebettet in lange zurückreichende Traditionen (vgl. Putnam 1993 zu den historischen Wurzeln der politischen Kultur Italiens). Kultur stellt eine mögliche Grenze gegenseitiger Identifizierung dar, so z. B. bei regionalen Dialekten oder bei Fremdsprachen. Selbst bei nahezu perfekter und akzentfreier Kenntnis einer fremden Sprache stößt man auf kulturelle Grenzen. Ein triviales Beispiel mag das veranschaulichen. Ein Kreuzworträtsel z. B. in der „Zeit" oder in der Londoner „Times" setzt einen derartigen Fundus von kulturellen Assoziationen, Literaturkenntnissen, Sprachspielen etc. voraus, den ein Nicht-Muttersprachler kaum nachvollziehen kann.

Huntington ist auch Recht zu geben, wenn er Religion und konfessionelle Zugehörigkeit als ein zentrales Element aller Kulturkreise versteht. Dies gilt selbst für die säkularisierten Staaten des Westens und ihre Tradition der „Aufklärung", die in der Auseinandersetzung mit christlichem Gedankengut entstanden ist. Die „Deutungskulturen" (vgl. Rohe 1987) der meisten Gesellschaften sind, neben Wissenschaft, Politik, Kunst etc., nach wie vor von religiösen Elementen geprägt. Dies gilt nicht zuletzt – und für viele Europäer befremdlich – für die westliche Führungsmacht USA (z. B. Leggewie 1997). Aber auch etwa die Achtundsechziger-Bewegung in der Bundesrepublik Deutschland und Teile der Grünen wurzeln in manchem protestantischen Pfarrhaus und einer allgemeinen christlich-humanitären Orientierung (vgl. z. B. Greiffenhagen 1986).

Das heißt aber nicht, dass kulturelle und religiöse Gegensätze zwingend zu zentralen Konfliktlinien im globalem Maßstab werden müssten. Dies erscheint eher unwahrscheinlich (detailliert hierzu Müller 1998). Eine Kurzschlüssigkeit der Huntingtonschen Argumentation lässt sich am obigen Modell verdeutlichen: Kulturen stellen wesentliche Teile des jeweils situationsbedingten Kontextes auf der Makro-Ebene dar und wirken so auch auf die Mikro-Ebene der denkenden und handelnden Individuen ein. Sie sind aber kein vollständig determinierender Faktor; andere subjektive Motivationen, materielle Interessen und „rationale" Kalküle, die in der Entscheidungsfreiheit der Einzelnen liegen, kommen hinzu. Noch wichtiger ist der Aspekt der unterschiedlichen Aggregierungen von vorwiegend kulturell geprägten Gruppen auf der Meso-Ebene. Hier sind zwar häufig deutlich ausgeformte kulturelle „Submilieus" (dazu z. B. Lepsius 1966) mit einer spezifischen

Identität zu beobachten, ihre Entstehung hängt aber weitgehend mit strukturellen *clearages* z. B. im Rokkanschen Sinne (vgl. Flora 2000) zusammen. Ein Beispiel sind katholische Enklaven in sonst vorwiegend protestantischen Regionen, wie z. B. die Amöneburg und einige Nachbargemeinden in Hessen oder das Eichsfeld in Thüringen. Dort haben sich seit der Zuweisung an die jeweiligen Fürsten und Bistümer nach dem Westfälischen Frieden von 1648 über sehr unterschiedliche Zeiten hinweg spezifische Traditionen erhalten und im lokalen Kirchen-, Gemeinde-, Vereinsleben usw. reproduziert, die bis zur Gegenwart ein unterschiedliches Wahlverhalten (zugunsten der katholischen bzw. christlichen Parteien) gegenüber ansonsten weitgehend identisch strukturierten Nachbargemeinden bewirken (vgl. Rohe 1992).

„Politische" Kultur im engeren Sinne ist immer auch von den jeweiligen Entscheidungsstrukturen der betreffenden Gesellschaft abhängig. In der Neuzeit ist dies in der Regel der institutionell-administrative Rahmen, der die äußeren Grenzen des Staates und seine inneren Abläufe bestimmt. Hierauf beziehen sich auch die jeweiligen „nationalen" Identitäten als wichtiges politisch-kulturelles Element. Solche Identitäten können über lange Zeit durch kulturelle Annäherung und Angleichung kleinerer Gemeinschaften „von unten" gewachsen sein, nicht selten werden sie aber auch „von oben" geprägt, durch von außen auferlegte Grenzziehungen und die jeweiligen Herrschaftsformen, wie z. B. im Königreich Württemberg Ende des 18. Jahrhunderts (Wehling 1987) oder die Montgelasschen Reformen in Bayern zu Beginn des 19. Jahrhunderts (Gebhardt 1982). Noch krassere Beispiele sind die willkürlichen Grenzziehungen in den ehemaligen Kolonialgebieten, vor allem in Lateinamerika und Afrika, die trotzdem in den meisten Fällen den relevanten Rahmen für die heutigen Staaten und entsprechende Identitäten bilden.

Innerhalb eines solchen Rahmens können nun im Kontext der jeweiligen cleavage-Struktur sehr vielfältige ethnisch-sprachliche, religiöse, sozio-ökonomische u. a. „Submilieus" mit jeweils spezifischen, sich z. T. überschneidenden und überlappenden Identitäten bestehen. Diese werden jeweils situationsspezifisch und im Hinblick auf konkrete Sachverhalte artikuliert und aggregiert. Jedes Individuum weist so in der Regel multiple (lokale, regionale, sprachliche, religiöse, berufsbezogene usw.) Identitäten auf, die unterschiedlich emotional besetzt sind und unterschiedliche Mobilisierungs-, Organisations- und Konfliktpotenziale aufweisen (z. B. Horowitz 1985; Olson 1965). Autoren wie Anderson (1983) ist zwar zuzustimmen, dass es sich bei solchen Identitäten, was ihre tatsächlichen oder vermeintlichen ethnisch-kulturellen Ursprünge angeht, häufig um „imagined communities", also um künstlich herbeigeführte soziale Konstrukte handelt. Werden solche Identitäten aber erst einmal bewusstseins- und handlungswirksam, sind sie dennoch Teil der politischen Realität. Die innergesellschaftliche Vielfalt solcher Identitäten wird durch die gegenwärtigen internationalen Wanderungsbewegungen von „Gastarbeitern", Flüchtlingen, Asylanten usw. noch verstärkt und schafft neue

Konfliktpotenziale. Aber auch diese haben mit einem grundsätzlichen „Kampf der Kulturen“ auf globaler Ebene wenig oder nichts zu tun.

Worauf es ankommt, ist, die Verschiedenheit zu akzeptieren und soweit möglich verstehen zu lernen. Sie kann in vieler Hinsicht als kulturelle Bereicherung wahrgenommen werden, z. B. in der Musik, der Kunst, der Gastronomie u. a. Daneben wird es aber immer auch Konkurrenz- und Konfliktsituationen geben, die mit der jeweiligen „Wertigkeit“ von Kultur (im Sinne von besser oder schlechter, richtig oder falsch) nichts zu tun haben, aber dennoch – nach Möglichkeit einvernehmlicher - übergreifender Regelungen bedürfen. Dies gilt z. B. für das Glockenläuten von Kirchen oder die lautstarken Rufe von Muezzins, von denen sich Angehörige anderer Konfessionen und nichtreligiöse Personen gestört fühlen. Ein banales Beispiel bieten auch die Fährschiffe zwischen Großbritannien und Norwegen, wo das kulturell eingefleischte Schlangestehen der Engländer am Büfett häufig mit den „Smørgasbrød“-Gewohnheiten der Skandinavier, die direkt zugreifen, in Konflikt gerät. Keine solche Verhaltensweise ist besser oder schlechter in einem funktionalen oder moralischen Sinne, sie sind aber bei fehlendem gegenseitigem Verständnis wenig kompatibel.

Über solche eher banalen Konfliktsituationen im Alltag hinaus gibt es aber auch Auseinandersetzungen, die das grundsätzliche Selbstverständnis der jeweiligen Gemeinschaft (sozusagen das „Eingemachte“) berühren. Wenn es um „letzte“ Werte oder mögliche transzendente Gratifikationen im „Jenseits“ oder durch Wiedergeburt geht, greifen säkulare und rationale Beziehungen oder Verhaltensweisen häufig nicht mehr. Dann sind auch „fundamentalistische“ Auseinandersetzungen bis hin zu Terror unterschiedlicher Art möglich. Da kann nur gegenseitige Toleranz helfen, wo nötig und möglich vielleicht auch eine gewisse „Abschottung“, Duldung von Freiräumen und ein allgemeines *agree to disagree*. So lassen sich zumindest Spielregeln des Umgangs miteinander finden. Dies gilt vor allem für den politisch-institutionellen Bereich und die adäquate Beteiligung unterschiedlicher Gruppen z. B. durch regional-föderative oder ‚Konkordanz‘-Regelungen (vgl. Lijphart 1977).

Solche Konflikte können auch grenzüberschreitende Formen, z. B. bei entsprechenden Referenzgruppen in Nachbarländern und durch breitere internationale finanzielle, militärische usw. Unterstützung annehmen. Von ganzen „Kulturkreisen“ als Akteuren und einer Aggregierung auf dieser Ebene zu sprechen, macht aber wenig Sinn. Nur in wenigen Fällen (China, Indien, Japan) stimmen die Huntingtonschen Zivilisationen weitgehend mit konkreten staatlichen Einheiten überein, und die etwa vorhandenen „Kernstaaten“ der anderen haben keine eindeutig dominierende Stellung. Zudem unterschätzt es die innere Vielfalt von Kulturen und ihren möglichen Interpreten. Nur selten haben innergesellschaftliche orthodox-fundamentalistische „Deutungskulturen“ und ihre Protagonisten (wie z. B. in Chomeinis Iran) eine hegemoniale Position erreicht, und auch diese ist wieder Verschleiß- und Differenzierungsprozessen bei insgesamt enttäuschten Erwartungen der Anhänger ausgesetzt.

Ebenso wenig können die gegenwärtig zu beobachtenden Tendenzen staatenübergreifender regionaler politischer (Arabische Liga, OAU, OAS etc.) oder ökonomischer Zusammenschlüsse (EU, NAFTA, ASEAN, Mercosur usw.) als Belege für solche Aggregierungsformen dienen. Die ersten sind ebenfalls nicht deckungsgleich mit bestehenden Kulturregionen, und ihre politische Wirksamkeit ist gerade wegen der starken inneren Heterogenität sehr gering. Die zweiten haben ökonomische Inhalte und unterliegen so mehr der (kooperativen) Logik von „Handelsstaaten“ (vgl. Rosecrance 1986) als kulturellen Konfliktkonstellationen. Insgesamt muss also dem Entwurf Huntingtons aus politisch-kultureller Sicht ein relativ geringes Erklärungspotenzial bescheinigt werden.

Eine globale „postmoderne“ Kultur?

Das umfassendste Konzept bezüglich einer immer einheitlicher werdenden Weltkultur hat Ronald Inglehart (1997) geliefert. Basierend auf Erhebungen der „World Value Surveys“ von 1981 und 1990, Zeitreihendaten des „Euro-Barometers“ und anderen einschlägigen Quellen erweitert er seine bekannten „Postmaterialismus“-Studien zu einem globalen „postmodernistischen“ Befund. Als postmodernistisch betrachtet er die Überwindung einer Situation materieller Nöte und Knappheiten, die von überwiegend den ökonomischen Nutzen maximierenden Einstellungen und Werten gekennzeichnet war, hin zu Werthaltungen, die stärker individuelle Lebensqualität (einschließlich der Freizeit), persönliche Selbstverwirklichung und Abkehr von traditionellen Restriktionen, z.B. hinsichtlich Gleichstellung der Geschlechter, hervorheben. Sie erstrecken sich vom Sexualverhalten über Familienbeziehungen und Religion bis hin zu Arbeitswelt und Politik. Eine neue postmodern egalitäre, ökologisch verträglichere und demokratischere Welt sei mittlerweile deutlich nachweisbar als im Laufe des Generationswandels im Entstehen begriffen: „The evidence from these surveys indicates that advanced industrial societies are moving on a common trajectory. To a striking degree, societies in Western Europe, North America, Latin America, Eastern Europe, and East Asia are undergoing similar cultural changes in politics, economics, sex and gender norms, and religion. Although they have widely varying cultural traditions and start from very different levels, they are generally moving in the same direction“ (ebd.: 49).

Dies lässt sich auch auf die politischen Kulturen im engeren Sinne beziehen: „Postmodern values bring declining confidence in religious, political, and even scientific authority; they also bring a growing mass desire for participation and self-expression. The two trends combine to make the task of political elites more difficult. What might have been a satisfactory performance by the old criteria is not considered satisfactory today. Especially in the political realm, respect for authority is weakening. Mass support for a bigger government role in society and confidence in government are both diminishing. In political participation, the emphasis is shifting from voting to more active and issue-specific forms of mass participation. Mass loyalties to long-established hierarchical political parties are eroding. No longer content to be disciplined troops, the public has become increasingly autonomous and elite-challenging. Consequently though voting turnout is stagnant or declining, people are participating in politics in increasingly active and more issue-specific ways. Moreover, a growing segment of the population is coming to value freedom of expression and political participation as things that are good in themselves, rather than simply as a possible means to attain economic security. Overall, these changes are conducive to the expansion of democracy" (ebd.: 327).

Inglehart stellt seine Thesen bewusst in den Kontext der „Modernisierungstheorien" unterschiedlicher Prägung. Als ausschlaggebend für diese Entwicklung sieht er die zunächst eingetretenen ökonomischen Veränderungen hin zu materieller Sicherheit und größerem Wohlstand. Im Laufe des Generationenwandels trete dann eine kulturelle Veränderung hin zu post-materialistischen und post-modernen Orientierungen ein, die auch zu einer intensiveren politischen und sozialen Demokratisierung führten. Diese unterschiedlichen Entwicklungen und Aspekte bildeten schließlich ein mehr oder minder einheitliches Syndrom: „Economic, cultural, and political change go together in coherent patterns, and they are changing the world in broadly predictable ways" (ebd.: 341).

Dieser zumindest in den Augen seines Verfassers nahezu überschwänglich optimistische Befund hat allerdings, trotz der umfangreichen Datenbasis, bei näherem Hinsehen erhebliche Grenzen. So beruhen, entgegen der mehrfach aufgestellten Behauptung, dass der „größte Teil der Weltbevölkerung" erfasst worden sei, seine wichtigsten Befunde auf dem Vergleich von lediglich 20 Staaten der „World Value Surveys" zu zwei Zeitpunkten, 1981 und 1990. Von diesen gehören 17 zu den hoch entwickelten OECD-Staaten in Westeuropa und Nordamerika, und die übrigen drei sind die ‚Ausreißer' Argentinien, Ungarn und Südafrika, die in ihren Entwicklungen nicht dem postulierten Trend entsprachen. Sie gehören nicht von ungefähr anderen Regionen an und machten erhebliche Turbulenzen durch. Nach wie vor bestehende Mangelsituationen im größeren Teil der Erde und weniger optimistisch einzuschätzende Entwicklungstendenzen in anderen als den ökonomisch entwickelten Regionen kommen bei Inglehart nicht in den Blick. Zwar schloss die Erhebung von 1990 mehr Staaten der „Dritten Welt" ein, so die bevölkerungsreichsten Länder der jeweiligen Regionen wie Brasilien, Nigeria, Indien und China, die jeweiligen Samples basierten aber fast ausschließlich auf urbanen Bevölkerungsgruppen. So wohnten z. B. in Indien und China lediglich zehn Prozent der etwa 1.000 landesweit befragten Personen auf dem Lande. Von diesen etwa 100 Respondenten auf die Einstellung der riesigen Mehrheit der jeweiligen Bevölkerung mit all ihren sprachlichen, sozialen, religiösen u. a. Differenzierungen und gar auf die vorhandenen Veränderungstendenzen schließen zu wollen, ist schon ziemlich kühn.

Aus der von ihm gewählten Perspektive heraus hat Inglehart vor allem mögliche gemeinsame Veränderungstendenzen der untersuchten politischen Kulturen im Blick. Weite Bereiche ihrer Kontinuitäten und Spezifika entgehen ihm so zwangsläufig. Ob seine Beobachtungen und Schlussfolgerungen tatsächlich auch für andere als die westeuropäischen und nordamerikanischen Regionen zutreffen oder dort, selbst bei gewissen Wandlungstendenzen, zu jeweils eigenständigen und von den westlichen Staaten unterschiedenen Konstellationen und möglichen spezifischen Synthesen führen, bleibt zumindest offen. Auch die Tatsache, dass neben dem Sonderfall Südafrika Nigeria das einzige subsaharische und die Türkei das einzige islamische in die Untersuchung einbezogene Land waren, weckt erhebliche Zweifel an der Validität der Befunde für diese Regionen insgesamt.

Zwar weist Inglehart selbst auf einige dieser Beschränkungen hin und distanziert sich von einer allzu linearen Betrachtung solcher „Modernisierungsprozesse". Ursachen und Entwicklungsrichtungen sind für ihn aber eindeutig, und von der laufenden weiteren Welle des „World Value Survey" erwartet er eine Bestätigung und Ausweitung seiner Befunde auf weitere Staaten und Regionen. Dies sei zwar nicht das „Ende der Geschichte" wie bei Fukuyama, und auch der Post-Modernismus mit seinen eher temporären Begleiterscheinungen erreiche seine Grenzen, doch eine auch ökologisch nachhaltige Entwicklung sei eine sichere Basis für weitere gemeinsame und mehr universale Orientierung und Sinnsuche der Menschheit (ebd.: 338ff.).

Bezogen auf unser Ausgangsmodell argumentiert Inglehart also vorwiegend auf der Mikro-Ebene, auf der seine Umfragedaten erhoben wurden, um dann eine weitgehende Homogenisierung der Kulturen auf der Makro-Ebene (rechts oben im Schaubild) und der entsprechenden Institutionen im (marktwirtschaftlich ausgerichteten) Wirtschafts- und (demokratischen) Politikbereich, zumindest in den „entwickelten" Staaten nach OECD-Muster, zu konstatieren. Die kontextbedingten Voraussetzungen der kulturellen Entwicklung (auf der linken Seite des Schaubildes) und die entsprechenden historischen, regionalen, sozialstrukturellen Hintergründe und Besonderheiten blendet er jeweils aus. Er bezieht sich fast ausschließlich auf einen einzelnen (den westlichen) Kulturkreis im Huntingtonschen Sinne bzw. auf gewisse Verwestlichungs- und Assimilierungstendenzen in den übrigen Regionen. Eigenständige Traditionen anderer Kulturkreise aus ihren jahrtausendelangen Entwicklungen nimmt er so nicht mehr wahr. Seinen „Universalisierungsoptimismus" kann ich daher, aus den auch oben bei Huntington angeführten Gründen, nicht teilen, jedenfalls nicht in dieser simplifizierten Form.

Konkrete Perspektiven?

Gegenüber der dramatisierten Huntingtonschen und wohl etwas blauäugigen Inglehartschen Vision zukünftiger globaler politisch-kultureller Entwicklungen gibt es, denke ich, einige konkretere Perspektiven für das 21. Jahrhundert, ohne in geschichtsphilosophische „Endzeit"-Spekulationen à la Fukuyama zu verfallen. Als konzeptionelle Orientierungshilfe kann wieder das oben vorgestellte Modell dienen. Huntingtons Ausgangspunkt unterschiedlicher regionaler Kulturkreise mit ihren historischen, ökonomischen, sozialstrukturellen, politischen usw. Bedingungen (Makro-Aspekte, oben links) hat, wie gesagt, etwas für sich. Hierzu gehören auch adäquate Kenntnisse der entsprechenden Sozio- und Deutungskulturen und ihrer Veränderungen im Zeitablauf. Die jeweiligen fundamentalistischen Varianten müssen dabei nicht unbedingt die wirkungsmächtigsten sein (s. a. Juergensmeyer 1993).

Gruppen und Individuen in diesen Kulturen sind nun durch die eingangs angesprochenen Globalisierungstendenzen verstärkt multi-kulturellen Einflüssen und neuen Erfahrungen ausgesetzt. Auf der Mikro-Ebene, aber auch auf der Meso-Ebene bestimmter Aggregierungsformen, kommt es zu zahlreichen Veränderungen und Angleichungen. Dies trifft im Laufe des Generationswandels jeweils am ehesten für die Jüngeren zu. Im äußeren Erscheinungsbild („Jeans, Coca Cola und McDonald's") sind eine Fülle von Ähnlichkeiten zu beobachten. Doch sollte man sich durch das bloße Outfit und einige sich international verbreitende Modeerscheinungen nicht beirren lassen. Schon die Musikvorlieben in den Jugendkulturen sind offenbar erheblich differenzierter und stellen häufig assimilierte Formen aus einheimischen Kulturen und fremden (oft amerikanisierten) Einflüssen dar. Noch stärker gilt dies für Familienbeziehungen, andere soziale Bindungen und politisch-kulturelle Aspekte im engeren Sinn.

Wenn in dieser Hinsicht gewisse Lehren aus dem deutschen Fall gezogen werden können, so erscheinen neue Synthesen aus althergebrachten und modernen Einflüssen eher wahrscheinlich. Die für die Bundesrepublik festzustellende weitgehende Demokratisierung der politischen Kultur hat zahlreiche ihrer Besonderheiten im lokalen und regionalen Sinne, aber auch ihre mehr „etatistische" Ausrichtung (z. B. Dyson 1980) nicht verschwinden lassen. Karl Rohe (1987) spricht von der Synthese einer ursprünglich stärker obrigkeitsstaatlich geprägten „Teilhabe"-Kultur, bezogen auf die Output-Seite des politischen Systems, mit universalen demokratischen „Teilnahme"-Aspekten in vielfältigen Formen auf der Input-Seite. Intensivere international vergleichende Studien in Teilbereichen lassen ähnliche Rückschlüsse zu. So zeigte der Vergleich neuerer Partizipationsmöglichkeiten von marginalisierten Bevölkerungsgruppen in Afrika und Lateinamerika im Rahmen der eingetretenen Demokratisierungsprozesse das Beharrungsvermögen starker landes- und regionalspezifischer Einflüsse, z. B. hinsichtlich unterschiedlicher klientelistischer Prägungen und ihre Einbettung in die neuen Institutionen auf der Meso- und der Makro-Ebene (vgl. Berg-Schlosser/Kersting 2000).

Aber auch gegenläufige Tendenzen sind nicht selten zu beobachten. Gerade unter „modernen" Gruppen, also Jüngeren und Gebildeten in nicht-westlichen Kulturen oder Angehörigen der zweiten Generation von Migranten in Europa, gibt es häufig im Wortsinne „reaktionäre" Erscheinungsformen und Verhaltensweisen. Die persönliche Verunsicherung durch den Kulturwandel und oft ein Gefühl des Zurückgesetztseins gegenüber dem „Westen" oder der Diskriminierung durch Angehörige der dominierenden Kultur führt dann zu einer Rückbesinnung auf die eigene Herkunft und zum Teil auch Religion, die leicht von religiösen und politischen Führern instrumentalisiert werden kann (vgl. z. B. Salem 1994; Halliday 1996). Auf diese Weise kommt es zu starken Konflikten vor allem *innerhalb* der jeweiligen Staaten und Kulturen und zu schmerzhaften Folgen in den Modernisierungs- und Globalisierungsprozessen, die keine einfachen linearen Verläufe haben, vielmehr zu massiven kulturellen und politischen Krisen, zum Teil zu Bürgerkriegen und Interventionen von außen führen können. All dies lässt sich selbstverständlich hier im Detail nicht analysieren oder gar prognostizieren (eine profunde, relativ aktuelle Bestandsaufnahme aus Sicht der internationalen Beziehungen bietet z. B. Müller 1998).

Dennoch ist bei allen Wellenbewegungen und andauernden Auseinandersetzungen eine gewisse modernisierende Grundströmung zu beobachten. (In dieser Hinsicht hat Huntington [1991] durchaus etwas Richtiges erkannt; einige Widersprüche zu seinen anderen Thesen werden ihm aber offenbar nicht bewusst.) Diese Strömung basiert auf der von Europa und dem „Westen" ausgegangenen naturwissenschaftlichen und technologischen, in der Folge aber auch industriellen und kulturellen Revolution im Sinne der „Aufklärung" und der fortschreitenden sozialstrukturellen und politischen Umgestaltung seit dem 18. Jahrhundert. Größere persönliche und politische Freiheiten, verstärkte soziale Gerechtigkeitsansprüche und die aktive Mitwirkung von Individuen und Gruppen in der Gestaltung aller Lebensbereiche, die traditionelle Strukturen aufbrechen und insbesondere auch Frauen neue Teilnahmemöglichkeiten außerhalb von Familie und Haushalt eröffnen, kennzeichnen diese Tendenzen (s. a. Mernissi 1992). In einer komplexer werdenden Welt haben solche Entwicklungen zunehmend sowohl funktionale (im Sinne effektiverer dezentraler Entscheidungsmechanismen und wirkungsvoller Rückkopplungen) als auch normative Bedeutung (im Sinne gewisser universaler menschlicher Grundrechte und ihres Schutzes). In dieser Hinsicht ist sogar ein gewisser kulturübergreifender Konsens zu beobachten, bei unterschiedlichen Begründungen und weiter notwendigen intensiven interkulturellen Dialogen, zu denen heute auch weltweit in Kontakt stehende Politikwissenschaftler/innen ihr Teil beitragen (vgl. Berg-Schlosser 1997).

Mehr innerstaatliche Demokratie führt, wie entsprechende Studien zeigen (vgl. Sørensen 1993: Kap. 4), auch zu friedlicherem Verhalten in der internationalen Staatenwelt. Die Logiken der „Handelsstaaten" und der „Gesellschaftswelt" mit ihren vielfältigen transnationalen Verflechtungen über internationalen Reiseverkehr, zunehmend global ausgerichtete Medien und die bunte Welt der Nichtregierungsorganisationen gewinnen dann an Gewicht. Auch neue internationale „Regime" (vgl. Kohler-Koch 1989) und Ansätze effektiverer, friedlicher Konfliktregelungen und einer besseren materiellen Versorgung bei Beachtung „nachhaltiger" ökologischer Aspekte sind zu beobachten. Weder ein „Kampf der Kulturen" noch eine weitgehend einheitliche „postmoderne" Menschheit, vielmehr weiter bestehende kulturelle Vielfalt bei größerer Akzeptanz der Verschiedenheiten und gewissen übergreifenden Verständigungen sind daher am ehesten zu erwarten. Also bei allen Spannungen durchaus Anlass zu vorsichtigem Optimismus. Die konkrete Gestaltung liegt bei jeder und jedem Einzelnen.

Literatur

Almond, Gabriel A. 1987: Politische Kultur-Forschung – Rückblick und Ausblick, in: Berg-Schlosser, Dirk/Schissler, Jakob (Hg.): *Politische Kultur in Deutschland. Bilanz und Perspektiven der Forschung*, Opladen: Westdeutscher Verlag, S. 27-38

Anderson, Benedict 1983: *Imagined Communities*, London: Verso

Beck, Ulrich 1997: *Was ist Globalisierung?*, Frankfurt a. M.: Suhrkamp

Berg-Schlosser, Dirk/Rytlewski, Ralf (Hg.) 1993: *Political Culture in Germany*, London: Macmillan

Berg-Schlosser, Dirk 1997: Menschenrechte und Demokratie – universelle Kategorien oder eurozentristische Betrachtungsweise?, in: Brocker, Manfred/Nau, Heino (Hg.): *Ethnozentrismus – Möglichkeiten und Grenzen des interkulturellen Dialogs*, Darmstadt: Primus, S. 289-306

Berg-Schlosser, Dirk/Kersting, Norbert (Hg.) 2000: *Armut und Demokratie: politische Partizipation und Interessenorganisierung der städtischen Armen in Afrika und Lateinamerika*, Frankfurt a. M./New York: Campus

Coleman, James Samuel 1990: *Foundations of social theory*, Cambridge/Mass.: Harvard University

Council on Foreign Relations (Hg.) 1996: *The Clash of Civilizations? The Debate*, New York: Foreign Affairs

Czempiel, Ernst Otto 1991: *Weltpolitik im Umbruch*, München: C. H. Beck

Dahrendorf, Ralf 1961: *Homo sociologicus*, 3. unveränd. Aufl., Opladen: Westdeutscher Verlag

Dyson, Kenneth H. F. 1980: *The state tradition in Western Europe: a study of an idea and institution*, Oxford: Oxford University Press

Esser, Hartmut 1993: *Soziologie: Allgemeine Grundlagen*, Frankfurt a. M./New York: Campus

Flora, Peter 2000: *Staat, Nation und Demokratie in Europa. Die Theorie Stein Rokkans aus seinen gesammelten Werken rekonstruiert und eingeleitet*, Frankfurt a. M.: Suhrkamp

Fukuyama, Francis 1992: *Das Ende der Geschichte: wo stehen wir?*, München: Kindler

Furnham, Adrian/Heaven, Patrick C. L. 1999: *Personality and social behaviour*, London: Arnold

Galtung, Johan 1994: *Menschenrechte – anders gesehen*, Frankfurt a. M.: Suhrkamp

Gebhardt, Jürgen 1982: Bayern – Deutschlands eigenwilliger Freistaat, in: Roth, Rainer (Hg.): *Freistaat Bayern*, Landeszentrale für politische Bildung , S. 83-104

Greiffenhagen, Martin 1986: *Von Potsdam nach Bonn. Zehn Kapitel zur politischen Kultur Deutschlands*, München: Piper

Halliday, Fred 1996: *Islam and the myth of confrontation. Religion and politics in the Middle East*, London: Tauris

Hopkins, Terence K./Wallerstein, Immanuel Maurice 1982: *World-systems analysis: theory and methodology. Explorations in the world-economy*, Beverly Hills: Sage Publications

Horowitz, Donald L. 1985: *Ethnic groups in conflict*, Berkeley: University of California Press

Huntington, Samuel P. 1991: *The third wave: democratization in the late twentieth century*, Norman: University of Oklahoma Press

Huntington, Samuel P. 1993: *The clash of civilizations? The debate*, New York: Foreign Affairs

Huntington, Samuel P. 1996: *The clash of civilizations and the remaking of world order*, New York: Simon & Schuster

Huntington, Samuel P. 1996a: *Kampf der Kulturen. Die Neugestaltung der Weltpolitik im 21. Jahrhundert*, München: Europaverlag

Inglehart, Ronald 1997: *Modernization and postmodernization: cultural, economic, and political change in 43 societies*, Princeton: Princeton University Press

Juergensmeyer, Mark 1993: *The new Cold War. Religious nationalism confronts the secular state*, Berkley: University of California Press

Kaase, Max 1983: Sinn oder Unsinn des Konzepts Politische Kultur für die vergleichende Politikforschung oder auch: Der Versuch, einen Pudding an die Wand zu nageln, in: Kaase, Max/Klingemann, Hans-Dieter (Hg.): *Wahlen und politisches System. Analysen aus Anlaß der Bundestagswahl 1980*, Opladen: Westdeutscher Verlag, S. 144-171

Kaase, Max 1994: Political culture and political consolidation, in: Blommestein, Hendrikus J. et al. (Hg.): *Government and markets. Establishing a democratic political order and a market economy in former socialist countries*, Dordrecht: Kluwer

Kohler-Koch, Beate (Hg.) 1989: *Regime in den Internationalen Beziehungen*, Baden-Baden: Nomos

Leggewie, Claus 1997: *America first? Der Fall einer konservativen Revolution*, Frankfurt a. M.: Fischer Taschenbuch

Lepsius, M. Rainer 1966: Parteiensystem und Sozialstruktur. Zum Problem der Demokratisierung der deutschen Gesellschaft, in: Abel, Wilhelm (Hg.): *Wirtschaft, Geschichte und Wirtschaftsgeschichte. Festschrift für Friedrich Lütge*, Frankfurt a. M.: Fischer, S. 56-80

Lijphart, Arend 1977: *Democracy in plural societies. A comparative exploration*, New Haven/London: Yale University Press

Lindenberg, Siegwart 1985: An assessment of the new political economy, in: *Sociological Theory* 3, S. 99-114

Meadows, Donella H. et al. 1992: *Die neuen Grenzen des Wachstums. Die Lage der Menschheit: Bedrohung und Zukunftschancen*, Stuttgart: Deutsche Verlags-Anstalt

Menzel, Ulrich 1998: *Globalisierung versus Fragmentierung*, Frankfurt a. M.: Suhrkamp

Mernissi, Fatima 1992: *Die Angst vor der Moderne. Frauen und Männer zwischen Islam und Demokratie*, Hamburg/Neuwied/Berlin: Luchterhand

Müller, Harald 1998: *Das Zusammenleben der Kulturen – Ein Gegenentwurf zu Huntington*, Frankfurt a. M.: Fischer

Olson, Mancur Jr. 1965: *The Logic of collective action*, Cambridge: Cambridge University Press

Putnam, Robert D. et al. 1993: *Making democracy work. Civic traditions in modern Italy*, Princeton: Princeton University Press

Rohe, Karl 1987: Politische Kultur und der kulturelle Aspekt von politischer Wirklichkeit, in: Berg-Schlosser, Dirk/Schissler, Jakob (Hg.): *Politische Kultur in Deutschland. Bilanz und Perspektiven der Forschung*, Opladen: Westdeutscher Verlag

Rohe, Karl 1992: *Wahlen und Wählertraditionen in Deutschland. Kulturelle Grundlagen deutscher Parteien und Parteiensysteme im 19. und 20. Jahrhundert*, Frankfurt a. M.: Suhrkamp

Rosecrance, Richard N. 1986: *The rise of the trading state: commerce and conquest in the modern world*, New York: Basic Books

Rosenau, James N. 1990: *Turbulence in world politics: a theory of change and continuity*, Princeton: Princeton University Press

Salem, Paul 1994: *Bitter legacy: ideology and politics in the Arab world*, Syracuse: Syracuse University Press

Sørensen, Georg 1993: *Democracy and Democratization*, Boulder: Westview Press

Tetzlaff, Rainer 1996: *Weltbank und Währungsfonds*, Opladen: Leske + Budrich

Tibi, Bassam 1995: *Krieg der Zivilisationen. Politik und Religion zwischen Vernunft und Fundamentalismus*, Hamburg: Hoffmann und Campe

Waltz, Kenneth Neal 1979: *Theory of international politics*, Reading/Mass.: Addison-Wesley

Wehling, Hans-Georg 1987: Die Bedeutung regionaler Politischer Kultur-Forschung unter besonderer Berücksichtigung Baden-Württembergs, in: Berg-Schlosser, Dirk/Schissler, Jakob (Hg.): *Politische Kultur in Deutschland. Bilanz und Perspektiven der Forschung*, Opladen: Westdeutscher Verlag, S. 259-266

Weizsäcker, Ernst Ulrich von 1992: *Erdpolitik. Ökologische Realpolitik an der Schwelle zum Jahrhundert der Umwelt*, Darmstadt: Wissenschaftliche Buchgesellschaft

Verzeichnis der Publikationen von Ralf Rytlewski (Auswahl)

1. Buchveröffentlichungen

Organisation und Planung der Forschung und Entwicklung in der DDR. Ein Beitrag zum Verhältnis von Forschung, Produktion und Politik in einem sozialistisch verfassten Industriestaat, Diss. rer. pol., München 1976

Zahlenspiegel. Bundesrepublik Deutschland/Deutsche Demokratische Republik. Ein Vergleich, völlig neu bearbeitet und erweitert, hrsg. vom Bundesministerium für innerdeutsche Beziehungen, Bonn 1978

Die Bundesrepublik Deutschland in Zahlen 1945/49 – 1980. Sozialgeschichtliches Arbeitsbuch IV (zus. mit Manfred Opp de Hipt), München 1987

Die Deutsche Demokratische Republik in Zahlen 1945/49 – 1980. Sozialgeschichtliches Arbeitsbuch V (zus. mit Manfred Opp de Hipt), München 1987

Politische Kultur in der DDR (Rytlewski u.a.; Red.: Hans-Georg Wehling), Stuttgart 1989

2. Buchherausgabe

Kulturpolitisches Wörterbuch Bundesrepublik Deutschland/Deutsche Demokratische Republik im Vergleich (zus. mit Wolfgang R. Langenbucher und Bernd Weyergraf), Stuttgart 1983

Politik und Gesellschaft in sozialistischen Ländern. Ergebnisse und Probleme der Sozialistische Länder-Forschung (PVS Sonderheft 20), Opladen 1989

Lebensstile und Kulturmuster in sozialistischen Gesellschaften (zus. mit Krisztina Mänicke-Gyöngyösi), Köln 1990

Political Culture in Germany (zus. mit Dirk Berg-Schlosser), Houndsmills/London 1993

Berlin. Die Hauptstadt. Vergangenheit und Zukunft einer europäischen Metropole (zus. mit Werner Süß), Berlin/Bonn 1999

3. Aufsätze in Zeitschriften

Schwarze Nacht der Demoskopen: Versagen der Meinungsforschung, in: Der Politologe. Berliner Zeitschrift für Politische Wissenschaft, 6. Jg. Dezember 1965, S. 21-24, 29

Die Formierte Gesellschaft, in: Der Politologe. Berliner Zeitschrift für Politische Wissenschaft, 7. Jg., H. 20, 1966, S. 25-34

Staatsratsbeschluß setzt neue wirtschaftspolitische Richtlinien, in: Deutschland Archiv, 1. Jg., H. 4, 1968, S. 415-420

Bibliographie „Betriebsorganisation“, in: Deutschland Archiv, 2. Jg., H. 2, 1969, S. 168-174
Bibliographie „Wissenschaft und Forschung“ (zus. mit Gert-Joachim Glaeßner), in: Deutschland Archiv, 3. Jg., H. 11, 1970, , S. 1161-1171
Forschung und Entwicklung im Dienst der Produktion als Organisationsproblem, in: Deutschland Archiv. Sonderheft: Industriebetrieb und Gesellschaft in der DDR. Dritte Studientagung zur DDR-Forschung in der Bundesrepublik, 3. Jg., Oktober 1970, S. 121-128
Anmerkungen zum Leistungsbegriff in der DDR, in: Kommunität. Vierteljahresheft der Evangelischen Akademie, 17. Jg., H. 67, 1973, S. 109-112
Zu einigen Merkmalen der Beziehungen der DDR und der UdSSR auf den Gebieten der Naturwissenschaft und Technik, in: Deutschland Archiv. Sonderheft: Die DDR vor den Aufgaben der Integration und der Koexistenz. Sechste Tagung zum Stand der DDR-Forschung in der Bundesrepublik, 6. Jg., Oktober 1973, S. 55-60
Die DDR als „industrielles Warenhaus“ des RGW, in: DDR Report, 9. Jg., H.5, 1976, S. 277-279
Soziale und politische Struktur der DDR im Wandel (zus. mit Dieter Voigt), in: Deutschland Archiv. Sonderheft: 30 Jahre DDR. Zwölfte Tagung zum Stand der DDR-Forschung in der Bundesrepublik, Köln 1979, S. 155-173
Zur Problematik der Rolle der Intelligenz in der DDR, in: Informationsabende DDR. Dokumentation 26, hrsg. v. der Evangelischen Akademie Berlin (West), Berlin (West) 1981, S. 38-45
Forschung als verlängerte Werkbank, in: Die deutsche Universitäts-Zeitung, H. 2, 1981, S. 43-48
Spitzenmaß statt Mittelmaß. Die DDR verstärkt die Talentförderung, in: DDR-Report, H. 9, 1981, S. 546-549
Politik in der DDR als Ritual – das Beispiel der Jugendweihe, in: DDR-Report, H. 12, 1984, S. 714-717
Zwischen permanenter Zuwendung und sanftem Zwang. Studenten in der DDR seit dem 8. Parteitag der SED (zus. mit Gabriele Husner), in: Deutschland Archiv. Sonderheft: Lebensbedingungen in der DDR. 17. Tagung zum Stand der DDR-Forschung in der Bundesrepublik Deutschland, Köln 1984, S. 135-147
Die Gelehrtenrepublik. Strukturen und Probleme sozialistischer Forschungsorganisation, in: Wechselwirkung, H. 7, 1985, S. 7-9
Zwei Staaten - ein Problem? Erlanger Gespräche über wissenschaftliche Spitzenleistungen, in: Deutschland Archiv, H. 4, 1985, S. 426-428
Vom Hochmut der Weißen (zus. mit Manfred Opp de Hipt), in: Kassandra, Nr. 4, 1985, S. 13 f.
Soziale Kultur als politische Kultur: die DDR, in: Politische Kultur in Deutschland. Bilanz und Perspektiven der Forschung, hrsg. v. Dirk Berg-Schlosser/Jakob Schissler (PVS Sonderheft 18), Opladen 1987, S. 238-246

Politische und soziale Rituale in der DDR (zus. mit Birgit Sauer/Ulrike Treziak), in: Politische Kultur in Deutschland. Bilanz und Perspektiven der Forschung, hrsg. v. Dirk Berg-Schlosser/Jakob Schissler (PVS Sonderheft 18), Opladen 1987, S. 247-257

Politische Rituale in der Sowjetunion und der DDR (zus. mit Detlev Kraa), in: Aus Politik und Zeitgeschichte. Beilage zur Wochenzeitung Das Parlament, B 3/87, 17.1.1987, S. 33-48; (auch erschienen in: Der unvollkommene Block. Die Sowjetunion und Ost-Mitteleuropa zwischen Loyalität und Widerspruch, hrsg. v. Hannelore Horn/Michal Reiman, Frankfurt a.M. et al. 1988, S. 203-225)

Die DDR in ihren Widersprüchen. XXII. DDR-Forschertagung, in: Deutschland Archiv, H. 10, 1989, S. 1153-1156

Führt die Perestrojka auch zur Umgestaltung der Sozialistische Länder- Forschung?, in: Politik und Gesellschaft in sozialistischen Ländern. Ergebnisse und Probleme der Sozialistische Länder-Forschung (PVS Sonderheft 20), hrsg. v. Ralf Rytlewski, Opladen 1989, S. 15-36

Die DDR zwischen Ost und West, in: DDR – Von der friedlichen Revolution zur deutschen Vereinigung, hrsg. v. Göttrik Wewer (Gegenwartskunde/Sonderheft 6), Opladen 1990, S. 175-190

4. Aufsätze in Sammelbänden, Jahrbüchern und dgl.

DDR-Wirtschaft im Wandel und Ausbau, in: Werden 70. Jahrbuch für die deutschen Gewerkschaften, Köln 1970, S. 81-87

Zur Stellung der Universitäten und Hochschulen in der Wissenschaftsorganisation der DDR, in: Gert-Joachim Glaeßner/Herwig Haase/Ralf Rytlewski: Student und Studium in der DDR (Studentische Politik. Informationen – Materialien – Berichte, H.7-8), hrsg. v. d. Friedrich-Ebert-Stiftung, Bonn-Bad Godesberg 1971, S. 3-6

Bibliographie „Wissenschaft und Forschung“ (zus. mit Gert-Joachim Glaeßner), in: Gert-Joachim Glaeßner/Herwig Haase/Ralf Rytlewski: Student und Studium in der DDR (Studentische Politik. Informationen – Materialien – Berichte, H.7-8), hrsg. v. d. Friedrich-Ebert-Stiftung, Bonn-Bad Godesberg 1971, S. 49-60

Hochschulen und Studenten in der DDR, in: Gert-Joachim Glaeßner/Herwig Haase/Ralf Rytlewski: Student und Studium in der DDR (Studentische Politik. Informationen – Materialien – Berichte, H.7-8), hrsg. v. d. Friedrich-Ebert-Stiftung, Bonn-Bad Godesberg 1971, S. 16-24

Die unbekannte DDR. Vergleich als deutsch-deutscher Dialog, in: Welt und Sozialkunde, hrsg. v. Hessischen Rundfunk, 28. Jg., September 1973 – Januar 1974, S. 19-25

Aufgaben, Probleme und Ergebnisse der DDR-Forschung und ihre Relevanz für die deutschlandpolitische Bildungsarbeit, in: Überlegungen zu Stellenwert und Darstellung der Deutschen Frage im politischen Unterricht, hrsg. v. Clemens Lessing/Gerhard Fischer, Stuttgart 1977, S. 76-92

(Natur-)Wissenschaft, Forschung und Technologie, in: Gutachten zum Stand der DDR- und vergleichende Deutschlandforschung, hg. von: Arbeitskreis für vergleichende Deutschlandforschung, Bonn 1978, S. 278-315, Ms.

Von Anreden und Konzepten bei der Wahrnehmung der DDR, in: Zweimal Deutschland seit 1945 in Film und Fernsehen, Teil II; Audiovisuelle Medien in der politischen Bildung, hrsg. von K.F. Reimers/M. Lerch-Stumpf/R. Steinmetz, München 1985, S. 11-21

Die DDR – eine planwirtschaftliche „Mittelstandsgesellschaft" zwischen Blockintegration und Nationalstaatlichkeit, in: Gesellschaftssysteme der Gegenwart, hrsg. v. Wilfried Röhrich, Opladen 1986, S. 114-137

Changing Values in the GDR and in Eastern Europe, in: The Change of Values and the Value of Change, hrsg. v. Larry Fischer, Sankt Augustin 1987, S. 55-61

Die Ritualisierung des Jahres. Zur Phänomenologie der Feste und Feiern in der DDR (zus. mit Birgit Sauer), in: Politik und Repräsentation. Beiträge zur Theorie und zum Wandel politischer und sozialer Institutionen, hrsg. v. Wolfgang Luthardt/Arno Waschkuhn, Marburg 1988, S. 265-285

Kommunismus ante portas? Zur Entwicklung von Massenkultur und Massenkonsum, in: Die DDR in der Ära Honecker. Politik – Kultur – Gesellschaft, hrsg. v. Gert-Joachim Glaeßner, Opladen 1988, S. 633-643

Ein neues Deutschland? Merkmale, Differenzierungen und Wandlungen in der politischen Kultur der DDR, in: Politische Kultur in der DDR (Redaktion: Hans-Georg Wehling), Stuttgart/Berlin/Köln 1989, S. 11-28

Generationswechsel in der DDR. Tendenzen zu einer alternativen politischen Kultur, in: Politische Sozialisation Jugendlicher in Ost und West, hrsg. v. Bernhard Claußen (Schriftenreihe der Bundeszentrale für politische Bildung, Bd. 279), Bonn 1989, S. 209-224

Lebensstandard, Lebensweise, Lebensstil. Einige problem- und methodenkritische Anmerkungen zum Vergleich moderner Gesellschaften in Ost und West, in: Lebensstile und Kulturmuster in sozialistischen Gesellschaften, hrsg. v. Krisztina Mänicke-Gyöngyösi/Ralf Rytlewski, Köln 1990, S. 15-24

The Aspired Citizen - Stability and Change of Values in the German Democratic Republic, in: Political Socialization of the Young in East and West, hrsg. v. Bernhard Claußen/Horst Müller, Frankfurt a.M. u.a. 1990, S. 265-272

Von der Gesittung zur kulturellen Ressource. Otto Grotewohl, Ernst Reuter und Volker Hassemer als Kulturpolitiker in Berlin, in: Deutschland und Europa nach dem 2. Weltkrieg. Entwicklungen, Verflechtungen, Konflikte, hrsg. v. Heiner Timmermann, Saarbrücken 1990, S. 295-308

Vergleich der Gesellschaftssysteme BRD/DDR von 1945 bis heute unter besonderer Berücksichtigung der politischen, ökonomischen und sozialpolitischen Entwicklung, in: Erfahrungsaustausch behinderter Studenten in Ost und West, hrsg. v. Marlies Blersch/Karl-Heinz Rank, Berlin 1990, S. 10-21

Effects of the German Division in Socio-Cultural Fields, in: Korea and Germany. Lessons in Division, hrsg. v. Myoung-Kyu Kang/Helmut Wagner, Seoul 1990, S. 412-437
In memoriam Manfred Opp de Hipt, in: Sprache statt Politik? Politikwissenschaftliche Semantik- und Rhetorikforschung, hrsg. v. Manfred Opp de Hipt/Erich Latniak, Opladen 1991, S. 7f.
Einleitung, in: Parteien und politische Bewegungen im letzten Jahr der DDR, hrsg. v. Berndt Musiolek/Carola Wuttke, Berlin 1991, S. 9-11
"Tut Berlin gut?" Die externen Effekte der neuen Kulturpolitik, in: Die Bundesrepublik in den achtziger Jahren, hrsg. v. Werner Süß, Opladen 1991, S. 171-184
Politische Kultur in der DDR vor und nach der Wende, in: Sprache im Umbruch. Politischer Sprachwandel im Zeichen von „Wende“ und „Vereinigung“, hrsg. v. Arnim Burkhardt/K. Peter Fritzsche, Berlin/New York 1991, S. 3-17
Was bleibt? Die Parteien im letzten Jahr der DDR (zus. mit Berndt Musiolek), in: Weichenstellungen für ein neues Europa, hrsg. v. Beate Kohler-Koch, Universität Mannheim 1992, S. 11-44
Political Culture in Germany: A Paradigmatic Case; German Perspectives, in: Political Culture in Germany, hrsg. v. Dirk Berg-Schlosser/Ralf Rytlewski, Houndsmills/London 1993, S. 3-12 und S. 321-332
Bewährung vor dem Lande und der Nation, in: Hauptstadt Berlin (Bd.1: Nationale Hauptstadt – Europäische Metropole), hrsg. v. Werner Süß, Berlin 1994, S.145-164
The Growing Together of a Divided Capital: A Case Study about Berlin, in: Germany and Korea. Lessons in Unification, hrsg. v. Myoung-Kyu Kang/Helmut Wagner, Seoul 1995, S. 237-245
Doch der Staat starb nicht ab, in: Parteiauftrag: Ein neues Deutschland. Bilder, Rituale und Symbole der frühen DDR, hrsg. v. Dieter Vorsteher, Deutsches Historisches Museum, Berlin 1996, S. 477-481
Berliner Politik: Zwischen Kiez und Stadtstaat, in: Berlin. Die Hauptstadt. Vergangenheit und Zukunft einer europäischen Metropole, hrsg. v. Ralf Rytlewski/Werner Süß, Berlin/Bonn 1999, S.295-329
Peaceful Integration in Germany, in: Political Thought and German Reunification. The New German Ideology?, hrsg. v. Howard Williams/Colin Wight/Norbert Kapferer, Houndsmills/London 2000, S. 194-208
Politik als Bauherr im nationalsozialistischen Berlin und im sowjetsozialistischen Ost-Berlin, in: Demokratie und Diktatur in Europa. Geschichte und Wechsel der politischen Systeme im 20. Jahrhundert, hrsg. v. Heiner Timmermann/Wolf D. Gruner, Berlin 2001, S. 417-424
Berlin – beschränkt regierungsfähig?, in: Jenseits des Regierungsalltags. Strategiefähigkeit politischer Parteien, hrsg. v. Frank Nullmeier/Thomas Saretzki, Frankfurt a.M. 2002 (im Erscheinen)

5. Beiträge in Handwörterbüchern, Lexika und dgl.

Neues ökonomisches System; Planung der Volkswirtschaft; VVB: Vereinigung Volkseigener Betriebe; Wirtschaft, in: A- Z Ein Taschen- und Nachschlagebuch über den anderen Teil Deutschlands, hrsg. v. Bundesminister für gesamtdeutsche Fragen, 11. überarbeitete und erweiterte Auflage, Bonn 1969, S. 447-450; S. 473-483; S. 690-693; S. 726-734

Wirtschaftliche Entwicklung (der Deutschen Demokratischen Republik), in: Staatslexikon. Recht-Wirtschaft-Gesellschaft, hrsg. v. der Görres-Gesellschaft, 6. völlig neu bearbeitete und erweiterte Auflage, Freiburg 1957ff., Ergänzungsband (1970), Sp. 490-499

Betriebsformen und Kooperation; Forschung; Markt und Marktforschung; Phasen der Wirtschaftspolitik seit 1963; Planung; Rationalisierung; Vertragssystem; Wirtschaft, in: DDR-Handbuch, unter wiss. Leitung von Peter Ch. Ludz und unter Mitwirkung von Johannes Kuppe, hrsg. v. Bundesministerium für innerdeutsche Beziehungen, Köln 1975, S. 133-142; S. 316-324; S. 543-546; S. 629-635; S. 638-649; S. 698-701; S. 906-909; S. 939-947

Sachliteratur zur Politischen Ökonomie in der DDR, in: Die deutschsprachige Sachliteratur, hrsg. v. Rudolf Radler (Kindlers Literaturgeschichte der Gegenwart), München 1978, S. 561-568

Deutsche Demokratische Republik (DDR), in: Internationales Gewerkschaftshandbuch, hrsg. v. Siegfried Mielke, Opladen 1983, S. 385-398

Alltag; Gewerkschaften; Universitäten und Hochschulen, in: Kulturpolitisches Wörterbuch Bundesrepublik Deutschland/Deutsche Demokratische Republik im Vergleich, hrsg. v. Ralf Rytlewski/Wolfgang R. Langenbucher/Bernd Weyergraf), Stuttgart 1983, S. 20-24; S. 246-250; S. 700-707

Heinz Kallabis; Kurt Krambach; Kurt Lungwitz; Joachim Rittershaus; Fred Staufenbiel; Rudi Weidig; Kurt Winter; Herbert F. Wolf, in: Internationales Soziologenlexikon, hrsg. v. Wilhelm Bernsdorf/Horst Knospe, Bd. 2, 2. neubearbeitete Auflage, Stuttgart 1984

Betriebsformen und Kooperation; Forschung; Intensivierung und Rationalisierung; Markt und Marktforschung; Planung; Standardisierung; Wirtschaft; Wirtschaftsrecht (zus. mit Klaus Zornek), in: DDR Handbuch, unter wiss. Leitung v. Hartmut Zimmermann, unter Mitarbeit v. Horst Ulrich und Michael Fehlauer, hrsg. v. Bundesministerium für innerdeutsche Beziehungen, 3. überarbeitete und erweiterte Auflage, Köln 1985, S. 193-206; S. 424-437; S. 659-665; S. 853-857; S. 986-1004; S. 1306-1309; S. 1485-1503; S. 1506-1518

Wissenschaft, Forschung und Technologie, in: Ploetz. Die Deutsche Demokratische Republik, hrsg. v. Alexander Fischer unter Mitarbeit v. Nikolaus Katzer, Freiburg/Würzburg 1987, S. 157-161

Gebiet, Bevölkerung und Sozialstruktur der DDR; Wirtschaft der DDR; Rat für gegenseitige Wirtschaftshilfe, in: Staatslexikon, hrsg. v. d. Görres-Gesellschaft, 7., völlig neu bearbeitete Auflage, Bd. 1, Freiburg 1985, Sp. 1238-1241; Sp. 1248-1256; Bd. 4, Freiburg 1988, Sp. 641-645

Bundesrepublik Deutschland – Deutsche Demokratische Republik (Systemvergleich); Arbeit – Beruf, in: Metzler Handbuch für den politischen Unterricht, hrsg. v. Volker Nitzschke/Fritz Sandmann, Stuttgart 1989, S. 565-575; S. 197-206

Bevölkerungsstruktur; Bildungssystem, in: Dieter Richter et al.: Taschenatlas DDR. Geographie, Geschichte, Politik, Braunschweig 1990, S. 36-41; S. 45-48

Kulturpolitik, in: Politik-Lexikon, hrsg. v. Everhard Holtmann, München/Wien 1991, S. 310-313

6. Materialien

Materialien zum Bericht zur Lage der Nation 1971, Bundestagsdrucksache VI/1690, Bonn 1971 (zus. mit einer wissenschaftlichen Kommission unter Ltg. v. Peter Ch. Ludz)

Materialien zum Bericht zur Lage der Nation 1972, Bundestagsdrucksache VI/3080, Bonn 1972 (zus. mit einer wissenschaftlichen Kommission unter Ltg. v. Peter Ch. Ludz)

Materialien zum Bericht zur Lage der Nation 1974, Bundestagsdrucksache VII/2423, Bonn 1974 (zus. mit einer wissenschaftlichen Kommission unter Leitung v. Peter Ch. Ludz)

Vergleich von Bildung und Erziehung in der Bundesrepublik Deutschland und in der Deutschen Demokratischen Republik (zus. mit einer wissenschaftlichen Kommission unter Ltg. v. Oskar Anweiler/Materialien zur Lage der Nation 1990), Köln 1990

Die Autor/innen

Prof. Dr. Dr. Dirk Berg-Schlosser, Philipps-Universität Marburg

Dr. Angela Borgwardt, Freie Universität Berlin

Prof. Dr. Horst Dähn, Universität Stuttgart

Dr. Ding Ding, Shaolin Tempel Deutschland, Berlin

PD Dr. Charles Elworthy, Freie Universität Berlin

Prof. Dr. Gerhard Göhler, Freie Universität Berlin

Prof. Dr. Hans-Dieter Klingemann, Wissenschaftszentrum Berlin für Sozialforschung

Mag. Gabriele Kypta, Universität Wien

Dipl.-Pol. Christa Lang-Pfaff, Freie Universität Berlin

Prof. Dr. Wolfgang Langenbucher, Universität Wien

PD Dr. Wolfgang Luthardt, Freie Universität Berlin

Prof. Dr. Dr. Hans-Joachim Mengel, Freie Universität Berlin

PD Dr. Kum'a Ndumbe III., AfricAvenir, Douala; Freie Universität Berlin

Prof. Dr. Oskar Niedermayer, Freie Universität Berlin

Prof. Dr. Yves Pourcher, Université Le Mirail, Toulouse

Prof. Dr. Joachim Raschke, Hamburg

Prof. Dr. Barbara Riedmüller, Freie Universität Berlin

Dr. Werner Rossade, München

Prof. Dr. Eberhard Sandschneider, Freie Universität Berlin

Prof. Dr. Birgit Sauer, Universität Wien

Dr. Dietmar Schiller, Sender Freies Berlin

Dr. Dietmar Schirmer, Cornell University, Ithaca/USA

Prof. Dr. Dieter Schröder, Freie Universität Berlin; Universität Rostock

Prof. Dr. Klaus Segbers, Freie Universität Berlin

Prof. Dr. Peter Steinbach, Universität Karlsruhe

PD Dr. Werner Süß, Freie Universität Berlin